東大の日本史

25ヵ年［第9版］

塚原哲也 編著

JN058766

教学社

はしがき

　2022年度から新しい学習指導要領が実施されており，2025年度からはこの指導要領に基づく入試が始まり，科目名も「日本史B」から「日本史探究」に変更されます。この指導要領で育むべき資質・能力として取り上げられているのが，「知識及び技能」，「思考力，判断力，表現力など」，「学びに向かう力，人間性など」という3つです。「知識及び技能」は，個々の知識を覚えるだけでなく，習得した新しい知識を既知の知識と関連づけて深く理解することを含むもので，「思考力，判断力，表現力など」は，その「知識及び技能」を使い，未知の状況に対応できる能力，「学びに向かう力，人間性など」は，学んだことを社会や人生に活かそうとする資質です。学習指導要領では，これらを一体として育成することが掲げられています。

　東大日本史では，これらの資質・能力を試す問題がずいぶん以前から出題され続けています。現行の学習指導要領を先取りしていたのかというと，おそらく違います。

　東大日本史は，歴史事象を体系的に，そして分析的に理解できているか，さらに，新しい歴史事象を目にした時，知識と分析手法を活用しながら適切に対応できるかどうかを試す出題が多くを占めています。つまり，日本史を素材としながら，大学入学以後に学び続けていくために必要な資質・能力をもっているかどうかを試す問題が出題され続けているのです。それゆえ，現行の学習指導要領を先取りしているかのようにみえるのです。したがって，2025年度から新課程での入試が始まったからといって，大きな変化はないと考えられます。

　ところで，東大日本史の問題は解くこと，考えることの楽しみを味わわせてくれます。もちろん，受験生としては論述問題を解くことは苦痛かもしれません。しかし，楽しさに少しでも接してもらえることを期待して本書を作りました。本書が，みなさんの入試突破力，そして大学入学後の学ぶ姿勢を培う一助となることを願っています。

　本書は「赤本」として出版されますが，過去の「赤本」の解答・解説を集めたものではありません。僕がウェブ・サイト（『つかはらの日本史工房』）で公開してきたものをベースにしています。しかし，それをそのまま再録したものでもありません。生徒指導などの中で気づいた点をふまえて内容に手を加え，構成を整え直してあります。

編著者しるす

目　次

第1章　古　代

第2章　中　世

第3章 近世

第4章　近現代

問題編──別冊

（編集部注）本書に掲載されている入試問題の解答・解説は，出題校が公表したものではありません。

●掲載内容についてのお断り
　下記の問題に使用されている著作物は，2024年1月25日に著作権法第67条の2第1項の規定に基づく申請を行い，同条同項の規定の適用を受けて掲載しているものです。
　第4章　77(1)・(2)

東大日本史の研究

1 出題の形式

大 問 数：4題（古代・中世・近世・近現代から各1題）
形　　式：論述（大問1題あたり5〜8行〔150〜240字〕程度）
試験時間：2科目150分（日本史探究・世界史探究・地理探究から2科目選択）

▶大問1つにかけられる時間が少ない

　試験時間は地歴2科目あわせて150分なので，単純な時間配分で言えば，大問1題あたり15〜20分ほどで解答しなければならず，瞬時の処理能力が要求されます。

　そのためには，1つ1つの問題を時間をかけて深く分析しながら解くという作業の積み重ねこそ，不可欠です。この経験があって初めて，問題を短い時間で処理する作業が可能となるのです。

▶設問形式には2つのタイプがある

①自分の知識を取捨選択しながら構成するタイプ
②資料を素材として議論を組み立てるタイプ

　①のタイプでは，受験勉強を通して蓄積してきた知識と技能を，設問に即してアウトプットすることが求められています。

　②のタイプでは，受験勉強で培った知識と思考力・判断力を発揮しながら，資料を適切に処理することが求められており，東大日本史に特徴的な形式です。

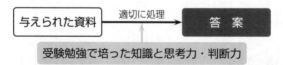

　資料としては，史料（近年は現代語訳が多い）やエピソードを説明した文章，年表や表，グラフ，系図，図版・絵画など，多様な素材が用いられています。見慣れないデータであったとしても，どこかに判断の手がかりが隠されていますから，粘り強く資料を分析する練習を積み重ねていけば対応できます。

2　東大日本史で試されている学力とは？

▶大学で学ぶための学力

「入試問題は大学への招待状であり，同時に大学からの挑戦状でもある」
耳塚寛明「まなび再考」（『日本経済新聞』2007.7.23）より

　いまの大学に求められているのは新たな教養教育だと言われ（たとえば中教審答申「新しい時代における教養教育の在り方について」2002 年），東大でも教養学部を中心としてさまざまな試みが行われています。

　東大日本史で，先に示した 2 つのタイプの出題を通して試されているのは，こうした大学入学後の教養教育の場における学ぶ姿勢につながる学力なのです。

▶教養としての体系的な知識

　教養を培うのには，異文化との接触が重要な意味をもつとされます。

　ここにいう異文化とは，異なる国や地域の文化だけを意味するのではなく，あらゆる「自分と異なるもの」のことであり，つまり，歴史（過去）も含まれます。視点を変えれば，歴史（過去）を「自分と異なるもの」として把握し理解する作業が，教養を培う過程の一つと言えるのです。

　こうした視点からすれば，重箱の隅をつつく，断片的な知識を問うような問題は出題されません。問われるのは「異文化」としての歴史に対する体系的な知識です。

▶目配りのできる広い視野と総合的な分析力

　教養教育での重要な課題の一つとして，さまざまに存在している膨大な情報の中から必要なものを拾い上げ，それらを総合する知的な技能を培うことが，しばしば取り上げられます。

　歴史学という学問そのものが，こうした知的技能の上に成り立っています。数多く残っている史料や新たに発見された資料などを基礎として，その中から必要な情報を見出し，総合することにより，その時代の社会や生活のあり様を復元しようとするのが歴史学です。

　もちろん，受験で日本史を選択したからといって，大学で歴史学を学問として研究するとは限りません。ですから，近年は，史料を素材とする際にも現代語訳で提供されることが多くなったのですし，エピソードを説明する複数の資料文を示して考察を求めるケースが増えてきているのです。

3 設問の要求にはどのような型があるか？

　論述問題を解く際に最も大切なことは，設問の要求に応えることです。ところが，これがなかなか難しい作業です。その原因の一つに，所作に型があるように，設問の要求にも型があることが意識されていないことがあります。

　では，設問の要求にはどのような型があるのでしょうか。基本は①対比，②関連，③総合の３つです。それらの型がどのようなものであり，それぞれどのような思考回路が求められているのか，以下，かいつまんで説明しておきましょう。

① 対 比
事象どうしの違いに視点を当てる問い方です。

違うところに注目する

　ⓐ２つの事象を対比させるものが基本的な型で，ⓑ特徴を問うもの，ⓒ過程を問うもの，という発展的な型があります。

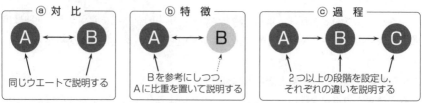

ⓐ 対 比	ⓑ 特 徴	ⓒ 過 程
A ↔ B	A ↔ B	A → B → C
同じウエートで説明する	Bを参考にしつつ，Aに比重を置いて説明する	２つ以上の段階を設定し，それぞれの違いを説明する

　なお，ⓑ特徴を問うものには，"特色・特質・性格・立場"などさまざまな表現があり，少しずつニュアンスに違いがあるものの，いずれも他との対比の上で把握できます。そして，ⓒ過程を問うものには，"変化・変遷・推移" "発展・成長" "転換" "展開・経過"などのバリエーションがあります。いずれも２つ以上の時期を取り上げ，それぞれを対比的に把握することによって表現できます。

② 関　連

事象どうしの**つながり**に視点を当てる問い方です。

つながりに注目する

　基本的には因果関係を問うものと考えてよく，ⓐ**原因・背景**を問うものと，ⓑ**結果・影響**を問うものが基本的な型で，ⓒ**意義・意味**を問う，という発展的な型があります。

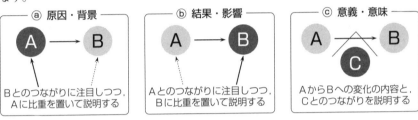

　なお，ⓑ結果・影響を問うものには，"**目的・意図**"を問うものも含めることができます。なにしろ，目的・意図とは，将来に目を向けた上で，実現しよう，到達しようとしてめざす事項で，結果として実現することが期待されていることがらだからです。

　一方，ⓒ意義・意味には注意が必要です。意義・意味とは，他との関連においてもつ重要性もしくは役割のことで，歴史的な経過に視点が当たっている場合，ⓑ結果・影響に類似しているものの，変化の中で果たした役割が問われている点に特徴があります。

③ 総　合

　1つの事象・時代をいくつかの観点（視点）から，多面的あるいは多角的に説明させるものです。

さまざまな視点から考察し，多面的・多角的に説明する

4 どのような対策を立てればよいのか？

▶確かな知識を蓄えよう！

　教科書を読み込むことが基本です。その際，用語を覚えることも必要です。しかし，それ以上に，書かれている内容を理解することに注意を払いましょう。そして，時代の特徴や全体像の把握に努めて下さい。その際，教科書の流れに即して読み進めるだけではなく，複数の箇所のさまざまな事項どうしを関連づけ，対比しながら教科書を再構成する作業を積み重ねていきましょう。

　また，論述対策用の参考書として『日本史の論点』（駿台文庫）があります。時代ごとの構造・特徴とその展開を理解するのに不可欠な論点とその解説があり，歴史を包括する視点を得ることができます。これも参照するとよいでしょう。

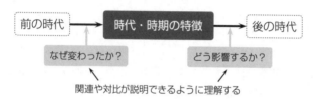

▶東大日本史と格闘しよう！

　この問題集には東大日本史を 25 カ年分収録しています。これらの問題とじっくり格闘して下さい。まずは，教科書を参照しながらで構いませんから，独力で問題を解き，答案を作ってみましょう。その際，問題文や資料文を読み流さず，年代やちょっとした表現にこだわり，なぜそれらが配置されているのか，問題全体の中での意味をじっくりと考えましょう。そして，示してある解答例を読みながら，自分の答案とどこが，なぜ異なるのか，チェックしてみましょう。さらに，解説を読み込むことによって自分の思考を検証して下さい。

▶採点ポイントは解説から読み取ってほしい！

　採点基準は用意していません。しかし，ポイントは全て解説してありますから，解説を読んでもらえれば，採点ポイントを析出することは困難でないはずです。言い換えれば，その作業を自分の力で行うことこそが論述問題への対応力を鍛える過程です。解説の中から採点ポイントを読み取れないようでは，資料文の分析など，望むべくもないのですから。

5 時代別の傾向分析表

年代順に解くだけではなく，類題をまとめて解いてみると，より効果的です。

▶古　代

古代国家の形成

国際関係の中で
2013・2009

中央と地方
2008

律令制度の形成
2018・1999

律令制度の理念と実態

地方制度とその変化
2022・2016

官僚制原理の浸透
2021・2006・2005

律令制度の原則とその変質
2023・2012・2010・2001・2000

律令制下の諸政策の変遷
2007

国際関係
2017・2011・2009・2003

文字・文化
2020・2011・2004

古代から中世への転換

貴族政治のあり方
2019・2014・2010

仏教
2015・2002

▶中　世

中世前期の分散的な政治社会秩序
（荘園公領制と公家・武家政権）

荘園公領制と武家
2021・2006・2005・2001

朝廷と鎌倉幕府
2019・2013

鎌倉幕府と武家（御家人）社会との関係
2017・2015・2013

中世後期の政治社会秩序
（独立した政治主体の並立）

室町幕府と武士・朝廷
2023・2022・2011・2003

室町幕府と京都
2020・2018・2014

自主的な地域秩序
2020・2016・2008

東アジア通商圏とその相対的安定
2007・2006

戦国大名と在地勢力の自立性の抑制
2002

中世の経済・流通

中世の流通
2010・2004

中世の文化

仏教
2012・2007

中世後期の社会と文化
2014・1999

▶近　世

幕藩体制の仕組み

中世から近世への移行
2009・2004・2000

石高制と幕府・大名
2021・2016・2014・2011・2005

村・町や家を単位とする支配
2017・2002・1999

朝幕関係
2020

幕藩体制下の経済・市場
2015・2011・2010・2004

文治政治の意義
2022・2013・2003

鎖国制下の対外関係
2019・2018・2009・2006・2003

幕藩体制の動揺

江戸後期における村・町の変化
2023・2012・2008・2001

江戸時代の学問

江戸時代の学問
2007・2003

▶近現代

開国後の国家のあり様

攘夷をめぐって
2000

明治憲法体制をめぐって

立憲国家の形成と展開
2021・2020・2017・2014・2013

明治憲法の特徴（昭和憲法との対比）
2008・2005

ナショナリズムの高揚
2010

資本主義経済をめぐって

産業革命期の産業のあり方
2022・2019・2016・2011・2001

昭和戦前期の経済動向
2022・2016・2011・2009・2000

その他
2015・2006・2004・2003

テーマ史

教育史
1999

対外関係に関連して

条約改正問題
2018

帝国主義外交
2012・2007・2002

第二次世界大戦後

戦後史
2023・2019・2018・2016・
2012・2005・2004・1999

6 解答用紙について

▶独特の様式

　東大の〈地理歴史〉では，「日本史探究」「世界史探究」「地理探究」から2科目を選択する形式になっており，解答用紙は各科目で共通で，その特徴は以下の通りです。

> **解答用紙の特徴**
> ①横書き
> ②30字×20行前後（大問1題あたり）
> ③マス目のみ（設問番号などの記載はなし）
> 　※実際の問題冊子には「草稿用紙」として下書き用のスペースが与えられています。

▶字数制限について

　「1行＝30字詰め」という書式を前提に，論述の字数については「○行以内で説明せよ」などと行数で指定されている場合がほとんどです。これにならい，本書の解答例も「1行＝30字詰め」で示してあります（細かい字数は示していません）。

▶設問記号の付け方

　また，設問がA・Bなどに分かれている場合は，その設問記号も（自分で）解答用紙に記入する必要があります。本書では，**例**のように，設問記号も字数に含める形で解答例を示しました。

例　| A旅順・大連の租借権，長春・旅順間の鉄道とそれに付属の利権。日露戦争の勝利を受け，ポーツマス条約でロシアから譲渡された。

▶演習の際には…

　本番と同じように，1行30字詰めの原稿用紙で練習を積みたいところです。次ページに**解答用紙のサンプル**を付けておきますので，コピーして利用して下さい。

　それ以外にも，市販の原稿用紙をカスタムして活用する方法もありますし，インターネット上には字数・行数を指定して原稿用紙を作成してくれるソフトもあるようです。各自がやりやすい方法を工夫して取り組むとよいでしょう。

●解答用紙のサンプル●
このページを以下の設定でコピーすると，実際の解答用紙に近いものが出来上がります。
用紙：Ａ４，倍率：141％

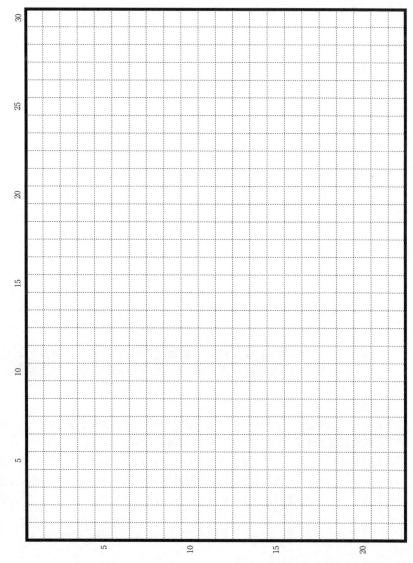

横書きで使用すること。

第1章　古　代

解答用紙は，横書きで〈地理歴史〉共通。1行：30字詰。

1　国家的造営工事のあり方の変化　(2023年度　第1問)

　国家的造営工事を行うための労働力や財源がどのように調達されたのかを素材として，奈良時代から平安時代中期，そして平安時代後期へと，国家体制がどのように変化したのかを問うた問題である。

設問の要求

〔主題〕国家的造営工事のあり方の変化。
〔条件〕国家財政とそれを支える地方支配との関係を反映して変化したことを念頭に置く。
　　　　律令制期，摂関期，院政期の違いにふれる。

　「国家的造営工事のあり方」の変化が問われ，各時期の「違い」にふれることが求められている。違い（相違点）を考える際のポイントは，それぞれを対比する際の共通軸をどのように設定するか，にある。

　問題文では，「建築工事の現場だけでなく…（中略）…資材調達の作業にも多くの労働力が必要であった」と，労働力に焦点があたっている。

　一方，資料文ではどうか。摂関期や院政期については労働力にふれず，なかでも資料文(4)に「造営費用をまかなうための臨時雑役」とあり，費用・財源に焦点があたっている。この点を意識して資料文(1)を読み直せば，「雇夫を雇用する財源」に言及されていることに気づく。したがって，費用・財源をどのように調達したのかを中心に各時期を対比すればよい。

　その際，設問文で「国家的造営工事のあり方は，国家財政とそれを支える地方支配との関係を反映して変化した」と前置きされていることに留意し，地方支配のあり方に関連づけながら考えていこう。

▶律令制期

資料文(1)・(2)の読み取り

(1)律令制の原則
　◦仕丁＝全国から50戸ごとに成年男子2名を徴発　……………………………ⓐ
　◦雇夫＝官司に雇用された人夫　………………………………………………ⓑ
　→諸国から納められた庸を雇用の財源とする　…………………………………ⓒ
(2)奈良～平安初期の造営工事
　◦寺院造営＝仕丁・雇夫らが作業に従事
　◦都の造営＝畿内周辺の諸国から雇夫を集める

　ⓐとⓑにあるように，仕丁と雇夫が国家的造営工事の労働力にあてられ，一方，ⓒにあるように，庸が雇夫を雇用する際の財源とされた。このうち，「国家財政とそれ

を支える地方支配との関係」に即して，仕丁（ⓐ）と庸（ⓒ）に着目したい。

　庸は，戸籍に記載された成年男子の人数に応じ，戸ごとに布などを徴収した税目である。この知識とⓐの説明を総合すれば，<u>律令制期は戸籍による人民支配を基礎に，律令の規定に基づいて労働力と財源を調達していた</u>ことがわかる。

　ところが，9世紀に偽籍などが横行するなかで戸籍による人民支配が形骸化すると，このしくみを維持することができなくなった。

▶摂関期

```
┌─────────────────────────────────────────────────────┐
│ 資料文(3)の読み取り                                    │
├─────────────────────────────────────────────────────┤
│ (3) 960年内裏再建の工事の担い手                         │
│   ◦ 中央官司 …………………………………………………………ⓓ  │
│   ◦ 27カ国の受領＝建物ごとの工事を割り当て …………………ⓔ │
│    →こうした方式がこの後の定例となる                   │
└─────────────────────────────────────────────────────┘
```

　まずⓓに注目したい。中央官司が内裏の再建に関わっていたことが説明されているものの，財源がどのように調達されたのかは説明されていない。しかし「官司」に着目すれば，資料文(1)のⓑ・ⓒを念頭に置けばよいことに気づく。つまり，中央官司は諸国から納められた税を財源として人夫を雇用していたと判断しておいてよい。

　では，戸籍による人民支配が形骸化して以降，諸国から税はどのように納められたのか。そのことを考える手がかりが，ⓔに出てくる受領である。

　受領は9世紀末から10世紀初め，任国に赴任する国司の最上席者（たいていは守）に調庸納入の責任と権限が集中するなか，その最上席者を指す呼称として登場した。受領は租税の納入を請け負い，国衙の機構を整備したうえ，課税対象の田地を名に編成し，名を単位として官物・臨時雑役を徴収した。こうして<u>受領のもとに一定の税が蓄えられていることを前提として国家財政が組み立てられるようになった</u>。資料文(4)に臨時雑役で内裏の造営費用をまかなったことが説明されていることを念頭に置けば，中央官司はこのしくみによって人夫を雇用する財源を確保したと推論できる。

　もう一つの財源確保の方法がⓔである。租税納入を請け負った受領は，現地での徴税に一定の裁量を認められたため，やり方次第で私財を蓄えることが可能であった。こうした<u>受領の私財を財源としてくみ込んだのがⓔの方式</u>である。これは，朝廷儀式の運営や宮殿・寺社の造営などを私財によって請け負い，その見返りとして希望の官職を得る成功が広く行われるなかで導入された方法であった。

▶院政期

　院政期について直接説明した資料文はないが，院政が始まる直前の後三条天皇の時代についての説明が資料文(4)にあるので，それを手がかりに考えたい。

資料文(4)の読み取り

(4)後三条天皇による平安宮（内裏など）の復興工事
　。臨時雑役で費用をまかなう
　↓平安宮の復興工事を契機として
　。臨時雑役を国衙領・荘園に一律に賦課する一国平均役の制度が確立 ……………ⓕ

　先に確認したように，臨時雑役は受領が任国で賦課した税の一つであり，後三条天皇の時代以降も受領（そして国衙）のもとでの地方支配に依拠して財源を調達していたことがわかる。ところが，後三条天皇による平安宮の復興工事を契機に，新しくⓕの制度が確立している。したがって，続く院政期には**国衙領・荘園の区別なく一律に賦課する**一国平均役の制度によって国家的造営工事の財源が調達されたと推論できる。

　ところで，この制度が導入された背景は何か。

　後三条天皇が即位した翌年（1069年）に**延久の荘園整理令**を出したことを想起したい。1040年代以降，不輸の権をもつ荘園が増え，開発の進展とともに不輸の対象や範囲をめぐる紛争が頻発し，受領・国衙の徴税が困難となっており，それに対する施策として，すでに荘園整理令がくり返し出されていた。それを中央政府主導で強化し，不輸の権をもつ荘園を厳しく抑制したのが延久の荘園整理令であった。とは言え，この政策で荘園が減少したわけではない。天皇の権威・権力が再認識され，その結果，院政期には上皇（院）・女院やその周辺に私領の寄進が増え，かえって荘園の設立が増加した。なかでも鳥羽院政期に**不輸・不入の権をもつ荘園**が一般化し，荘園はひとまとまりの領域をもったうえで，受領・国衙の支配から独立性を強めた。

　こうしたなか，**受領が国家的造営工事の財源を調達するために活用したのが，国衙領・荘園の区別を問わず一律に賦課する一国平均役の制度であった。**

解答例

　　　律令制期は，戸籍による人民支配を基礎に，律令の規定に基づいて労働力と財源を調達した。摂関期は，租税納入を請け負った受領が一定の税を蓄えていることを前提に財源が調達され，受領に割り当て私財を投じさせる方式もとられた。院政期は，不輸・不入の権をもつ荘園が増加するなか，受領への割り当てを前提としつつ，国衙領・荘園の区別なく一律に賦課する制度により財源を調達させた。

論述作成上の注意

□各時期における地方支配のあり方と関連づけながら，造営工事のための財源をどのように調達したのかという観点を中心として「違い」を表現したい。

2 律令制下の命令伝達 （2022年度 第1問）

　律令制に基づく地方支配の実態を，中央政府の命令がどのように諸国へ，そして民衆へと伝達・周知されたのかという観点から問うた出題である。教科書の知識だけでは対応できないので，資料文の読み取りを中心として対処すればよい。

設問の要求

〔主題〕中央政府から諸国に命令を伝えるときに，都から個別に使者を派遣しない場合にとられていた方法。

　まず，「都から個別に使者を派遣しない場合」とはどのようなケースなのかを確認しよう。資料文(1)によれば，「たとえば改元のように，全国一律に同じ内容を伝える場合」である。

　このような場合，中央政府から諸国に命令を伝えるとき，どのような方法がとられていたのか。

　律令制度のもとでは，都と諸国の国府を結ぶための官道（駅路）が整備され，一定の距離ごとに駅家が設けられて馬（駅馬）が常備されており（駅制），中央政府と諸国との間の連絡にあたる官人が公用で使った。このことは教科書レベルの知識であり，2000年度第1問でも問われた内容である。とはいえ，これ以上の具体的な知識は欠けていると思われるので，資料文に即して考えたい。

資料文(1)・(2)の読み取り

(1)律令制の原則
　◦文書を用いて中央政府から諸国へ連絡
　◦全国一律に同じ内容を伝える場合
　　あわせて8通の文書を作成→畿内や七道の諸国に伝達 …………………ⓐ
　　受けとった国司はそれを写しとる ……………………………………ⓑ
(2)出雲国での事例（734年）
　◦中央政府が3月23日に出雲国に宛てて発給した文書
　　4月8日に伯耆国を通過→4月10日に出雲国に到着 …………………ⓒ
　◦出雲国を経由して隠岐国や石見国に文書が伝達されることもある ………ⓓ

　資料文(2)に挙げられている2つの事例が「全国一律に同じ内容を伝える場合」なのかどうかは不明である。しかし，それを判断する素材は資料文にはなく，出題者が参考とすべき資料文として挙げたと仮定して考察を進めればよい。

　では，資料文(1)・(2)の内容を総合し，どのような方法で中央から諸国に命令が伝達

されたのか，整理していこう。

　まず@から，中央政府が**畿内・七道という広域行政区画ごとに文書を1通ずつ作成し，伝達させた**ことがわかる。

　このことを具体的に示しているのが©と@である。

　さらに©・@には，@にないデータも記されている。文書は，広域行政区画ごとに各国を順送りされていたことがわかる。ここで駅制の知識を総合すれば，**官人が文書を持ち，官道を使って国府を順々に回り，伝達した**と表現することができる。

　そして⓫から，**国司が受け取った文書を書写していた**ことがわかる。

B

設問の要求

〔主題〕諸国ではどのようにして命令が民衆にまで周知されたと考えられるか。
〔条件〕具体的な伝達方法に注意する。

　律令制度のもとでは，国ごとに国司が置かれて行政にあたり，郡ごとに置かれた郡司がその指揮・統制のもとで行政の実務を担い，その下には里（のち郷）ごとに里長（のち郷長）が置かれていた。この知識を前提として考察を進めたい。

資料文(1)の読み取り

(1)律令制の原則
　。国司＝命令文書を写しとり国内で施行

　諸国では，国司が書写した文書をもとに，中央政府の命令が伝達され，施行された。
　では，その施行に際し，命令は民衆にまでどのような手段で伝えられ，周知されたのか。資料文(3)に「村人たち」，資料文(4)に「村の成人男女」という表現があり，これらが民衆をさすと思われるので，資料文(3)・(4)の内容に即して考えていきたい。

資料文(3)・(4)の読み取り

(3)郡司の命令が記された木札（849年の事例）
　。国司からの命令が引用されている　……………………………………………ⓔ
　。管轄下の役人への指示＝木札を道路沿いに掲示して村人たちに諭し聞かせる　……ⓕ
　。一定期間，屋外に掲示されていた　……………………………………………ⓖ
(4)奈良時代の村落における農耕祭祀の様子を伝える史料
　。村落における農耕祭祀の場が利用される　………………………………………ⓗ
　。祭りの日における宴会と命令の告知の順序
　　酒や食事が用意され，宴会が行われる
　　村の成人男女が集合すると，宴会前に「国家の法」が告知される　………………ⓘ

　ⓔより，国司が中央政府の命令を施行する際，郡司が伝達・施行の実務にあたっていたことが確認できる。

　ⓕでは，郡司がその管轄下の役人に対して民衆への周知を指示していたことが読み取れる。管轄下の役人は，発掘された木札では刀禰などと記されているが，教科書の知識をもとに里長と想定してもよいし，地域の有力者などと表現してもよい。

　ここまでが，民衆への伝達・周知に関わった人々についてのデータである。

国司 → 郡司が命令伝達の実務にあたる → 管轄下の役人が民衆へ周知

　次に，役人が周知をはかった方法には2つの方法があったことがわかる。

　1つめがⓕ・ⓖの方法である。人通りの多さを考慮し，道路沿いに木札を掲示した。そのうえで，一定期間，木札を掲示し続けるとともに，民衆へ口頭で伝えている。

　2つめがⓗ・ⓘの方法である。民衆が集まる農耕祭祀の場を利用した方法である。

　ところで，村とは何か。農耕祭祀が水稲耕作にともなう神々の祭り（祈年祭と新嘗祭）であり，ⓘにあるように，農耕祭祀に村の成人男女が共同して携わっていることをふまえれば，村とは民衆の生活を成り立たせる共同体であったと理解できる。

　つまり，中央政府の命令を民衆にまで周知させるため，村の共同体としての結びつきに依拠し，それを利用しながら，口頭で命令を伝えていた。

発 展　村と里の関係
　村は，里とは別の存在であった。里は，50戸で構成されていたことからもわかるように，人為的に編成された行政上の単位であった。ところが，地域社会には人々が実際に生活する村（村落）が別に存在した。村（村落）が生活の単位であった。

解答例
　A中央政府は畿内・七道ごとに文書を作成して官人に持たせ，官道を使って国府を順々に回らせた。各国では国司が文書を書写した。

　B国司から郡司に命令が伝えられ，郡司は管轄下の役人を通じて周知させた。役人は人通りの多い道路沿いに一定期間，命令を記した木札を掲示した上で読み聞かせたり，村の共同体としての結びつきを利用し，農耕祭祀の場で口頭で告知したりする方法で周知した。

論述作成上の注意
□Aでは中央政府から国司への伝達，Bでは国司から民衆への周知，と問われている内容が異なる点に注意して答案を書き分けよう。

3　9世紀後半の国政運営の特徴　　(2021年度　第1問)

　9世紀後半に皇位継承をめぐる政争がみられなくなった背景を問うた出題である。資料文をふまえ，9世紀前半と後半とを対比させながら考察を進めていきたい。

設問の要求

〔主題〕9世紀後半に安定した体制になった背景にどのような変化があったか。

▶9世紀後半の「安定した体制」とは何か

　設問文に「9世紀後半になると…（中略）…皇位継承をめぐるクーデターや争いはみられなくなり」とあり，「安定した体制」とは皇位継承の安定を指すことがわかる。では，具体的にはどのような事態なのか。

資料文の読み取り ＜パート1＞

(1)承和の変
　◦仁明天皇の長男道康親王（文徳天皇）が皇太子に立つ
　　→以後皇位は，直系で継承されていく ……………………………………ⓐ
(3)文徳天皇の即位
　◦文徳天皇＝851年には天皇に在位している
(4)清和・陽成天皇の即位
　◦清和天皇＝858年に即位→876年に陽成天皇に譲位

　ⓐから，9世紀後半における文徳→清和→陽成という皇位継承が直系によるものであり，「安定した体制」とは皇位が仁明天皇の直系で継承される状態だと判断できる。

▶9世紀前半と後半で何が異なるか

　設問では，こうした「安定した体制」になった背景にある変化が問われている。そこで，まずは9世紀前半と後半とで何が異なるのかを確認したい。

資料文の読み取り ＜パート2＞

(2)嵯峨・淳和天皇の事績
　◦嵯峨・淳和天皇…学者など有能な文人官僚を公卿に取り立てる

　嵯峨・淳和天皇がそれぞれ個人の判断で公卿を人選している様子がわかる。
　ここで想起したいのが嵯峨天皇による政治改革である。嵯峨天皇は，蔵人頭や検非違使といった天皇直属の令外官を創設することを通じて令制官庁の重要な機能をみず

から掌握し，**天皇権力の強化**をはかった。こうしたなか，嵯峨・淳和天皇はみずから
の個人的な判断により公卿を任じていたのである。

　こうした9世紀前半と対比的なのが資料文(3)・(4)で示されている事態である。

資料文の読み取り ＜パート3＞

(3)文徳天皇の治世
- 文徳天皇＝紫宸殿に出御して政治をみることがなかった ……………ⓑ

(4)清和・陽成天皇の即位
- 清和天皇＝9歳で即位→藤原良房（外祖父・太政大臣）が実質的に摂政 ………ⓒ
- 陽成天皇＝藤原基経が摂政に任じられる ……………………ⓓ

　陽成天皇は，即位にあたって摂政が任じられていることを考えれば，清和天皇と同
じように即位時，幼少であった（**幼帝**）と推察できる。このことをふまえてⓑ・ⓒ・
ⓓから共通点を抜き出して一般化すれば，9世紀後半には天皇個人の判断が求められ
る機会が減り，天皇が実質的に不在ななかで国政が運営されていたと表現できる。

▶**官僚制の整備・充実**

　天皇個人が判断を下さずとも国政が運営できるようになったのはなぜか。

資料文の読み取り ＜パート4＞

(3)大学別曹の設立
- 文徳天皇が政治をみることがなかった事情
  出題者の仮説：官僚機構の整備が進む＝天皇がその場に臨まなくても支障のない体制
  となる ………………………………………ⓔ
- 有力氏族が子弟のための教育施設を設ける（藤原氏の勧学院など） ……………ⓕ

(5)法典の編纂
- 清和天皇＝『貞観格』『貞観式』，唐にならった儀礼書である『儀式』 …………ⓖ

　ⓔで示された**出題者の仮説**に従えば，官僚機構の整備が進んだため，天皇個人の政
務能力とその判断が求められなくなったと推論できる。

　では，官僚機構の整備とは具体的にどのようなものか。それを示すのがⓕの**大学別
曹の設立**，ⓖの**法典の編纂**である。

　9世紀前半から文章経国思想のもとで貴族・官人に儒教的学識だけでなく漢詩文の
教養が求められ，官吏養成機関である**大学**が隆盛するとともに，貴族・官人が職務や
儀礼を行う際の便宜に供するため，法典の編纂が進められていた。ⓕやⓖは，そうし
た動きを引き継ぎ，9世紀後半に官僚制の整備・充実が進んでいた様子を示している。
一方で，朝廷の儀礼が天皇を中心とするものであることを念頭におけば，天皇を含め
て貴族社会のあり方が唐にならって制度化・定式化されたことも意識しておいてよい。

▶公卿の構成

資料文の読み取り ＜パート5＞

(2) 9世紀前半
　　◦嵯峨・淳和天皇…学者など有能な文人官僚を公卿に取り立てる
　　9世紀後半＝承和の変以後
　　◦文人官僚が勢力を失う→嵯峨源氏と藤原北家が太政官の中枢（公卿）を占める

　9世紀前半に天皇権力が強化されて以降，次のような，<u>天皇と個人的に結びついた少数の皇族・貴族</u>が権勢をふるっていた。

> **天皇と個人的に結びついた少数の皇族・貴族**
> 　㋐天皇の父方の親族（父方のミウチ）
> 　㋑天皇と姻戚関係をもつ貴族（母方あるいは妻方のミウチ）
> 　㋒儒学的学識や漢詩文の教養，政務能力などに優れた能吏（良吏）

　嵯峨源氏は，嵯峨天皇の皇子で源姓を賜わって貴族となった人々，㋐のタイプであり，藤原北家は㋑のタイプである。つまり承和の変以後，仁明天皇の直系で皇位が継承された時期は，<u>㋒のタイプである文人官僚が排斥され，㋐・㋑のタイプ＝嵯峨系皇統のミウチ（血縁や姻戚関係に基づく親族）が国政を主導していた</u>。

▶幼帝が即位した背景

　9世紀後半，先に©・ⓓでみたように，<u>摂政の出現とセットで幼帝</u>が即位した。
　最初の摂政藤原良房は幼帝の外祖父（一般化すれば**外戚**）であり，陽成天皇の即位に際して摂政に任じられた藤原基経も同様に考えてよい。つまり，<u>藤原北家が天皇の外戚（母方のミウチ）の地位を独占したことによって幼帝の即位が可能となり，**天皇個人の年齢や資質・能力に依存しない国政運営が整った**</u>と言える。
　そして，それをサポートしたのが天皇の父方のミウチ嵯峨源氏であり，整備の進んだ官僚制であった。

解答例

　　9世紀前半は天皇権力の強化が進み，天皇個人の判断が国政で重視された。ところが，官僚養成機構の充実や法典の編纂を背景として官僚制が整備される一方，藤原北家が天皇の外戚の地位を独占して嵯峨天皇の直系で皇位が継承され，そのミウチが公卿を占めるなか，天皇の年齢や資質・能力に依存しない国政運営が可能となった。

論述作成上の注意
□天皇個人の果たす役割が変化していることを軸として答案を構成したい。

4　文字（漢字）を書くこととその普及

（2020 年度　第 1 問）

　文字（漢字）を書くこととその普及について問うた問題である。政治・実用面（A）と
文化・芸術面（B）とを区別して考えたい。

A

設問の要求

〔主題〕中央の都城や地方の官衙から出土する 8 世紀の木簡に『千字文』や『論語』の文
　　　章の一部が多くみられる理由。

▶『千字文』『論語』とはどのような書籍なのか

　最初に，『千字文』や『論語』がどのような書籍なのかを確認しておこう。

資料文(1)・(3)の読み取り

(1)『千字文』
　○千字の漢字を四字句に綴ったもの→初学の教科書 ……………………………ⓐ
　○書聖と称された王羲之の筆跡を集める→習字の手本 ……………………………ⓑ
(3)『論語』
　○中央の大学・地方の国学で共通の教科書とされる ……………………………ⓒ

　『千字文』『論語』ともに教科書という共通の性格をもつが，用途が異なっていた。
　『千字文』は，ⓐにあるように「初学の教科書」で「千字の漢字を四字句に綴った
もの」，つまり漢字や成句（漢文での決まり文句）を学習し始めた際に使う書籍であ
る。それに対して『論語』は，ⓒのように，官吏養成機関である大学・国学で教科書
として採用されていることから，官人が身につけておく教養を学ぶための書籍だと判
断できる。実際，律令制のもとで官人には儒教の学識が求められており，『論語』は
儒学の代表的な書籍（五経に準ずる）であった。

▶誰が『千字文』『論語』の文章の一部を書き記したのか？

　次に，『千字文』や『論語』の文章の一部を書き記した主体を確認したい。

　設問文には木簡が「中央の都城や地方の官衙から出土」したと書かれており，さら
に，ⓒからは中央の大学・地方の国学で『論語』が教科書として採用されたことがわ
かる。これらから，中央・地方の官人，具体的には，二官・八省などの中央官庁に勤
務する官吏，さらに地方官である国司や郡司らが書き記したと判断できる。

▶中央・地方の官人はなぜ木簡に書き記したのか?

　木簡とは文字を書き記した木の札で，紙と異なり，削って再利用できるという特徴
があった。ここから，官人は『千字文』や『論語』の文章の一部をくり返し書き記し，
それを通じて漢字や成句の習熟に努めていたと推論することができる。

▶中央・地方の官人はなぜ漢字や成句に習熟する必要があったのか?

　先ほど確認したように，官人には儒教の学識が求められていた。さらに，律令制で
は文書で行政を行うのが基本であり，法典や法令など文書はすべて漢文で書かれた。

資料文(4)の読み取り

(4)律令制下の人民支配
　◦国府で戸籍を3通作成する
　◦地方から貢納される調は，郡家で郡司らが計帳などと照合
　　→貢進者・品名・量などを墨書した木簡をくくり付けて都に送る

　ここから地方官人にとって文書を作成・活用する能力が必須であったことがわかる。
つまり，中央・地方を問わず，官人には漢字や漢文の読み書き能力が不可欠であった。

B

設問の要求

〔主題〕中国大陸から毛筆による書が日本列島に伝えられ，定着していく過程において，
　　　　律令国家や天皇家が果たした役割。
〔条件〕唐を中心とした東アジアの中で考えること。

　最初に，「毛筆による書」とは何かを確認しておこう。

資料文(2)・(5)の読み取り

(2)伝来
　◦唐の皇帝太宗が好んだ「王羲之の書」の模本が遣唐使に下賜される ……………ⓓ
　　→遣唐使が（日本の朝廷のもとに）持ち帰る ………………………………………ⓔ
(5)定着
　◦空海・橘逸勢＝平安初めに唐に留学→唐代の書を通して王羲之の書法を学ぶ ……ⓕ
　　→書道の達人と呼ばれるようになる

　ⓓとⓕをあわせて考えると，「毛筆による書」が書道，なかでも王羲之の書（書
法）を指していることがわかる。したがってこの設問では，王羲之の書が伝えられ，
定着していく過程において，律令国家や天皇家が果たした役割を考えればよい。
　ⓓ・ⓔやⓕから，律令国家の役割の一つとして遣唐使（や留学生・学問僧）を派遣

したことを指摘できる。

資料文(3)・(5)の読み取り

(3)書の教育と書写
- 大学寮（大学）に書を教授する学者，学ぶ学生がいた ……………………ⓖ
- 長屋王家には書の手本を模写する人が存在したらしい ………………ⓗ
- 国家事業として仏典の書写がさかんに行われた ………………………ⓘ

(5)聖武天皇・光明皇后の事績
- 聖武天皇遺愛の品の中に，王羲之の真筆や手本があった …………………ⓙ
- 光明皇后が王羲之の書を模写した ………………………………………ⓚ

　ⓖから，律令国家が大学に毛筆による書の教育体系を整えていたことがわかり，ⓗのように模写に従事した人は，大学で書を学んでいたと推察できる。また，ⓘのように律令国家は仏典の写経事業をさかんに行っていた。写経では心を込めて美しく文字を書くことが求められ，ここでも大学での書の教育が効果を発揮したと推察できる。

　一方，ⓙ・ⓚから，天皇家が王羲之の書を収集し，模写していたことがわかる。

　これらが毛筆による書が定着していく過程における律令国家や天皇家の役割である。

▶「王羲之の書」とは何か？

　なぜ王羲之の書が広まり，定着したのか。

　設問のなかで「唐を中心とした東アジアの中で」と指示されていることを意識したい。ⓓによれば，唐の皇帝太宗が王羲之の書を好んで模本（複製）をたくさん作らせていた。8世紀当時，唐が東アジアの政治・文化の中心であったことを念頭におけば，唐皇帝の愛好する書が日本でも規範として受容されたと判断できる。

解答例

　A律令制は文書行政が基本で，官人は文書の読み書き能力や儒教の学識が求められたため，木簡を使って漢字や成句の習熟に努めた。

　B唐皇帝の愛好した毛筆による書が下賜され，遣唐使を通じて伝えられた。東アジアでは唐が文化の規範であったため，律令国家は大学に書の教育体系を整えるとともに仏典の写経事業を行わせ，天皇家は積極的に書の模写・収集につとめるなど，書道の定着を促した。

論述作成上の注意

□Bについて。「唐を中心とした東アジアの中で」との条件については，唐の政治・文化が日本や新羅など東アジア諸国にとって規範とみなされたことが指摘できればよい。

5　摂関政治期における年中行事の成立と日記

(2019年度　第1問)

平安中期における朝廷の行事運営の特徴，それと貴族の日記が多く残ることとの関係を
問うた問題だが，それを通じて年中行事のもつ意味をも考察させようとする出題である。

A

設問の要求

〔主題〕この時代（10〜11世紀前半）の上級貴族にはどのような能力が求められたか。

まず，上級貴族とはどのような人々かを確認しよう。

上級貴族とは，三位以上の位階をもち，それに相当する官職に就く貴族のことであ
り，資料文(2)にある「大臣・大納言など」つまり太政官の公卿らである。

では，上級貴族（「大臣・大納言など」）に求められたものは何か。

資料文のなかで大臣・大納言らが行ったことが書かれているのは，資料文(2)である。

資料文(2)の読み取り ＜パート1＞

(2)朝廷の諸行事を執り行う責任者＝「上卿」
　○「上卿」は大臣・大納言などがつとめる

ここから，上級貴族は朝廷の年中行事を責任者（上卿）として執り行っていたこと
がわかり，それに関する「能力」を考えればよいことがわかる。

「上卿」を実際につとめた大臣をめぐるエピソードが資料文(3)・(4)である。

資料文(3)・(4)の読み取り

(3)左大臣藤原顕光のエピソード
　○重要行事の手順や作法を誤ることが多かった
　　→他の貴族たちの評価＝「前例（先例）に違う」として「愚か」と嘲笑
(4)右大臣藤原実資のエピソード
　○様々な儀式や政務の先例に通じる→後世の評価＝「賢人」

この2つのエピソードを対照させれば，上級貴族には年中行事の手順や作法に関す
る先例に通じ，担当した行事を先例通りに執り行う能力が求められたと判断できる。

なお，先例とは，資料文(1)によれば，年中行事として整った政務・儀式を執り行う
際の手順や作法に関わる，積み重ねられた細かな行動規範・慣例である。

B

設問の要求

〔主題〕この時期（10〜11 世紀前半）に貴族の日記が書かれた目的。

　設問文では，資料文(4)・(5)に対応して藤原道長や藤原実資という上級貴族の日記が具体例として列挙されつつも，「貴族の日記が多く書かれるようになった」と貴族一般の日記が考察の対象とされている。その点を念頭におきながら，考えていきたい。

▶上級貴族と他の貴族とは何が違うのか

資料文(2)の読み取り ＜パート２＞

(2)朝廷の諸行事を執り行う責任者＝「上卿」
　◦上卿をつとめることができるのは大臣・大納言などだけ
　◦地位によって担当できる行事が異なる ……………………………… ⓐ

　ここから，上卿となるのは上級貴族だけで，他の貴族は参加するにすぎないことがわかる。さらに，ⓐによれば，上級貴族にしても上卿として担当できる行事は地位によって異なっていたという。つまり，儀式での経験は地位（官職）により異なっていたことがわかる。

▶貴族の日記には何が書かれていたのか

　資料文のなかで貴族の日記について書かれているのは，資料文(4)・(5)である。

資料文(4)・(5)の読み取り

(4)右大臣藤原実資のエピソード
　◦祖父＝左大臣藤原実頼の日記を受け継ぐ ……………………………… ⓑ
　◦自らも長年日記を記す ………………………………………………… ⓒ
　〔結果〕様々な儀式や政務の先例に通じていた ……………………… ⓓ
(5)右大臣藤原師輔（道長の祖父）の遺訓
　◦日記に特に記録しておくことがら
　　重要な朝廷の行事 …………………………………………………… ⓔ
　　天皇や父親に関すること …………………………………………… ⓕ
　〔理由〕後々の参考のため …………………………………………… ⓖ

　日記には年中行事として毎年繰り返される儀式や政務について記録されていたことが，ⓔからわかる。そして，ⓑ・ⓒとⓓによれば，祖父の日記を受け継いだり自ら長年日記を記したりすれば先例に通じることができると判断でき，ここから，日記には，年中行事の手順・作法に関する細かな動作が記されていることがわかる。

▶貴族の日記は誰が利用するのか

　諸行事での細かな動作・先例を記録するのは，⑧によれば，「後々の参考のため」
だという。そして，藤原実資のエピソード（ⓑ・ⓒとⓓ）を参照すれば，自分や子孫
が後々参考にするためだと判断できる。

▶貴族はなぜ子孫にも先例を伝えようとしたのか

　藤原師輔が日記のなかに記録しておく重要事項の一つとして「天皇…に関するこ
と」（ⓕ）を特記している点に注目したい。そもそも朝廷の儀式は天皇を頂点とする
貴族社会の秩序を表象するものであり，貴族たちは儀式に参加することを通じ，天皇
との距離，貴族社会のなかでの自らの位置を意識化していた。

　そのうえで，師輔が「父親に関すること」（ⓕ）もあげている点に留意し，貴族の
家へと考えをめぐらせたい。

　平安時代中期には家ごとに昇進できる官職の上限やその昇進ルートが固定し始め，
家格（家柄）が定まりつつあった。ここから，子孫も父祖と同じ地位・官職に就き，
朝廷の諸行事において，それぞれの地位に応じて同じ役割を果たし，同じ動作を求め
られるようになっていたことがわかる。

　したがって，個々の貴族が諸行事で果たす役割とそこでの動作は天皇を頂点とする
貴族社会でのそれぞれの家格を可視化するものであり，自らが経験した諸行事につい
ての細かな先例は家として継承すべき行動規範として意識された。だからこそ，諸行
事での細かな動作・経験を各自の立場から日記に書き記して子孫へと継承させること
は，貴族社会のなかで自らの家格を維持・確保するうえで重要な意味をもっていた。

> **貴族の日記が書かれた目的**
> 年中行事での細かな動作・先例を備忘のために記録
> →子孫に対して家として継承すべき行動規範を提示

解答例

　　　　A諸行事の先例に通じ，責任者として行事を先例通りに行う能力。

　　　　B平安時代中期，家ごとに昇進できる官職の上限が固定し始め，天
　　　　皇を頂点とする貴族社会での位置・家格が年中行事を通じて可視化
　　　　された。そこで貴族は行事での細かな動作を各自の立場から備忘の
　　　　ために記録し，家の行動規範として子孫へも継承させようとした。

論述作成上の注意

□Aについて。諸行事（年中行事）の責任者であったことを忘れないようにしたい。
□Bについて。貴族の家に注目したい。

6 藤原京の特徴

(2018 年度 第1問)

　藤原京の宮都としての特徴と歴史的意義を問うた出題である。変化や意義（他との関連のなかで果たした役割・重要性）が問われているので、藤原京についての内容説明に終始しないように注意したい。また、指定語句に縛られず、主題に正面から取り組みたい。

設問の要求

〔主題〕藤原京ではどのような変化が起きたのか。
〔条件〕①それまでの大王の王宮のあり方と比べる。
　　　　②律令制の確立過程における藤原京の歴史的意義にふれる。
　　　　③指定語句（官僚制、条坊制、大王宮、大極殿）を用いる。

　まず、設問文の冒頭で、藤原京が「中国の**都城**にならって営まれた」初めての宮都であると説明されている点に注目したい。

▶**都城とはどのようなものか**

　都城は、天皇の住居や官庁（官衙）、政務や儀式を行う場などからなる**宮**と、官僚や一般の人々の宅地が配された**京**の部分とからなる都の形態である。

　なお藤原京は、平城京やそのモデルとなった唐の都長安が宮を北部中央に配置したのとは異なり、右図のように宮（藤原宮）を中央部に配置する構成をとっていた。

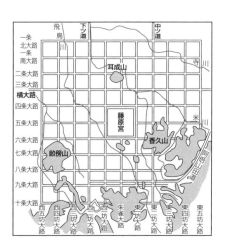

▶**それまでの大王の王宮のあり方**

　もともと大王の王宮（大王宮）は大王の邸宅であり、大王の代替わりごとに移っており、大王一代のなかでもさまざまに移転するケースがあった。そこでは、有力な王族や**大臣・大夫**に任じられた中央の有力豪族が集まって政務を協議していた。

　一方、大王宮の周囲には有力な王族や中央の有力豪族の邸宅が設けられ、朝廷のさまざまな職務がそれらの邸宅に分散して担われていた。それぞれの邸宅には、**伴造**を務める中央の中小豪族や地方豪族らが奉仕し、軍事・財政・祭祀・文書作成などの職務に従事していた。これが6世紀、氏姓制度のもとでの政治組織のあり方であった。

　このあり方は、推古天皇が7世紀初め飛鳥に小墾田宮を営んで以降、変化する。大王宮には大王の邸宅だけでなく官僚が集まる朝堂・朝庭が設けられた。さらに、孝徳

天皇によって進められた大化の改新のなかでは朝堂院や官庁（官衙）などが設けられた大規模な宮（難波長柄豊碕宮）が建設され，朝廷の職務を大王宮に集中させようとする動きが進んだ。このように推古朝以降，大王宮のあり方に少しずつ変化が生じたものの，大王宮が代替わりによって移転することに変わりはなく，宮の周囲に官僚らの宅地を配する区域を計画的に整備する動きも進まなかった。

▶藤原京での変化

　天皇の邸宅（内裏）を中心として宮が建設され，政務や儀式を行う大極殿・朝堂院や官庁，倉庫などが設けられた。この点は，推古朝以来の動きを継承したものである。

　一方，宮の周囲に設けられた京は，条坊制に基づいて東西・南北の道路によって整然と区画され，寺院や市が整えられると共に，王族や豪族らに邸宅が支給された。こうして朝廷の職務を分担する官庁と王族・豪族らの私的な邸宅とが分離され，王族・豪族らが能力・功績に応じて一人ひとり天皇から位階を授けられ，位階に応じた官職に任じられて宮で官僚として勤務する体制が整えられていく。つまり藤原京は，律令制の確立過程において氏族制から官僚制への転換を推進する，言い換えれば，官僚制の成立を画期づけるという歴史的意義をもった。

　さらに，藤原京は三代の天皇の宮都とされた。天武天皇により建設が始められ，持統天皇のもとで遷都したあと，文武天皇へと代替わりした際にも継承され，元明天皇が平城京に遷都するまで宮都として使われ続けた。この点が藤原京のもう一つの新しさである。

解答例

　それまでの大王宮は代替わりごとに移った上，朝廷の職務は有力な王族や中央有力豪族の邸宅に分散していた。それに対して藤原京は，天皇の住む宮のなかに政務や儀式を行う大極殿・朝堂院，朝廷の職務を担う官庁を設けると共に，宮の周囲に条坊制に基づく京を設けて王族や豪族らを集住させ，三代の天皇の宮都とされた。こうして藤原京は，氏族制から官僚制への転換を推進する意義をもった。

論述作成上の注意

□6世紀の大王宮と藤原京のあり方を対照させ，違いを明確に表現したい。
□指定語句を使う際には，指定語句を説明することよりも，説明の要求に対応した論旨の確保を優先しよう。

7　律令国家とその東北支配

（2017 年度　第 1 問）

律令国家と東北地方との関係について問うた出題である。資料文で取り上げられた内容を手がかりとしながら考察を進めていきたい。

A

設問の要求

〔主題〕律令国家にとって東北地方の支配がもった意味。

まず，「東北地方」とはどのような地域を指すのかを考えておきたい。

資料文(1)で，現在の新潟県域に位置する「淳足柵・磐舟柵」が取り上げられており，現在の東北地方をそのまま指すわけではない。では，この問題でいう「東北地方」とは何か？　それは，蝦夷が居住する地域である。

▶蝦夷とは？

蝦夷とは，律令国家の形成期，まだ支配に服していなかった，新潟・宮城を結ぶラインより北の地域に居住する人々に対する呼称である。

こうした蝦夷の居住する地域（蝦夷地域）＝東北地方に対し，資料文(1)にあるように，律令国家は各地に城柵を設置し，国を建てて支配を広げ，蝦夷を帰順・服従させた。そして，資料文(2)のように，一部は他の諸国へ強制移住させるものの，多くは現地で律令国家の支配下に組み込んだ。しかし，いずれのケースでも戸籍・計帳には登録せず，公民とは別に夷狄（異民族的な存在）と扱い続けた。

▶律令国家の国家意識

律令国家は唐にならって整備され，律令法のもとに統治された国家である。国内では公地公民制を整える一方，国際的には自らを中華と位置づけ，周辺の国家・地域を蕃国・夷狄として服属させる帝国構造を独自に作りあげることをねらっていた。

唐にならった帝国構造

- 新羅・渤海など周辺諸国…蕃国と扱う→使節の来日を天皇への服属・朝貢と扱う
- 東北の蝦夷や九州南部の隼人…夷狄と扱う→服属・朝貢の儀礼を行わせる

つまり，東北地方を支配し，そのうえで，そこに居住する人々を夷狄と扱うことは，唐にならった帝国構造を構築するのに必要な要素の一つであった。そして，各地に設けられた城柵は，蝦夷に服属・朝貢の儀礼を行わせるための支配拠点であった。

▶他の意味は考えられないか？

気になるのが資料文(1)の「東アジアの国際関係の変動の中で」という表現である。東北地方への進出と「東アジアの国際関係の変動」との間に関連があることを示唆している。資料文(1)で取り上げられている7～8世紀を素材として考えてみたい。

7～8世紀における東アジアの国際関係

7世紀半ば：唐が高句麗へ侵攻→朝鮮北部～中国東北部で軍事的緊張
7世紀後半：唐・新羅が百済を滅ぼす→白村江の戦いで倭を破る→高句麗を滅ぼす
　　　　　　唐と新羅が朝鮮支配をめぐって対立→新羅が倭（日本）へ接近
8世紀　　：唐・新羅と渤海が対立→渤海が日本へ提携を求めて遣使

7世紀半ば，**唐の高句麗侵攻**にともない朝鮮北部から中国東北部にかけての地域で軍事的緊張が高まったこと，7世紀末に沿海地方から中国東北部にかけて成立した**渤海**が8世紀前半，唐や新羅との対立関係から日本に提携を求めてきたこと——これらを念頭におけば，東北地方（特に日本海側）の支配には，九州・大宰府とは別の，日本海北回りによる大陸との交渉ルートを確保するという意味があったと推論することができる。

B

設問の要求

〔主題〕7世紀半ばから9世紀に，東北地方に関する諸政策が国家と社会に与えた影響。
〔条件〕その後の平安時代の展開にも触れること。

まず，7世紀半ば～9世紀の東北地方に関する諸政策を資料文から抜き出そう。政策に関連する説明が含まれているのは資料文(1)・(2)である。

資料文の読み取り ＜パート1＞

(1)東北地方への進出
　◦各地に城柵を設置し，国を建てる　……………………………………………………ⓐ
(2)東北支配に関連する諸政策
　◦東国を対象　：度重なる軍事動員　…………………………………………………ⓑ
　　　　　　　　　農民の東北への移住　………………………………………………ⓒ
　◦他の諸国を対象：大量の武具製作　…………………………………………………ⓓ
　　　　　　　　　　帰順した蝦夷の移住受入れ　……………………………………ⓔ

ⓐの政策を進める上で必要とされたのが，ⓑ（軍事動員），ⓒ（柵戸の移住），ⓓ（諸国での武具製作）である。さらに，東北支配の進展とともに行われた政策がⓔ

（帰順した蝦夷の諸国への強制移住）であり，東北支配への蝦夷勢力の反発・抵抗にともなうのが，資料文(3)の 30 数年間の武力衝突（東北三十八年戦争）である。

では，これらの諸政策がもたらした影響を国家と社会とに分けて考えよう。

▶東北地方に関する諸政策が国家に与えた影響

資料文のなかで国家に関連する表現が用いられているのは，資料文(3)である。

資料文の読み取り ＜パート 2＞

(3)律令制支配が東北に伸長した結果
  。8 世紀後期〜9 世紀初期，30 数年間の政府と蝦夷勢力との武力衝突を招く
  → { 。支配がさらに北へ広がる ……………………………………………………ⓕ
      。負担が国力の限界に達する ……………………………………………………ⓖ

ⓕは，支配の拡大という律令国家にとってプラスの影響についての指摘である。

一方，ⓖは，国力の限界というマイナスの影響についての指摘である。これは，桓武天皇のもとでの**徳政相論（論争）**についての記述であり，徳政相論では蝦夷勢力との戦闘（「軍事」）が平安京の造営（「造作」）とともに農民の疲弊につながっていることが指摘されている。このことをⓑ・ⓒ・ⓓと関連づけて考えれば，軍事力を使って蝦夷の帰順・服従を進めること（軍事的征討），そして設けた城柵とそれを通じた支配を機能させるために東国農民を柵戸として移住させることは，農民の負担増加を招き，公地公民制が動揺する一因となった，と表現することができる。

国家への影響
  東北支配の拡大・国土の拡張が実現
  農民の負担が増加＝公地公民制が動揺

▶東北地方に関する諸政策が社会に与えた影響

資料文のなかには「社会的」との表現が 2 カ所ある。1 つは資料文(2)のⓓ・ⓔの影響（「社会的影響」と明記してある），もう 1 つは資料文(5)である。

ⓓ（武具製作）と資料文(5)がともに武士（兵）に関連することはすぐに判断できる。そして，この視点から再び資料文を読むと，資料文(4)に東北地方の物産として「優秀な馬」があげられている点に気づく。ここから，蝦夷が「優秀な馬」を駆使して戦う人々であり，彼らは騎馬を用いた武芸，弓馬の武芸に長けていたとの推論が成り立つ。そして，ⓔの蝦夷の諸国への移住と地域での受入れは，騎馬による武芸，弓馬の武芸が地域に広がる契機となったと考えることができる。つまり，平安時代中期以降に各地で武士（兵）が出現する素地を整えたことを，社会的な影響の一つとして取り上げることができる。これで「その後の平安時代の展開」との関連が見えてきた。

資料文の読み取り ＜パート3＞

(5) 10世紀以降の展開
　◦ 東北を鎮めるための軍事的官職が存続
　　→軍事貴族（武家）が武士団の棟梁としての力を築く＝社会的な意味をもつ

　地域社会に蓄積された武力（兵）を，軍事的官職に基づく軍事動員を通じて組織化していったのが軍事貴族（武家）であった。

社会への影響

　武具製作や弓馬の武芸（騎馬による武芸）が広がる＝武士（兵）が出現する素地
　その後の展開…軍事的官職を利用した軍事動員→武士団が成長

▶資料文(4)も活用しよう

　残った資料文(4)もしっかり活用しよう。

資料文の読み取り ＜パート4＞

(4) 東北地方と都・諸国との交流
　◦ 東北地方の物産（金・海産物・優秀な馬など）への貴族らの関心が高い　　………ⓗ
　◦ 陸奥国と太平洋側の諸国の間では海上交通による人々の往来・交流があった　…ⓘ

　ⓗ・ⓘは，金や優秀な馬など威信財ともなる東北地方の物産への関心が中央・地方を問わず高まり，経済交流が進んだことを示している。とはいえ，ⓘは経済面に限定されていない。資料文(5)で取り上げられている「鎮守府」が陸奥国にあることを考慮に入れれば，陸奥国と太平洋側の諸国（たとえば常陸国や上総国，下総国）との海上交通による往来は，船（兵船）を使った軍事動員をも含むものと想定してよい。

解答例

　　　Ａ国際関係の変動に対応する北方ルートの確保という意味をもつ上，
　　蝦夷の服属は唐にならう帝国構造を構築するのに必要であった。

　　　Ｂ国土の拡張を実現させたが，農民の負担が増加して公地公民制の
　　動揺を招いた。一方，東北地方の物産への関心が高まって経済交流
　　が活発化すると共に，諸国で武具製作や弓馬の武芸が広がり，官職
　　を利用した軍事動員を媒介として武士団が成長する素地を作った。

論述作成上の注意

□Aについて。帝国構造の指摘にとどめず，多面的に考えてみたい。
□Bについて。「その後の平安時代の展開」を書きすぎないように注意したい。

8 律令制下の国司と郡司 (2016年度 第1問)

国司と郡司の関係は，定番のテーマであるが，自分のもっている知識だけに頼らず，資料文からデータを読み取り，それを自分の知識と総合しながら考えていこう。

A

設問の要求

〔主題〕郡司が律令制のなかで特異な性格をもつ官職といわれる歴史的背景。

まず，郡司という官職のもつ「特異な性格」を，資料文(2)から整理しておこう。

資料文の読み取り ＜パート1＞

(2)郡司のもつ「特異な性格」
　任期の定めのない終身の官職である
　官位相当制の対象ではない
　職分田（職田）の支給額が（国司に比べて）多い

任期の定めのない終身官で，官位相当制の対象ではないということは，個人の能力や功績に応じて授与された位階に応じて任じられる官職ではないこと，つまり，官僚制原理から外れた，氏族的性格をもつ官職であることを示している。実際，郡司には旧国造など在地の豪族が任用された。

とはいえ，こうした「特異な性格」の内容を説明することは求められておらず，郡司がこのような官職であった歴史的背景，つまり，郡司という官職がそのような性格をもつにいたった歴史的な経緯が問われている。その手がかりが資料文(1)である。

資料文の読み取り ＜パート2＞

(1)大化改新（改新政治）での政府の政策
　国造など現地の豪族＝「評の役人となる候補者」→政府の審査を経て任命

このことは，政府は大化改新のなかで公地公民制への移行をめざして評を設置するにあたり，国造など現地の豪族が地域社会に対して支配力をもつことに注目し，その支配力を中央政府による人民支配の実現に活用しようとしたことを示している。

こうした政策を前提として，大宝律令が施行されて評が郡へ改組されて以降も，律令政府は旧国造層から郡司を登用した。そして，職分田を多く支給するなど経済的な優遇措置をとり，その伝統的な支配力を実質的に保障した。ただし，同じ郡内には旧国造層の豪族が複数併存しており，郡司は持ち回り的に継承されるのが実情であった。

B

設問の要求

〔主題〕① 8世紀初頭, 国司と郡司とはどのような関係であったか。
②それが 9 世紀にかけてどのように変化したか。

資料文のなかに具体的な事例が記されているので, それらに即して考えていこう。

まず, 8世紀初頭についてである。資料文(3)～(5)の説明のうち, 時期の明示されていない部分は律令での規定, あるいは 8 世紀初頭についての内容と考えてよい。

資料文の読み取り ＜パート3＞

8世紀初頭について

(3)。国司・郡司が「誰もいない」正殿に向かって拝礼する　……………… ⓐ
　。国司長官が次官以下と郡司から祝賀をうける　……………… ⓑ
　。郡司は国司に対し, 位階の上下にかかわらず馬を下りる礼をとる　……… ⓒ
(4)。郡家の正倉＝田租や出挙稲を蓄える
　　→そのなかに郡司が管轄する郡稲が含まれる　……………… ⓓ
(5)。郡司には, 中央で式部省が候補者を試問した上で任命した　……………… ⓔ

まず, ⓐについて。律令国家が天皇中心の国家であることを念頭におけば, 国司・郡司が拝礼する「誰もいない」正殿には**天皇**の存在が想定されていると判断できる。国司と郡司はともに**天皇**によって任命される官職 (ⓔ) であり, その意味からも, 国司と郡司が, **天皇との関係においては, 官吏として同等の立場**にあったことがわかる。

ところが, ⓑ・ⓒのように, 国司 (特に国司長官) は郡司より身分的に上位にあった。一方, 郡司は行政の実務を担い, 人民から徴収した田租などを郡家の正倉で管理していた。管理するだけではない。郡司が独自に管轄する郡稲があり (ⓓ), そのなかに出挙稲 (出挙として貸し付ける稲) が含まれることを考慮に入れれば, 田租の運用が一部, 郡司にゆだねられていたと推論することができる。

続いて, 9 世紀にかけての変化である。

資料文の読み取り ＜パート4＞

9世紀にかけての変化

(4) 734 年
　。国司の単独財源である正税＝郡稲や他のいくつかの稲穀を統合　………… ⓓ′
(5) 812 年
　。国司が推薦する候補者 (新興の豪族が多い) をそのまま郡司に任命　……… ⓔ′

ⓓ′ では, 郡稲がなくなり, それが国司の管轄下に組み込まれたことがわかる。つまり, 郡司がもっていた田租の管理・運用における裁量権が奪われ, 地域社会に対す

る実質的な支配力が後退したこと，代わって国司の支配力が強化されたことがわかる。一方，ⓔ′は郡司の任命方法が実質的に変化し，国司が実質的に郡司の任命権を握ったことを示している。さらに，これにともなって新興の豪族が多く任命されるようになったことは，国司が旧国造層の伝統的な豪族の勢力を抑え，郡司を自らの個別的な支配・統制の下に従属させたことを意味している。8世紀から9世紀にかけて，国司の権限が強化されることを通じて，伝統的な秩序の強く残っていた地域社会のなかに律令制的な支配が徐々に浸透していったと言える。

発 展　郡家と国府の整備

　国司と郡司の関係とその変化は，国府や郡家の発掘事例からも確認される。

　郡家が早くは7世紀後半から，多くは7世紀末から8世紀初め頃に成立したのに対し，国府は8世紀に入ってから，多くは8世紀半ば以降に成立したことがわかっている。このことは，律令制的な地方支配がまず，評の役人，のち郡司に任用された旧国造層の現地の豪族がもつ伝統的な支配力に依拠することによって実現し，その後，中央から派遣された国司による国内統治が強化されていったことを象徴的に示している。

　国司による行政がすでに7世紀後半に行われていたことは木簡などから確認されているものの，その時期には独立した国の行政施設はなく，評の施設に付属する状態だったと考えられている。そして，8世紀半ばから後半にかけて国府の整備・充実が進み，国庁が掘立柱から瓦葺き・礎石建ちの建物へと変化する。国庁は都の大極殿・朝堂院を模して作られた政務・儀式の場であり，郡の上位に君臨する国の権威を誇示するものに変化していくのである。

解答例

　A政府は大化の改新以降，国造など現地の豪族がもつ地域社会への支配力に依拠し，律令制に基づく地域支配の実現をはかっていた。

　B8世紀初頭，国司が郡司より身分的に上位だが，国司と郡司は天皇任命の官職として同等で，郡司が田租の管理・運用に裁量権をもった。しかし次第に国司が田租の管理・運用権や郡司の実質的な任命権を握り，9世紀には国司が郡司を個別的な支配下においた。

論述作成上の注意

□Aについて。郡司のもつ「特異な性格」の内容を説明することは求められていない点に注意しよう。

□Bについて。もともと郡司が国司に対して下馬の礼をとっていたことを「国司への従属」と表現すると，9世紀にかけての変化が明らかにならない。表現に工夫がほしい。

9　神々への信仰と仏教　　　　　（2015年度　第1問）

　神々への信仰と仏教の関連について問うた出題である。自分のもつ知識と資料文に示されたデータとを総合しながら考えていこう。

A

設問の要求

〔主題〕在来の神々への信仰と仏教との共存が可能となった理由。

　考える手がかりは，設問文の①「在来の神々への信仰と伝来した仏教との間には違いがあった」との指摘であり，②「共存」という表現である。①に注目すれば，神々への信仰と仏教との相違点を考える必要があり，②「共存」との表現に従えば，両者の親和性，お互いを受け入れる要素・余地を考える必要がある。

　しかしその前に，神々への信仰と仏教がどのように共存したのか，確認しよう。

資料文の読み取り　＜パート1＞

(3)奈良時代における藤原氏の事例
　　◦氏寺である興福寺を建立
　　◦氏神である春日神を祭る

　神々への信仰と仏教は，氏神の祭りと氏寺の建立という形で共存していたのである。

▶まず，氏神の祭りとは元来どのようなものだったか

資料文の読み取り　＜パート2＞

(1)大和国の大神神社
　　◦山（三輪山）が神＝祭りの対象　………………………………ⓐ
　　◦のちに建てられた社殿＝礼拝のための施設　………………ⓑ

　神々への信仰はもともと，ⓐのように，円錐形の整った山や高い樹木，大きな岩などを神あるいは神の宿るところと考え，祭祀の対象とすることから始まり，人々に豊穣や災厄をもたらす自然への畏怖に由来していた。そして大神神社では，ⓑのように，神を造形して本殿に祭ることが行われなかった。つまり，神は元来，形象をもたない存在，霊魂（アニマ）であった。このように神々への信仰はアニミズム（自然崇拝）に由来するものであり，整った教義をもたない融通無碍なものであった。

▶次に，氏寺とは何か

　氏寺は各地の豪族（氏族）によって建てられた寺院で，古墳に代わり豪族の権威を示すものとして建立された。その最初が，蘇我馬子の建立した**飛鳥寺**である。

資料文の読み取り ＜パート3＞

(2)飛鳥寺
・塔の下に埋納された勾玉や武具など＝古墳の副葬品と同様の品々 ……………ⓒ

　飛鳥寺の伽藍配置は**塔つまり仏舎利（釈迦の遺骨）を納める施設**が中心であり，当初は仏舎利が主な礼拝の対象であったことを示している。そして，仏舎利を塔の下（心礎）に納める際，「古墳の副葬品と同様の品々」が一緒に埋納されたということは，仏舎利への礼拝が古墳での死者への葬送儀礼に類似するものとして解釈・受容されたと判断できる。先に確認したように在来の信仰は元来，融通無碍であり，仏教は在来の信仰の枠内で，それと習合する形で受け入れられたと言える。

　ところで，ⓒのなかで「古墳」の表現が使われていることに再度，注目したい。

　古墳は，氏神（氏族の祖先神・守護神）ではなく，個々の死者（祖先）を葬送・供養する場であった。仏教が**祖先の霊をとむらう機能（祖霊追善）**をもっていたことを想起すれば，氏寺は，個々の死者（祖先）を供養する**古墳の機能を代替し，継承する**施設でもあったと理解できる（死者の葬送そのものに仏教が関わるのは後の時代だが）。この点が，社殿を設けて氏神を礼拝するようになった神々への信仰との相違であり，仏教と神々への信仰とのすみ分けが可能な点であった。

B

設問の要求

〔時期〕奈良時代〜平安時代前期
〔主題〕神々への信仰は仏教の影響を受けてどのように展開したのか。

　神々への信仰の，奈良時代以降におけるあり方を説明しているのは資料文(4)〜(6)なので，それらの内容を読み取っていこう。

資料文の読み取り ＜パート4＞

(4)奈良時代前期　神宮寺の建立，神前読経 …………………………ⓓ
(5)平安時代前期　神像彫刻の製作 ………………………………ⓔ
(6)平安時代中期　本地垂迹説の広まり …………………………ⓕ

　これらが仏教の影響を受けたものであることを説明していけばよい。

　まず，ⓓは仏教の影響を受け，中国伝来の**神仏習合思想**が広まっていたことを示す。

　次に，ⓔは古来，形象をもたなかった神々が新しく造形されるようになったことを示しており，「僧の姿をし」ていることから，この神々の偶像化が仏教の影響によるものであることが分かる。

　こうした動きと共に，神々のなかには護法善神（仏教の守護神）として仏教に取り込まれるものが登場する。さまざまな階層のある仏の一つ（菩薩や天など）として位置づけられるのである。こうした中，神々と仏を同体とする考えが生じ，さらに，神々は仏が人々を救うためにこの世に仮に姿を現したものとする**本地垂迹説**が登場する。しかしそれは，ⓕによれば，平安時代中期である。ところが，設問での時期設定は「平安時代前期」までである。したがって，本地垂迹説の登場・普及には触れず，そのことが神々への信仰にとってどういう事態をもたらすのか，方向性を表現して答案を終えるのがよいだろう。

　神々への信仰は，設問Aで確認したように，アニミズムに由来し，教義や体系的な理論を持ち合わせてはいなかった。ところが，神々が仏教に取り込まれ，仏と同体とされ，さらに個々に本地とされる仏が設定されると，仏教の体系的・普遍的な理論のなかで神々が体系的に語られるようになる。つまり，神々への信仰が体系化，理論化される前提が形成されたのである。

解答例

　　　A神々への信仰は豊穣を祈り，災厄を避ける氏神の祭りへつながり，
　　　仏教のもつ祖先供養の機能が古墳での死者への祭祀を代替した。

別解　A神々への信仰はアニミズムに由来して元来，融通無碍である一方，
　　　仏教のもつ祖先供養の機能が古墳での死者への祭祀を代替した。

　　　B奈良時代，神仏習合思想の広まりに伴い，神宮寺が建立され，神
　　　前読経が行われるなど，神々への信仰に仏教が浸透し始めた。平安
　　　時代前期には神々の偶像化が進むと共に，神々と仏を同体とする考
　　　えが生じ，神々への信仰が仏教の教義を借りて体系化され始めた。

論述作成上の注意

□Aについて。神々への信仰と仏教が「共存した理由」ではなく「共存が可能となった理
　由」が問われている点に注意しよう。

□Bについて。神々への信仰と仏教の関係ではなく，神々への信仰の展開が主題となって
　いる点に注意して答案を書こう。

10 古代律令制における国政審議 (2014年度 第1問)

古代律令制（摂関政治期を含む）における国政審議のあり方を問うた出題である。設問Aは過去問に類題（2006年度）があり対応しやすいが，設問Bは資料文(2)・(3)をいかに活用するかがポイントである。

A

設問の要求

〔主題〕律令制では国政はどのように審議されたのか。
〔条件〕その構成員に注目する。

　律令制のもとで国政を担うのが太政官であり，太政官の左右大臣・大納言ら**公卿**と総称される上級官人が国政の審議にあたることは知っているだろう。したがって，公卿がどのような人々によって構成されるのかを考えればよい。

▶太政官の公卿はどのような人々によって構成されていたのか？

　国政の審議にあたる人々の構成について説明してあるのは，資料文(1)のみである。したがって，資料文(1)を主な素材として考えていこう。

資料文の読み取り ＜パート1＞

(1)国政の運営（国政の重要事項の審議）
　。ヤマト政権…大臣・大連と大夫が参加
　　┌大臣・大連＝臣姓・連姓の豪族のうち最も有力なもの
　　└大夫　　　＝有力氏族の氏上
　。律令制…「こうした伝統」を引き継いだ部分もあった

　注目したいのは①「こうした伝統」が引き継がれている点，②引き継いだ部分「も」あったと書かれている点である。

　①「こうした伝統」とはヤマト政権における国政審議のあり方であり，有力氏族から氏上（代表者）が一人ずつ出て，合議により国政の審議にあたるというものである。律令制においても当初，このあり方が継承されていた。

　ところが奈良時代になると，②官僚制原理が次第に機能・浸透するのにともない，藤原氏のように，行政能力と儒教的学識をそなえた官僚政治家が氏族の枠にとらわれることなく公卿に就任することが多くなった。

▶国政審議における天皇の関与

　ところで，国政の審議は太政官の公卿だけで担われたのだろうか。

　公卿の合議により決まったことがらがそのまま法となるわけではなく，天皇の裁可（決裁）を経て初めて法となり，各地に文書で命令・伝達された。他方，天皇が国政において主導的な役割を果たすこともある。実際，例えば桓武天皇や嵯峨天皇は貴族を抑えて強い権力を握って国政を主導したし，天皇から公卿への積極的なアプローチがありえたことは資料文(2)からもうかがえる。

　したがって，天皇の裁可についても答案の中に組み込めればよりよい。

B

設問の要求

〔主題〕(4)の時期（摂関政治期）に国政の審議はどのように行われていたか。
〔条件〕太政官や公卿の関与のあり方に注目する。

　設問Aが国政審議に携わる構成員に焦点があたっていたのに対し，設問Bでは行われ方に焦点があたっている点に注意したい。

▶摂政・関白の役割

　まず，摂政・関白が国政においてどのような役割を果たしていたか，確認しよう。

摂政…天皇が幼少時，天皇の権限を代行
関白…天皇が成人時，天皇を後見
→太政官の上に立つ・天皇の権限に深く関与

　このような摂政・関白が出現したのはどのような状況を背景としているのか。

　嵯峨上皇の死去（842年）を契機として承和の変が生じて以降，藤原良房による権力掌握が進み，摂政・関白の出現につながったことを念頭に置くならば，その時代＝9世紀についての資料文(2)・(3)を手がかりとして考えればよいことが分かる。

資料文の読み取り ＜パート２＞

(2)嵯峨天皇の政策
　・蔵人頭を設置
　　蔵人頭や蔵人…天皇と太政官組織をつなぐ＝天皇の命令をすみやかに伝達　……ⓐ
(3)太政大臣藤原基経の行動
　・素行に問題のある天皇を退位させる→多くの貴族層の支持　………………ⓑ

　ⓐより，嵯峨天皇以降，天皇と太政官組織が天皇主導のもとで連携する体制が整ったことが分かる。天皇が貴族を抑えて強い権力を握る体制が形成されたのである。

　こうしたなか，藤原良房は幼少の清和天皇が即位する直前（857年），太政大臣に

就任し，その即位（858 年）にともない実質的に**摂政**を務めた。さらに，ⓑのエピソードのあと，光孝天皇のもとで太政大臣藤原基経が実質的に**関白**を務めた。

　ここにⓑのエピソードを合わせて考えれば，摂政・関白は，多くの貴族の支持のもと，強い権力をもつ天皇の不適切な素行・判断を制御する役割を果たしたことが分かる。言い換えれば，天皇個人の年齢や能力・性向に関わりなく天皇の権限を行使できるようサポートするのが摂政・関白であり，摂政・関白は天皇と一体となって国政を主導したのである。これが資料文(4)にある「大きな権限」の実態であった。

▶太政官や公卿の関与

　公卿と併記される太政官とは何か？

　太政官が公卿と事務局（文書の作成・処理や先例の調査にあたる弁官・史・外記など）によって構成されることを念頭に置けば，事務局をも念頭に置いた表現だと考えることはできる。しかし，事務局は審議の前提となる文書などを整えるにせよ，国政の審議そのものに携わるわけではない。ⓐをふまえ，太政官組織が天皇と連携していたことが指摘できれば十分である。

　公卿については，資料文(4)で説明されている。

資料文の読み取り ＜パート３＞

(4)公卿が関わった国政事項
- 天皇・摂関のもとで叙位（位階の授与）や除目（任官）に関与
- 受領の勤務成績を合議（受領功過定）で審査

　このような形で公卿は国政の審議に関与した。ただし，日常的な政務は合議の対象ではなくなり，公卿の合議（陣定）は人事や財政，外交など重要事項に限られた。

解答例

　Ａ太政官の公卿が国政を審議し，天皇の裁可を受けた。公卿には当初，有力氏族の氏上が就いたが，次第に官僚政治家が任じられた。

　Ｂ天皇が太政官を統括して強い権力を握るとともに，摂政・関白のもと，天皇個人の能力に関わりなくその権限を行使できる体制が整っていた。天皇と摂関が一体となって太政官と連携しながら国政を主導し，公卿も受領の任命・審査など重要事項の合議に関与した。

論述作成上の注意

☐Ａについて。天皇の裁可にはふれられなくても構わない。
☐Ｂについて。公卿による主要政務の審議は，陣定という用語を使って説明してもよい。

11 ワカタケル大王の時代のもつ意味 (2013年度 第1問)

5世紀後半のワカタケル大王（倭王武・雄略天皇）の時代がもっていた意味を問うた出題である。問題の中で「古代国家成立の過程」がどのように設定されているのかを分析することが大切である。関連問題に2009年度第1問がある。

設問の要求

〔主題〕5世紀後半のワカタケル大王の時代が古代国家成立の過程でもっていた意味。
〔条件〕宋の皇帝に官職を求める国際的な立場と「治天下大王」という国内での称号の相違に留意する。

最初に①ワカタケル大王の時代がどのような時代であったか，②古代国家成立の過程とはどのようなものかを考えたうえで，主題に答える，という手順をとろう。

①を考えるため，まず，宋の皇帝に官職を求める国際的な立場と「治天下大王」という国内での称号の相違に留意する，との条件から考察したい。

注目したいのが「治天下」（「天下を治める」＝資料文(2)）という表現である。

「天下」とは天子の治める地域，つまり，理念としては全世界を指す言葉である。したがって，「治天下（天下を治める）」と主張することは最高支配者であると自称することなのである。一方，宋の皇帝に官職を求めることは，宋の皇帝に臣従し，その支配に服すること，皇帝の治める「天下」の一部に組み込まれることを意味する。

ワカタケル大王はなぜこのような「矛盾」した姿勢をとったのか。それを考えるため，資料文から国際面に関するデータを抽出しよう。

▶ワカタケル大王の時代とはどのような時代か？ ―国際面から―

資料文の読み取り ＜パート1＞

(1)倭王武の上表文（478年）
　。「周辺の国」を征服したことを述べる ………………………………………………… ⓐ
　。宋の皇帝に官職を求めて実現 ……………………………………………………… ⓑ
(4)百済の一時滅亡（475年）
　。百済＝高句麗によりいったん滅亡→のち都を南に移して再興 ……………………… ⓒ

ⓐにある「周辺の国」とは具体的にどこを指すのか？

上表文の中で西の「衆夷」や東の「毛人」，さらに「海北」（朝鮮を指す）を平らげたと記されていることは知っているだろう。とはいえ，宋の皇帝から任じられた官職（ⓑ）には「倭・新羅・任那・加羅・秦韓・慕韓」といった国々が列挙されている（宋の皇帝に求めた官職の中には百済も含まれていた）。この2点をもとに考えれば，

「周辺の国」とは新羅・百済など朝鮮半島南部の国々をもっぱら指す，と判断してよい。

ところが，ⓒによれば朝鮮半島南部における支配領域を確保することができていない。高句麗の軍事的な圧迫を受けているのである。

このように高句麗に対して軍事的な劣勢に立たされていたため，ワカタケル大王は宋の皇帝に臣従して官職を求めるという姿勢をとったと考えることができる。

> **宋の皇帝に官職を求める国際的な立場**
> ◦ 高句麗からの圧迫（高句麗との対立関係）
> 　→宋の皇帝の権威をよりどころに朝鮮半島南部での軍事支配権を確保

▶ワカタケル大王の時代とはどのような時代か？　―国内面から―

次に，ワカタケル大王はどのような状況のもと，倭国内で最高支配者を自称していたのか，資料文から考えていこう。

> **資料文の読み取り＜パート２＞**
> (2)埼玉県稲荷山古墳出土鉄剣銘（471年）と熊本県江田船山古墳出土鉄刀銘
> 　◦埼玉の「オワケの臣」＝ワカタケル大王が「天下を治める」のを助ける ………ⓓ
> 　◦埼玉の「オワケの臣」＝先祖以来大王に奉仕 …………………………………ⓔ
> 　◦熊本県江田船山古墳出土鉄刀銘にも「治天下ワカタケル大王」という表現 ……ⓕ
> (3)『日本書紀』・『古事記』に記されている伝承
> 　◦雄略天皇＝「きわめて残忍」→中央の葛城氏や地方の吉備氏を攻略 …………ⓖ
> (4)百済からの渡来人
> 　◦さまざまな技術が渡来人によって伝来⇨ヤマト政権は彼らを部に組織 …………ⓗ

ⓓとⓔから，埼玉の豪族が代々大王に奉仕していたことが分かり，ⓕから熊本の豪族も同じような関係にあったことが推測できる。実際，それらの刀剣の銘には，その地の豪族が大王の宮に出仕し，「杖刀人」（稲荷山古墳鉄剣銘）や「典曹人」（江田船山古墳鉄刀銘）として仕えていたことが記されている。関東から九州にいたる地方豪族を服属させ，奉仕させる関係が形成されていたと推論することができる。

ⓖにはワカタケル大王（雄略天皇）が中央や地方の有力豪族を攻略し，その勢力を抑制したことが書かれている。もともと倭王讃以来，宋の皇帝に官職を求め，その権威をよりどころとして各地の豪族を統制下に繰り入れていたが，それだけでなく，ワカタケル大王は「きわめて残忍」（資料文(3)）とも形容される独裁的な手法で有力豪族を抑え込み，大王の優位性を作り上げていたことが分かる。

ⓗからは渡来人のもつさまざまな技術を政府組織に取り込んでいたことも分かる。

以上をまとめれば，次のようになる。

最高支配者を自称できる環境
　◦中央・地方の有力豪族を抑制→大王の優位性を確立
　◦関東から九州にいたる地方豪族が代々，大王の宮に出仕して奉仕
　◦渡来人の先進技術を政府組織に取り込む

▶「古代国家成立の過程」とは？

　最後に，ここで出題者が述べる「古代国家成立の過程」とはどういうものか，確認
していこう。

　手がかりになるのが，資料文(1)にある「こののち推古朝の遣隋使まで中国への遣使
は見られない」との記述である。ここから，推古朝（以降）へのつながりの中で，中
国との関係を中心に考えればよいことが分かる。

　ワカタケル大王の時代は，宋の皇帝に官職を求めていることから分かるように，
「治天下大王」の呼称は中国皇帝に対して示すものではなかった。一方，推古朝の遣
隋使が隋へもたらした国書には「日出づる処の天子，書を日没する処の天子に致す」
（『隋書』倭国伝）と表現された。隋の皇帝と倭の大王が共に「天下を治める」人物
として並記されたのである。

　ここから，「古代国家成立の過程」とは，中国皇帝の支配する「天下」から自立し，
独自の支配を主張する君主を擁する国家の成立する過程だと判断できる。

　ワカタケル大王の時代はそうした古代国家成立の出発点であった。

解答例

　　　ワカタケル大王は，高句麗との対立関係ゆえに，中国皇帝の権威を
　　よりどころに朝鮮南部での軍事的支配権を確保しつつも，有力豪族
　　を抑制しながら関東から九州にいたる地方豪族の奉仕を組み込み，
　　渡来人のもつ技術を取り込んで政府組織を整えた。こうして支配地
　　域を「天下」と称する国家意識と独自の君主号が整い，中国皇帝か
　　ら自立した支配秩序をもつ古代国家が成立する出発点となった。

論述作成上の注意
□ワカタケル大王の時代がどのような時代であったかを説明するのに留まるのではなく，
　「古代国家成立の過程」においてもっている意味を表現しよう。

12 奈良〜平安中期の軍事制度の変化 (2012 年度 第1問)

　律令国家の下で軍事動員制度がどのように変化したのかを問うた問題である。定型的な知識に基づきつつも，同時に，資料文に即しながら，「構成や性格」が時期によってどのように変化したかを考えていこう。

設問の要求

〔時期〕8 世紀から 10 世紀前半
〔主題〕政府が動員する軍事力の「構成や性格」がどのように変化したか。

▶資料文から「軍事力」に関する記述をピックアップしよう！

　最初に，資料文で「政府が動員する軍事力」がどのように表現されているかを抜き出してみよう。

資料文の読み取り

(1)藤原広嗣の乱（740 年）の鎮圧
　軍団制・兵士制のシステムを利用して兵力を動員 ……………………… ⓐ
(2)伊治呰麻呂の乱（780 年）以降の 30 年以上にわたる蝦夷との戦争
　坂東諸国などから大規模な兵力をしばしば動員 ……………………… ⓑ
(3)8 世紀末の政策
　坂東諸国への命令（783 年）：
　　「有位者の子，郡司の子弟など」から国ごとに軍士を選抜・訓練する ………… ⓒ
　（辺境を除いて）軍団・兵士を廃止（792 年）……………………… ⓓ
(4)平将門の乱（939 年）の鎮圧
　政府からの命令→「平貞盛・藤原秀郷ら」＝自らの兵力を率いて動員に応じる ……… ⓔ

▶ 8 世紀の軍事動員制度

　ⓐ・ⓑとⓓから，8 世紀には軍団制・兵士制のシステムが整えられており，8 世紀末にいたるまで政府はそれを利用して軍事力を動員していたことが分かる。
　この軍団制・兵士制とは次のような内容をもっていた。

軍団制・兵士制

　◦ 構成員　：兵士←戸籍に登録された一般人民（公民）
　◦ 動員原理：徴兵制（兵役を義務づける）
　◦ 兵士を軍団に配属して訓練⇒軍団＝政府直轄の常備軍

▶ 8 世紀末の変化

　軍団・兵士のシステムが辺境を除いて廃止される頃（ⓓ），どのような軍事動員制
度が整えられていたのか。坂東諸国に限られるが，その一端を示すのがⓒであり，次
のような内容をもっていたことが分かる。

---

8 世紀末に導入された軍事動員制度
- 構成員　：軍士←「有位者の子，郡司の子弟など」
- 動員原理：選抜
- 軍士を国ごとに訓練

　では，軍団制・兵士制のシステムとどこが異なるのか？

　第一に構成員が異なる。軍団制・兵士制が戸籍に登録された一般人民を広く対象と
したシステムであるのに対し，ⓒは「有位者の子，郡司の子弟など」という特定の階
層（貴族・官人や地方豪族と一般化できる）を対象としたシステムである点に違いが
ある。第二に動員原理が異なる。軍団制・兵士制では軍事動員に応じることが人民の
義務であるのに対し，ⓒのシステムは選抜制で義務ではない点に違いがある。

　一方，政府が「諸国」に対して「国ごとに」訓練するよう命じている点から，軍士
たちは政府直轄の常備軍を構成したと判断でき，軍事力の「性格」という点では軍団
制・兵士制のシステムと共通していることが分かる。当時，すでに大規模な兵力を動
員したにもかかわらず蝦夷との戦争が長期化し始めていたことを念頭におけば，ⓒは
政府直轄の常備軍を補強して蝦夷との戦争に対処するために導入されたシステムであ
ったと推論することができる。8 世紀を通じて浮浪や偽籍が横行する中で軍団兵士の
弱体化が進んでおり，そこで一部地域を除いて兵役を廃止する一方，軍団制・兵士制
という枠にこだわらない軍事動員制度を導入・整備したのである。

　なお，ここで郡司の子弟などの志願による健児制を思い浮かべるのも考え方の一つ
だが，健児は少数精鋭で国府の警備や国内の治安維持にあたったにすぎず，資料文(2)
に書かれているような，蝦夷との戦争への軍事動員に対応するものではないため，必
ずしも適切ではない。健児制を思い浮かべつつも資料文に即して表現するのがよい。

▶ 10 世紀前半の軍事動員制度

　ⓔの内容をもう一度，整理しておこう。

---

10 世紀前半の軍事動員制度
「平貞盛・藤原秀郷ら」＝「自らの兵力」をもつ　⇨　政府が動員を命令

　では，8 世紀末に導入されたシステム（ⓒ）との異同を考えよう。

　政府によって動員されたのが中下級貴族（あるいは地方豪族）という点でⓒと共通
している。

　しかし，特定個人が明示されている点が異なる。特定の人々が政府の動員する軍事

力を構成しているのである。さらに、「平貞盛・藤原秀郷ら」は政府直轄の軍隊に配属されて訓練を受けて軍事動員に対応したのではなく、<u>私的に兵力（私兵）を常備し</u>、それを政府に提供している点が異なる。つまり政府が、<u>政府直轄の常備軍を動員する</u>のではなく、<u>私兵を組織する特定の中下級貴族（や地方豪族）を随時動員する</u>のが10世紀前半のシステムであったと理解することができる。

　ところで、平貞盛・藤原秀郷らのように、政府の命令に応じて私兵を動員して反乱の鎮圧にあたった人々は、一般に<u>武士</u>と呼ばれる。彼らは、9世紀末から10世紀初めにかけて諸国で群盗や海賊などと呼ばれる武装集団が横行する中、取り締まりのため政府によって派遣された中下級貴族やその子孫である。彼らは取り締まりの中で現地の武装集団を私兵に組織して留住し、大きな勢力をもつようになっていた。<u>天慶の乱で反乱を起こした平将門や藤原純友も、鎮圧に貢献した平貞盛・藤原秀郷や源経基らも、そうした中下級貴族（やその子孫）</u>であった。そのため、天慶の乱を通じて彼らの実力を知った政府は、彼らに<u>軍事・警察の職能を家業として請け負わせる</u>ようになっていく。これが<u>武士身分の成立</u>である。

発展　武士とは何か

　平安時代中期以降に登場する武士はかつて、武装して弓矢をもち、馬に乗って戦う、という側面にのみ注目して説明されることが多かった。しかし武士とはもともと、朝廷における武官（軍事官僚）を指す言葉であり、武装という要素だけをもって武士と規定するのは十分ではない。そのため、私的に武装集団を組織し、かつ、朝廷の下で軍事・警察の職能を家業として請け負う人々（職能身分）、と説明されることが多くなっている。

　彼らの中には、平貞盛・藤原秀郷・源経基らやその子孫のように、受領を務める中下級貴族もおり、武家（軍事貴族）と称されている。

解答例

　8世紀には律令に基づいて戸籍に登録された一般人民に兵役を義務づけ、政府直轄の常備軍として軍団を編成した。8世紀末、蝦夷との戦争によって大規模な軍事動員が長期化すると、地方豪族らを選抜して政府直轄の常備軍に編成する体制を導入し、兵役は一部を除いて廃止した。10世紀前半には天慶の乱を契機として、特定の中下級貴族が私的に編成する軍事力を随時動員する体制へ変化した。

論述作成上の注意

□時期区分しながら、それぞれの時期を特徴づけることが不可欠である。時期ごとに「構成や性格」がどのように異なるのか、はっきりと対比させよう。

13　白村江の戦いと律令国家の形成　(2011年度　第1問)

白村江の戦いとそこでの敗戦が律令国家の形成にもたらした影響を問うた問題である。
資料文を読み込み，データを抽出することが不可欠である。

A

設問の要求

〔主題〕白村江の戦いに倭から派遣された軍勢の構成。

まず，「軍勢」に関連しそうなデータを資料文からピックアップしよう。

資料文の読み取り＜パート1＞

(4)唐軍に捕らえられた人々
- 「筑紫国の兵士大伴部博麻」→「豪族の筑紫君」らのために「自らの身を売」る ……ⓐ
- 「豪族の筑紫君ら4人」 ……………………………………………………………ⓑ

(5)『日本霊異記』に伝えられた話
- 「備後国三谷郡司の先祖」や「伊予国の郡司の先祖」が戦いに赴く ………………ⓒ

　まず，ⓑの「豪族」が「君」という姓をもっていることからもと国造であると想定
できる（6世紀前半に反乱をおこした筑紫君（筑紫国造）磐井を思い浮かべよう）。
次に，律令制下の郡司がもと国造など在地の豪族から任用されたことを念頭におけば，
ⓑの「豪族」がⓒの「郡司の先祖」に相当することも判断できる。

　ところで，「兵士」と「豪族」とは，どのような関係があったのか？

　「兵士大伴部博麻」の住んでいた「筑紫国」は，「豪族の筑紫君」＝国造（もと国造）
が支配力をもっていた地域だと考えることができる。したがって，「兵士」は「豪族」
の支配を受け，その命令によって動員されたと考えてよい。

　このように考えると，「兵士」が「豪族の筑紫君」のために「自らの身を売った」
のも納得がいく。「兵士」は「豪族」の人格的な支配下にあったのである。

軍勢の構成

- もと国造の豪族
- その支配下にあった人民

　ところで，「筑紫国」（ⓐ）や「備後国」・「伊予国」（ⓒ）といった地域名称が記さ
れている点に注目すれば，西国（西日本）の豪族が動員された，と推測することもで
きる。しかし，西国だけに動員が限られたとは，資料文からは判断できない。もし書
き込むとすれば，「西国などの」と表記しておくとよい。

B

設問の要求

〔主題〕白村江での敗戦が，日本古代の律令国家の形成にもたらした影響。
〔条件〕「その後」の東アジアの国際情勢にもふれる。

▶白村江での敗戦後，律令国家の形成はどのように進んだのか？

　白村江での敗戦をうけ，唐の侵攻に備えて防衛政策を進めると共に，人民に基盤をおく軍事動員体制を整えるため，豪族支配下の人民を戸籍に登録し（庚午年籍の作成），戸に編成した。資料文(1)は，そのうち，防衛政策についての説明である。

資料文の読み取り＜パート2＞

(1) **防衛政策の推進**
　◦ 防人と烽火を置き，水城を築く
　◦ 答㶱春初や憶礼福留・四比福夫を派遣 → 長門国や筑紫国に城を築かせる………ⓓ

(3) **百済貴族の登用**
　◦ 余自信・沙宅紹明・憶礼福留・答㶱春初らに倭の冠位を与えて登用………………ⓔ

　ⓓに列挙されている3名のうち答㶱春初と憶礼福留は，ⓔにも記載があり，彼らが**百済貴族（百済の亡命貴族）**だと分かる。つまり，防衛体制の整備を通じた中央集権化にあたり，百済の亡命貴族の知識が活用された，と考えることができる。

▶「その後」の東アジアの国際情勢とは？

　資料文(2)には，高句麗滅亡（668年）後の倭の動向が書かれている。

資料文の読み取り＜パート3＞

(2) **高句麗滅亡後の東アジア情勢への対応**
　◦ 新羅から使者（668年）→ 天智天皇・中臣鎌足が新羅へ船を贈る
　◦ 唐へ遣使（671年）＝高句麗制圧を祝う → 以後，30年ほど遣使が途絶

(4) **大伴部博麻の帰国**
　◦ 博麻＝新羅からの使節に送られて帰国（690年）

　高句麗が滅亡した後，唐と新羅とが朝鮮支配をめぐって対立する。この新たな情勢のもと，倭は唐との関係を途絶させる一方，新羅へ船（軍船か？）を贈り，さらに新羅からは使節が来日している。倭は唐と新羅の対立を利用し，新羅と友好関係を作っていたことが分かり，**新羅からも先進的知識を導入しながら律令国家の形成を進めた，**と推論することができる。

律令国家の形成と朝鮮諸国
- 百済の亡命貴族 → 防衛政策の整備を通じた中央集権化に貢献
- 新羅との友好関係 → 律令国家形成に関する先進的知識の導入

最後に，資料文(5)のうち，残ったデータを確認しよう。

資料文の読み取り ＜パート４＞
(5) 備後国や伊予国の「郡司の先祖」の行動
- 「連れ帰った百済人僧侶の力を借りて」，寺院を建立
- 「出征前の誓いどおり」，寺院を建立

　在地の豪族が，百済救援の戦いへの従軍という機会を利用して寺院を建立していることが分かる。そして，寺院は「出征前の誓いどおり」建立されたものであり，そのために「百済人僧侶」を「連れ帰った」と推論することができる。つまり，在地の豪族たちは自発的に，独自に寺院の建立を進めているのである。

▶在地での寺院建立と律令国家の形成とはどのように関わるのか？
　寺院の建立には，瓦葺・礎石を使った建築技術や仏像の彫刻技術などが必要であり，僧侶や経典の整備も不可欠である。つまり，寺院の建立は大陸の先進文化（文字も含む）を総合的に受容する行為であった。
　一方，律令国家は文書行政を伴う中央集権的な国家体制であり，郡司に任用されて行政の実務にあたる在地の豪族たちには，文書（文字）を扱う能力が求められた。
　したがって，在地での豪族による寺院の建立は，律令国家の形成を在地で支える素地・受け皿が整っていったことを意味するのである。

解答例
　A西国などの旧国造の豪族とその支配下の人民により構成された。

　B白村江での敗戦に伴う対外的危機に対処するため，百済の亡命貴族を登用した防衛政策を通じて中央集権化を進め，新たに朝鮮支配をめぐって唐と新羅が対立すると，新羅を通じて先進的知識を導入した。一方，在地では，豪族が寺院を建立するなど独自に大陸文化を受容する動きが進み，律令支配が浸透する素地が整っていった。

論述作成上の注意
□Aについて。「西国などの」は書かなくても構わない。

14 摂関政治期の貴族社会 （2010年度 第1問）

摂関政治期における貴族社会のあり方を問うた出題である。言葉遣いに目を配りながら資料文を読み込んでいくことが必要である。

設問の要求

〔時期〕10・11世紀の摂関政治期
〔主題〕中下級貴族は上級貴族とどのような関係を結ぶようになったのか。
〔条件〕その背景の奈良時代からの変化にもふれる。

摂関政治期に上級貴族と中下級貴族が結んだ関係については，高校教科書では次のように記述されている。

上級貴族と中下級貴族の結んだ関係
- 中下級貴族が上級貴族に私的に奉仕
  〔背景〕摂関などの上級貴族＝官吏の任免権に深く関わる

▶中下級貴族はなぜ上級貴族に奉仕するのか？

まずは，中下級貴族がどのような官吏への任命を期待していたのか，考えたい。

資料文の読み取り ＜パート1＞

(2) 10世紀（摂関政治期）
- 中下級貴族は収入の多い地方官になることを望む

(3) 諸国の受領＝藤原道長の日記から分かる行動
- 諸国の受領たち＝摂関家などに家司として仕える → 豊かな国々の受領をほぼ独占

上級貴族に奉仕した中下級貴族たちが望んでいたのが「収入の多い地方官」＝「受領」であったことが分かる。では，なぜ受領なのか？

注目したいのは，設問で「その背景」＝「奈良時代からの変化」と表現されている点である。資料文から「変化」の説明を抜き出してこよう。

資料文の読み取り ＜パート2＞

(2) 地方支配のあり方や，官人の昇進と給与の仕組みが変質し， ……………………ⓐ
中下級貴族は収入の多い地方官になることを望んだ

ⓐが，中下級貴族が「収入の多い地方官」への任官を望んだいきさつだと分かる。

▶何がどのように変質（変化）したのか？

　ⓐでは，①地方支配のあり方，②官人の昇進の仕組み，③官人の給与の仕組み，の３つが変質したと説明されているが，その変質（変化）とはどのような内容か？

```
資料文の読み取り＜パート３＞
⑴奈良時代
　◦官人たちは位階や官職に応じて給与を得た …………………………………ⓑ
　◦「上級貴族の家柄」である大伴家持が国司（越中守）に任じられている …………ⓒ
⑵10世紀（摂関政治期）
　◦中下級貴族が「収入の多い地方官」への任官を希望 ……………………ⓓ
　◦〔中下級貴族が〕国司（受領）に任じられるまでの慣例ができる …………………ⓔ
```

　① 地方支配のあり方について。地方支配に携わる国司（受領）についてⓓで「収入の多い地方官」と表現されているにすぎず，自分の知識で補うしかない。

```
地方支配のあり方＝国司のあり方の変質（変化）
　◦奈良時代　＝太政官の監督の下で行政にあたる：地方行政官
　　　　　　　　　　　　　↓
　◦摂関政治期＝太政官から国内支配を一任され，税の貢納を請負う：徴税請負人
```

　国司（受領）が地方行政官から徴税請負人へと変質するのに伴い，やり方次第で私財を蓄積することが可能となり，受領の地位は一種の利権とみなされるようになった。
　② 官人の昇進の仕組みについて。ⓒとⓔから考えればよいと判断できるが，どこに違いがあるのか。受領の多くが守であったことを念頭におけば，国司（守）と国司（受領）が比較対象になると分かる。任命された人物を対照してみよう。

```
奈良時代＝「上級貴族の家柄」である人物 ↔ 摂関政治期＝中下級貴族
```

　ここで，第一に，貴族とは五位以上の位階をもつ官人の呼称であり，上級貴族は三位以上，中下級貴族は四・五位のものを言うこと，第二に，律令制度の下では官位相当制が機能していたこと，この２点を意識したい。
　国司（守）は，摂関政治期に中下級貴族が受領に任じられていることから，四・五位くらいがふさわしい位階だったと判断できる。したがって，「上級貴族の家柄」つまり上級貴族の子弟であっても，四・五位くらいの位階であれば，国司（越中守）などその位階に応じた官職に任じられ，行政経験を積み，能力や功績に応じて上級の位階・官職へ昇進した。これが，奈良時代の昇進の仕組みだったのである。
　それに対して摂関政治期は，「上級貴族の家柄」のものが受領に任じられることはなくなったと推測することができ，官職に任じられる家柄や昇進ルートが固定化し，家柄によって昇進の限度もほぼ決まっていた，と考えることができる。

③ 官人の給与の仕組みについて。給与についての記述は⑥にしかなく，摂関政治期になってどのように変質したのかは，資料文にも明確な説明がない。しかし，⑥で中下級貴族が「収入の多い地方官」を望んでいると説明されていることに注目すれば，奈良時代の給与体系が崩れ，位階・官職に依存した収入が少なくなっている，と想像してよい（実際は六位以下への給与が全てカットされていた）。

▶中下級貴族は上級貴族にどのように奉仕したのか？

> **資料文の読み取り ＜パート４＞**
> (3) 諸国の受領＝藤原道長の日記から分かる行動
> ・藤原道長へ度々贈り物を贈る ……………………………………… ⑥
> ・摂関家などに家司（家の経営にあたる職員）として仕える ………… ⑧
> 　→ 家司が豊かな国々の受領をほぼ独占＝手元に多くの富を蓄積 ……… ⑥
> (4) 清和源氏（源満仲と子の頼光・頼信）＝武家（軍事貴族）の場合
> ・摂関家に侍として仕える＝その警護にあたる ……………………… ⑥
> ・受領にも任じられて物資を提供 ……………………………………… ⑥
> 　→ 乱の制圧などにより，やがて東国に勢力が広まる ……………… ⑥

まず⑥と⑥から，物資を献じ，上級貴族を財政面で支えていたことが分かる。

次に⑧と⑥から，家の経営＝事務にあたるものや，武力をもって身辺警護にあたるものなど，いくつかの奉仕のタイプがあったことが分かる。

最後に，⑥と⑥は上級貴族への奉仕の効果についてのデータである。受領に任じられたり，乱の鎮圧を任されるなど人事面で優遇を受けることによって，**富の蓄積や軍事基盤の拡大**などの足がかりを得たのである。

> **解答例**
> 奈良時代は能力に応じた昇進，位階・官職に基づく給与など官僚制が機能していた。しかし，摂関政治期には官職に任じられる家柄や昇進ルートが固定化し，従来の給与体系が崩れる一方，受領が徴税請負人の性格を強め，一種の利権となった。そのため，受領への任官を望む中下級貴族は，官吏の任免権に深く関わる上級貴族に財政・軍事面などで奉仕し，富の蓄積や地方での勢力拡大を狙った。

論述作成上の注意
□「奈良時代からの変化」がどのようなものか，具体的に説明しよう。最低限，国司のあり方の変化は説明しておきたい。

15　遣隋使・遣唐使の意義　(2009年度　第1問)

遣隋使・遣唐使の果たした役割や意義が問われている。影響を問う類題はしばしば見られるが，この問題は「性格の変化」という視点が設定されている点に独自性がある。単純に知識で対応するのではなく，資料文の分析が不可欠である。

設問の要求

〔主題〕7・8世紀の遣隋使・遣唐使が果たした役割や意義。
〔条件〕時期区分する。

　まず，設問文の中で「東アジア情勢の変化に対応してその性格も変わった」と説明されている点に着目したい。遣隋使・遣唐使の性格変化が「東アジア情勢の変化に対応」したものであると述べられているのだから，「東アジア情勢の変化」を確認することから始めよう。

東アジア情勢の変化

隋：
　◦ 中国を統一 → 高句麗と対立 …………………………………………………… ⓐ
唐：
　◦ 朝鮮に軍事侵攻 → 倭の介入を排除しつつ，百済・高句麗を滅亡 ………… ⓑ
　◦ 朝鮮支配をめぐって新羅と対立 ……………………………………………… ⓒ
　◦ 新羅との関係改善 → 唐を中心とする東アジア秩序の安定 ……………… ⓓ

次に，この情勢（の変化）と資料文の対応関係を考えよう。

資料文の読み取り＜パート1＞

(1) 7世紀初頭
　◦ 607・608年の遣隋使　　→ ⓐに対応
(2) 7世紀半ば
　◦ 659〜669年の遣唐使　　→ ⓑに対応
　　⇨ 白村江の戦いが663年であること，資料文(2)に「高句麗平定」とあることから判断。
(3) 7世紀後半〜8世紀初頭
　◦「30年の空白」　　　　→ ⓒに対応
　◦ 702年の遣唐使　　　　→ ⓓに対応
(4) 8世紀
　◦ 717・733年の遣唐使　→ ⓓに対応

遣隋使・遣唐使が「果たした役割や意義」が問われており，それらを派遣した目

的・意図が問われているわけではないので，遣唐使派遣の空白については無視して考えてよい。したがって，ⓐ・ⓑ・ⓓの 3 つの時期を対象として考察を進めていこう。

資料文の読み取り ＜パート 2 ＞

(1)＝ⓐの時期
- 遣隋使…「日出づる処（東）の天子」と記した国書を隋に提出
- ↓＜煬帝の不興
- 遣隋使…「東の天皇」，「西の皇帝」と改めた国書を提出

(2)＝ⓑの時期
- 659 年の遣唐使…唐の軍事行動に関連し，唐に抑留される
- 669 年の遣唐使…唐の高句麗平定を慶賀

(3)＝ⓓの時期
- 702 年の遣唐使…新たな国号を唐から認知される
- ↓
- 遣唐使の派遣＝定期的な朝貢が実現

(4)＝ⓓの時期
- 遣唐使の随行者…儒教・仏教などに関する文物を伝来

▶ **遣隋使・遣唐使の性格変化**

　注目するのは，資料文(2)と(4)である。両者には対比的な内容が記されている。

　資料文(2)からは，ⓑの時期における遣唐使は，政治的な性格を帯びていた，言い換えれば，**政治的交渉の手段**という意味合いが強かった，と判断できる。なお，朝鮮支配をめぐって唐と新羅が対立し，新羅が日本に接近したⓒの時期に遣唐使が中断した点は，この政治的性格を如実に示している。

　一方，資料文(4)からは，ⓓの時期における遣唐使が，儒教・仏教などの先進的な文物の本格的な受容という**文化面で重要な役割**を果たしていたことが分かる。

ⓑの時期（7 世紀半ば）における性格
　政治的交渉の手段　　⇦ 唐の朝鮮への軍事侵攻＝東アジア情勢の緊迫
ⓓの時期（8 世紀）における性格
　文化面で重要な役割　⇦ 唐を中心とする東アジア秩序の安定

▶ **遣隋使・遣唐使の派遣そのものがもった価値・重要性**

　続いて，資料文(1)と(3)の検討に移ろう。

　まず，資料文(1)についてである。

　ここでは，遣隋使が持参した国書で，「倭王」という呼称ではなく，「天子」や「天皇」という新たな君主号が用いられている点に注目したい。当時，天皇号が成立して

いたかどうかはともかく（⇨〔発展〕を参照のこと），遣隋使を派遣して隋と交渉するという過程の中で，「倭王」という冊封の意味が込められた称号から脱却し，中国皇帝とは独自の立場を確保する試みが進められていたことが分かる。つまり，遣隋使の派遣は，冊封から脱却した独自の君主号が成立する契機となった，と判断できる。

次に，資料文(3)についてである。

ここには，①新たな国号を唐から認めてもらったこと，言い換えれば，唐を中心とした東アジア世界の中で確固とした認知を受けたこと，②唐への定期的な朝貢が行われるようになったこと，言い換えれば，安定した通交関係が実現したこと，の２点が書かれている。このうち②は，先に確認した資料文(4)の前提についての説明であるが，それに対し，①は702年の遣唐使派遣そのものがもった重要性についての説明である。

> 7世紀初の遣隋使：ⓐの時期
> 　冊封から脱却した独自の君主号が成立する契機
> 8世紀初の遣唐使：ⓓの時期
> 　新たな国号が国際的に認知される契機

発 展　天皇号の成立時期

天皇号の成立時期については，推古朝説や天武朝説など，さまざまな学説があり，まだ学問的に確定していない。近年では天武朝説が有力で，天武天皇のときから使われ始め，飛鳥浄御原令で皇后号と共に制度化された，と考えられている（⇨たとえば山川出版社『詳説日本史』）。しかし，推古朝において，隋との交渉過程の中，「天子」に代わる君主号として作り出されたとの学説もある（⇨たとえば山川出版社『新日本史』）。

この問題は，資料文(1)の末尾に「推古朝に天皇号が考え出されたとする説も有力である」とあることから分かるように，推古朝説を強く意識しながら出題されている。

解 答 例

中国を統一した隋が高句麗と対立した７世紀初，遣隋使派遣は冊封から脱却した独自の君主号が形成される契機となった。唐の軍事侵攻により朝鮮情勢が緊迫した７世紀半ば，遣唐使は政治的交渉の手段であった。律令国家の整備が進み，唐を中心とする東アジア秩序も安定した８世紀は，遣唐使派遣により新たな国号の認知と共に，唐との安定した通交関係が実現し，先進的文物の摂取に役立った。

論述作成上の注意

□「果たした役割」と「意義」を明確に分けて論じることができずとも，遣隋使・遣唐使の派遣に伴う影響や，遣隋使・遣唐使の派遣そのもののもつ価値・重要性に目配りしておけばよい。

16 古代国家と東国　　　　　　　　　　（2008 年度　第 1 問）

　古代において東国がもった意味・役割について問うた出題であり，教科書の知識だけでは対応できそうにない。資料文をどこまで読み込めるか，どこまで活用できるかがポイントになる。

A

設問の要求

〔主題〕東国は，古代国家にとってどのような役割を果たしていたのか。

▶「東国」に触れた資料文をピックアップしよう！

　資料文のうち，古代国家（朝廷）と東国との関係に触れているのは(1)・(3)・(5)である。したがって，これらの分析から東国の役割を推論していけばよい。

資料文(1)・(3)・(5)の読み取り

(1) 6 世紀
　。「東国」の国造たち＝子弟を舎人として大王のもとに出仕させる …………… ⓐ
(3) 大宰府や防人がある時代＝律令制
　。大宰府に配属された防人＝全て「東国」の諸国から徴発 …………… ⓑ
　　→「前の時代の国造に率いられた兵力のあり方」の名残と考えられる …………… ⓒ
(5) 聖武天皇の頃＝奈良時代
　。天皇の親衛隊＝「東国」出身者が中心であったらしい …………… ⓓ

　これらのデータのうちⓑとⓓから，第一に，東国が古代国家にとって**軍事力の重要な供給源**であったこと，**重要な軍事基盤**であったこと，第二に，東国出身者が担うのは，北九州の防備や天皇の護衛であったことが分かる。

　ところで，ⓐについてである。

　大王に仕えた「舎人」とは何だろうか。律令制下の防人が「前の時代の国造に率いられた兵力のあり方」の名残と位置づけられていること（ⓒ）を参照すれば，「舎人」はⓓの「天皇の親衛隊」に系譜的につながるものと推論することができる。

▶他に活用できる資料文はないか？

　「東国」という語が明記されているものとして，もう一つ，資料文(2)がある。

　これは，近江朝廷に対して反乱した大海人皇子の行動についての記述であり，朝廷そのものと東国との結びつきについて述べたものではない。しかし，東国の兵をどち

らが掌握するかが勝敗の帰趨を分けたという意味では，活用できるデータである。

B

設問の要求

〔主題〕律令国家は，内乱にどのように対処しようとしたのか。
〔条件〕古代の内乱の傾向を踏まえる。

▶古代の内乱とは？

　条件として「古代の内乱の傾向」をふまえることが求められているので，まず古代の内乱とはどういうものか，それについて資料文にどのようなデータが示されているか，確認しよう。内乱に関係するのは資料文(2)・(6)である。

資料文(2)・(6)の読み取り

(2)朝廷と対立し，挙兵した大海人皇子の事例＝壬申の乱
　○吉野で挙兵 → 美濃で「東国の兵を集結」＝「不破の地を押さえ」る
(6)反乱を起こした藤原仲麻呂の事例＝恵美押勝の乱
　○平城京から「越前に向かおうとした」→「愛発関で阻まれ」る

　この2例に共通しているのは，共に大和国，広く言えば畿内で挙兵している点である。ここから，出題者は古代の内乱を畿内で発生した内乱に限定して考えることを求めていることが分かる。つまり，九州での藤原広嗣の乱や東北での蝦夷の蜂起などは除外して考えてよい。

▶古代の内乱の傾向とは？

　資料文(2)の壬申の乱と資料文(6)の恵美押勝の乱とに共通する傾向を読み取ることはできないだろうか。ここで注目したいのは，「不破」（資料文(2)）と「愛発」（資料文(6)）であり，それと共に資料文(4)である。

資料文(4)の読み取り

(4)律令制下の関
　○不破（美濃）・鈴鹿（伊勢）・愛発（越前）にそれぞれ関を設置 …………………ⓔ
　○長屋王の変や天皇の死去など国家の大事が発生 → 対処＝三関を封鎖 …………ⓕ

　まずⓔから，律令制下では「不破」と「愛発」は関が設置されていた点で共通していることが分かる。そして，資料文(2)で「美濃に移って東国の兵を集結し」たことが述べられていることをあわせて考えれば，美濃・伊勢・越前より以東の地域が「東

国」であり，そして，不破・鈴鹿・愛発が畿内から東国へと向
かう要衝であった，と推論することができる。

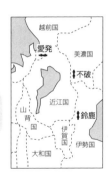

　これらの点を総合して，古代の内乱の傾向をまとめれば，次
のようになる。

> **古代の内乱の傾向**
> ・畿内で挙兵した反乱者…東国に移って兵力を集結しようとする

▶律令国家の内乱への対処

　このような傾向をもつ内乱に対し，律令国家はどのように対処しようとしたか。

　資料文で関連するのは(4)であるが，ところで，何のために三関を封鎖（(f)）しよう
としたのか。それを判断する材料は資料文(6)にある。「越前に向かおうとしたが，愛
発関で阻まれ」と書かれている点に注目したい。ここから，東国に移って兵力を集結
しようとする反乱者の通行を遮断することを目的としていた，と推論することができ
る。

> **内乱に対する律令国家の対処**
> ・畿内から東国に入る要衝に関（三関）を設置
> ↓
> ・内乱（の可能性）が発生すると関を封鎖＝通行を遮断

解 答 例

　A東国の豪族の子弟が大王・天皇のもとに出仕して護衛を務めた上，
　東国の兵力は北九州の防備に活用され，内乱の勝敗を決する大きな
　要因となるなど，古代国家にとって重要な軍事基盤であった。

　B古代では反乱者は東国に移り，その兵力を基礎に朝廷に対抗しよ
　うとした。そこで畿内から東国へ入る要衝に関を設置し，政変など
　で内乱が起こる可能性が生じると，関を閉鎖して通行を遮断した。

論述作成上の注意

☐Aについて。変化は問われていないので，ヤマト政権（6世紀）と律令国家とに分けて
　説明する必要はない。
☐Bについて。東国から畿内へ反乱軍が攻め込むことを阻止するためではなく，反乱者が
　畿内から東国へ移ることを阻止するために三関が設けられていた点を，資料文から読み
　取ってほしい。

17　8世紀の銭貨政策

（2007年度　第1問）

　律令国家の銭貨普及策とその変遷について問うた出題であり，教科書の知識と表面的な理解だけでは対応できそうにない。資料文をどこまで活用できるか，資料文に隠されたデータをどこまで推論できるかがポイントとなる。

設問の要求

〔主題〕8世紀末に(5)の法令が出されるようになった理由。
〔条件〕銭貨についての政策の変遷をふまえること。

　まず，条件として「政策の変遷をふまえること」が求められている点に注目しよう。「変遷」は，変化・転換などと同じく，2つ（もしくは2つ以上）の段階を設定し，それぞれの違いを把握することで初めて表現することができる。その点に注意しながら，自分の知識，あるいは資料文のデータを整理していこう。

――変遷（変化）――

A → B

違いを表現する！

▶銭貨についての政策の変遷

　「銭貨についての政策」に関しては，設問に「銭貨を発行し，その使用を促進するためにさまざまな政策を実行してきた」と記してある。ここから，**銭貨の発行**という政策と，**銭貨の使用を促進**する政策とが想定されていることが分かる。

　しかし，銭貨発行策については和同開珎，銭貨の使用促進策については蓄銭叙位令くらいしか知識がないだろう。したがって，資料文からのデータ読み取りを中心として「政策の変遷」を把握していこう。

　さて，資料文(1)〜(3)は**平城京遷都の直後**であり，そして資料文(5)が**平安京遷都の直後**であることを念頭に置けば，条件で取り上げられている「政策の変遷」は，この2つの段階における政策の違いを表現することが求められていると判断できる。

資料文の読み取り＜パート1＞

平城京遷都の直後（8世紀初）
　(1)銭貨と物品の交換比率を公定（「諸国」からの調・庸を銭で納めることを想定）
　(2)役人への給与として銭貨を支給，蓄銭叙位令を制定
　(3)「諸国」の役夫・運脚の者に対して「郷里に帰るときの」銭貨携行を命令
平安京遷都の直後（8世紀末）
　(5)「畿内以外の諸国」に対して銭を官へ提出することを命令

　まず，政策の対象を確認すると，8世紀初の諸政策は「諸国」を対象とした政策で

あるのに対して，8 世紀末の政策が「**畿内以外の諸国**」を対象としている。

　次に，政策の内容である。資料文(2)に含まれる蓄銭叙位令を念頭に置けば，8 世紀初の諸政策は，「諸国」を対象に，すなわち全国的に銭貨の流通・使用を促進しようというものであったことが分かる。それに対して 8 世紀末の政策では，畿内以外での銭貨の流通・使用をやめさせ，銭貨を政府のもとへ回収しようとしている。

〔8 世紀初〕（平城京遷都）全国的な銭貨普及策（← 和同開珎の発行）
↓ 政策の転換
〔8 世紀末〕（平安京遷都）畿内以外の諸国の銭貨を回収

▶政策転換の背景

　なぜ，このような政策の転換が生じたのか。

　資料文(5)では，「畿内以外の諸国の役人や人民が銭を多く蓄えてしまうので，京・畿内ではかえって人びとが用いる銭が不足している」と説明してある。これが理由だろうか。もしそうだとすれば，資料文(4)は利用しないままに終わってしまう。それゆえ，資料文(4)は**政策転換の理由**の一端を説明したものと考えるのが妥当だろう。

資料文の読み取り ＜パート２＞

(4)。「東大寺を造る役所」の銭貨使用 ……………………………………………… ⓐ
　　（京内の市での物品購入・雇用者への労賃の支払い）
　　。山背国での調の銭納 ………………………………………………………… ⓑ

　ⓐは「東大寺を造る役所」（造東大寺司）の銭貨使用の様子だが，これは言い換えれば政府が民間に銭貨で支払うというシステムが定着していることを示している。そして，ⓑは政府が民間から銭貨を租税という形で回収するというシステムが（畿内限定だが）ある程度定着していることを示している。

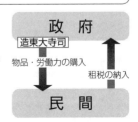

　このことを意識しながら，もう一度，資料文(1)～(3)を確認してみよう。

　まず，銭貨の発行主体である政府が物品の購入や給与・労賃の支払いとして銭貨を使用しようとする様子が読み取れる。さらに，蓄銭叙位令で官位を得るためには規定額の銭貨を政府に差し出す必要があったことを念頭に置けば，調・庸の納入や蓄銭叙位令を媒介として，銭貨を政府のもとへ還流させようとしている姿勢がうかがえる。

　こうした 8 世紀初の諸政策の結果，資料文(4)によれば，8 世紀半ばには京・畿内において，政府が民間に銭貨を供給し，租税などの形をとって銭貨が政府に還流するというサイクルがある程度定着していた，というのである。

▶銭貨発行の意味

 ところで，なぜ政府は和同開珎を発行したのか。

 それは，唐にならった律令国家としての体裁を整えると共に，平城京造営に伴う歳入不足を補うためであった。つまり，政府は経費を調達することを一つの目的として銭貨を発行したのである。

▶資料文(5)に隠されたポイント

 これらのことをふまえ，資料文(5)を読み返してみよう。先にも見たように，「畿内以外の諸国の役人や人民が銭を多く蓄えてしまうので，京・畿内ではかえって人びとが用いる銭が不足している」と説明してある。

 しかし，銭貨を必要としていたのは他ならぬ政府自身であった。なにしろ，8世紀半ば以降，聖武朝の東大寺造営事業（大仏を含む）や国分寺建立事業が政府の財政を大きく窮迫させていたし，さらに，桓武朝における遷都事業（長岡京造営に引き続いて平安京造営を行った）が政府財政をより一層厳しいものとしていた。つまり，「京・畿内ではかえって人びとが用いる銭が不足している」との表現は，まずもって政府が用いる銭貨が不足しているという事態を言い換えたものと考えるのが妥当である。

 こうした状況下，政府は畿内以外での銭貨普及策を放棄してその使用を抑制し，歳入不足を補うため，銭貨を中央政府へ強制的に還流させる政策をとったのである。

解答例

　政府は8世紀初，全国的な銭貨普及策をとった。物品との交換比率を公定した上，官人の給与に組み込み，人民に諸国での使用を促す一方，調庸の銭納や蓄銭叙位令により政府への還流を図った。しかし京・畿内以外では銭貨が流通せず，一方，東大寺造営や平安京造営などで政府の歳入不足が深刻化したため，8世紀末，畿内以外では銭貨普及策を放棄し，中央へ強制的に還流させる政策へ転じた。

論述作成上の注意

☐政策転換の理由として，資料文(5)の「人びとが用いる銭が不足している」をそのまま使うことは避けよう。

☐解答例の「京・畿内以外では銭貨が流通せず」の部分は，「京・畿内では銭貨が流通したものの」などと表現してもよい。

18 奈良時代の政治と貴族のあり方 （2006 年度 第 1 問）

律令制度の中に，古くからの氏族制的な側面と新しい官僚制的な側面が併存していたことを，太政官公卿の構成と貴族のあり方に焦点を当てて問うた出題である。2005 年度第 1 問と同じ問題意識からの出題だと判断できる。

設問の要求

〔主題〕奈良時代の政治と貴族のありかた。
〔条件〕律令制にはそれ以前の氏族制を継承する面と新しい面があることに注目する。

「政治と貴族のありかた」と表現されているが，これだけでは具体的に何を書けばよいのかが曖昧である。条件が付されることで初めて焦点を絞り込むことが可能となっている。

▶設問で提示されている視点

設問では，次のような二項対立が提示されている。

したがって，それぞれの側面が資料文の中でどのように表現されているのかを確認しよう。その際，接続表現（「が」や「それに対して」）に注意しつつ，対比的に説明されていることがらを資料文からピックアップしていくとよい。

資料文(1)の読み取り

・「官人は能力に応じて位階が進む仕組み」 ··· ⓐ
　　　↕対立
・「五位以上は貴族とされて，様々な特権をもち」
・「地方の豪族が五位に昇って中央で活躍することは多くはなかった」 　　············· ⓑ

このうち，ⓐは官僚制原理，すなわち②「律令制の新しい面」なので，それと対比的に説明されているⓑは，①「それ以前の氏族制を継承する面」であることが分かる。

つまり，新しく官僚制が導入されたものの，畿内の有力氏族が**貴族**として様々な特権をもち，地方豪族が貴族の地位や朝廷の政治から実質的に排除されるという点で，氏族制を継承していた，ということが把握できる。

貴族のあり方　＜その１＞
　　① 畿内の有力氏族が特権を享受（地方の豪族は貴族や朝廷の政治から実質的に排除）
　　　　↕対立
　　② 官僚制原理の導入

｜発　展｜　八色の姓

　律令制の整備が進んだ7世紀後半，天武天皇の下で八色の姓が定められた。これは天皇を頂点とする身分秩序に豪族を再編成する政策であったが，実際には真人・朝臣・宿禰・忌寸という上位の4姓しか授与されていなかった。畿内の有力な氏族とそれ以外の豪族を区別し，前者を上級官人（貴族）の出身母体として確定するという意図もあったのである。

▶「大伴的」なものと「藤原的」なもの

　次に，「大伴的」なもの，「藤原的」なものという表現に即して，①「それ以前の氏族制を継承する面」と②「律令制の新しい面」の内容を確認していこう。

資料文(2)と(4)の読み取り
(2)**藤原武智麻呂の事例**
　◦初めての任官で「官僚の見習い」である内舎人に任じられた　………………………ⓒ
　◦学問にも力を注ぐ　……………………………………………………………………ⓓ
　　　　↕対立
(4)**大伴家持の事例**
　◦軍事氏族としての伝統を受け継いで天皇に奉仕することを氏人に呼びかけた　……ⓔ

　ⓒについては「周囲には良家の嫡男として地位が低すぎるという声もあった」と説明されている。ここから，「良家」（古くからの有力氏族）は「官僚の見習い」を経ずとも官人となることができた状況を推測することができる。それに対して，藤原武智麻呂は，こうした選択肢をとらず，官僚としての経験を積んだのである。

　ところで，ⓓの「学問」とは何だろうか？　奈良時代の大学では明経道が重視されていたことを念頭に置けば，《学問＝儒教》である可能性が高い。

　つまり，藤原武智麻呂は官僚としての経験を積んで行政能力を身につけ，さらに儒教的な学識を蓄えることで右大臣にまで昇進できたのだと考えることができる。

　一方，ⓔは，氏族を単位として先祖以来の特定の職能を担うという形態（あるいは意識）が奈良時代にも残存していることを示している。

貴族のあり方　＜その２＞
　　① 氏族を単位（先祖以来の特定の職能を担う）
　　　　↕対立
　　② 個人を単位（官僚として経験を積んで行政能力を身につけ，儒教的な学識を蓄える）

続いて，**政治のあり方**である。資料文(3)だけが政治に言及しているので，そこからデータを抽出しよう。

資料文(3)の読み取り

。公卿には同一氏族から一人が出る（＝「それまでの慣例」） ······················ⓕ
  ↕対立
。藤原氏は兄弟四人が同時に公卿の地位に昇った ····························ⓖ

「それまでの慣例」との表現に注目すれば，ⓕが①「それ以前の氏族制を継承する面」であり，それと対比的に説明されているⓖが②「新しい面」であることが分かる。

大化以前の氏姓制度では，大臣・大連と共に，臣・連の姓をもつ有力氏族の代表からなる大夫が加わって重要事項の合議決定が行われていた。ⓕのあり方は，この**合議制**を継承したものであった。

それに対して，資料文(2)をあわせて考えるならば，藤原武智麻呂らは，経験を積んで行政能力を身につけ，儒教的な学識を蓄えて**官僚政治家**として成長したからこそ，ⓕのような慣例を打ち破ることができたのだと判断できる。

政治のあり方
  ① 氏族を単位とする合議制
    ↕対立
  ② 官僚政治家の台頭

解答例

> 奈良時代，畿内の有力氏族が貴族として特権的な地位を保障され，地方の豪族は貴族の地位と朝廷での政治運営から実質的に排除されていた。さらに，氏族を単位とした合議政治の慣例，特定の職能を世襲で担うとの意識が継承されていた。しかし官僚制原理が機能する中，藤原氏のように，貴族の中から行政能力と儒教的学識をそなえた官僚政治家が台頭し，旧来の氏族制は次第に打破された。

論述作成上の注意

□資料文に記されているエピソードの要約で答案をまとめてはならない。「政治と貴族のありかた」という主題に即して，資料文を分析することが不可欠である。

□資料文(3)から分かるように，「氏族制を継承する面」が徐々に薄れるという流れになっている。したがって，資料文の順序に即してデータを配置するのではなく，「氏族制を継承する面」を最初にまとめ，それに対比しながら「新しい面」を配置するとよい。

□外戚関係など天皇との個別な関係については触れる必要はない。氏族制と官僚制の対比に焦点を絞ろう。

19　嵯峨朝のもつ歴史的意味　　(2005年度　第1問)

　平安時代初期を古代史においてどのように位置づけるのかを問うた出題である。律令国家や文化の変化をどのように把握し，嵯峨朝の特徴とどのように関連づけるのかがポイントである。類題に，2004年度第1問などがある。

設問の要求

〔主題〕嵯峨天皇（上皇）が朝廷で重きをなした時期が，古代における律令国家や文化の
　　　　変化の中でもつ意味。
〔条件〕政策と文化の関わりに注目する。

　特徴ではなく，**変化の中でもつ意味**が問われている点に注目しよう。「意味」は「意義」などと同じく，ある流れの中で，もしくは，他との関連において，どのような役割を果たしたのかを考える必要がある。

意味（意義）

前 → 後
嵯峨朝
変化の中での役割

▶嵯峨朝の特徴

　まず，嵯峨天皇・上皇が朝廷に重きをなした時期（以下，**嵯峨朝**と表現）にどのような政策が行われたか，参考年表をグループ分けしながら，確認していこう。

年表の読み取り＜パート1＞

810年　蔵人所を設置する　　　　　　　　｝⇨ **令外官の新設**
816年　この頃，検非違使を設置する

　蔵人所・検非違使（庁）は，それまでの令外官（参議・中納言など）と異なり，官職に就いているものの中から天皇が特別に任命する職であり，つねに他の官職を兼ねながら職務に従事した。さらに，**天皇直属**であった。そのため，天皇はこれらを通じて諸官庁の重要な機能を（太政官とは独自のルートで）掌握することが可能となり，天皇が貴族を抑えて**強い指導力**を発揮する基盤が形成されたのである。

年表の読み取り＜パート2＞

820年　『弘仁格』『弘仁式』が成立する　｝⇨ **法制の整備**
833年　『令義解』が完成する

　個別的な**格**や**式**を定め，社会の実情に合った形に律令を補足・修正する作業は，嵯峨朝で初めて着手されたわけではない。それまで定められていた格や式を取捨選択し，

まとめ直して格式を編纂すること，養老令の公的な注釈書（『令義解』）を編纂し，条文解釈を統一することにより，**官僚制の整備・充実**が図られたのである。

年表の読み取り＜パート３＞

812 年	この頃，空海が『風信帖』を書く	
814 年	『凌雲集』ができる	⇨ 唐風文化の隆盛
818 年	『文華秀麗集』ができる	
827 年	『経国集』ができる	

嵯峨朝で唐風文化が隆盛したのは，端的には**文章経国思想**（漢文学の政治的有効性を強調する考え）の普及と言えるが，この表現を知らずとも，貴族・官人に対して行政能力だけでなく漢文学の教養が要請された結果と判断できれば十分である。

年表の読み取り＜パート４＞

818 年	平安宮の諸門・建物の名称を唐風にあらためる	
821 年	唐風をとり入れた儀式次第を記す勅撰儀式書『内裏式』が成立する	⇨ 唐風化政策

「平安宮」とは，天皇の住む内裏や政務処理の場である朝堂院などを含む政治空間である。そして，朝廷での儀式とは，天皇と貴族・官人，さらには貴族・官人相互の間の関係や秩序を（再）確認する象徴的行為である。

こうした**政治空間や儀式の唐風化**が図られたことは，天皇を中国化すると共に，古くからの氏族という枠組みを取り払った，言い換えれば，神話的な権威によらない，**新しい貴族社会を構築しようとする試み**として位置づけることができる。

年表の読み取り＜パート５＞

821 年	藤原冬嗣が勧学院を設置する ⇨ 学問の重視

勧学院などの**大学別曹**が設けられるようになったのは，先に＜パート３＞で確認した通り，文章経国思想のもと，貴族・官人には漢文学の教養が要請されたからであり，それを身につけない限り（古くからの氏族という枠組みに依拠するだけでは），貴族社会では生き残れない時代が訪れたからである。

▶「律令国家や文化の変化」と嵯峨朝との関連

次に，嵯峨朝の意味を考えていこう。

そのためには，前提として，律令国家や文化がどのように**変化**したのかを確認することが必要である。

政治面での意味

　古くからの氏族制が残る（天皇への氏族の奉仕関係など）
　　↓＜嵯峨朝
　天皇権力が強まる，官僚制が機能・充実する

　奈良時代には，まだ古くからの氏族制を継承した面が残っており，たとえば氏族単位の合議制が天皇の意思決定を束縛する側面をもっていたし，天皇に対する氏族の奉仕関係が意識として継続していた。

　ところが，嵯峨朝で新設された蔵人所・検非違使（庁）は9世紀を通じて整備されて**天皇権力の強化**を支え，嵯峨朝に始まった法制の整備は，清和朝（貞観年間），醍醐朝（延喜年間）と継続され，**官僚制の充実・機能**が進展していく。その結果，氏族制的な要素をもつ伝統的な社会が解体し，**新たな宮廷貴族社会**が形成されていくことになる。

文化面での意味

　唐風文化が導入される
　　↓＜嵯峨朝
　大陸文化の消化の上に立った日本独自の文化（国風文化）が形成

　唐風文化が隆盛し，漢文学などの唐風の教養が重視されたことは，漢字文化の習熟・定着を促し，**国風文化の前提**となった。

　このように，嵯峨朝は唐風の政治制度や文化が貴族社会に浸透し，伝統的な社会が大きく変容する画期をなしたのである。

解答例

　　嵯峨朝には，法制の整備が進んで官僚制の充実が図られる一方，天皇直属の令外官を中心とした官庁の再編や唐風化政策が展開し，天皇権力の強化と共に，神話的権威によらない貴族社会の構築が進んだ。そして，それに伴って貴族・官人には漢文学など唐風の教養が求められ，唐風文化が隆盛した。こうして嵯峨朝は，唐風の政治制度や文化が浸透し，伝統的社会を変容させる画期となった。

論述作成上の注意

□「藤原北家の台頭」については，ここでは「政治の変化」ではなく「律令国家の変化」に焦点が当たっているのだから，書く必要はない。

20 文字文化の普及過程の歴史的背景 （2004年度 第1問）

　古代における文字文化の普及過程を素材とした問題である。しかし，普及過程の説明に終始し，「歴史的背景」を論じることを忘れていては，設問の要求に応えたことにならない。

設問の要求

〔主題〕古代における文字文化の普及過程の歴史的背景。
〔条件〕①政治的動向にもふれる。
　　　　②指定語句（国風文化・勅撰漢詩文集・唐風化政策・渡来人・万葉仮名）を用いる。

　まず「文字文化の普及過程」を確認した上で，「歴史的背景」を考察していこう。

▶文字文化の普及過程

　年表からデータを抽出しつつ，文字文化の普及過程を確認しよう。その際，「過程」が問われていることに留意し，時期区分しながら特徴づけていこう。

年表の読み取り ＜パート１＞

⑴ 弥生時代
　57年　倭の奴国の王が後漢の光武帝から印を授かる
　239年　魏の明帝，親魏倭王とする旨の詔書を卑弥呼に送る

　弥生時代，中国との外交関係のもと，漢字が中国からもたらされた。ただし，それに伴って倭内部で漢字使用が進んだかどうかは，資料もなく，分からない。

年表の読み取り ＜パート２＞

⑵ ヤマト政権の展開期
　4～5世紀　百済から和迩吉師が渡来し，『論語』『千字文』を伝えたという
　471年カ　稲荷山古墳出土鉄剣の銘文が記される
　478年　倭王武が宋の皇帝に上表文を送る
　607年　遣隋使小野妹子が隋の煬帝に国書を届ける

　渡来人により漢字がもたらされ，ヤマト政権は彼らに記録・出納・外交文書作成などの職務を担わせた。そして，それに伴って漢字の使用が始まったことが，稲荷山古墳鉄剣銘や中国への国書により分かり，さらに，稲荷山古墳鉄剣銘からは，地名や人名といった日本語が漢字の音訓を借りて表記されるようになったことも分かる。

年表の読み取り＜パート3＞

(3) 律令国家の展開期

701年	大宝律令が成立。地方行政区画の「評」を「郡」に改める …………ⓐ
712年	太安万侶が漢字の音訓を用いて神話等の伝承を筆録した『古事記』ができる
720年	編年体の漢文正史『日本書紀』ができる
751年	『懐風藻』ができる
8世紀後半	『万葉集』が編集される
8～9世紀	この時代の各地の国府・郡家などの遺跡から木簡が出土する …………ⓑ

　律令国家の下では文書行政が行われ，漢字の使用が本格化する。漢文による史書の編纂や漢詩文の創作が広がると共に，漢字の音訓を用いて日本語を表記する**万葉仮名**が成立する。

　なお，ⓑが文書行政を意識させるためのデータであることは了解できるだろうが，ⓐの大宝律令制定による「評」から「郡」への変更も，藤原宮跡出土の木簡により判明したことを考えれば，同じく文書行政を意識させるデータと判断できる。

年表の読み取り＜パート4＞

(4) 律令国家の再編期

　814年　嵯峨天皇の命により，最初の**勅撰漢詩文集**『凌雲集』ができる

　平安初期は**唐風文化**の全盛期で，文章経国思想（漢文学の政治的な有効性を強調する考え）のもと漢文学が隆盛し，漢字文化の習熟が進む。

年表の読み取り＜パート5＞

(5) 国風文化期

905年	醍醐天皇の命により，勅撰和歌集『古今和歌集』ができる
935年頃	紀貫之，最初のかな日記である『土佐日記』を著す
11世紀	紫式部，『源氏物語』を著す

　文化の国風化が進む。かな文字の成立を基礎として，日本独自の文字文化が発展するが，それは弘仁・貞観期における漢字文化の習熟の上に成立したものであった。

　以上を概観すれば，文字文化の普及過程は次のように整理できる。

(1) 弥生時代	：漢字が流入
(2) ヤマト政権の展開期	：漢字の使用が始まる（→ 外交や国内支配に利用）
(3) 律令国家の展開期	：漢字の使用が本格化 　（漢文学が展開，漢字の音訓を用いた万葉仮名も成立）
(4) 律令国家の再編期	：漢字文化の習熟が進む
(5) 国風文化期	：かな文字の発達を基礎として独自の文字文化が形成

▶漢字（真名）とかな（仮名）

ところで，年表を時期区分しながら特徴を確認したとき，素材となっている「文字」には，漢字とかなの2種類が含まれることに気づいただろうか。

(1)から(4)へと漢字使用が浸透し，漢字文化の習熟が進んでいく。一方，(2)の時期から漢字の音訓を用いた日本語表記が始まり，(3)における万葉仮名を経て，かな文字の成立へと至り，(5)の日本独自の文字文化の形成につながっていく。

つまり，漢字使用の浸透と漢字文化の習熟が，同時に，かなの形成と日本独自の文字文化の成立につながっていく過程が，ここで取り上げられているのである。

▶文字文化の普及過程の「歴史的背景」

最後に，政治動向にも配慮しながら，「歴史的背景」を確認していこう。

〔文字文化の普及過程〕	〔歴史的背景〕
(1)・(2)：漢字の流入・使用開始	⇦中国との外交関係の下（漢字文化圏に包摂）
(3)：漢字使用の本格化と浸透	⇦唐にならった律令制の成立・展開
(4)：漢文学の隆盛	⇦律令国家の再編（＝唐風化政策の進展）
↓漢字文化の習熟	
(5)：日本独自の文字文化（国風文化）の形成	

年表には文字文化の普及に関するデータがたっぷりと提示されており，それに目を奪われると，文字文化の普及過程の説明だけに終始しかねない。しかし，「文字文化の普及過程」ではなく，その「歴史的背景」が問われているのだから，歴史的背景（政治的動向を中心に）を論じることを忘れていては，設問の要求に応えたことにはならない。その点を肝に銘じておこう。

解答例

中国を中心とする漢字文化圏に包摂される中，外交や国内支配の必要上，渡来人を担い手に漢字使用が進んだ。律令制の成立に伴い，唐にならった法典や史書の編纂，文書行政の浸透から漢字使用が拡大し，万葉仮名も成立した。唐風化政策が進んだ平安時代前期に，文章経国思想から勅撰漢詩文集の編纂などが行われて漢字文化の習熟が進み，かな文字の成立を基礎とする国風文化の前提となった。

論述作成上の注意
□律令国家の建設事業は唐を模倣したものだから，その事業そのものを「唐風化政策」と形容することも可能である。
□指定語句は，答案の中で活用すれば，それで十分である。答案を作成する際には，指定語句を説明することよりも，設問の要求に対応した論旨の確保を優先しよう。

21 律令国家の国家認識と外交姿勢 （2003年度　第1問）

　8世紀の日本と唐・新羅との関係を，資料文を素材として考えさせようとする問題である。資料文を要約すれば解答を整えることが容易そうに見えるが，律令国家日本が唐と同様の帝国構造を作り上げようとしていたことを理解できているかどうかがポイントである。

設問の要求

〔主題〕 8世紀の日本にとって，「唐との関係」と「新羅との関係」のもつ意味にどのような違いがあるか。
〔条件〕 「たて前」と「実際」の差に注目する。

▶律令国家日本の国家認識はどのようなものか？

　日本は7世紀後半以降，唐にならって律令制の導入を進めたが，**独自の律令法を編纂し，独自の年号を制定**（年号は「時間支配」の象徴）した点に注目すれば，日本は唐にならった帝国構造を，唐とは独自に作り上げようとしていたことが分かる。

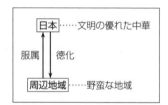

　つまり，日本では天皇が皇帝に相当し，日本を文明の優れた中華とみなし，周辺地域を野蛮な地域，日本に服属し，徳化を受けるべき地域と考えていたのである（こうした考え方を中華思想ともいう）。

▶唐との関係

資料文の読み取り ＜パート1＞

(1)・「中国と同じように，外国を『外蕃』『蕃国』と呼んだ」 ………………………ⓐ
　　・「ただし唐を他と区別して，『隣国』と称することもあった」 ………………ⓑ
(2)・遣唐使が唐の皇帝の「元日朝賀」に参列（＝皇帝に対して臣従する朝貢）………ⓒ
　　・日本は唐に20年に1度遣使 ………………………………………………………ⓓ

　ⓐは，先に確認したように，日本が唐と同様の帝国構造を志向していたことを示すものであるが，ⓑからは唐を必ずしも「蕃国」と扱っていなかったことが判断できる。ただし，「称することもあった」という表現に注目すれば，唐を「蕃国」と扱わなかったのではなく，「蕃国」と扱おうとすることもあれば，それとは区別して「隣国」と扱うこともあった，と考えるのが適当である。

▶これはどういうことか

　「たて前」としては，唐も含めて日本に服属すべき地域と意識された（意識したかった）のだろうが，東アジアには唐を中心とする政治文化圏が成立しており，日本としてもその存在を認めざるをえない——実際，白村江の戦いで唐に敗北している。

　それだけではない。ⓒにあるように，日本は唐の冊封を受けなかったものの，遣唐使は唐の皇帝の下で催される儀式に「臣下」として参列している。実質的には唐に臣従する朝貢であった。

　こうしたズレが，ⓑの事態をもたらしていたと考えることができる。

▶新羅との関係

> **資料文の読み取り ＜パート２＞**
> (2) 唐の皇帝の「元日朝賀」で日本と新羅とが席次を争う …………………………ⓔ
> (3) 新羅使が日本の朝廷にもたらした品物について
> 　○「それまでの『調』という貢進物の名称」 ……………………………ⓕ
> 　○「名称を『土毛』（土地の物産）に改めた」 ……………………………ⓖ
> (4) ○新羅使は 8 世紀を通じて 20 回ほど来日（平均して 5 年に 1 回）………ⓗ
> 　○長屋王が新羅使を招いて饗宴を催し，漢詩をよみかわす ………………ⓘ
> 　○新羅使のもたらす品物（アジア各地の品物）を貴族が競って購入 ………ⓙ

　最初に確認したように，日本は周辺諸国を服属させ，それらに君臨する帝国を自認していたのだから，新羅も服属国・朝貢国と扱おうとしていた。このことはⓕ，とりわけ「貢進物」との表現からも判断できる。その意味で，新羅使の来日と「調」の貢進は，律令国家日本の帝国構造を確認し，象徴する儀礼であった。

▶新羅は服属していたか

　ところが，ⓔにあるように，唐の皇帝の下で催される儀式において，日本と新羅は唐皇帝の「臣下」として同等に参列している（席次争いをしたにすぎない）。さらに，ⓖにあるように，8 世紀半ば，新羅側は「貢進物の名称を『土毛』（土地の物産）に改めた」という。この行為は，日本の朝廷が「受けとりを拒否した」ことも念頭に置けば，日本に対する服属国・朝貢国という立場から離脱し，対等な立場を主張しようとしてとった態度のあらわれであることが分かる。つまり，新羅を服属国・朝貢国として扱うという日本側の姿勢は，唐の皇帝が催す儀式の場においても，そして相手国の新羅によっても受容されていたわけではなく，さらには，日本の朝廷での新羅使との応対という場においても実現できていなかったのである。

▶文化面ではどうか?

　ⓘやⓙを見ると,《文明の優れた日本 ↔ 野蛮な新羅》という関係も「たて前」でしかなかったことが分かる。新羅使がもたらす品物は貴族たちの渇望の対象であり,また,日本在住の皇族・貴族たちにとって,新羅使の来日は漢詩文など大陸文化に直接触れることのできる,またとない機会であった。

　その上,新羅使の来日は遣唐使の派遣以上に頻繁であり（ⓓとⓗの比較）,大陸の文化・文物を摂取する機会としては遣唐使とは比べものにならないくらい貴重なものであったことが分かる。

▶違いはどこにあるか?

　ここまで確認してきたことがらを,それぞれ「たて前」と「実際」の差に注目しながらまとめると,以下のようになる。

	唐との関係	新羅との関係
たて前	独自に帝国構造をもつ	服属国として扱う ⇨ 帝国構造を象徴
実　際	唐に臣従 ⇨ 帝国ではない	新羅が対等な立場を主張 ⇨ 帝国構造が機能しない 頻繁な新羅使の来日 ⇨ 大陸文化摂取の貴重な機会

解答例

　独自の律令法を制定した日本は,たて前では唐とは独自に周辺諸国を服属させる帝国との立場をとったが,実際には唐を頂点とする国際秩序が成立しており,日本の遣唐使も皇帝に臣下の礼をとる朝貢形式に従った。一方,新羅をたて前では服属国として扱ったが,実際には新羅が対等な立場を主張して緊張が生じていたし,頻繁な新羅使の来日は大陸文化摂取の貴重な機会という意味ももっていた。

論述作成上の注意

□ 「唐との関係」,「新羅との関係」それぞれについて,たて前と実際をはっきりと区別して構成することが大切である。

22　平安中後期における仏教の受容　（2002 年度　第 1 問）

　平安時代中期・後期における密教と浄土教の広まりを問うた出題である。《密教＝平安時代初期》という固定観念をもっていると，対応しきれない。さらに，指定語句に引きずられることなく，設問の要求にバランスよく応えられるかどうかがポイントである。

設問の要求

〔主題〕10 世紀～平安時代末において，密教や浄土教の信仰が朝廷・貴族と地方の有力者にどのように受容されていったか。
〔条件〕指定語句（阿弥陀堂・加持祈禱・聖・寄木造）を用いる。

　注意しなければならないのは，「10 世紀以降」に限定されていることである。「平安初期には」などと書き始めてしまうと，設問での時期限定を読んでいないと受け取られかねない。こう書くと，では「密教」が説明できないではないかと思ってしまう受験生がいるかもしれない。しかし，密教は平安時代中期以降でも圧倒的な勢力を誇っていたのである。注意しておきたい。

▶密教や浄土教はどのような信仰なのか

　まず密教である。経典の中に言葉で記された教えを通じて仏の世界に接しようとする顕教に対し，秘密の呪法を通じて仏の世界に接することができるという教えで，加持祈禱（印契を結び真言を唱え仏を観想する）による仏との一体化，すなわち即身成仏を説いた。本格的な密教が日本に伝えられたのは，平安時代初，空海によってであり，同時期に最澄が始めた天台宗でも，円仁・円珍によって本格的に取り入れられた。そして，山林修行により培った呪術的な能力をもって，国家の鎮護や病気平癒など現世利益を求める朝廷・貴族や庶民に働きかけていった。

　次に浄土教である。極楽浄土にいて人々を救済するとされる阿弥陀仏への信仰で，阿弥陀仏を念ずれば地獄に落ちることなく極楽浄土へ往生できる（＝来世における幸福）と説いた。平安時代前期，円仁によって本格的に伝えられ，天台宗では修行の一つとして念仏が導入された。そして 10 世紀後半，天台僧源信が『往生要集』を著して念仏往生の方法をまとめあげた。

密　教
　加持祈禱による即身成仏を説く → 国家の鎮護や病気平癒など現世利益に応じる
浄土教
　阿弥陀仏への信仰 → 念仏による極楽往生（来世での幸福）を説く

　両者をまとめてしまえば，密教や浄土教は人々の現世や来世に対する不安に応える

信仰であった。

　では，そうした不安が広がった背景は何であったか。

▶密教や浄土教が受容された背景

　10世紀〜平安時代末期と言えば，律令国家が大きく変質・解体して地方政治・在地の社会秩序が混乱し，その中で荘園公領制成立へ向けた動きが進んでいた。そのため，中央から在地に至るまで，貴族・寺社や開発領主らを巻き込み，武力を伴った紛争が頻発していた。さらに，飢饉や地震・火山の噴火・長雨などの災厄，疫病の流行が相次ぎ，人々は死と隣り合わせの生活を続けていた。

　一方，仏教の末法思想（釈迦の死後，正法，像法を経て，釈迦の教えだけは残るものの，修行する人も悟りを開く人もいなくなる末法の時代が訪れるとする考え）が広がり，当時，1052年から末法に入り，世の中が乱れると信じられていた。

▶密教はどのように受容されたか

　問題では「朝廷・貴族」と表現されているので，朝廷から確認しよう。

　朝廷の下では，正月に五穀豊穣を祈る御斎会をはじめ，さまざまな法会が執り行われていたが，新たに密教に基づく法会（天皇の身体安穏を祈る後七日御修法など）が設けられ，天皇の即位にも密教の儀式（即位灌頂）が取り入れられた。つまり，鎮護国家（究極には天皇の護持）の役割を果たすものとして受容されたのである。

　一方，貴族には，病気平癒や除災招福など現世利益をもたらすものとして受容されていく。

　そして朝廷・貴族は，こうした役割を果たす密教に対し，寺院の造営や荘園の寄進などといった保護・興隆策を展開した。

> **密教受容のあり方**
> 　朝廷：鎮護国家を求める
> 　貴族：現世利益を期待 ⎫→ 保護・興隆を図る
> 　　　　　　　　　　　　 ⎭ 　・密教法会を導入・創設
> 　　　　　　　　　　　　　　 ・寺院の造営・荘園の寄進

▶浄土教はどのように受容されたか

　源信が『往生要集』で中心的に説いたのが阿弥陀仏や極楽浄土を思念する観想念仏であったこともあり，浄土教に関連する美術作品が数多く作られた。極楽を観想するために地上に浄土を再現しようとしたのが阿弥陀堂を中心とした寺院であり，藤原道長が無量寿院（阿弥陀堂）を中心として造営した法成寺，藤原頼通の平等院鳳凰堂が有名であり，地方でも，藤原清衡の中尊寺金色堂，藤原秀衡が平等院を模して建立した無量光院などが造営された。そして，それら寺院には阿弥陀如来像が安置され，また，往生する人を阿弥陀仏が迎えにくる様子を示した来迎図が描かれた。

浄土教受容のあり方
　貴族や地方の有力者により
　　◦阿弥陀堂の建立
　　◦阿弥陀如来像の製作　　　⎫⎬⎭⇨ 浄土教美術の発達

▶指定語句を確認しよう

　最後に指定語句をどのように使うかを確認しておこう。

　「加持祈禱」と「阿弥陀堂」はすでに確認済みだが，残った「聖」と「寄木造」をどこに配置するのか。それぞれの語句の内容を説明する必要はなく，主題に即した形で活用することを意識したい。

　さて，「聖」とは寺院に属さず活動した民間の仏教者のことで，2つの行動形態があった。一つは，山奥深く隠遁して修行に明け暮れる僧侶たちであり，もう一つは都鄙を遍歴して布教活動を行いながら，道路や溝池の修築，架橋，造寺造仏の勧進活動を行った僧侶たちである。後者で最も有名な人物が，10世紀に京都で念仏を勧めるなどして市聖と称された空也であり，さらに平安時代後期には，さまざまな聖が各地で浄土教などを広めていった。

　次に「寄木造」は，工房に多くの技術者を組織し，パーツごとに分担して製作する仏像彫刻の技法で，各地で阿弥陀堂建築が盛んになって仏像（阿弥陀如来像）の需要が拡大する状況に対応し，その大量生産を可能にした。平安時代後期に地方で多くの阿弥陀堂が建立され，多くの仏像が作られるようになるのも，この技法の完成があったからであった。

解答例

　律令体制が変質して社会秩序の動揺が進む中，災厄や疫病が相次いで社会不安が高まり，さらに末法思想が広がったことを背景に，密教や浄土教は広く受容された。密教は加持祈禱によって鎮護国家の法会を担い，現世利益に応えて，寺院造営や荘園の寄進など朝廷・貴族から保護を受けた。来世での幸福を説く浄土教は，空也など聖の活動を通じて普及し，寄木造の技法が大量の仏像需要に応えたこともあり，貴族や地方の有力者によって阿弥陀堂が建立された。

論述作成上の注意
☐「貴族」や「地方の有力者」だけでなく，「朝廷」についても説明することを忘れてはならない。
☐「寄木造」という指定語句は，阿弥陀堂の建立と並列して，「寄木造による阿弥陀如来像の造立」などの使い方でも構わない。

23　律令税制とその変質　　(2001年度　第1問)

　律令税制と平安時代中期におけるその転換についての理解を問うた出題である。「人頭税から土地税へ」という基本的な枠組みを前提としつつも，史料と説明文からどれだけデータを読み取れるか，不足しているデータを補えるかが試されている。

設問の要求

〔主題〕奈良時代と平安時代中期で，以下についてどのような違いがあったか。
　　　　①調の課税方式。
　　　　②調が徴収されてから中央政府に納入されるまでのあり方。

　まず，律令税制と平安時代中期の税制について，一般的な知識を確認しておこう。

▶律令税制

〔課税単位〕戸
〔課税対象〕庸・調 → 人（＝人頭税），租 → 田地（＝土地税）
〔課税基準〕庸・調 → 性別・年齢（＝成年男子），租 → 面積

　律令制の下での人民支配は，戸籍・計帳を通じた人民把握を基礎としていたが，個々人を個別に把握するのではなく，戸ごとに把握し，言い換えれば，戸を基本単位として支配していた。そのため律令政府は，およそ25人ごとに戸籍に登録して戸を編成し，戸主を定めた。そして，最低生活を保障するための口分田の班給も，租・庸・調などの租税の徴収や兵役の徴発も，戸主の責任の下，戸を単位として実施した（1999年度第1問も参照のこと）。

　ところで，調は絹や各地の特産物などを納めさせたもので，令の規定に基づき，計帳を徴税台帳として，正丁を中心とする成年男子を対象として賦課した。

▶平安時代中期の税制

〔課税単位〕名
〔課税対象〕田地（＝土地税）
〔課税基準〕面積

　戸籍に基づく人民支配が形骸化するのに伴い，口分田を班給し，成年男子を中心に人頭税（＝調・庸）を賦課するという原則を維持することが困難となった。そこで，公田を名に編成し，名の広さに応じて官物・臨時雑役を賦課するという仕組みへの転換がはかられた。そして，田堵と称された富豪百姓（有力農民）を負名に編成し，名の経営と納税を請け負わせた。

　以上のデータを念頭に置きつつ，史料の内容を，説明文に導かれながら，把握していこう。史料(1)が奈良時代，史料(2)が平安時代中期についての考察の素材であることは，すぐに判断できるだろう。

▶奈良時代

> **史料と説明文の読み取り＜パート１＞**
>
> 史料(1)＝奈良時代
> 　調として貢納された塩の荷札
> 　。「(表) 尾張国智多郡冨具郷和尓部臣人足」
> 　　　⇨ 調塩を課された者の本籍地と氏名 ……………………………… ⓐ
> 　。「(裏) 調塩三斗　天平勝宝七歳九月十七日」
> 　　　⇨ 納めた塩の量，納めた日付 ……………………………………… ⓑ

　まず，ⓐについて。説明文にある「本籍地」とは，戸籍・計帳で登録されている住所であることはすぐに了解できるだろう。そして，調を課された者の氏名が表記されていることから，律令税制の下では調が成年男子を対象に課された人頭税であったことも，改めて確認できるだろう。

　次に，ⓑについて。ここに記された調の数量（税率）が令で規定されたものであることに気づいただろうか？　史料集を開いてみるとよい。賦役令に，「凡そ調の絹・
絁 ・糸・綿・布は，並びに郷土の所出に随へよ。正丁一人に絹・絁八尺五寸…（中略）…若し雑物輸さば…（中略）…塩三斗…（後略）」という規定があることが分かるはずである。

　これだけのデータでは「調が徴収されてから中央政府に納入されるまでのあり方」という問いに応えていないことに注意しよう。調は納入者自らが都まで運ぶ労役を負担するのが原則であり，人民から選ばれた人夫（運脚）によって運ばれたのである。

▶平安時代中期

> **史料と説明文の読み取り＜パート２＞**
>
> 史料(2)＝平安時代中期
> 　。調の絹と生糸の数量は「官の帳簿」で定まっている ……………………… ⓒ
> 　。「先例」　　：絹１疋を田地２町４段に割り当てる ……………………… ⓓ
> 　。国守藤原元命：絹１疋を田地１町余に割り当てる ……………………… ⓔ
> 　。「他国の粗糸を買い上げて政府への貢納に充てている」 ……………… ⓕ

　まず，ⓓとⓔから，調が田地の広さを基準として課税されていることが分かり，平安時代中期には人頭税から土地税へ転換していたことが，改めて確認できる。
　次に，ⓒから，当該の国から都へ納めなければならない調の数量があらかじめ定め

られていたことが分かる。つまり，調が国ごとに定額で納入される仕組みとなっているのである。そして，ⓓとⓔを対比すれば，国守（受領）が課税率を操作していることが分かる。さらに，ⓕを見れば，国守（受領）は調の調達方法についても裁量を認められていたことが分かる。

　さて，この2つ目の一連のデータは，いわゆる**受領制**に関するものである。国司はもともと四等官から成っていたが，平安時代前期以降，長官（受領）に権限と責任が集中していき，中期には受領が朝廷から国内統治をゆだねられ，税の納入を請け負うようになった。つまり，受領のもとに一定の富が蓄積されていることを前提として中央財政が編成されるようになったのである。

▶最後に対比しよう

	奈良時代	平安時代中期
単　位	戸	名
対　象	人（＝人頭税）	田地（＝土地税）
基　準	性別・年齢（成年男子）	広さ（面積）
税　率	令の規定	受領の裁量
調　達	？	受領の裁量
中央への納入	人民の運脚	受領が納入を請け負う

　調達についてのみ，奈良時代にはデータが欠けているので，最後に補っておこう。
　戸の内部については戸主が責任を負ったので，「戸主の責任の下で」と表現することもできるが，徴税などの地方行政の実務を郡司が担っていたことに注目し，「郡司の下でまとめて」と表現してもよい。

解答例

　奈良時代は，令の規定に従い，計帳に基づいて成年男子を対象として賦課され，郡司の下，戸ごとにまとめて徴収され，人民の運脚により納入された。平安時代中期には，課税単位として新たに名が編成され，名の広さを基準に賦課されるようになり，受領が税率・調達方法ともある程度の裁量を認められ，定額納入を請け負った。

論述作成上の注意

□ 「調が徴収されてから中央政府に納入されるまでのあり方」を説明することを忘れないようにしなければならない。史料の文面だけを追って答案を作成しようとすると，これに関するデータを書きもらしてしまう恐れがある。

24 律令制下の駅制とその動揺 （2000年度 第1問）

律令制下の駅制については，たいていの教科書に記載があるものの，見逃しがちなテーマではないだろうか。その意味では，資料文からどれだけのデータを読み取れるかがポイントとなる。とはいえ，資料文を単純に設問ごとに割りふるわけではない。それぞれのデータをどちらの設問で活用するのか，その判断が大切である。

A

設問の要求

〔主題〕律令制の下で駅が設置された目的。
〔条件〕山陽道の駅馬が他の道に比べて多いことの背景にふれる。

問題文では，駅とは「都と地方を結ぶ道路」（＝「諸国の国府を連絡する駅路」）に設けられた施設である，と説明されている。これを念頭に置きつつ，資料文からデータを抽出する作業に取りかかろう。

資料文の読み取り ＜パート1＞

(1)
- 山陽道（都と大宰府を結ぶ道） ……………………………………………ⓐ
- 各駅には馬を常備 …………………………………………………………ⓑ
- 山陽道の駅馬が他の道に比べて多い ……………………………………ⓒ
- 駅の監督責任：国司が負う …………………………………………………ⓓ

(2)
- 駅馬を利用した使者＝駅使 ………………………………………………ⓔ
- 駅使が「反乱や災害・疫病の発生，外国の動向など」を中央に報告 ………ⓕ
- 藤原広嗣の反乱の情報 → 5日で都に報告される ………………………ⓖ

(3)
- 駅使：中央で出された詔を諸国に伝達 …………………………………ⓗ
- 駅使に対して食料を支給 …………………………………………………ⓘ

(4)
- 駅長や駅子：租税の一部が免除 …………………………………………ⓙ
  ：駅馬の管理・飼育，駅使の供給にあたる ……………ⓚ
- 駅使の供給：必要な食料の支給や宿泊の便宜を提供すること ………ⓛ

(5)
- 駅馬を利用する使者：位階に応じて利用できる馬の頭数が定められる ……ⓜ
- 9世紀前半，さまざまな使者が規定以上の駅馬を利用 → 太政官が禁止を命令 ……ⓝ

さて，これらのうち，駅が設置された目的に関連するものをピックアップしよう。

　まず，駅という施設には何が備えられていたか。ⓑやⓘ，ⓚ，ⓛをあわせて考えると，馬（駅馬）や食料，労役に従事する駅子が常備され，宿泊施設が整えられていたことが分かる。

　次に，この施設の利用者はどのような人々なのか。ⓜから，位階をもった人々，つまり**貴族・官人**であったことが分かる。とはいえ，このデータだけでは貴族・官人が公用でのみ利用できたのか，私用での利用もできたのかは判断できない。

　ところで，駅や駅馬を利用した駅使は「使者」と表現されているが（ⓔなど），どこからどこへ派遣されたのか。ⓕやⓗをあわせて考えると，中央と諸国の国府との間を往来する使者であったことが分かる。「反乱や災害・疫病」という緊急または重大事態，「外国の動向」などを諸国から中央へ報告し，中央政府の政策・命令を諸国に伝達する使者が駅馬を利用したのである。そして，このような伝達内容を念頭に置くと，駅使は公的な使者であり，駅は官吏の公用に用いられた，と考えられる。

　そしてⓖから，駅馬を利用すれば迅速な情報伝達が可能であったことも分かる。

　以上をまとめると，次のようになる。

> **駅の設備と用途**
> ［設備］馬や食料などを常備，宿泊施設を整備（⇨ 官吏の公用）
> ［用途］中央と地方との迅速な情報伝達に活用
> 　　　　◦地方での緊急・重大事態や外国の動向などの中央への報告
> 　　　　◦中央政府の政策・命令の地方への伝達

　最後に，**条件**について確認しておこう。

　「山陽道の駅馬が，他の道に比べて多いこと」は，山陽道が他の道よりも重視されたことを意味しているが，その理由はⓐから推察できる。**大宰府**が外交・国防上の要衝に設けられていたことを想起すればよい（1999年度第1問も参照のこと）。

B

> **設問の要求**
> 〔主題〕9世紀半ば頃に駅子が逃亡するようになった理由。

　まず，駅子とはどのような存在であったかを確認しておこう。

　資料文(4)によれば，「駅での労役に従事させるために設定した駅戸の構成員」で，「駅馬の飼育に従事し」，駅使に対して「必要な食料の支給や宿泊の便宜を提供する」という作業（「駅使の供給」）に従事した人々であった。

　こうした駅子が逃亡したということは，「駅馬の飼育」や「駅使の供給」，「駅での労役」を忌避する行為に出たということである。それゆえ，駅子の逃亡が増加した理由としては，彼らの労役が過重なものとなるに至った背景を考えればよい。

　手がかりはやはり資料文である。設問Aで活用しなかったデータを再掲しておこう。

資料文の読み取り ＜パート2＞

(1) 駅の監督責任：国司が負う …………………………………………………………⒟
(5) 9世紀前半，さまざまな使者が規定以上の駅馬を利用 → 太政官が禁止を命令 ……ⓝ

　ここから，国司による監督が弛緩し，「都と地方を往来するさまざまな使者」による規定以上の駅馬利用が横行したことが背景であった，と推察できる。

　とはいえ，疑問がいくつか残るはずだ。

　まず，なぜ国司の監督が弛緩してしまったのか？　院宮王臣家が富豪百姓（有力農民）などと結びながら私的な土地所有を進めていたことを想起したい。

　次に，ⓝはなぜ「駅使」ではなく「都と地方を往来するさまざまな使者」なのだろうか？　中央政府や諸国の国府から遣わされた公的な使者が「駅使」と表現されていることとの対比からすれば，駅使だけではなく院宮王臣家の下で地方に派遣された使者も含まれていたと考えられよう。実際，院宮王臣家は，律令制下で家政機関をもつことが公的に認められ，朝廷から派遣された職員が勤務していたが，9世紀には下級官人が私的な保護を求め，その職員となって活動するようにもなっていた。そして，院宮王臣家の地方進出が進む中で，その使者による規定以上の駅馬利用が横行したものと考えることができる。なにしろ，院宮王臣家の職員であれ，官人である以上，駅馬を利用する資格は有していたのである（ⓜ）。

解答例

　A駅は，中央から諸国への政策の伝達，地方での重大事態や外国の動向などの中央への報告を迅速に行うために設置された。山陽道は外交・国防上の要衝大宰府と都を結んだため，特に重視された。

　B律令制が変質した9世紀には，院宮王臣家が私的な土地所有を拡大したため，都と地方を往来する使者が増加し，国司の国内統治も動揺した。そのため，駅への国司の監督が弛緩して規定以上の駅馬利用が横行し，駅子の労役負担が過重となり，逃亡が続出した。

論述作成上の注意

□目的や理由が問われたからといって，「〜ため。」や「〜から。」などの表現で文章を終える必要はない。答案全体の論旨によって設問の要求に応えればよい。

25 戸籍作成と律令国家の軍事体制 （1999年度 第1問）

律令制度とその下での人民支配の特徴に焦点を当てた出題である。戸籍作成のもつ意味が，軍事体制の特色との関連において問われており，それに対応した答案構成を確保できるかどうかがポイントである。

設問の要求

〔主題〕 ①7世紀後半の戸籍作成の進展。
　　　　②律令国家の軍事体制の特色。
〔条件〕 ⓐ両者の関連をふまえる。
　　　　ⓑ背景となった「天武の個人的経験」「古代の国際的経験」をふまえる。

▶戸籍の作成

戸籍は，「改新の詔」第3条（646年）で「初めて戸籍・計帳・班田収授の法を造れ」と規定されたものの，実際に全国的な戸籍が作成されるのは，天智天皇のとき，庚午年籍（670年）が最初とされる。そして，飛鳥浄御原令に基づき，持統天皇の下で庚寅年籍（690年）が作成されて以降，6年ごとの戸籍作成が始まった。

> **戸籍作成の進展**
> ◦天智天皇：庚午年籍（670年）
> ◦持統天皇：庚寅年籍（690年）

▶戸籍とは何か

ところで，戸籍とは何か？　あるいは，戸籍を作成するとはどういうことなのか？
戸籍とは，**人民把握のための基本台帳**であり，戸ごとに構成員の姓名・年齢などが記されていた。この点に注目すれば，人民を把握することが戸籍作成の意図の一つであることが分かる。ところが，戸籍には戸ごとに平均して25人くらいずつ登録されており，戸は実際の生活単位である家族そのままではなかった。つまり，戸籍は，人民支配の基本単位として戸を政策的に編成するために作成されたものであり，政府は人民を戸籍に登録することを通じて戸に組織していったのである。

> **戸籍作成の意味**
> 人民を把握
> 　⇩
> 人民を戸（人民支配の基本単位）に編成

▶律令国家の軍事体制の特色

　注意しておかなければならないのは,「律令国家の軍事体制の特色」が問われている点である。したがって,単に兵役や軍団制の内容を説明するのでは,設問の要求には応えたことにならない。前後の時代と比較して,律令国家の下での軍事体制(軍団制)がどのような特色をもっていたかを明確にしておくことが不可欠である。

　前の時代(氏姓制度)の軍事体制についての知識はほとんどないと思うので,氏姓制度が氏族(豪族)を単位とする政治組織に基づいていた点から推察しよう。あるいは,軍団制解体以降の健児制,鎌倉幕府の軍事動員体制を想起してもよい。その際,**軍事動員の対象**に注目しよう。

　さて,軍防令の規定では,正丁(21〜60歳男子)3〜4人に1人の割合で兵士が徴発されることになっており,兵士は諸国の軍団に配属されて訓練を受け,平時は国内の治安維持にあたり,戦時には征討軍に組織された。

　ここから,律令国家の軍事体制では,戸籍・計帳に登録された人民が軍事動員の対象となっていることが分かる。つまり,豪族ではなく,豪族の支配下にあった人民を直接,軍事動員する仕組みが採用されていた。言い換えれば,諸豪族がもっていた軍事権を国家が吸収・掌握し,人民を対象として国家への義務として兵役を賦課したところに,律令国家の軍事体制の特色があった。

律令国家の軍事体制	←→	氏姓制度の軍事体制
人民を基礎		豪族(氏族)を基礎

　ちなみに,軍団制は大宝律令により始まったとされる。大化改新以降に各地に設けられていた評の下では行政と軍事の機能が未分離であったが,その行政機能を郡とし,軍事機能を軍団とすることで成立したと考えられている。

▶戸籍作成と軍団制の関連

　先に確認したように,戸籍はまず人民を把握することに目的があった。それゆえ,両者の関連としては,戸籍作成を通して兵力の基礎である人民を把握したことが第一に挙げられる。

　次に,問題文に「正丁3〜4人を標準として1戸を編成した」とあることに注目したい。これも

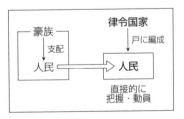

先に確認したように,軍防令では正丁3〜4人に1人の割合で兵士を徴発したのだから,1戸に1人の割合で兵士が徴発される仕組みとなっていたことが分かる。そして,戸籍の作成を通じて戸の編成を政策的に進めていったのだから,戸籍作成を通して兵士1人を徴発するための単位,徴兵単位としての戸を編成したことが,両者の第二の関連と言える。

▶「政ノ要ハ軍事ナリ」

　問題文によれば，天武天皇の「政ノ要ハ軍事ナリ」（政治の要諦は軍事力の掌握にある）との言葉には，「天武の個人的経験を越えた古代の国際的経験が集約されているとみるべき」だという。「天武の個人的経験」が，壬申の乱という内乱を経て権力を掌握したことを指すのは言うまでもないだろう。

　では，「古代の国際的経験」とは何か。「個人的経験を越えた」と表現されているのだから「国家的」な経験を考えよう。その際，すぐに白村江の戦いでの敗北（とそれに対応した防衛体制の強化）を想起できると思うが，そこにとどまらず，唐が朝鮮半島を侵攻するという緊張の中で周辺諸国が中央集権の確立と権力集中の必要に迫られた，という全般的な状況にまで目を配りたい。

解答例

> 　唐の朝鮮半島への侵攻，白村江の戦いでの唐・新羅に対する敗北に伴う緊迫した国際情勢の下，天智天皇により防衛体制の強化をめざして人民把握が進められ，初の全国的戸籍である庚午年籍が作成された。壬申の乱により権力を集中させた天武天皇は，それを基礎として豪族支配下の人民に基盤を置く軍事体制の構築を進め，その事業は持統天皇の下で庚寅年籍の作成により完成した。こうして全人民を戸に編成し，戸ごとに兵士1人を徴発する体制が整えられた。
>
> 　別解　天武天皇が壬申の乱により権力を掌握した頃，唐の朝鮮侵攻により東アジア情勢は緊張し，倭は白村江の戦いでの敗北により唐・新羅との関係が緊迫していた。そこで天武は，天智天皇の下で初の全国的戸籍として庚午年籍が作成されていたことを基礎に，豪族ではなく人民に基盤を置く中央集権的な軍事体制の構築を進め，その事業は持統天皇の下，庚寅年籍の作成により完成した。こうして全人民を戸に編成し，戸ごとに兵士1人を徴発する体制が整えられた。

論述作成上の注意

□「7世紀後半の戸籍作成の進展」に注目すれば，「天智 → 天武 → 持統」と年代順に説明していく構成が，もっとも書きやすいだろう。

□問題文が天武天皇を軸とする説明となっているので，別解のような，それに対応した構成でも構わない。

□庚午年籍や庚寅年籍が作成された年代については，記す必要はない。それぞれ天智朝，持統朝に作成されたことが表現できればよい。

□衛士や防人は，律令国家の軍事体制の内容ではあっても特色ではないのだから，答案の中に書き込む必要はない。

第2章　中　世

解答用紙は，横書きで〈地理歴史〉共通。1行：30字詰。

26　室町時代の武家と家督相続　　(2023年度　第2問)

> 　室町幕府の全国支配を解体に導いた応仁・文明の乱を，武家の家督継承をめぐる争いという観点から考える問題である。有力守護家の家督争いが乱発生の一因であったことを念頭におきつつも，資料文を丁寧に読み解いて対応したい。

設問の要求

〔主題〕この時期の武家における家督継承決定のあり方の変化と応仁・文明の乱との関係。

▶「この時期」はいつのことか？

　「この時期」がいつを指すのか，具体化しておこう。

　資料文(1)～(3)に将軍足利義教が記されており，そして資料文(4)にある「1459年」にはすでに享徳の乱が始まっていること（1454年に勃発）を念頭におければ，「この時期」は6代将軍足利義教から8代将軍足利義政の時期を指すと判断できる。

▶家督継承決定のあり方を資料文から読み取る

　家督継承決定のあり方の「変化」，つまり時期による違いを資料文から探りたい。その際，嘉吉の変で義教が謀殺されて以降，将軍権力が後退した点に注目し，将軍義教期と嘉吉の変以降とに時期を分けて見ていくとよい。

　最初に，将軍義教期についてである。

資料文(1)・(2)・(3)の読み取り

(1)国人（奉公衆）小早川家の事例＝兄弟が家督をめぐり争う
　◦背景：父（当主）の指名（意思）＝初め兄持平，のち弟凞平 ························ⓐ
　◦有力守護らの意見：まず一族・家臣の考えを尋ねるのがよい ··············ⓑ
　　→将軍義教の判断は不明
(2)斯波家の家督継承をめぐって＝将軍が家督を指名
　◦以前からの有力な候補者＝斯波持有 ······························ⓒ
　◦将軍義教の判断：持有でなく，その兄義郷を指名 ················ⓓ
(3)畠山家の家督継承をめぐって＝畠山持国が家督を追われる
　◦背景：惣領畠山持国と将軍義教の関係が良くない ···············ⓔ
　◦有力家臣たちが将軍義教に願い出る＝弟持永を家督に擁立 ·········ⓕ

　ⓐとⓑ，ⓕから，家督継承の決定では，当主（惣領）の意思より一族・家臣の意向が重視されていたことがわかる。

　とはいえ，一族・家臣のあいだで合意ができたとしても，それだけでは家督継承の

決定につながらなかった。ⓒのように家内部で有力な候補者とされても，ⓓからわかるように，将軍の意向に合わなければ家督を継承することはできなかった。他方，家督に就いていても，ⓔのように将軍との関係が良くなければ，将軍の意向を忖度した有力家臣たちによって家督から追い落とされるケースがあったことがⓕからわかる。

　つまり将軍義教期は，家督継承は当主の意思よりも一族・家臣の意向（合意）が重視され，そのうえで最終的には将軍の意向（判断）に基づいて決定されていたとまとめることができる。

　続いて，嘉吉の変以降についてである。

資料文(3)・(4)の読み取り

(3)畠山家の家督継承をめぐって＝畠山持国が家督に復帰する
　・背景：嘉吉の変で将軍義教が討たれる
　・畠山持国が軍勢を率いて家督に復帰＝持永を京都から追い落とす ………ⓖ
(4)斯波家の家督継承をめぐって＝斯波義敏が家督を追われる
　・背景：有力家臣甲斐常治が主導権を握る
　・斯波義敏＝父と甲斐常治が対立すると家臣たちの支持を失う→家督を退く ……ⓗ

　嘉吉の変以降は，家督継承を実力で決める動きが広がっていたことがわかる。

　ⓖは，将軍義教期に有力家臣たちによって排除された人物（畠山持国）が実力で家督に復帰した事例だが，「軍勢」との表現に注目すれば，持国を支持する家臣たちも存在し，彼らの支持のもと，実力で家督への復帰を果たしたと推論できる。

　ⓗの事例では，有力家臣が一族（当主の父）を抑えて家の主導権を握り，実力で家督継承を決めている。ただし，応仁・文明の乱の背景の一つに，斯波家の家督をめぐる義敏と義廉の対立があったことを知っていれば，家督を退いた義敏を支持する家臣たちも存在し，彼らの支持により義敏が家督に復帰する可能性があったことにも気づくだろう。つまり，嘉吉の変以降は，家督候補者とそれを支持する家臣たちの実力によって家督継承が決まるようになったとまとめることができる。

▶家督継承決定のあり方はどのように変化したのか

　変化を考える際には，前提として時期をこえた共通点に着目することが必要である。将軍義教期と嘉吉の変以降とで共通しているのは（有力）家臣が家督継承において発言力をもっていた点である。

　将軍義教期は，そのうえで将軍の判断によって家督が決まり，一定の安定性を保ったのに対し，嘉吉の変以降は，実力で決まり，争乱をともなった点が異なっている。

将軍義教期　：一族・家臣の意向と将軍の判断により決まる＝一定の安定性
嘉吉の変以降：実力で決まる＝家内部で争乱

なぜこのような変化が生じたのか。

将軍義教期，有力家臣の発言力が増すなかで**家内部の対立**が潜在的に生じていたものの，将軍義教の意向を背景としてとりあえず安定が保たれていた。ところが，**嘉吉の変により将軍権力が後退する**と，対立が顕在化して争乱となった。このことを如実に示すのが畠山持国の事例（ⓕとⓖ）である。

> **将軍義教期** ：一族・家臣の合意と将軍の判断により決まる＝一定の安定性
> 〔影響〕有力家臣の発言力が増大＝家内部に対立を招く
> ↓嘉吉の変＝将軍権力が後退
> **嘉吉の変以降**：実力で決まる＝家内部で争乱

▶応仁・文明の乱の発生・拡大との関係

応仁・文明の乱の主な背景は，次の三つである。第一に，畠山家・斯波家で家督をめぐる内紛が生じたこと，第二に，幕政の主導権をめぐって細川勝元と山名持豊が対立したこと，第三に，8代将軍足利義政の継嗣をめぐって足利義視と日野富子（義政の子足利義尚の母）が対立したことが挙げられる。

では，畠山家・斯波家など武家において家督継承を実力で決める動きが広がったことが，乱の発生とどのように関係するのか。

家督を争う両派が，それぞれ細川勝元，山名持豊という幕府の有力者と結んで合力（支持・協力）を求めたことが乱の発生につながった。当初は細川方が義政・日野富子・義視をおさえていたが，まもなく義視が日野富子との対立から山名方に移った。これにより実質的に**二人の将軍が並び立つ**こととなり，**東西二つの幕府**が成立した。これが乱の拡大である。

> **乱の発生・拡大**
> 家督を実力で争う両派がそれぞれ幕府の有力者と結ぶ
> →乱の発生，二つの幕府の成立につながる

解答例

家督継承には，当主の意思より一族・家臣の合意が尊重され，そのうえで将軍の判断が重視されていた。そのため，有力家臣の発言力が増大して家内部に対立を招き，嘉吉の変で将軍権力が後退すると，実力で家督継承を決める動きが広がった。家督を争う両派が幕府の有力者と結んだことから乱が生じ，東西二つの幕府が成立した。

論述作成上の注意

□応仁・文明の乱が取り上げられているからと言って，「有力守護家では…」と書くと，資料文(1)を無視したことになる。もし書くのであれば，「武家では…」とすればよい。

27　室町幕府と朝廷 　　　　　　　　　　　（2022年度　第2問）

> 室町時代には荘園制（荘園公領制）が解体したと思い込んでいる受験生が多いのではないか。しかし，荘園制は室町幕府・守護の支配体制のもとで存続し，朝廷や天皇家は幕府のもとで経済基盤を確保できていた。受験生にとって盲点とも言えるテーマである。

設問の要求

〔主題〕資料文(5)に述べる3代の天皇が譲位を果たせなかったのはなぜか。
〔条件〕鎌倉時代以来の朝廷の経済基盤をめぐる状況の変化と，それに関する室町幕府の対応にふれる。

　最初に，室町時代，天皇が譲位すると何が生じるのかを確認しておく。

資料文(4)の読み取り

(4) 1464年に譲位した後花園天皇の事例
　　・天皇が譲位＝院政を始める→上皇のための所領を設定する
　　・位を譲られた新しい天皇（後土御門天皇）＝即位儀礼（大嘗祭）を行う

　このことをふまえ，天皇の譲位を実現するには何が必要だったのかを判断したい。その際，一つめの条件に注目し，時期を鎌倉時代と設定して考えたい。手がかりは資料文(1)と資料文(3)である。

資料文(1)・(3)の読み取り

(1)鎌倉時代後期における上皇の生活基盤
　　・上皇の生活＝皇室領荘園群（長講堂領や八条院領）に支えられていた
(3)内裏の造営や大嘗祭などの経費の調達
　　・平安時代後期から一国平均役でまかなう＝各国内の荘園公領に一律に賦課　………ⓐ

　ここで注意しておきたいのは，資料文(2)では「荘園公領」との表現が使われるとともに「天皇や院，摂関家などの所領」と表記されている点である。ここだけ「上皇」が「院」と表記されている理由は不明だが，資料文(1)と合わせれば，上皇の生活を支える皇室領荘園群が「所領」と言い換えられていると判断してよい。
　天皇の譲位を実現するのに必要なことがらをまとめると，次の通りである。

天皇の譲位を実現するのに必要なことがら
　①上皇のための荘園群（所領）を確保する
　②新天皇の即位儀礼の経費＝一国平均役を荘園公領に一律に賦課して調達する

　これらが一つめの条件にある「鎌倉時代以来の朝廷の経済基盤」である。もちろん

「公領」に注目すれば院宮分国（知行国）も想起できる。しかし，資料文には取り上げられておらず，考察の対象から外してよい。

▶朝廷の経済基盤をめぐる状況の変化

こうした朝廷の経済基盤（①と②）がどのように変化したのか。資料文(2)に即し，南北朝期に焦点を絞って考えたい。

資料文(2)の読み取り

(2)南北朝の動乱期
- 諸国の守護や武士が荘園公領への侵略を進める

ここから，南北朝の動乱期には，①の長講堂領など**皇室領荘園群**が守護や武士の侵略をうけ，維持が困難となっていたことがわかる。

②の**一国平均役**の賦課・徴収については，資料文に明確な情報はない。しかし，ⓐに書かれている時期と内容を念頭におけば，一国平均役はもともと国司（国守）・国衙を通じて賦課・徴収されていたと推論できる。ところが国衙は，鎌倉時代後期にはすでに衰退し，公的な任務を遂行できる状態ではなかった。そのうえ南北朝期に守護や武士が公領（国衙領）へも侵略を進めていた点も合わせて考えれば，一国平均役を従来通り賦課・徴収することが困難となっていた状況を想起することができる。

> 南北朝期：武士の侵略が進む → 荘園群の維持や一国平均役の賦課・徴収が困難となる

▶室町幕府の対応

朝廷の経済基盤（①と②）に関わる室町幕府の施策が説明されているのは，資料文(2)・(3)である。

資料文(2)・(3)の読み取り

(2)室町幕府が出した半済令
- 目的の一つ＝荘園領主の権益を半分は保全する ……………………ⓑ
- 1368 年＝天皇や院，摂関家などの所領については全面的に半済を禁止 …………ⓒ

(3)一国平均役
- 室町幕府が段銭・棟別銭として守護に徴収させた …………………ⓓ

半済令は，公家・寺社の所領（寺社本所領）の半分について，守護が軍費を調達するための所領（兵粮料所）として収納することを認めた法令として有名だが，ⓑにあるように，残りの半分を領主である公家・寺社に保障する目的ももっていた。さらに，動乱が終息に向かい始めた 1368 年に出された（応安の）半済令では，ⓒのように，

天皇や上皇，摂関家などの所領については全面的な保全をはかっていた。

　一方，一国平均役は，鎌倉時代後期に代銭納が進み，南北朝期には幕府が徴収権を管轄下におき，⑷のように，段銭・棟別銭として守護に徴収させていた。

> **室町幕府の対応**
> 　武士の荘園公領への侵略を部分的に抑制 → 守護を通じて朝廷の経済基盤を確保

　なお，公家・寺社の荘園群については，幕府・守護の支配体制のもと，守護や土倉，五山禅僧らが代官として年貢納入を請け負っていた（代官請）。

▶**資料文⑸に述べる3代の天皇が譲位を果たせなかった理由**

　後土御門天皇は，資料文⑷によれば1464年に位を譲られているので，**応仁の乱前後に在位したと判断できる**。したがって，資料文⑸に述べる「後土御門天皇から3代」の天皇は，応仁の乱から戦国時代にかけて在位したと判断できる。

　この時期，戦乱が全国に広がって**幕府・守護の支配が後退し，荘園制も解体した**。そのため，幕府は天皇の譲位に必要な諸経費を確保・調達できず，天皇は譲位を望みながらも，それを果たすことができなかった。

> **発　展　平安時代後期～室町時代の荘園制**
> 　荘園制は，平安時代後期，ひとまとまりの領域をもつ荘園が広く設立され，不輸・不入の権が一般化して国衙の支配から独立性を強めるなかで本格的に成立した。公領（郷保）も荘園と似た性格をもったため，合わせて荘園公領制とも呼ばれ，荘園公領は皇室（院・女院）や摂関家，有力寺社が領主として支配権を握っていた。
> 　ところが，鎌倉時代に幕府によって御家人が地頭に任じられ，次第に支配権を拡大すると，変化が生じる。荘園制は，御家人が支配する所領（武家領）と公家・寺社が支配を維持する所領（本所一円地・寺社本所領などと呼ぶ）が並び立つ形となった。そして，室町時代にも幕府・守護の支配体制のもと，武家領と寺社本所領が並び立つ荘園制が存続した。
> 　しかし，応仁の乱で幕府・守護の支配が後退したため，荘園制は解体へ向かった。

> **解答例**
> 　朝廷の経済基盤は皇室領荘園群と一国平均役であったが，南北朝の動乱のなか，武士の侵略により確保が困難となっていた。それに対して室町幕府は，武士の侵略を部分的に抑制し，守護を通じて朝廷の経済基盤を確保した。しかし応仁の乱以降，幕府・守護の支配が後退したため，天皇の譲位に必要な諸経費を調達できなくなった。

論述作成上の注意
□鎌倉時代以来の朝廷の経済基盤について，一国平均役を見落とさないようにしたい。

28 鎌倉時代における荘園制 （2021年度 第2問）

13世紀における荘園領主と地頭との関係を，開発と「検注」に焦点をあてて問うた出題である。既知の知識だけで考えるのではなく，資料文に記された情報と既知の知識を組み合わせて考察を進めたい。

A

設問の要求

〔主題〕13世紀，荘園領主が検注を実施しようとした理由。

まず，**検注**とは何かを確認したい。

資料文(2)・(3)の読み取り

(2)検注の内容
- 土地の調査
- 荘園領主が現地に使者を派遣して実施
  →荘内の田地の面積などを調べ，荘園領主に納める年貢の額を決める

(3)検注が実施されるタイミング
- 荘園領主がかわった時などに実施されるのが慣例 ⋯⋯⋯⋯⋯ⓐ

資料文(2)から，**検注**とは<u>年貢基準額を定めるための土地調査</u>であることがわかる。

▶ **荘園領主が検注を実施しようとした根拠は何か**

考察を進める前提として，中世荘園，平安時代後期に広く成立した荘園がどのようなものであったかを確認しておく。

中世荘園＝平安時代後期に広く成立した荘園
- ひとまとまりの領域をもつ＝耕地や山野河海，集落を含む
- 不輸・不入の権をもつ＝国衙支配から強い独立性をもつ
- 本家・領家・預所・下司や公文・名主によって運営される

ここでは**不入の権**に注目したい。不入の権とは国衙の検田使や追捕使の立ち入りを認めない権限である。検田使とは課税のために土地調査を行う役人で，その立ち入りを拒否する権限を得ることにより，<u>荘園領主は荘園内で課税のために土地調査を行う権限を国衙から委譲された</u>。荘園領主がこの権限に基づいて行う土地調査が**検注**である。つまり<u>検注は荘園領主の支配（領有）権と年貢の収納権を具現する行為</u>であった。

ところで，ⓐによれば，検注が実施されるタイミングは「荘園領主がかわった時など」である。荘園領主がかわるきっかけは相続や譲渡・売買などが想定できるが，い

ずれにせよ代替わりである。ここからも，検注が代替わりに際して領主であることを荘園現地に明示・誇示する行為だったことがわかる。

▶検注においてどのような土地を調査対象としようとしたのか

田地についてのデータが書かれているのは，次の2カ所である。

```
資料文(1)・(3)の読み取り
(1)地頭による開発
　・荘内の低湿地など荒野を積極的に開発＝田地を拡大 ……………………………ⓑ
(3)代替わりの検注と地頭の対応
　・新たな領主が検注を予定
　　→それ以前に開発された田地の検注を地頭が拒否 ……………………………ⓒ
```

ⓒから，検注では前代の荘園領主が把握していた田地に加え，新しく開発された田地を調査し，課税対象に組み込むことが意図されていたことがわかる。その新しく開発された田地は，ⓑから，地頭が開発したものであると考えることができる。

つまり，荘園領主は検注を実施することによって，地頭が新しく開発した田地を正確に把握し，そこからも年貢をしっかり徴収しようと企図していたと結論づけられる。

```
[発展] 検注の意義
　検注は基本的に国衙領では国司（受領），荘園では荘園領主の代替わりごとに行われ，土地台帳が作成されて耕地一区画ごとに所在・面積などが登録された。さらに，納税を請け負う名主が定められ，地頭・荘官らに認められる給免田（年貢や公事を免除する田地）もここで確定された。つまり，検注は土地を調査し，年貢額を定めるだけでなく，土地をめぐる権利関係を代替わりごとに定め直す作業であった。
　この時に作成された土地台帳は，荘園現地で公文が管理していたとされる。
```

B

```
設問の要求
〔主題〕地頭請が地頭の荘園支配においてはたした役割。
〔条件〕検注や開発との関係にふれること。
```

地頭請とは地頭請所の契約のことで，地頭は荘園領主とのあいだで契約を結び，一定額の年貢・公事の納入を請け負った。

▶地頭請所では荘園領主が荘内に直接支配を及ぼすことはなかったのか

考える手がかりは資料文(4)にある。

資料文(4)の読み取り

(4)地頭請所での検注をめぐる紛争
　○荘園領主が検注の実施を主張⇄地頭が拒否 ……………………………ⓓ
　　→荘園領主が地頭を鎌倉幕府に訴える
　　→幕府は「地頭請所であった」ことを理由に検注の停止を命令 ………ⓔ

　しばしば地頭請所では地頭に荘園の管理いっさいが任されたと言われるが，ⓓをみれば，荘園領主は検注を行う権限を留保していると認識していたことがわかる。つまり，地頭請所の契約が結ばれただけで荘園現地の支配権が荘園領主から地頭に移ったとは限らなかったのである。

　ところがⓔによれば，荘園領主と地頭の紛争に際して鎌倉幕府は「地頭請所であった」という事実を理由に荘園領主に検注の停止を命じている。言い換えれば，幕府は契約内容に関係なく「地頭請所であった」という事実を根拠として地頭の検注拒否を支持・公認している。ここから地頭請は，地頭が荘園領主の介入を排して独自な支配を進めることを幕府から公認される根拠になったと考えることができる。

　「開発との関係」はどうか。

　もう一度，資料文(3)を確認したい。ⓒによれば，地頭が拒否したのは「それ以前に開発された田地」を対象とする検注であった。このことを念頭におけば，地頭請所において検注を拒否することは，荘園領主が検注によって荘内の田地数を再確認し，地頭が請け負う年貢額を決定し直す作業を拒否することと同義である。したがって，地頭は地頭請を根拠として，荘園領主による新たな課税を気にかけることなく，自由に開発を進めることのできる環境を確保できたと言える。さらに，土地開発は灌漑施設の整備などとともに勧農の一環であり，名主ら荘民の生産基盤を整え，荘民への実質的な支配を作りあげる媒介の一つであった。ここから，地頭請は地頭が開発を通じて荘民への独自な支配を整える後ろ楯としての役割をはたしたと考えることができる。

解答例

　　A荘園領主は荘園の支配権と年貢収納権をもち，地頭らが新たに開発した田地を正確に把握し，年貢徴収を強化することをねらった。

　　B地頭請は，幕府が地頭の検注拒否を公認する根拠となった。そのため，地頭が荘園領主の荘園現地への介入を排除し，自由な開発を進めることを通じて荘民への独自な支配を整える後ろ楯となった。

論述作成上の注意
□Bについて。地頭請の内容説明を含めて解答してもよいが，資料文(4)を活かすことを考えれば，鎌倉幕府の動きを組み込んで表現することを優先したい。

29 戦国期京都における町の形成 （2020 年度 第 2 問）

　戦国時代の京において，山鉾の運営を通じて町とその自治が形成される経緯を問うた出題である。祇園祭の山鉾巡行という祭礼と町の成り立ちとの密接な関係に焦点があたっている。

設問の要求

〔主題〕16 世紀において，京都・祇園祭の山鉾がどのように運営され，それは町の自治のあり方にどのように影響したのか。

　まず，<u>山鉾</u>とはどういうものかを確認しておこう。

問題文・資料文(3)・図1の読み取り

問題文
　・山鉾巡行＝数十基の山鉾が京中を練り歩く華麗な行事 ………………………ⓐ
(3)山鉾巡行の場面（図１）についての説明
　・長刀鉾のあとに蟷螂山，傘鉾が続いている ……………………………………ⓑ
図１:『洛中洛外図屏風』（上杉本）
　・山鉾はそれぞれ装飾が凝らされている ………………………………………ⓒ
　　例：屋根の上に長刀が取り付けてある，台上に蟷螂（かまきり）を設えてある
　・山や鉾が共同して隊列を組み，順序立てて練り歩いている …………………ⓓ

　まず，ⓑやⓓから山鉾には山と鉾の２種類あることがわかり，ⓐとⓒから，それぞれの山・鉾は凝った，華麗な装飾が施されていることが想像できる。次に，ⓑとⓓから，山鉾巡行では数十基の山や鉾がそれぞれ勝手気ままに京中を練り歩くのではなく，<u>山鉾どうしで共同して整然と巡行している</u>様子がわかる。

　したがって，山鉾の運営は山鉾巡行の運営，個々の山や鉾の運営という２つの観点から考察することが必要である。

▶山鉾巡行の運営
　まず，巡行の運営主体から確認しよう。

資料文(1)の読み取り

(1)山鉾巡行の運営
　・室町幕府が祇園祭の延期を命じた
　　→「下京の六十六町の月行事たち」が山鉾の巡行は行いたいと主張

月行事は，町やその連合組織である町組の運営を月交替で担う世話役である。

このことを念頭におけば，幕府が祇園祭（山鉾巡行を含む）を実施する決定権をもつ一方で，「下京の六十六町」の連合組織（町組や惣町）が山鉾巡行を担っていたことがわかる。幕府から完全に独立して運営していたとまでは言えないにしても，主体的な関わりをもっていたものと推察できる。

▶個々の山や鉾の運営

次に，個々の山や鉾の運営についてである。

資料文(2)の読み取り

(2)山鉾の用意
- 下京の各町…祇園祭の山鉾を用意する ……………………………………………… ⓔ
- 各町が山鉾を確実に用意するために行ったこと
  - 他町の者へ土地を売却することを禁じるよう幕府に求める …………………… ⓕ
  - 町の住人に賦課された「祇園会出銭」から「山の綱引き賃」を支出する ……… ⓖ

ⓔから，個々の山や鉾は「下京の六十六町」の各町によって運営されていたことがわかる。山・鉾とその華麗な装飾を保管・維持し，祇園祭に際して山・鉾を立て，綱を引いて練り歩くこと——これらはすべて町ごとに運営されていた。

ⓖからは，運営のために必要な経費を町の住人への賦課によって調達していたことがわかる。

▶山鉾の運営と町との関係

ⓕの分析に移ろう。

ここでは，土地を所有する住人に対して他町の者へ土地を売却することを町が禁じようとしている。それは，資料文(2)で「山鉾を確実に用意するため」と書かれているように，町が運営経費を確実に調達するための手段であったと判断できる。山鉾を運営するため，町は住人に対して規制を加えているのである。

さらに，町が禁制を幕府に求めていることに注目したい。このことから，町の住人に対する規制力は元来さほど強いものではなく，幕府を介することによって初めて住人に規制を加えることができたことがわかる。ところが，幕府を介してこうした住人への規制，町による土地売却の禁制が進めば，住人による土地所有は町の規制のもとで確保され，土地をもつ住人どうしが町のもとに地縁的な結びつきを強めることになる。つまり，山鉾の運営を通じて住人どうしが地縁的な結びつきを強め，そのなかで町が地縁的な社会集団（共同体）として形成されたと推論することができる。

▶町はどのようにして形成されたのか

> **資料文(3)・(4)，図 2 の読み取り**
>
> (3)図 1 （16 世紀）についての説明
> 　。長刀鉾や蟷螂山，傘鉾という山や鉾がある ………………………… ⓗ
> 図 2：現代の京都市街地における町とその名称
> 　。山や鉾の名のついた長刀鉾町，蟷螂山町，傘鉾町がある ………… ⓘ
> (4)図 2 についての説明
> 　。通りをはさむように町名が連なっている ………………………… ⓙ
> 　　→そのなかには 16 世紀にさかのぼる町名もみえる …………… ⓚ

　先ほど，山鉾の運営を通じて住人が町として地縁的な結びつきを強めたと推論した。実際，ⓗとⓘ，ⓚから，16 世紀にすでに存在していた長刀鉾や蟷螂山，傘鉾の名称が町名となっており，<u>山鉾を出すことが町の住人どうしが結びつく契機であったこと</u>が確認できる。また，ⓙからは，<u>街路の両側で一つの町（両側町）が形成されていた</u>ことがわかり，そのことは図 2 からも確認できる。

　以上から，山鉾の運営を通じて，第一に，**通りをはさんで土地をもつ住人どうしが地縁的に結びついて町を形成し**，第二に，**複数の町が連携して連合組織を整え，月行事を中心としてそれらを自治運営するしくみを作りあげた**，とまとめることができる。

> **発 展　法華一揆と町の自治**
> 　資料文(1)の「1533 年」という年代から法華一揆（1532～36 年）を思い浮かべた受験生がいるかもしれない。しかし法華一揆の中核は日蓮宗への信仰を紐帯とする信者組織であり，地縁に基づいて結ばれたものではなかった。また，京都の商工業者に加え，畿内各地の日蓮宗信者の武士や京都周辺の地侍なども参加していた。つまり，法華一揆と「下京の六十六町の月行事たち」とは並存する別個の存在であった。

> **解 答 例**
>
> 　　山鉾の巡行は町の連合組織が運営に関与し，個々の山鉾は各町が住人から経費を徴収して用意・運営した。そのため，町では幕府を介して土地売却を禁じるなど住人への共同体的な規制が強まり，通りをはさんで土地をもつ住人どうしが地縁的な結びつきを強めた。町どうしの連携も進み，月行事を中心とする自治組織が整えられた。

論述作成上の注意
□山鉾の運営を通じて町が地縁的な社会集団，そして自治組織として形成されていく様子を答案として表現したい。
□町組や惣町といった歴史用語を答案に書き込まなくて構わない。

30　承久の乱とそれ以降の朝幕関係　（2019年度　第2問）

承久の乱とそれ以降における朝廷と幕府の関係を問うた出題である。設問Aと設問Bとで書くべきデータにやや重複があるため，うまく使い分けたい。

A

設問の要求

〔主題〕後鳥羽上皇が隠岐に流される原因となった事件。
〔条件〕その事件がその後の朝廷と幕府の関係に与えた影響にもふれる。

後鳥羽上皇が流される原因となった事件は承久の乱である。

▶承久の乱とは何か

朝廷で院政を行っていた後鳥羽上皇は当初，3代将軍源実朝と連携をはかっていた。しかし，源実朝暗殺事件をきっかけとして幕府打倒を企て，1221年，北条義時追討を掲げて挙兵したものの幕府軍に敗れた。これが承久の乱である。

▶幕府による戦後措置

承久の乱に際して鎌倉幕府が行った戦後措置は，次の通りである。

①後鳥羽上皇・順徳上皇らを配流，仲恭天皇を廃位して後堀河天皇を擁立
②院方所領を没収して新しく地頭を補任
③京都に六波羅探題を新設＝朝廷の監視や西国御家人の統轄などにあたらせる

こうした措置の結果，幕府は朝廷より優位に立つようになったとまとめることができるが，「その後の朝廷と幕府の関係」に影響を与えたのは，①〜③のうち，特にどれなのか。資料文(1)を参考にしながら考えたい。

資料文(1)の読み取り

(1)後鳥羽上皇の帰京をめぐる朝廷と幕府の交渉
　・朝廷を主導していた九条道家＝鎌倉幕府に後鳥羽上皇の帰京を提案 ………@
　　→幕府は拒否 ………………………………………………………………ⓑ

後鳥羽上皇はかつて院政を行っていたのだから，帰京により彼の院政が復活する可能性があった。これを朝廷側が幕府に提案したこと（@），幕府が拒否したこと（ⓑ）から，①（朝廷の政治や皇位継承に介入）に焦点をあてればよいと判断できる。

B

設問の要求

〔主題〕持明院統と大覚寺統の双方から鎌倉に使者が派遣されたのはなぜか。

〔条件〕①系図を参考にする。

②朝廷の側の事情に留意する。

③Aの事件以後の朝廷と幕府の関係に留意する。

「なぜ」と問われているので，背景・原因や目的を考えたい。

▶朝廷側の事情

まず背景・原因からアプローチするため，資料文⑵と系図に注目しよう。

資料文⑵の読み取り

⑵後嵯峨上皇没後の朝廷

・後嵯峨上皇が２人の子のどちらが次に院政を行うか決めなかった ………………ⓒ

〔結果〕後嵯峨上皇の没後，天皇家が持明院統と大覚寺統に分かれた ………………ⓓ

ⓒから，院政を行う人物（治天の君）を 朝廷側で決めなかった，あるいは決めるこ とができなかったことがわかる。その上で， 資料文⑴から読み取ったⓐを合わせて解釈 すると，朝廷側だけでは決められなかった と判断するのが妥当だとわかる。

系図

*数字は天皇に即位した順

そして系図から，皇位が**持明院統**と**大覚 寺統**の双方によって継承されたこと，両統からほぼ交互に天皇を出していたことが読 み取れるので，ⓓの事態は，どちらが院政を行うか，つまり皇位継承（皇統）をめぐ って持明院統と大覚寺統が対立・抗争していたことを示すと判断できる。

朝廷側の事情

・朝廷側だけでは院政担当者（治天の君）を決めることができなかった

・皇位継承（皇統）をめぐって持明院統と大覚寺統が対立・抗争していた

▶朝廷と幕府の関係

治天の君を朝廷側だけでは決めることができなかったのはなぜか。

それは，すでに設問Aでⓐ・ⓑを根拠として考えたように，承久の乱を契機として 幕府が朝廷の政治や皇位継承に介入し，治天の君を決める上で幕府の意向・判断が重 要な意味をもつようになっていたからである。

Aの事件以後の朝廷と幕府の関係
　院政担当者（治天の君）の決定＝幕府の意向・判断により左右される

　では，治天の君や皇位継承について幕府はどのような意向・判断を行っていたのか。一般的には知識がないので，系図を手がかりとして結果から推論するしかない。
　先に確認したように，系図によれば，皇位が持明院統と大覚寺統の双方によって継承され，両統からほぼ交互に天皇が出ていた。ここから，幕府はどちらも正統な皇統と考え，両統を尊重する姿勢をとっていたと判断することができる。

持明院統と大覚寺統の対立をめぐる幕府の態度・姿勢
　どちらも正統な皇統と考え，両統を尊重する

　なお，幕府は両統迭立の方式で調停したと考えてもよいが，先に確認したように，両統が必ずしも交替で天皇を出しているわけではなく説明不足である。単に両統迭立という用語を使うだけで済まさないようにしたい。

▶持明院統・大覚寺統の双方が鎌倉へ使者を派遣した目的
　資料文(3)によれば，両統が「競馬のごとし」と言われるほどに競い合い，そして頻繁に鎌倉へ使者を派遣していた。その目的は何か。
　幕府が治天の君や皇位継承をめぐる決定権を実質的に握り，その上，両統を尊重する姿勢をとっていたという，これまでの考察を前提として考えたい。そうすれば，双方が治天の君の地位をできる限り早く確保することをめざし，自らに有利な皇位継承の実現をねらって幕府の推戴・支持を得ようとしたために使者を派遣した，と判断することができる。

解答例

　　A後鳥羽上皇が北条義時追討を掲げて挙兵し，幕府に敗れた。その
　　結果，幕府は皇位継承に介入するなど朝廷に対して優位に立った。

　　B持明院統と大覚寺統が皇統をめぐって対立する中，院政担当者の
　　実質的な決定権を握る幕府は，両統を尊重する姿勢をとった。その
　　ため，双方は自らに有利な皇位継承の実現をねらい，競い合った。

論述作成上の注意
□「承久の乱」という事件の呼称は，書いても書かなくてもどちらでもよい。
□Aについて。六波羅探題の設置など，幕府による戦後措置の内容を具体的に列挙するだけでは，設問の要求に応えたことにならないので注意しよう。
□Bについて。使者が派遣された背景・原因だけでなく目的についても考察したい。

31　室町幕府の財政と徳政令　　　(2018 年度　第 2 問)

　室町幕府の財政や徳政令発布をめぐる情勢について問うた出題である。設問Ａと設問Ｂ
とで書くべきデータにやや重複があるため，うまく使い分けたい。

A

設問の要求

〔主題〕室町幕府の財政にはどのような特徴があるか。
〔条件〕幕府の所在地との関係に注目する。

　まず，資料文の中から室町幕府の財政に関する情報を引き出したい。その際，<u>収入</u>
<u>と支出の両面に目配り</u>すれば，資料文(2)・(4)・(5)を参照すればよいことがわかる。

資料文(2)・(4)・(5)の読み取り

(2)室町幕府の収入と支出
　○土倉役・酒屋役を恒常的に課税　……………………………………………………ⓐ
　　課税基準＝(土倉) 質物数，(酒屋) 酒壺数
　　〔用途〕幕府の年中行事の費用にあてる（年間 6000 貫文）……………………ⓑ
(4)徳政令の影響
　○徳政令は幕府に深刻な財政難をもたらす　…………………………………………ⓒ
(5)室町幕府の支出
　○賀茂祭の費用を幕府が準備している　………………………………………………ⓓ

　収入面から確認しよう。ⓐから，**土倉役・酒屋役**という土倉・酒屋に対する課税が
幕府の収入源の一つであることがわかる。さらに，ⓒに徳政令が幕府の深刻な財政難
を招いたとあり，徳政令が土倉・酒屋に債権を放棄させ，彼らの経営に打撃を与えた
ことを考えれば（これは設問Ｂで考察する内容だが），<u>土倉役・酒屋役が重要な収入</u>
<u>源</u>であったと判断してよい。
　続いて支出面に注目しよう。ⓑに幕府の年中行事，ⓓに賀茂祭があげられている。
このうち賀茂祭は葵祭とも呼ばれ，平安時代中期に整った朝廷の年中行事の一つであ
る。つまり室町幕府は，朝廷の年中行事の費用もまかなっていたことがわかる。

▶室町幕府の財政基盤とその特徴

　資料文から土倉・酒屋に対する課税が幕府の重要な収入源であったことは確認でき
たが，他に収入源はなかったのか。知識を確認しておこう。

> **室町幕府の主な財政基盤**
> ◦ 御料所（直轄地）からの収入
> ◦ 守護や国人の分担金，禅僧（禅宗寺院）からの献金
> ◦ 高利貸を営む土倉・酒屋からの営業税
> ◦ 関所や港湾での通行料（関銭や津料）　　　＝流通経済への課税
> ◦ 諸国からの段銭・棟別銭＝国家的行事の経費にあてる

どこに室町幕府の特徴があるのか。それを考えるには同じ武家政権である鎌倉幕府と対比し，さらに，条件である「所在地との関係」に注目することが必要である。

鎌倉幕府は荘園や知行国からの収入が中心である。一方，室町幕府の置かれた京都は全国的な流通経済の中心地であり商工業が発達していた。これらを根拠に考えれば，**流通経済に注目した課税が多い点**が室町幕府の特徴であると判断できる。

なお，段銭・棟別銭の徴収権は南北朝期に朝廷から幕府の管轄下へ移ったので，これも特徴の一つと言えそうだ。しかし幕府の管轄下に移ったのは南北朝動乱に伴って朝廷の勢力が後退したために生じたことで，「所在地との関係」から見た特徴とは言えない。一方，朝廷の年中行事の費用を幕府がまかなった点（ⓓ）は，鎌倉時代から既に見られたことである。したがって，この2点を答案に組み込む必要はない。

▶土倉の再興は室町幕府の財政と関連があるのか？

資料文(1)にも土倉に関する情報が記されているが，これは関連があるのか？

> **資料文(1)の読み取り**
> (1)建武式目
> ◦ 室町幕府は土倉の荒廃を問題視→土倉の再興が急務と判断

これに関しては，商工業者が有力な寺社や官衙に奉仕して**神人**や**供御人**の身分を獲得し，保護を受けたことを想起したい。実際，土倉の多くは延暦寺の保護下にあった。

こうした土倉を幕府が再興することは，土倉に対する有力な寺社などの個別的な保護・支配を抑制し，京都内外の土倉を一律に幕府の管轄下におく前提を整えることとなる。つまり，土倉らから恒常的に営業税を賦課・徴収することにつながる政策である。答案の中にも組み込みたい。

B

> **設問の要求**
> 〔主題〕①徳政令の発布が室町幕府に深刻な財政難をもたらしたのはなぜか。
> 　　　　②それを打開するために，幕府はどのような方策をとったか。

資料文の中から徳政令に関する情報を引き出してこよう。

資料文(3)・(4)の読み取り

(3)土一揆
 ・実力行使におよぶ＝質物を土倉から奪い返す，借用証書を焼くなど　………ⓔ
 ・幕府に対して徳政令の発布も求める（嘉吉のとき）　……………………ⓕ

(4)嘉吉の徳政令
 ・幕府＝嘉吉の土一揆の要求をうけて徳政令を発布　……………………ⓖ

ⓔは土一揆が<u>徳政</u>つまり債務の破棄を実力で実施したもの（<u>私徳政</u>）で，徳政令とは徳政を認める法令である。したがって，ⓕのように土一揆が幕府に徳政令の発布を求めたのは，私徳政を追認し，その行為の正当性を裏付けることを幕府に要求したことを意味する。

ⓖからは，こうした土一揆の要求に屈する形で幕府が徳政令を発布したことがわかる。この結果，徳政令により私徳政が追認され，土倉・酒屋が債権を失う。すると，幕府が土倉役・酒屋役を賦課する際の課税対象（資料文(2)）が減少し，土倉役・酒屋役は減収となる。これが徳政令の発布が幕府に財政難をもたらした理由である。

こうした財政難を打開するために幕府がとった方策が，資料文(5)に出てくる。

資料文(5)の読み取り

(5)賀茂祭の費用の財源
 ・「去年冬徳政十分の一，諸人進上分」でまかなう

「徳政十分の一」とは徳政令発布に際して債務額・債権額の10分の1もしくは5分の1の手数料を納入させたもので，**分一銭**と呼ばれる。ここから，財政難を打開するため，幕府は分一銭の徴収という方策を採用して支出にあてたことがわかる。

解答例

　Ａ流通の中心地・京都に所在したため，高利貸を営む土倉・酒屋を管轄下において課税するなど流通経済への課税を主な財源とした。

　Ｂ徳政令は土一揆の実力行使を追認したため土倉・酒屋が債権を失い，質物など課税対象の減少から幕府は収入減に陥った。そこで徳政令発布に際して手数料として分一銭を徴収し，収入を確保した。

論述作成上の注意
□Ａについて。財政の内容ではなく特徴を答えることが不可欠である。
□Ｂについて。資料文(3)も活用したい。

32　鎌倉幕府と御家人をめぐる裁判　（2017年度　第2問）

鎌倉幕府が京都・博多に設けた地方機関での裁判に関する出題である。比較的に平易な
知識問題だが，だからこそ，特に設問Bは設問文・資料文の丁寧な読み取りが大切である。

A

設問の要求

〔主題〕鎌倉幕府が京都で裁判を行うようになった経緯。

　鎌倉幕府ではもともと，将軍（鎌倉殿）が鎌倉で訴訟を受け付け，裁決を下してい
た。にもかかわらず，どのような事情から京都で裁判を行うようになったのか。その
経緯つまり歴史的な背景・契機を考えればよい。

　とはいえ，まず幕府が京都でどのように裁判を行っていたのかを確認しておこう。

資料文の読み取り ＜パート1＞

(1)幕府による裁判
　◦幕府＝各地の御家人を当事者とする紛争を適正に裁決　………………………ⓐ
　◦京都に北条氏一門を派遣して統治機関を設置→裁判を行う
(2)京都に設けられた統治機関
　◦最初の長官＝北条泰時・時房の二人　………………………………………………ⓑ

　ⓑから，京都で幕府による裁判を担ったのが六波羅探題であり，ⓐから，六波羅探
題が御家人を当事者とする裁判を行っていたことがわかる。

　このような形で幕府が京都で裁判を行うようになったのは，**承久の乱**が契機である。
承久の乱での勝利にともない，幕府は，朝廷を監視し，西国を管轄するために**六波羅
探題**を設置した。さらに，西国の院方所領3000余カ所を没収し，多くの東国御家人
を新しく地頭に任じた。それにともない，得分などをめぐって御家人と公家・寺社の
間で紛争が発生・増加し，六波羅探題で訴訟を受け付け，判決を下すようになった。

B

設問の要求

〔主題〕鎌倉幕府が九州について(3)の措置をとったのはなぜか。
〔条件〕当時の軍事情勢に留意すること。

　まず，資料文(3)の措置の内容から確認しておく。

資料文の読み取り ＜パート２＞

⑶幕府が九州についてとった措置
　。博多で下された判決を幕府の最終的な判断とする
　　→不服でも九州の御家人が鎌倉に訴え出ることを原則として禁止

　博多で裁判を行うため，モンゴル襲来後に設けられた（資料文⑵）統治機関とは，鎮西探題である。まず，この機関が設けられた経緯を確認しておこう。

　モンゴル襲来は2度目の弘安の役で終わった。しかし，弘安の役後もモンゴルによる侵攻の可能性は消えず，高麗からモンゴルの国書がもたらされたり，モンゴルから服属を求める使節（禅僧一山一寧）が来日したりした。したがって，幕府は第3次襲来への警戒態勢を解くことができず，博多湾岸を警備する異国警固番役を継続し，九州に所領をもつ御家人に対して課した。こうした情勢のもと，博多に鎮西探題が設けられ，九州の御家人を当事者とする紛争を裁決する体制が整えられた。

博多に鎮西探題が設置された事情

　モンゴルの3度目の侵攻（襲来）の可能性がある
　　→異国警固番役を継続＝九州の御家人に従事させる

　このことをふまえ，⑶の措置がとられた事情を考えよう。その際に注目したいのは，九州の御家人が鎌倉に訴え出るとどのような事態が生じるか，である。

　鎌倉に訴え出るとなると，裁判では訴状や反論の文書（陳状），そして証拠は当事者が用意・提示するのが原則であったため，当事者となった御家人は九州を離れ，異国警固番役の任務を放棄する事態となる。

　ここから，幕府が⑶の措置をとったのは，九州の御家人が現地を離れることを抑え，異国警固番役に専念させるためだった，と推論することができる。

解答例

　A 幕府が承久の乱に勝利した結果，西国の院方所領が没収されて新しく御家人が地頭に補任され，京都には六波羅探題が新設された。

　B モンゴル襲来後もモンゴルが三たび侵攻する可能性が消えず，幕府は九州の御家人に異国警固番役を課し続けた。そのため，御家人が訴訟で現地を離れることを抑え，警備に専念させようとした。

論述作成上の注意

□Aについて。京都で裁判を行うようになったいきさつ・事情が説明できればよいので，西国で御家人を当事者とする紛争が発生・増加したことまでは書かずとも構わない。
□Bについて。「なぜか」と問われており，背景だけでなく目的も書いておくとよい。

33　惣村の行動

　惣村の行動について問うた出題である。自分のもつ知識だけで解答しようとすると上滑りしてしまう。資料文に即して考えたい。

設問の要求

〔主題〕惣村が灌漑用水の利用による生産の安定をはかるためにとった行動。
〔条件〕近隣惣村との関係に留意すること。

　「近隣惣村との関係に留意する」との条件を念頭におけば，惣村についての一般的な知識として活用できそうなのは，惣村が領主や近隣の村々などとの交渉主体であった点である。そのことを意識しつつ，資料文に即して考えていこう。その際，問題文で「東寺領上久世荘をはじめ，領主を異にする小規模な荘園が多く分布し，それぞれがひとつの惣村としてまとまりをもっていた」と説明されているので，資料文中の荘園，あるいは荘園の沙汰人らについての説明は，すべて惣村（とその指導者である地侍層）の行動についての説明であると判断しておけばよい。

　まず，灌漑用水がどのようなものか，確認しておこう。

　資料文(1)から，桂川流域の荘園（惣村）が桂川から灌漑用水を引いて農業生産のための水を確保していること，その灌漑用水にはさまざまな用水路があったことがわかる。そして資料文(3)から，領主の異なる5つの荘園（惣村）が一つの灌漑用水を共同で利用していたことがわかる。

　次に，こうした灌漑用水の安定した利用を阻害する事態にどのようなものがあったか，確認したい。

　資料文(2)で，洪水で用水路が埋まった事例が取り上げられ，資料文(3)〜(5)では，用水取入れ口の位置をめぐって近隣惣村と紛争が生じたことが紹介されている。

　では，これらの事態を解決・打開するために，惣村がどのような行動をとったのか，資料文からデータを読み取ろう。

資料文の読み取り ＜パート1＞

(2)用水路の修復について
　。上久世荘の百姓らが東寺に用水路修復の費用の援助を要求

　上久世荘は東寺領なので，東寺は荘園領主である。つまり，惣村は灌漑用水を安定して利用するため，それを維持・修復する費用の分担を荘園領主にも求めていた。

資料文の読み取り ＜パート2＞

(3)用水取入れ口の位置をめぐる紛争（始まり）
  ◦ 東寺領上久世荘など五カ荘が石清水八幡宮領西荘と争う
  ◦ 五カ荘の沙汰人らが室町幕府に裁定を求める ⋯⋯⋯⋯⋯⋯⋯ⓐ

(4)用水取入れ口の位置をめぐる紛争（途中経過）
  ◦ 幕府の判決＝西荘側が勝訴 ⋯⋯⋯⋯⋯⋯⋯⋯⋯⋯⋯⋯⋯ⓑ
   → 西荘＝近隣惣村に協力を要請して五カ荘の用水取入れ口を破壊 ⋯⋯ⓒ
    ◦ 五カ荘＝近隣惣村の協力を得て阻止 → 西荘側と五カ荘側とで合戦 ⋯ⓓ

(5)用水取入れ口の位置をめぐる紛争（決着）
  ◦ 再び幕府の法廷で争う ⋯⋯⋯⋯⋯⋯⋯⋯⋯⋯⋯⋯⋯⋯⋯ⓔ
  ◦ 幕府の判決＝五カ荘側にも用水を引くことを認める→紛争は決着せず ⋯⋯ⓕ
  ◦ 近隣惣村の沙汰人らの仲裁により決着 ⋯⋯⋯⋯⋯⋯⋯⋯⋯ⓖ

この紛争を解決するために惣村がとった行動を分類すると，次のようになる。

ⓐⓔ→室町幕府に裁定を求める
ⓒⓓ→近隣惣村の協力（合力）を得て判決を執行＝実力で解決をはかる
ⓖ　→近隣惣村の仲裁により決着をはかる

　室町幕府に裁定を求めつつも，判決が下っただけで紛争が解決するわけではないことがⓒやⓕからわかる。ⓒにあるように，幕府の判決に基づいて当事者である惣村が近隣惣村の協力を調達しながら判決の執行を実力で行うのが，当時の慣習であった。これを**自力救済**という。ところが，自力救済で紛争が解決するわけではない。ⓓやⓕのように，広く近隣惣村を巻き込んだ合戦を招く。だからこそ，ⓔのように再び幕府による裁定を求めつつ，自力での解決をめざすことになる。つまり，幕府の裁定は自力救済を行う上での由緒，正当性のよりどころだったと推論することができる。
　最終的には，紛争の当事者ではない第三者の近隣惣村の仲裁によって紛争を解決し，灌漑用水の利用による生産の安定をはかった。

解答例

　惣村は，領主の異なる複数の近隣惣村と共同して灌漑用水を確保し，維持・修復の費用は個々の荘園領主にも分担を求めた。利用をめぐり別の近隣惣村と紛争が生じると，幕府に裁定を求めて由緒を確保すると共に，広く近隣惣村の協力を調達して自力救済をはかり，最後は第三者の近隣惣村の仲裁によって解決し，利用を確保した。

論述作成上の注意
□沙汰人ら指導層（地侍層）が行動の主体となったことを書いてもよいが，惣村の行動についての説明が問われているので不可欠ではない。
□上久世荘など五カ荘側だけでなく西荘側も惣村であることを意識して文章化したい。

34　鎌倉時代の地頭御家人　　（2015年度　第2問）

御家人の所領が各地に散在することを資料文から読み取った上で，そのような構成が生じた背景と，そのような構成をもつ所領の経営方法を考えさせる問題である。

A

設問の要求

〔主題〕御家人の所領が(1)のように分布することになったのはなぜか。
〔条件〕鎌倉幕府の成立・発展期の具体的なできごとにふれる。

「(1)のように分布」と書かれているので，まず資料文(1)から確認していこう。

資料文の読み取り ＜パート1＞

(1)御家人三浦氏の所領構成
- 相模国三浦半島が本拠　　　　　　　→関東（東国）
- 陸奥国名取郡・好島西荘　　　　　　→東北
- 河内国東条中村，紀伊国石手荘・弘田荘　→近畿（畿内近国）
- 肥前国神埼荘　　　　　　　　　　　→九州

このように御家人の所領は東国や東北，畿内近国，九州と全国各地に散在していた。

▶所領の分布・構成と鎌倉幕府の成立・発展を関連づける

資料文(1)で「13世紀なかばまで」と時期が区切ってあることに留意しながら，鎌倉幕府の成立・発展期の具体的なできごとを考えよう。

その際，御家人に対する所領の給付・保障が新恩給与（敵方没収所領の給与）と本領安堵の2パターンから成っていること，したがって「本拠」以外の所領は新恩給与をうけた敵方没収所領であることを念頭におきたい。そうすれば，鎌倉幕府の敵対勢力が出てくるところに焦点をあてて考えればよいことが分かる。つまり，成立期では治承・寿永の乱（1180〜85年）と奥州藤原氏を滅ぼした奥州合戦（1189年），発展期では，後鳥羽院による倒幕挙兵を破った承久の乱（1221年）である。

鎌倉幕府の成立・発展期のできごと

治承・寿永の乱…東国を制圧→本領を安堵，平氏など敵方の所領を没収して給与
奥州合戦　　　…奥州藤原氏を滅ぼし，東北各地で没収した所領を給与
承久の乱　　　…後鳥羽院方についた者の所領を没収して給与（畿内・西国が中心）

B

設問の要求

〔主題〕①(1)のような構成の所領を御家人たちはどういった方法で経営したか。
②それがその後の御家人の所領にどのような影響を与えたか。

「(1)のような構成」とは，Aで見たように，**全国各地**に**散在**する，というものである。

▶**各地に散在する所領の経営方法**

資料文の中で所領経営に関わるのは(2)と(3)である。

資料文の読み取り ＜パート2＞

(2)御家人大友能直による所領譲渡（1223年）
　◦相模・豊後国内の所領を子供たちに譲渡 ……………………………ⓐ
　◦幕府への奉公は惣領の指示に従うことを義務づける ……………………ⓑ
　◦のちに庶子のなかには直接に幕府へ奉公しようとする者も出現 …………ⓒ
(3)1239年の鎌倉幕府の法令から分かること
　◦金融業を営む者が代官として起用される→年貢の徴収などにあたる …………ⓓ

ⓐから，相模と豊後という地域的に離れた所領が**分割相続**されていることが分かる。つまり，散在する所領は一門の惣領と庶子とによって経営が分担されていた。

ⓓからは，金融業を営む者つまり<u>借上</u>に所領経営（年貢徴収という地頭職をもつ者の職務までも含む）を請け負わせることが広く行われていたことが分かる。

　◦一門の惣領と庶子とによって経営を分担（分割相続）
　◦借上に経営を請け負わせることもある

ところで，なぜ御家人は借上に所領経営を請け負わせたのか。

Aで確認したように，御家人の所領は戦乱のつど，敵方没収所領を恩賞として給付されることで集積されており，経営上の効率性を考慮して集積されたものではない。ところが，ⓑにあるように，これらの散在所領を経済基盤としながら**一門でまとまって**幕府への奉公を担っていた。たとえば，京都大番役やその経費，関東御公事などをまかなっていた。したがって，個々の所領が独立し，一つひとつで経営が完結するわけではなかった。御家人は一門全体で，<u>散在する所領をまとめて組織的に経営し，経費を互いに融通しあう必要があった。</u>

そのためには，事務処理能力に優れた人材が必要であり，広域にわたる金融のネットワークに依存することが必要だった。だからこそ，<u>経営能力にも長けた金融業者＝借上を代官に起用し，所領経営をまかせることがあったのである。</u>

▶このような経営方法が御家人の所領に与えた影響

　まず，一門による経営の分担・分割相続についてである。

　世代を重ねると，所領の細分化が進む上，次第に惣領家と庶子家とが疎遠になる。そのため，所領全体を惣領が掌握・統制しきれなくなり，ⓒのように，庶子家の中に自立傾向をみせる者も現れる結果となった。

　次に，借上が所領経営に関与した点についてである。

　分割相続のくり返しに伴って所領が細分化したのに加え，蒙古襲来などの負担がかさむと，御家人の中には借上への金融的な依存を深め，所領からの収益を担保として借財する者が増えた。借上などに質入れ・売却される所領が増えたのである。それを示すのが資料文(4)である。

資料文の読み取り ＜パート3＞

(4)永仁の徳政令（1297 年）
- 御家人が所領を質入れ・売却することを禁止
- すでに質入れ・売却された所領の取り戻しを命令
- 翌年にこの禁止令は解除される

　「この禁止令」は「御家人が所領を質入れ・売却することを禁じ」た部分を指すのだから，当時，所領の質入れ・売却を抑止できない状況であったことが分かる。

解 答 例

　Ａ幕府は東国から，奥州合戦で東北，承久の乱で畿内・西国へ支配を広げたため，御家人は本領に加え，各地で敵方没収所領を得た。

　Ｂ御家人は散在する所領を一門の惣領と庶子で分割相続して経営し，借上に経営を請負わせることもあった。世代を重ねると所領は細分化が進み，庶子が惣領の統制から自立傾向をみせる一方で御家人の借上への金融的な依存が深まり，所領の質入れ・売却が増えた。

論述作成上の注意
- Ａについて。資料文(1)にあがっている所領の具体例が全て本拠地以外なので，新恩給与（敵方没収所領の給与）に限定して説明してもよい。
- Ｂについて。資料文(3)をどのように活用するのかがポイントである。所領が各地に散在していること，幕府への奉公を一門全体でまとめて行うことと関連づけて考えたい。なお，２つめの要求では「御家人の所領」に与えられた影響が問われている点に留意すれば，答案の後半は御家人ではなく所領を主題として表現したい。

35　室町時代の武士と文化　（2014 年度　第 2 問）

室町時代における守護在京制に焦点をあてた出題である。多くの守護が京都に在住して幕政に参画する体制であったことと，室町文化の特徴とを関連づけて考えたい。

設問の要求

〔主題〕応仁の乱を契機として中央の文化が地方に伝播する中で武士が果たした役割。
〔条件〕乱の前後における武士と都市との関わりの変化に留意する。

設問で取り上げられている「武士」とは具体的にどのような人々を指し，「都市」とは具体的にどこかを確定する作業から取りかかろう。

▶「都市」とは具体的にどこが想定されているのか

資料文では(1)〜(3)に京都，(4)に越前一乗谷，越後府中，周防山口が取り上げられている。一乗谷は朝倉氏の城下町，山口は大内氏の城下町として有名なので，越後府中も上杉氏の城下町だと推論できる。つまり，武士たちが関わる主な都市は，応仁の乱を前後に＜京都→各地の城下町＞と変化する，と判断できる。

（なお，戦国時代の越後と言えば春日山が城下町として有名だが，春日山は守護代長尾氏の拠点であり，守護上杉氏の城下は越後府中である。）

▶「武士」とは具体的にどのような人々を指すのか

関わりのある都市が応仁の乱以前では京都しか取り上げられていないことから，武士一般を想定していないことが分かる。では，京都に関わりのある武士とはどのような人々か。資料文から判断していこう。

資料文の読み取り ＜パート 1＞

(1)→守護（遠国を除く），守護代（複数国の守護を兼ねる家の場合）
(2)→「ある武士」
(3)→山名氏の家臣など 3 人の武士

資料文(2)の「ある武士」がどのような存在なのかは不明なので，判断材料として除外すれば，応仁の乱以前において京都に関わりのある武士とは守護，守護代，守護の家臣であることが分かる。

そもそも守護を務める有力武士（大名）の多くは，南北朝の動乱の中でも軍事行動の必要から任国に赴く以外は京都に滞在することが多く，14 世紀後半に室町幕府の支配が安定すると，東国・九州を除き，京都に在住することが一般化していた。そし

て，管領や侍所所司に就任するだけでなく，こうした役職を問わず幕府政治に参画していたのである。

そして，大名は多くの家臣（被官）を引きつれて在京しており，資料文(1)にあるように，複数国の守護を兼ねる有力大名家の場合，守護代を務める有力被官も在京して大名家の運営に関わり，ときには幕府政治にも関与した。つまり，守護や守護代を務める有力武士は総じて京都に居住する都市生活者であった。

▶武士と都市との関わりの変化

このように大名ら有力武士が家臣をともなって京都に在住するというあり方は，応仁の乱によって変化する。

資料文の読み取り ＜パート2＞

(1)守護在京制とその変化
　◦応仁の乱以前：守護は原則として在京
　◦応仁の乱以後：ほぼ恒常的に在京した守護は細川氏だけ

応仁の乱にともなって戦乱が地方へも波及すると多くの大名たちは自らの守護任国へ下り，地域支配の実権をめぐる抗争がくり広げられるなか，次第に在国が恒常化していく。その中で大名らは城下町を整え，在住するようになる。

　◦守護を務める大名が家臣（守護代ら）とともに京都に在住
　　　↓＜応仁の乱＝戦乱が地方へ広がる
　◦多くの大名は在国が恒常化＝城下町に在住

▶京都（中央）の文化と武士たち

大名らと文化とのつながりについて確認していこう。

資料文の読み取り ＜パート3＞

(2)1463年に没したある武士のエピソード
　◦五山の禅僧や中下級の公家と日常的に交流
　◦立花の名手を庇護
(3)山名氏の家臣など3人の武士のエピソード
　◦連歌の名手の中に数えられる

これらから，大名ら京都在住の武士が文化の担い手であったことが分かる。

室町時代の京都では，大陸伝来の禅宗文化と伝統的な公家文化の融合が進み，身分を超えた寄合の文芸が盛んであった。大名ら京都に在住する武士たちは，禅僧・公家

などを交えて催される連歌・喫茶などの寄合に参加するという風雅な生活を送るのが日常であった。

発展　寄合のもつ排他性・階層性

　連歌や茶寄合などの文芸が催される寄合は，武家・公家・禅僧といった既存の身分を超えた社交の場である一方，共同で文化活動を行うことの裏返しとして構成メンバーを選別する排他的な要素をもっていた。つまり，寄合は同じ階層どうしの共同性を確認する場という性格ももち，資料文の「ある武士」が「中下級」の公家と日常的に交流していたように，寄合の文芸が盛んに営まれる中で公武両身分をまたぐ，新たな家格秩序が形成されていった。

▶武士による中央の文化の地方への移植

　応仁の乱以後，在国が恒常化して城下町に在住するようになった大名らは，かつて馴染んでいた京都の文化を地方へ積極的に移植していく。それは単なるあこがれではない。京都の文化は，もともと彼らの階層性，家格を示すものとして生活の一部であった。京都での文化的生活を城下町へそのまま移そうとしたのである。それはモノだけではなく，五山禅僧や公家，彼らのもつ教養も文化的生活を構成する重要なパーツであった。したがって，宗祇が各地の城下町を訪れて連歌の指導や古典の講義を行った（資料文(4)）ように，大名らは禅僧や公家ら文化人を積極的に招いた。文化人が各地をめぐったり，京都から地方へ移り住んだりしたのには，こうした大名らの主体性があったのである。

解答例

　応仁の乱以前，守護を務める大名は守護代や多くの家臣とともに在京していた。京都では禅宗文化と公家文化の融合が進み，身分を超えた寄合の文芸が発達しており，大名らも担い手であった。応仁の乱以後，大名らは戦乱の拡大に伴って任国に下り，在国が恒常化する中で城下町に京都の生活文化を移植し，文化人を招き入れた。

論述作成上の注意

□設問では，武士の役割を説明することが求められているので，各地の大名ら自身が文化の担い手であり，彼らが禅僧や公家ら文化人を招き，受け入れた点に焦点をあてて表現することが不可欠である。

□応仁の乱後に各地の大名らが文化人を「庇護」したことを書く場合，応仁の乱以前にも京都で大名らが文化人を「庇護」していたことを書き，対照させることが必要である。

36 奥州藤原氏政権と鎌倉幕府 （2013年度 第2問）

平安時代末に登場した奥州藤原氏政権と源頼朝政権（鎌倉幕府）を取り上げ，それぞれの武家政権としての特徴に注目させる問題である。手持ちの知識だけに基づいて思い込みで問題を解くのではなく，資料文に即して考察することが不可欠な出題となっている。

A

設問の要求

〔主題〕奥州藤原氏はどのような姿勢で政権を維持しようとしたか。
〔条件〕京都の朝廷および日本の外との関係にふれる。

▶まず政権を維持するには何が必要なのかを考えよう！

戦国大名の領国支配などを参考にすれば，①軍事力，②経済力，③外部の勢力（政権）との安定した関係，④地域住民からの支持の調達，が思い浮かぶ。これらの視点を意識しながら資料文を読んでいこう。

▶「奥州藤原氏」にふれた資料文をピックアップしよう！

資料文の中で奥州藤原氏にふれているのは(1)・(3)・(5)である。

資料文の読み取り ＜パート1＞

(1)中尊寺落成の際の願文
　◦「奥羽の蝦夷や北方の海洋民族を従える頭領」と自称 ……………………… ⓐ
　◦天皇・上皇・女院らの長寿と五畿七道の官・民の安楽を祈願 ……………… ⓑ
(3)源義経追討をめぐって
　◦源頼朝に迫られて朝廷が追討を命じた源義経をかくまう ……………………… ⓒ
(5)奥州から京都の朝廷への貢物
　◦奥州の貢物を京都へ納める ………………………………………………………… ⓓ
　　はじめ：直接⇒のち：鎌倉経由＝源頼朝の要求による変更 …………………… ⓔ
　奥州藤原氏滅亡後に平泉で頼朝が衝撃を受けたもの
　◦整った都市景観→頼朝＝鎌倉の都市建設にあたって手本とする ……………… ⓕ
　◦豊富な財宝 …………………………………………………………………………… ⓖ

まずⓖから，奥州藤原氏が豊かな経済力をもっていたこと（②）が分かる。

ところで，奥州藤原氏はこの財宝をどうやって手に入れたのか？　ⓐがその判断材料となる。奥州藤原氏が後三年合戦を経て奥羽を支配下に収めていたことは知識にあるが，「北方の海洋民族」はどうか？　北海道以北（当時の「日本の外」）へと奥州藤

原氏が支配を拡大したのかどうか，教科書レベルの知識では判断できないので，ここは北方との交易を掌握していたことの表現と考えておけばよい。つまり，奥州藤原氏は奥羽の蝦夷を支配下におき，北方＝「日本の外」との交易を掌握することで得た品々（金や馬，海獣の毛皮など）をもとに豊富な財力を築き上げていたと推測できる。

次に，ⓑとⓓから京都の朝廷との安定した関係を築こうとしていること（③）が分かる。特にⓓの京都への「貢物」は，奥州藤原氏が京都の朝廷の権威を尊重し，その支配下に服属する姿勢をとっていたことを示している。一方で，京都の朝廷が蝦夷や北方の海洋民族（「日本の外」）を直接支配していないことを念頭に置けば，彼らの産する品々を奥州藤原氏が貢ぐことは，奥州藤原氏が彼らの「頭領」であることを朝廷から認知を受け，朝廷の政治秩序の下での独自な位置を確保する行為でもあった。

最後にⓕに注目しよう。平泉の「都市景観」がどのようなものであったかについての知識はないだろう。しかし，源頼朝により「鎌倉の都市建設」の手本とされたとの記述を手がかりとすれば，京都の朝廷から半ば独立した武家政権の拠点にふさわしい計画都市であったことが推測できる。実際，柳之御所とも称される政庁を中心に一門の屋敷や倉庫，寺院などが立ち並び，大通りも整備されていたという。つまり，古代律令国家における都城と同じく，政権の拠点都市（政治都市）を整然と建設することにより，政権としての威容を地域住民に示していた（④）と言える。

> **自己規定**
> ・蝦夷を支配し，北方交易を掌握する政権と自認（→「日本の外との関係」）
> 　⇨整然とした都市建設により政権としての威容を支配下の人々に誇示
> **京都の朝廷との関係**
> ・貢物の貢納により朝廷への服属姿勢を示す
> 　⇨蝦夷・北方民族の頭領として朝廷からの認知を得る

なお，ⓒとⓔは頼朝政権に関わりがあるデータなので，設問Bで活用するのがよい。

B

> **設問の要求**
> 〔主題〕頼朝政権が全国平定の仕上げとして奥州藤原氏政権を滅ぼさなければならなかった理由。
> 〔条件〕朝廷の動きを含める。

▶奥州藤原氏政権のどこが頼朝政権にとって脅威だったのか？

設問Aで読み取ったⓒとⓔを手がかりとして考えていこう。

ⓒの内容は，頼朝政権から追討を受けることとなった義経が奥州藤原氏を頼ったことを示しており，そこから，奥州藤原氏政権が頼朝政権に対抗できる軍事力をもつ存

在であったことが分かる。

　ⓔからは，奥州藤原氏政権が京都の朝廷と直接つながっており，そのことを頼朝が警戒していたことが分かる。

> **頼朝政権にとっての脅威**
> 　◦対抗できる軍事力をもつ
> 　◦朝廷との直接的な結びつきをもつ

　一方，朝廷では，資料文⑶の直前，頼朝政権の強大化を恐れた後白河院が源義経に頼朝追討を命じていた。頼朝は軍勢を京都へ派遣することでその動きを抑え，守護・地頭補任の公認を得たとはいえ，後白河院が再び頼朝に対抗する動きを見せる可能性はある。その動きが現実化することを防ぎ，頼朝政権による全国平定を完成させるためにも，奥州藤原氏政権を滅ぼさなければならなかったのである。

C

> **設問の要求**
> 〔主題〕平氏政権と異なり，頼朝政権が最初の安定した武家政権（幕府）となりえた理由。
> 〔条件〕地理的要因と武士の編成のあり方の両面から説明する。

▶まず平氏政権と頼朝政権（初期鎌倉幕府）を対比させておこう！

　平氏政権と頼朝政権は，それぞれ次のような性格をもっている。

平氏政権	頼朝政権（初期鎌倉幕府）
西国などの武士を私兵（家人）とする ⇨武家＝全国にわたる軍事・警察を担う	東国などの武士を私兵（御家人）とする ⇨武家＝全国にわたる軍事・警察を担う
摂関家に準じる上級貴族	摂関家に準じる上級貴族
京都の六波羅を拠点→朝廷を主導	鎌倉を拠点→東国を実質的に支配

　ここから，平氏政権との相違に注目する場合，頼朝政権が鎌倉を拠点として東国を実質的な支配地域とした点にまず焦点をあてればよいことが分かる。

▶「地理的要因」を考えよう！

　平氏政権が京都の六波羅を拠点（の一つ）としたのに対し，頼朝政権は鎌倉を拠点とした。このことが頼朝政権の「安定」とどのようにつながるのか？

　空間的な距離がコミュニケーションの支障につながることを念頭におけば，頼朝政権が鎌倉を拠点としたことは京都の朝廷との距離，言い換えれば，朝廷からの政治的な自立性を保障することになったと判断できる。平氏政権が清盛死去後まもなく崩壊したのと違い，頼朝死去後にも政権の自立性を確保できた要因の一つだったと言える。

▶源頼朝は武士をどのように編成したのか？

　平治の乱で敗れて伊豆に配流されていた源頼朝は，その軍事基盤となる私兵（武士団）を強固なかたちで東国に有していなかった。挙兵以降，武士たちをどのように編成したのか，頼朝とその下に結集した武士たちとの関係を考えていこう。

　資料文の中で頼朝と武士たちとの関係に触れているのは(2)と(3)だけだが，「平氏政権と異なって」という設問の設定に即し，(4)からもデータを抽出したい。

資料文の読み取り ＜パート２＞

(2)富士川の戦い（1180 年）後の頼朝と東国武士
- 頼朝＝上洛を企図　↔　東国武士団の族長たち＝東国の平定が先決と主張　……ⓗ
  - ⇨頼朝＝鎌倉に戻る　……………………………………………………………ⓘ

(3)守護・地頭補任の勅許（1185 年）
- 頼朝＝朝廷に迫って御家人を守護・地頭に任ずる権限を獲得　………………ⓙ

(4)平氏政権の下での地頭
- 朝廷の認可を経たものではない　……………………………………………………ⓚ
- 平氏 ｝ が私の「恩」として平氏の家人を任じた　……ⓛ
  国司・領家 ｝ ……………………………………………………………………ⓜ

　まずⓗとⓘから，頼朝は当初，結集した武士たちの意向に従って行動したことが分かる。さらに，ⓗでは東国武士たちが「東国武士団の族長たち」と表記されている点に注目したい。武士が一族などを構成員として私兵（武士団）を組織する存在であったことを思い起こせば，この表現は，頼朝の下に結集した武士たちが頼朝とは独自の武士団を擁していたことを示している。つまり，頼朝政権は当初，東国武士団の連合政権という性格をもっていたと考えてよい。

頼朝政権の特徴（その１）
- 当初，東国武士団の連合政権という性格が強かった

　次に注目したいのは，ⓗの「東国の平定」との表現である。東国武士のすべてが頼朝の下に結集していれば，こうした表現はありえない。ここから，頼朝の下に結集した武士たちと敵対する武士たちが東国に存在し，両者のあいだに紛争が生じていたことが分かる。「東国の平定」とは，そうした敵方（謀叛人）を排除し，東国を実力で制圧していく過程だったのである。

　同時に，東国を制圧していく過程は頼朝が東国武士たちを主従関係の下に編成していく過程だったことにも留意しよう。頼朝は東国武士たちに従来の所領支配を保障する（本領安堵）だけでなく，敵方（謀叛人）所領を新たに給与していった（新恩給与）。ところで，頼朝はこうした権限を誰から認められていたのだろうか？　当初は誰からも認可を受けていない。東国を実力で制圧し，荘園・公領を支配下に収める過

程で勝手に，つまり私の「恩」として行った行為であった。①と同じである。しかし，国司・領家をさしおいて所領支配を保障した点が，平氏の権勢をバックに国司・領家が私の「恩」として平氏の家人を地頭に任じた（ⓜ）のとは異なっていた。

> **頼朝政権の特徴（その2）**
> 　◦東国を実力で制圧し，国司・領家をさしおいて御家人の所領支配を保障

　最後に①である。これは，頼朝政権が朝廷から地頭補任の認可を得たとされるエピソードである。しかし，東国制圧の中で行われた所領支配の保障は，実質的な地頭補任であった。このことを含めて考えれば，①は東国での挙兵以来，国司・領家をさしおいて行ってきた行為を朝廷に追認させ，朝廷と頼朝政権の安定した関係を確保したことを意味するものだと言える。実際，この時期前後に謀叛人所領への地頭補任をめぐって朝廷と頼朝政権の合意が形成され，地頭補任が一斉に展開していくと考えられている。

> **頼朝政権の特徴（その3）**
> 　◦御家人の所領支配の保障を地頭補任という形で朝廷から認可（追認）される

解答例

　　A奥州藤原氏は，蝦夷を支配し北方交易を掌握する政権としての威容を示すと共に，朝廷に臣属する姿勢を示して関係を安定させた。

　　B後白河院が源頼朝に対抗する動きをみせる一方，奥州藤原氏政権は頼朝に対抗できる軍事力をもち，朝廷と独自に結びついていた。

　　C東国武士団の連合政権として出発した頼朝政権は，朝廷から距離をおき，東国制圧の過程で国司・領家をさしおいて武士の所領支配を保障して主従制を整えた上で，朝廷に迫って公的な認可を得た。

論述作成上の注意
□Bについて。源義経が殺害された後に奥州藤原氏政権を滅ぼしているのだから，頼朝政権にとって義経をかくまったことは滅ぼす口実ではあっても，滅ぼさなければならない理由ではない。したがって，奥州藤原氏政権が義経をかくまったこと（あるいは，義経が奥州藤原氏政権を頼ったこと）は答案の中に書く必要はない。
□Cについて。平氏政権との対比が直接求められているわけではないので，平氏政権のあり方まで答案の中に書き込まなくてよい。

37 院政期～鎌倉時代の仏教と勧進 (2012年度 第2問)

院政期から鎌倉時代にかけての仏教に関する出題だが，僧侶による勧進という行為に光をあて，勧進が社会的・心理的な不安の解消，民衆救済につながるものであったことをクローズアップさせている。

A

設問の要求

〔主題〕(1)と(2)の，寺院の造営の方法における理念のうえでの相違点。

「寺院の造営方法」や「寺院造営の理念」ではなく，造営方法の**理念**が主題となっている点に注意が必要だが，まずは寺院の造営方法を確認しよう。

資料文(1)と(2)の読み取り

(1)院政期の天皇家による寺院造営
  。大規模な寺院を次々と造営
(2)鎌倉初期の東大寺の再興
  。勧進上人が各地をまわって信仰を勧め，寄付や支援を募って実現

資料文(1)には造営方法についての説明が欠けているので，自分の知識で補おう。その際，資料文(2)が造営のための経費・労力を調達する方法にのみ触れていることに対応し，経費・労力の調達法についてのデータを引き出してきて**対比**させよう。

院政期：天皇家による寺院造営	鎌倉初期：東大寺の再興
中下級貴族＝受領層が経費を提供（成功）	勧進上人が各地をまわって信仰を勧め，寄付や支援を募る

▶それぞれの造営方法の中にどのような理念がうかがえるのか？

ここで注目したいのは資料文(2)の「**勧進**」である。

勧進とはもともと，仏教の教えを広め，信仰を勧める活動であり，その中では，寺院・仏像の造立や，道路・橋の修造といった社会事業に参加することが人々に勧められていた（1995年度第2問も参照のこと）。造寺・造仏や社会事業に参加することは，参加の仕方がどうであれ，仏法と縁を結び（**結縁**），将来における救いをもたらす**作善**（善行・功徳を積むこと）である，と説かれていたのである。

つまり，僧侶の**勧進**活動によって寺院造営や社会事業などを実現することは，民衆を含めた広い階層の人々のいだく社会的・心理的な不安感を仏教により和らげ，人々の意識を秩序づける役割を果たしていた。ここに**勧進**という方法の理念を見ることが

できる。勧進を通じた東大寺の再興は，治承・寿永の乱（1180〜1185年）や養和の飢饉（1181年）にともなう社会の荒廃・疲弊からの精神的な復興という意味をもっていたのである。

この勧進との対比の下で(1)の造営方法の理念を考えるとどうか？

上皇ら天皇家と中下級貴族（受領層）のあいだには個別的な保護・奉仕関係が形成されていたのだから，(1)の造営方法は，中下級貴族が上皇ら天皇家に対して忠誠を示し，その歓心をかう行為であった。したがって，天皇家への忠誠を示すことが理念であったと言える。もちろん，「理念などない」という評価も可能である。

B

設問の要求

〔主題〕①鎌倉時代におこった法然や親鸞の教えの特徴。
　　　②それに対応して旧仏教側が展開した活動。

法然と親鸞の2人が取り上げられているものの，資料文では親鸞が法然の弟子としてのみ扱われているので，法然を中心に考えればよいと判断できる。

▶法然の教えはどのような特徴をもっていたのか？

まず，特徴を考察する前提として内容から確認していこう。

法然が専修念仏（阿弥陀仏の本願を信じ，念仏を唱えること〔称名〕に専念する）を説いたことは知っていると思うが，資料文の内容もチェックしておきたい。

資料文(3)の読み取り

法然の発言
　。罪の軽重は関係ない ……………………………………………………ⓐ
　。念仏を唱えさえすれば往生できる ………………………………………ⓑ

法然は専修念仏の教え（ⓑ）と共に，罪の軽重を問わない考え（ⓐ）をもっていた。

ところが，罪の軽重を問う考えはそれまでの仏教（旧仏教）に一般的な教えであった。そのことは鎌倉幕府の御家人熊谷直実の発言（資料文(3)）から分かる。

熊谷直実は武士として人を殺す行為（殺生）を幾度となく繰り返していた。それゆえ彼は，自らのかかえる罪は果てしなく重く，「手足を切り，命をも捨てなければ救われない」と思い込んでいた。ところが，法然の教えに出会うことによってその考えを乗り越えることができたという。

このエピソードから，罪の軽重を問う考えは旧仏教に一般的な教えであり，一方，法然はそれを超越する立場に立っていたことが分かる。

　つまり，法然はふつうに生活する上で殺生を避けられない人々——熊谷直実のような武士だけでなく農業や漁労，狩猟に従事する民衆も含む——に向け，**日常生活のままで救済にいたる方法**を示した。それが**専修念仏**という**信心に基づく平等な救済の教え**であった。ここに法然の教えの旧仏教との違い，つまり**特徴**がある。

▶旧仏教側はどのように対応したのか？

> ### 資料文(4)・(5)の読み取り
> (4)興福寺による法然への攻撃（13 世紀初め）
> 　　◦法然の教えを禁じるように朝廷に上奏
> (5)奈良西大寺の叡尊の活動（13 世紀後半）
> 　　◦北条氏の招きによって鎌倉に下向＝鎌倉幕府の支持
> 　　◦多くの人々に授戒（戒律を授ける）　　　｜＝勧進
> 　　◦京都南郊の宇治橋の修造を発願し，完成させる｜

　(4)と(5)とでは活動主体が異なるものの，(4)にある興福寺の上奏文（「興福寺奏状」）を起草したのが貞慶とされることから推察できるように，**戒律を重視する**という共通点をもっている。**不殺生（殺生を行わない）**などの戒律を守り，**善行・功徳を積む**ことによって自らの罪をあがない，仏の加護を得ようとする立場である。

　つまり，旧仏教側は朝廷や鎌倉幕府との結びつきを強めつつ，**戒律を重視する立場から法然を攻撃**すると共に，広く**民衆のあいだへ勧進を行い，戒律を守ること，作善に参加することを勧めていった**のである。

解答例

A(1)では中下級貴族の天皇家への忠誠が示された一方，(2)では貴賤を問わず協力が求められ，仏教を通じた人心の安定が図られた。

B法然や親鸞は日常生活のままで信心に基づいて平等に救済される道を説いた。それに対し，旧仏教側は戒律を重視する立場に立ち，朝廷に彼らへの弾圧を求めると共に，幕府の支持の下で広く民衆へ勧進を行い，戒律の順守や社会事業への参加による功徳を勧めた。

論述作成上の注意
□Aについて。「(1)には理念は見られない」との解答も可能である。なお，造営のための経費調達の方法は具体的に説明しなくてもよい。
□Bについて。「信心に基づいて平等に救済される」部分は，「専修念仏により平等に救われる」などと専修念仏の教えを書き込んでもよい。旧仏教側の活動については，広く民衆のあいだに勧進を行ったことを明確に書いておこう。

38　室町幕府と守護　　　　（2011年度　第2問）

　室町幕府の下での守護在京制を素材としながら，室町幕府の支配のあり方を問うた出題である。旧国名とその場所が分かっていることを前提とした問題であり，歴史地理の知識が求められている。

A

設問の要求
〔主題〕幕府の運営や重要な政務の決定に参画した守護にみられる共通点。
〔条件〕中央における職制上の地位にもふれる。

　「中央における職制上の地位」に即して，「幕府の運営や重要な政務の決定に参画した守護」を具体的に列挙してみよう。

幕府の運営や重要な政務の決定に参画した守護
　・管領（将軍を補佐する役職）：細川・斯波・畠山 → 三管領と総称
　・所司（侍所の長官）　　　　：赤松・一色・山名・京極 → 四職と総称

▶まず，表から三管領・四職とそれ以外の大名との相違点を探る
　それ以外の大名の任国が1～2カ国であるのに対し，三管領・四職は3カ国以上の任国をもつことが分かる。

▶続いて，三管領・四職の任国から共通点を探る
　「原則として在京を義務づけられ」ていた点（資料文(1)）に留意し，京都周辺の諸国に着目したい。近畿地方（京都・大阪・兵庫・奈良・滋賀・和歌山・三重），次に，近接する地域（福井・岐阜・愛知・鳥取・岡山・香川・徳島）へ視点を広げていこう。

	近畿地方	近接する地域	それ以外の地域
細川	和泉・摂津・丹波・淡路	阿波・讃岐	備中・土佐
斯波		尾張・越前	遠江
畠山	河内・紀伊		能登・越中
赤松	播磨	美作・備前	
一色	丹後	三河・若狭	
山名	但馬	因幡・伯耆	石見・備後・安芸
京極	山城	飛騨	出雲・隠岐

近畿地方とその周辺に任国をもつことを共通点として指摘することができる。

B

設問の要求

〔主題〕今川・上杉・大内の各氏が在京を免除されることが多かった理由。

▶今川・上杉・大内各氏の任国を地図上にマーキングする

　表が「鎌倉府の管轄および九州をの
ぞいた諸国」を対象とする点に留意し，
「鎌倉府の管轄および九州」も，地図
上にマーキングしよう。

　右の地図から，今川・上杉・大内各
氏が「鎌倉府の管轄および九州」に隣
接する地域に任国をもつことが分かる。

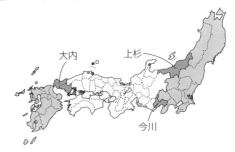

▶「鎌倉府の管轄および九州をのぞいた諸国」とは何か？

　「鎌倉府の管轄」という表現に注目するならば，「九州」は本来，九州探題の管轄地
域であり，したがって，「鎌倉府の管轄および九州をのぞいた諸国」とは室町幕府が
直接管轄している地域である，との推論が成り立つ。

　このことを前提とすれば，今川・上杉・大内各氏は室町幕府の直轄地域と，鎌倉
府・九州探題の管轄地域との境界に任国をもっていた，と表現することができる。

▶今川・上杉・大内各氏が「在京を免除されることが多かった」理由を考える

　手がかりになるのは資料文(2)である。

資料文(2)の読み取り

。九州探題渋川氏＝表の時期には弱体化していた
。大内氏＝九州の安定に貢献することを幕府から期待される

　大内氏は，幕府の直轄外である九州における支配の安定，言い換えれば，弱体な九
州探題を代替する役割を任されていた，と言える。

　では，今川・上杉両氏はどうか。共に鎌倉府の管轄地域に隣接している点に注目す
れば，鎌倉府との関係から在京を免除されることが多かった，と推察することができ
る。さらに注目したいのは，次の点である。

鎌倉府
- 関東管領（首長鎌倉公方の補佐役）：上杉氏が世襲 → 越後守護の上杉氏も同族
- 鎌倉公方足利持氏＝幕府から自立傾向 ←→ 関東管領上杉氏＝幕府との関係を重視
  〔影響〕上杉禅秀の乱（1416年）・永享の乱（1438年）が発生

　ここから，今川・上杉両氏は，幕府からの自立傾向を見せる鎌倉公方を監視・牽制する役割を期待されていた，と考えることができる。

　以上をまとめれば，今川・上杉・大内の各氏は室町幕府の直接的な支配が及ばない諸国（鎌倉府の管轄および九州）に対して幕府の影響力を及ぼし，全国支配を安定させる役割が期待され，それゆえに，在京を免除されることが多かった，と言える。

C

設問の要求
〔主題〕足利義満の守護に対する施策。

　設問では，足利義満の守護に対する施策によって「義持の時期における安定」が「準備された」と書かれているので，義満が実施した守護統制策を説明すればよい。

足利義満の守護統制策
- 明徳の乱（1391年）＝山名氏清を滅ぼし，六分一衆と呼ばれた山名氏の勢力を削減
- 応永の乱（1399年）＝大内義弘を滅ぼし，大内氏の勢力を削減

　資料文(2)に「かつて幕府に反抗したこともあった大内氏」と書かれている点に注目すれば，これらのうち，応永の乱を具体例として取り上げながら，説明すればよい。

解答例

　　A管領や所司に就き，三管領・四職と総称された有力守護は，近畿地方とその周辺に3つ以上の任国をもつという共通点が見られる。

　　B鎌倉府・九州探題の管轄地域との境界に任国をもち，それらの地域へ幕府の影響力を及ぼし，支配を安定させる役割を期待された。

別解　B鎌倉府・九州探題の管轄地域との境界に任国をもち，今川・上杉は鎌倉公方の監視，大内は弱体な九州探題の代替を期待された。

　　C応永の乱で大内義弘を滅ぼすなど，有力守護の勢力を削減した。

論述作成上の注意
□Aについて。出自（足利氏一門など）については，共通点を見つけ出すことができないため，あえて書かなくてもよい。

39　荘園制の変化と商品流通の発展　（2010年度　第2問）

　平安時代後期から室町時代を対象として，荘園・公領から納められる年貢品目とその変化について問うた出題である。Aでは地理的条件への注目が求められ，Cでは提示された表と史料に即して考察することが求められている。

A

設問の要求

〔主題〕畿内・関東・九州地方の年貢品目に認められる，それぞれの地域的特色。
〔条件〕⑴の表から読みとれるところを述べる。

▶年貢品目の違いを読み取ろう！

　「⑴の表から読みとれるところを（中略）述べなさい」と限定づけられているので，まずは年貢品目を対比してみよう。

表⑴の読み取り

畿内：米が大半を占めているが，油も満遍なく存在している。
関東：麻・絹の順で多く，それに綿（真綿）が続く。つまり繊維製品が多くの割合を占めている。ところが，米がほとんどない。
九州：米が大半を占めている。絹も地域により多いが，筑後と肥後だけなので，九州の地域的特色とは言えない。

▶品目の違いから，それぞれの地域の，どのような特色をうかがうことができるか？

　最初に思い浮かぶのは，それぞれの地域における産業の違いだろう。

　しかし，関東地方では米作がほとんど行われていないのか？　また，畿内では絹織物・麻織物・真綿の生産がほとんど行われていないのか？　そんなはずはない。

　これらの点を意識すれば，年貢品目にはそれぞれの地域における産業のあり様がそのまま反映しているとは限らない，と判断するのが妥当である。

　そこで，それぞれの地域から，荘園・公領の領主が集住する京都・奈良までの輸送ルートに注目したい。

　畿内は，京都・奈良に近く，輸送コストがさほどかからないため，米や油といった重量のある物品で納めることが可能であった（なお，油については，大和・山城は有力寺社が多く，灯油の需要が高かったことに注目しよう）。

　九州地方は，瀬戸内海海運を使って畿内まで運ぶことができたので，米という重量

のある物品を納めることが可能であった。

　ところが，**関東地方の場合**，東海地方までは水運を活用できるが，東海地方から京都・奈良へ運ぶには，鈴鹿や不破を経由する**山越えの陸路**をとらざるをえず，**輸送コストがかさんだ**。そのため，絹・麻・綿（真綿）といった**軽量の物品**で納められた。

	輸送ルートとコスト	年貢品目
畿内	京都・奈良に近い＝コストが安い	米や油＝重量の物品
関東	陸路（山越え）をとる＝コストが高い	絹・麻・綿＝軽量の繊維製品
九州	瀬戸内海など水運を活用＝コストが安い	米＝重量の物品

B

設問の要求
〔主題〕⑴の年貢品目が鎌倉時代後期にどのように変化したか。
〔条件〕⑵の史料を参考にする。

　⑵の史料は，「年貢代銭」と書かれている点に注目すれば，**年貢の代銭納**が行われていることを示す史料であることが分かる。

　このことを念頭に答案を作成すればよい。その際，「**年貢品目**」の変化が問われている点に注意してほしい。米・灯油・繊維製品など「**現物**」から「**銭貨（銅銭）**」へ変化したことを明記しておきたい。

C

設問の要求
〔主題〕室町時代に⑶のような大量の商品が発生した理由。
〔条件〕⑴と⑵の内容をふまえる。

　注意しておきたいのは，⑴と⑵の内容から離れて，農業や流通が発達したために大量の商品が発生したなどと答えては，設問の要求に応えたことにはならない点である。

▶最初に資料文⑶に注目しよう！

　『兵庫北関入船納帳』とあるので，資料文⑶に列挙された物資は，**兵庫港（摂津国）**に入港する廻船が積載する品物であることが分かる。そして，表⑴を意識すれば，**九州地方などから畿内に向けて運ばれた品々**だと想像することができる。

　そして，こうした物資の「ほとんどは商品として運ばれた」と書かれている。つまり，畿内に運ばれてから商品として市場に出回るのではなく，**商品として畿内へと運ばれている**，というのである。

▶どの段階から商品として流通したのか？

　資料文(1)・(2)の内容をふまえることが求められている点に留意しよう。その際，設問Bを念頭におけば，年貢品目とその変化に注目すればよいことが分かる。

> **資料文(1)：平安末〜鎌倉時代**
> 　・年貢品目＝米・灯油・繊維製品などの現物
> **資料文(2)：鎌倉時代後期**
> 　・年貢品目＝銭貨

　ここから，室町時代には年貢の代銭納が一般化し，そのため，さまざまな年貢物が地方市場で販売され，銭貨に交換されている様子が思い浮かぶ。「大量の商品」の多くは地方市場で換金された年貢物だったのである。

▶商品が地方市場から畿内へと運ばれたのはなぜか？

　畿内には，荘園・公領の領主であった公家・寺社が集住する京都・奈良がある。

　もともと，公家・寺社の日常的な消費（行事の経費も含めて）は個別に収納された年貢物を中心にまかなわれていた。したがって，年貢の代銭納が広まれば，公家・寺社の商品に対する需要は量的に拡大する。

　さらに，室町時代の京都は武家政権の所在地であり，守護の多くが集住していた。そのため，京都の消費市場は中世前期以上に大きくなっていたのである。

　以上から，京都・奈良での大量の需要（消費）に応えるため「大量の商品」が京都・奈良へ流通した，と考えることができる。

解答例

A 年貢輸送に便利な畿内は米や灯油，水運を活用する九州は米が中心で，陸路をも使い輸送コストの高い関東は繊維製品が主である。

B 地域的特色に応じた多種多様な現物に代わり銭貨が一般化した。

C 年貢の代銭納が広まったため，各地の生産物が地方で換金され，大消費市場である京都・奈良へ送られ，その大量の需要に応えた。

論述作成上の注意
- Aについて。最低限，年貢品目の違いが書ければよい。
- Bについて。年貢品目がどのように変化したかを明示しよう。
- 「年貢の代銭納」という用語は，BではなくCで使う方がよい。

40　中世の一揆と起請 （2008年度　第2問）

　中世特有の一揆という行動がどのようなものか，既知の知識だけによらず考えさせよう
とする問題である。資料文の丁寧な分析に基づいて答えたい。

A

設問の要求

〔主題〕図のような署名形式は，署名者相互のどのような関係を表現しているか。

　図は資料文(4)に関連するものなので，その内容から判断すればよい。

　16世紀半ば（「1557年」）という時期，「安芸国の武士」という語から，とりあえず
は国人一揆を想起できる。そして，国人一揆が対等な資格で結ばれたものであること，
参加者はみな平等であることは，教科書レベルの知識としてもっているはずなので，
署名者相互の対等な関係，平等性を表現しているものと判断できる。

　そして，「八幡大菩薩・厳島大明神がご覧になっているから」と書かれている点を
ふまえ，神々の下での対等・平等に言及しておくとよい。

B

設問の要求

〔主題〕一揆の結成により，参加者相互の関係は結成以前と比べてどのように変化したか。

　「変化」が問われているのだから，一揆（ある目的を共有する
集団）が結成される以前（A）と以後（B）とを対比しよう。

　資料文は全て一揆に関する説明であるが，一揆の結成による変
化を読み取ることができるのは(1)・(3)・(4)である。誓約の内容を
素材として，それぞれの変化を検討していこう。

┌─ 変遷（変化）─┐
A → B
違いを表現する！

資料文(1)の読み取り

(1)南北朝期・九州五島の武士たち
　誓約：「当事者との関係が兄弟・叔父甥・縁者・他人などのいずれであるかにかかわり
　　　　なく，理非の審理を尽くすべきである」
　↓＜推論＞
　A：当事者との関係により，訴訟の審理が影響されていた
　B：当事者との関係にかかわらず訴訟を審理する

　誓約の内容から，一揆の結成以前（A）は，訴訟の審理，ひいては紛争解決が，血

縁・姻戚関係をもつか，他人であるかなどにより左右されていた，と推論することができる。それに対し，一揆を結ぶことによって（B），そのような事態を抑制し，秩序の維持を確保しようとする，九州五島の武士たちの意図を読み取ることができる。

資料文(3)の読み取り

(3) 応仁の乱頃・ある荘園の荘民たち
　　誓約：「京都の東寺以外には領主をもたない」
　　↓＜推論＞
　　A：東寺以外にも領主がいる，または，東寺以外を個別的に領主と仰ぐ荘民がいる
　　B：東寺以外の勢力を領主と仰がない

　誓約を行う（一揆を結ぶ）以前（A）には，この荘園には東寺以外にも**領主（と称する勢力）**が存在した，もしくは，荘民が個別的に領主をもつケースがあった，と推測することができる。それに対し，誓約を結ぶことによって（B），そうした荘民の個別的な関係を否定・排除しようとしていることが分かる。

資料文(4)の読み取り

(4) 戦国末期・安芸国の武士たち
　　誓約：「今後，警告を無視して軍勢の乱暴をやめさせなかったり，無断で戦線を離脱し
　　　　　たりする者が出たら，その者は死罪とする」
　　↓＜推論＞
　　A：軍勢の乱暴や無断での戦線離脱が生じていた　……個別的な行動
　　B：違反行為に対する処罰権を一揆（集団）がもつ

　まず，誓約書を交わした 12 人の武士たちはそれまで共同で軍事行動をとっていた，と推論することができる。共同で軍事行動をとっていたからこそ，軍勢の乱暴や戦線離脱が問題となるのである。

　次に，「警告を無視して軍勢の乱暴をやめさせなかったり」との表現に注目しよう。この表現から，乱暴を働くものと想定された「軍勢」とは，誓約書の署名者ではなく，その署名者たちが擁している軍勢（家臣団）であることが分かる。この点を念頭に置けば，一揆の参加者は，**自らの軍勢（家臣団）に対する処罰権を一揆という集団に譲渡している**，と推論することができる。

　以上の共通点を抽出すれば，次のようにまとめることができる。

　A：個別的な利害が優先される
　　↓＜変化＞
　B：全体秩序が優先されている＝個別的な利害や権利が抑制・制限される

C

設問の要求

〔主題〕中世の人々は「神」と「人」との関係をどのようなものと考えていたか。

資料文では(2)・(3)・(4)が「神」に言及しているので，これらを素材に考えよう。

資料文(2)・(3)・(4)の読み取り

(2) 室町幕府の重臣たち（武家）の一味
　神前でクジ引き →「神慮により」「用い申す」（合意・決定の維持）

(3) 荘民たちの誓約
　鐘をつくことにより「その場に神を呼び出す」→ 神前で誓約（秩序の確保）

(4) 安芸国の武士たちの一揆
　誓約書の末尾に「八幡大菩薩・厳島大明神がご覧になっているから，決して誓いを破らない」との記述＝神の下に誓約（軍律の維持）

これらから分かることは，以下の通りである。

(2)(3)⇨ 集団が合意や秩序を成り立たせるための媒介として「神」が利用されている
(3) ⇨「神」は別の世界から呼び出される＝世俗を超越している
(4) ⇨「神」の下に誓約（秩序）の維持が確保・保障されている

解答例

A署名者相互の，神の下での対等・平等な関係を表現している。

別解 A署名者相互の現実の階層差を超えた対等な関係を表現している。

B参加者相互に独立性が強く，個別的な利害が優先される関係から，個別的な利害を抑制し，全体秩序を優先させる関係へ変化した。

C中世の人々にとって神は，世俗を超越した存在で，人々の合意や秩序を成立させる媒介であり，その維持を保障する存在であった。

論述作成上の注意

□Aの別解について。図のちょうど真上の部分を注意して見れば，〔元就〕〔毛利元就〕という名前が逆さまに書かれていることに気づくだろう。毛利元就はすでに1555年厳島の戦いで陶晴賢を破り，戦国大名としての地位を確立していた，つまり，この1557年に作成された一揆契状は，毛利元就の絶対的な優位のもと，あえて対等な形式が採用されている。ここに戦国大名の分国支配のあり方の一端をうかがうことができる。

□Bについて。資料文(3)・(4)からは＜血縁よりも地縁を重視＞という変化は読み取れない。思い込みに基づいて書かないようにしたい。

□Cについて。資料文で説明されていることがらを，コンパクトに言い換えればよい。

41 中世の禅宗文化と鎌倉新仏教 （2007年度 第2問）

　いわゆる鎌倉新仏教をめぐる出題である。資料文が与えられ，設問Ａでは禅宗，Ｂでは
「鎌倉時代に抑圧された宗派」が取り上げられているが，資料文の振り分けは容易だろう。
それゆえ，資料文の単なる要約に終始してしまいかねない。設問の要求に対応した内容を
答案の中に盛り込むことを忘れてはならない。

A

設問の要求

〔主題〕禅宗が生み出した文化の特徴。
〔条件〕政治権力との関わりをふまえる。

　「禅宗が生み出した文化」が問われているが，禅宗もしくはその担い手としての禅
僧が直接作り出した文化について考えればよいのか，それとも禅宗の影響の下で成立
した文化まで含めて広く考えるのか，どちらだろうか。

　資料文(2)・(3)で「禅僧」の活動のみが取り上げられていることを考えれば，前者で
よいことが分かる。したがって，文化総体を念頭に置くのではなく，禅僧が担った文
化についてその特徴を考えていこう。対象とすべき時期は，資料文から判断すると，
鎌倉～戦国時代である。

資料文の読み取り ＜パート１＞

(2) 禅僧の往来
　〔鎌倉時代〕鎌倉幕府が中国の禅僧を招く ⇄ 日本の禅僧も中国に渡航
　〔室町時代〕禅僧が室町幕府の外交使節として活躍 ……………………ⓐ
(3) 禅僧たちの文化活動
　。禅僧は漢詩文を作成
　。禅僧の中で新しい中国風の絵画技法が学ばれていた ｝＝宗教活動の一環
　　→ 中国に渡って技法を深める禅僧もいた

　これらのデータから判断できるのは，以下の通りである。

禅宗が生み出した文化の特徴
　。幕府（武家政権）の保護の下で形成された文化であること
　。禅僧が日中間を往来する中で形成された文化であること
　。中国風の文芸や絵画が（宗教活動として）創作されていたこと

　つまり，独自の文化形成をめざす武家政権の保護の下，禅僧が日中間を活発に往来
し，それを通じて新しい中国文化の普及・浸透に大きく貢献したのである。

　ところで，**外交使節への起用**というデータ（ⓐ）はどのように活用するのか？

　禅僧が日中間を往来する様子を示した一例としてのみ考えることも可能である。しかし，できれば文化（の特徴）に関連づけたい。

　その際，中国からの渡来僧が招かれて禅宗寺院に住していたことに注目しよう。もちろん，中国で明が成立し，海禁政策を採用して以降は，中国からの渡来僧は途絶える。しかし，禅宗寺院では修行のため中国語の習得が求められ，禅僧は日常的に漢詩文を作成していた。それゆえ禅僧は，漢文での外交文書の作成や漢詩文を交わすことを通じた意思の疎通に長けており，東アジアの外交において貴重な人材であった。言い換えれば，宗教活動の一環として中国文化を保持し続けたがゆえに，外交使節として起用されたのである。

　以上のことがらを念頭に置けば，禅宗寺院では生の中国文化が育まれていたことが分かるだろう。

｜発　展｜　禅宗と鎌倉・室町幕府

　禅宗は鎌倉時代初，栄西によって南宋から伝えられ，2代将軍源頼家の寄進により建仁寺を建立するなど，鎌倉幕府の保護を受けた。これは，栄西が禅による護国を説いたこともあるが，彼が密教僧としても優れていたためでもあった。それゆえ，鎌倉幕府が積極的に禅宗を受容するようになるのは，資料文(2)にあるように，北条時頼が宋僧蘭溪道隆を鎌倉に招き，宋風の純粋な禅宗寺院として建長寺を建立して以降のことであった。

　鎌倉幕府が禅宗を保護したのは，禅僧が戒律を重んじ，私利私欲を排した行動をとったこともあるが，公家文化とは異なる新文化を求めるという意図があった。こうして禅宗は，次第に体制仏教の一角を占めるようになった。

　室町時代になると，夢窓疎石が足利尊氏の帰依を受け，足利義満が五山・十刹の制を整えて以降，五山派が室町幕府の保護を受けて最盛期を迎えた。そして，五山の禅僧は室町幕府の政治・外交顧問として活躍しただけでなく，幕府の保護の下で手広く金融活動を行い，荘園経営者としても優れた能力を発揮した。

B

｜設問の要求｜

〔主題〕鎌倉時代に抑圧された宗派が戦国時代までにどのように展開したか。

　まず，「鎌倉時代に抑圧された宗派」を確定したい。

　「鎌倉時代に抑圧された」と聞けば，まず法然や親鸞，そして日蓮が思い浮かぶだろう。しかし，資料文(1)で指摘されているのは親鸞と日蓮だけであり，それに対応して資料文(4)は浄土真宗，資料文(5)は日蓮宗についての記述になっている。それゆえ，浄土真宗と日蓮宗に限定して考察を進めていけばよい。

資料文の読み取り ＜パート２＞

(4) 浄土真宗について
- かなの平易な文章で布教　………………………………………………… ⓑ
- 加賀で門徒たちが自主的に地域支配（「百姓の持ちたる国」）＝一向一揆

(5) 日蓮宗について
- 都市の商工業者に浸透　…………………………………………………… ⓒ
- 京都で信者たちが町政を運営＝法華一揆

　この内容だけで答案が書けてしまいそうだが，**対比**を意識しながら表現を整えたい。特にⓑのデータである。そのまま答案に書き込むのではなく，ⓒを意識すれば，浄土真宗が浸透した階層を明確化するための素材として活用したい。その際，少なくとも「百姓の持ちたる国」という表現を参考にしたい。

浄土真宗
- 近畿・北陸・東海などに広まる
- 地方武士・百姓・商工業者に浸透
- 惣村や寺内町を基盤として一向一揆を形成 → 守護を排して自治支配を実現

日蓮宗
- 西国などに広まる
- 商工業者に浸透
- 京都では町衆を担い手として法華一揆を形成 → 京都の町政を一時掌握

解答例

　　A 禅宗は，独自の文化形成をめざす武家政権から積極的な保護を受け，その下で禅僧が日中間を活発に往来した。そのため，禅宗寺院を中心に漢詩文や水墨画など新しい中国風の文化が創出された。

　　B 浄土真宗は近畿・北陸などの国人や百姓らに浸透し，各地で信者が一向一揆を結んで守護に対抗した。日蓮宗は西国などの商工業者に広まり，京都では信者が法華一揆を結んで町政を一時握った。

論述作成上の注意

□設問 A では「文化の内容」ではなく「文化の特徴」が問われているのだから，「漢詩文や水墨画などが生み出された」というような表現で答案を締めてしまうと，設問の要求に応えたことにならない。

42 院政期における武士の台頭 （2006年度 第2問）

院政期における武士の台頭，平氏の権力掌握について問うたシンプルな出題である。だからこそ，より一層，資料文の読み取り，それに即した答案の構成が重要になってくる。

A

設問の要求

〔主題〕中央政界で武士の力が必要とされた理由。

武士とは，武装し，その武力を行使すること，つまり軍事警察の権能を担うことを朝廷から認められた職能身分だが，ここではそのように規定される武士そのものが登場した背景・理由が問われているわけではない。資料文を読んだ上で答えることが求められているのだから，少なくとも資料文(1)〜(3)を参照し，そこで触れられている時期，すなわち院政期に対象を限定して説明していきたい。

資料文(2)・(3)の読み取り

(2) 白河上皇のなげき
　延暦寺の僧兵は私の思い通りにならない

(3) 『愚管抄』の記述
　鳥羽上皇の没後に戦乱（保元の乱）が起こって以降，「武者の世」となった

まず資料文(2)からは，寺社の僧兵（悪僧）による強訴が頻発し，朝廷がその対応に苦慮していたことが分かる。そして，白河上皇はその対応策として，北面の武士を新設し，平正盛などの武士を登用していた。

一方，資料文(3)で触れられている保元の乱は，貴族社会の内紛に原因があった。治天の君や藤原氏の氏長者の地位をめぐって天皇家，摂関家が内部対立をくり広げる中，その解決に武士の軍事力が活用されたのである。

ここまでの考察で答案が書けそうだが，注意してほしい。資料文(1)を活用しなくてもよいのか？　設問Bで使えそうになく，そうなれば設問Aで活用するしかない。

▶資料文(1)の使い方

資料文(1)には，「院政期には，荘園と公領が確定される動きが進み，大寺社は多くの荘園の所有を認められることになった」と書かれているが，ここから2つのデータを読み取ることができる。

一つは「荘園と公領が確定される動きが進」んでいたこと，つまり，荘園と公領が領域として区別されるようになり（荘園に即して言えば，地域的なまとまりをもつ領

域型荘園の形成），荘園公領制の形成が進んだことである。もう一つは，大寺社が多くの荘園を所有したことである。

　ここから，荘園と公領の境界・領域をめぐる紛争が寺社の僧兵による強訴を頻発させていたことを想起したい。より一般的に表現すれば，荘園公領制の形成に伴って権力者が私的な勢力へと転化し，相互に実力で抗争しあう社会となったことを思い浮かべたい。

　つまり資料文(1)は，資料文(2)・(3)の前提状況についての説明なのである。この点も答案に盛り込もう。

B

設問の要求

〔主題〕平氏が権力を掌握する過程と，その経済的基盤。

▶中央政界で台頭するに至った経緯

　資料文で取り上げられている「平氏」は，『平家納経』を奉納した平氏であり，平清盛なので，伊勢平氏が対象とされている。まずは，伊勢平氏が台頭する経緯を確認しておこう。

　伊勢平氏は院に接近し，院の近臣として中央政界に登場した。そして，海賊討伐に従事しながら，瀬戸内海地域を中心として西国武士を家人に組織して軍事力とした。資料文(4)で書かれている平氏による厳島神社への尊崇は，その象徴である。

　そして保元の乱（→ 資料文(3)）・平治の乱を通じて中央政界での地位を高めていく。平清盛は，保元の乱では後白河天皇方を勝利に導く軍事力の一つでしかなかったが，平治の乱では藤原信頼・源義朝の挙兵を鎮圧し，政界の動向を左右する力を示した。

　このように院の近臣として台頭し（平治の乱時は二条天皇に近い存在だったとの評価もあるが），その軍事力でもって貴族社会の内紛を解決することを通じて政界での地位を高めていったのが平氏であった。

▶平治の乱後に権力を掌握する過程

　何をもって「権力を掌握」した状態と考えるのか？

　平氏政権の特徴（しばしば「貴族的性格」と称される面）としてしばしば指摘されることがらを念頭に置けば，天皇家との婚姻関係を形成し，一門で高位高官を占めた状態をもって権力掌握と考えておいてよい。

　とすれば，平清盛が太政大臣に就任したこと，嫡男重盛など一門で高位高官を占めたこと，娘徳子を高倉天皇に入内させて外戚政策を進めたことを指摘しておきたい（とはいえ，あまり具体的に書き過ぎると字数内に収まらないが）。

　もっとも，こうした平氏の支配拡大に対する反感が広まる中，平清盛は後白河法皇
を幽閉してその院政を停止させ，その後まもなく外孫である安徳天皇を擁立すること
で権力集中を図っている。このことをもって平氏政権の確立，平氏による権力掌握と
とらえることもできる。この視点に立った答案の作成も可能である（別解を参照）。

▶経済的基盤

　資料文(4)・(5)を経済的基盤との関連で把握すれば，厳島神社への信仰（→(4)）と
大輪田泊の修築（→(5)）を通じて**瀬戸内海水運**を掌握し，**日宋貿易**を推進したこと
をデータとして引き出せる。

　それ以外に荘園・知行国を集積していたことも忘れないようにしたい。

　なお，資料文(5)には「摂津の大輪田泊を修築し，外国船も入港できる港として整備
した」と書かれている。しかし，大輪田泊に外国船を入港させようと意図したという
説明は史料に基づくものではなく，現在の学説では否定的である。

解答例

　　　　A荘園公領制が確立する中，荘園の境界や支配権をめぐる大寺社の
　　　　僧兵による強訴が頻発し，天皇家や摂関家の内紛も激化したため。

　　　　B院に接近して台頭した平氏は，西国武士を家人に組織し，保元・
　　　　平治の乱を通じて地位と権力を高めた。清盛の太政大臣就任など一
　　　　門で高位高官を占め，天皇との外戚関係も形成した。荘園・知行国
　　　　を集積すると共に，瀬戸内海水運を掌握して日宋貿易を推進した。

　別解　B平氏は保元・平治の乱を通じて地位を高め，清盛の太政大臣就任
　　　　など一門で高位高官を占めた。そして天皇との外戚関係を確保し，
　　　　後白河院政を停止して権力を掌握した。経済面では瀬戸内海水運を
　　　　掌握して日宋貿易を推進し，荘園・知行国に並ぶ経済基盤とした。

論述作成上の注意

□Aについて。荘園公領制の形成・確立に背景として言及することが必要である。
□Bについて。「平氏」は，資料文からすれば，清盛以前も含むものと考えても，清盛に
　限定して考えても，いずれでもよい。
□Bについて。平氏の権力掌握を，一門で高位高官を占めたことをもって判断するか，後
　白河院政の停止をもって判断するかによって，2通りの答案が可能である。

43　御成敗式目の制定意図と性格　　(2005年度　第2問)

　御成敗式目制定に関する北条泰時の消息文を素材とし，鎌倉幕府と朝廷との関係を問うた出題である。教科書的な基本問題に見えるが，それだけに史料の内容把握と，それに即した答案の構成が求められている。

A

設問の要求

〔主題〕「この式目」を制定した意図について，この書状から読みとれること。

　鎌倉幕府執権北条泰時が書状の中で言及している「この式目」とは，彼の下で定められた御成敗式目（貞永式目）である。

▶御成敗式目

　この式目について，次のような知識はもっているはずである。

ⓐ公平な裁判を行うために定められた
ⓑ道理と先例に基づく
ⓒ初めての武家法で，適用範囲は幕府の勢力範囲に限られた

　史料の中から，これに対応する内容を探してみよう。

史料の読み取り ＜パート1＞

ⓐ→「あらかじめ御成敗のありかたを定めて，人の身分の高下にかかわらず，偏りなく裁定されるように」
ⓑ→「ただ道理の指し示すところを記したものです」（先例については記されていない）
ⓒ→「もっぱら武家の人々へのはからいのためばかりのものです」

　これで答案が書けてしまいそうだが，冷静にデータを確認し直してほしい。ⓐはともかく，ⓑやⓒは「制定した意図」なのか？　これについて考えてみよう。
　なぜ武家社会の慣習・道徳に基づいた成文法が必要なのか，その意図は？
　なぜ御家人（武家）だけに適用される成文法が必要だったのか？
　もう一つ，発問してもよい。律令ないし公家法があるのに，それとは別個に新しく法を制定する必要がどこにあったのか？
　このような発問についてはさまざまな答えがあるだろうが，この設問に即せば，それらの答えを史料から読み取ってくる必要がある。

▶注目すべきポイント

　北条泰時は史料の中で，武家法を公家法（律令）とは別個に新しく制定しなければ
ならない事情について，何か触れていないだろうか？

史料の読み取り＜パート2＞

「およそ，法令の教えは尊いものですが，武家の人々や民間の人々には，それをうかがい
　知っている者など，百人千人のうちに一人二人もおりません」
　　⇨ 御家人（武家）はほとんどの者が公家法（律令）を知らない

　北条泰時はここで，**御家人（武家）は公家法を知らないと強調**している。だからこ
そ，彼らを対象とした独自の法を道理に基づいて制定する必要がある，さらに言えば，
そのことによって武家社会を秩序づける必要があると主張し，鎌倉幕府による独自の
法典編纂を正当化しているのである。

B

設問の要求

〔主題〕泰時が「こうした書状」を書き送った理由。
〔条件〕当時の朝廷と幕府との関係をふまえる。

　問題文で明記されているように，この書状は泰時が六波羅探題に宛てて書き送った
書状であるから，六波羅探題に式目制定の事情を説明しておく必要があったのだと分
かる。では，なぜ六波羅探題に説明しておく必要があったのか？

史料の読み取り＜パート3＞

「京都の人々が非難を加えることがありましたなら，こうした趣旨を心得た上で，応答し
　てください」
　　⇨ 京都の人々（朝廷）の非難に対する六波羅探題の応答への便宜を図っている

▶「こうした書状」とは？

　設問文では「こうした書状」と記されているが，その指示語が指し示す内容は何
か？　ここまでに確認してきた内容を除けば，史料に書かれていることは何が残るか？

史料の読み取り＜パート4＞

「これによって，京都の御沙汰や律令の掟は，少しも改まるべきものではありません」
　　⇨ 式目制定後も朝廷の政治や公家法は変更されない

　ここから北条泰時は，朝廷からの非難に対し，式目制定後も朝廷の政治や律令（公家法）は変更されないことを説明・応答してもらうため，六波羅探題に宛てて書状を書いたことが分かる。

▶当時の朝幕関係

　北条泰時はこのような内容の説明・応答を，なぜ朝廷に対して行おうとしているのだろうか？　それを考えるためには，条件にある「当時の朝廷と幕府との関係」を確認することが不可欠である。「当時」とは北条泰時の時代だが，「朝廷と幕府との関係」という視点からすれば「承久の乱後」と表現することができる。

> **承久の乱後の幕府**
> ○朝廷の政治や皇位継承に介入＝朝廷に対する優位が確定
> ○西国（院方没収所領）に多くの地頭（新補地頭）を補任
> 　→ 支配権をめぐって地頭と本所の対立が頻発

　こうした状況の下で幕府が式目を定めたとき，朝廷側の人々はどのように反応するか？　「京都の御沙汰や律令の掟は，少しも改まるべきものではありません」と書き送っているところに，朝廷側の関心がうかがえる。

　それに対し，北条泰時は朝廷側の警戒を解き，不安を解消したかったのである。

　彼は御成敗式目を制定することで幕府と御家人の果たすべき任務と限界を成文化し，これによって武家社会を秩序づけ，朝廷を頂点とする旧来の秩序との間で一定の折り合いをつけようとしたわけだが，ここには朝幕間の協調関係，言い換えれば，公武二元支配を維持しようとする泰時の姿勢が現れている。

解答例

　Ａ幕府は独自の武家法を制定することで，公家法を理解しない御家人に対して裁判の基準を明示し，武家社会を秩序づけようとした。

　Ｂ承久の乱後，幕府は朝廷に対して優位に立ち，朝廷の政治に干渉し，西国にも勢力を伸ばした。その中でも朝幕間の協調関係の維持をめざす北条泰時は，式目の制定が朝廷の政治や公家法に変更をもたらすものではないことを示し，朝廷側の警戒を解こうとした。

論述作成上の注意
□Ａについて。ポイントは「この書状から読みとれること」という設定にある。知っていることを書けばよいというわけではない点に注意したい。

44　南北朝内乱と武士　　　　　　　　（2003年度　第2問）

　南北朝時代における武士の行動原理を答えさせた上で，内乱が全国化・長期化した背景を問うたオーソドックスな出題である。設問AとBとでデータを書き分けることがやや難しいが，設問Aにある「行動」という表現に注目すれば，区別の基準に気づくだろう。

A

設問の要求

〔主題〕南北朝内乱の頃の武士の行動の特徴。

　問われている「行動」とは何か？　武士が軍事・警察を担う職能身分であることを念頭に置けば，「武士の行動」とは，まずもって軍事行動である。

　次に意識したいのは，「**特徴**」が問われたときは前後の時代との対比を意識する必要があることである。そうすれば，次のような古典的な図式が思い浮かぶだろう。

惣領制とその解体

〔鎌倉前期〕血縁に基づく惣領制（惣領の統率下に一家〔一門〕でまとまって軍事行動）

　　　　　　　│所領相続法の転換（分割相続 → 単独相続）

〔鎌倉後期～南北朝期〕惣領制が動揺（血縁重視 → 地縁重視）

　これらのことを念頭に置きながら，資料文を読み解いていこう。

資料文の読み取り

(1) **ある武士の所領相続をめぐる事情**
　○「二男は親の命に背いて敵方に加わり」
　　⇨ 一家がまとまって行動するという形態が崩壊している
　○「四男のおまえだけ」に「所領を譲り渡す」
　　⇨ 所領の単独相続が始まっている
(2) **観応の擾乱**
　⇨ 足利尊氏・直義とも南朝と和睦して（南朝と結んで）相手に対抗した
(3) **合戦における中小武士の動向**
　⇨「戦いぶりによって」（合戦の状況によって）敵・味方が入れ替わる可能性があった

　資料文(1)は，先に確認した通り，惣領制が崩れている様子を示している（ただし，"単独相続への移行"は軍事行動ではないので，設問Bで扱おう）。

　次に，資料文(2)・(3)から共通して読み取れるのは，敵・味方が理念により区別される（固定される）のではなく，情勢・状況に応じて変化しているという事態である。

B

設問の要求

〔主題〕南朝は政権として弱体であったにもかかわらず，南北朝内乱が全国的に展開し，
また長期化した理由。

基本的なテーマからの出題である。大きく言って柱は 2 つある。

> ①室町幕府の内紛
> ②地方での武士団内部の分裂・抗争

もう少し具体的にデータを補っていこう。

▶室町幕府の内紛

　室町幕府の内紛は，幕府の運営を分担していた将軍足利尊氏と弟の足利直義が対立
し，守護クラスの有力武士を巻き込んで観応の擾乱が発生したことを出発点としてい
た。これは，公武協調（荘園公領制の秩序維持を第一に考える）に立つ足利直義と，
荘園・公領の領主の権威を否定し，在地での武士の権益拡大の動きを支持する高師直
（尊氏の執事）との対立を発端としており，避けることのできない事態だった。
　この内紛は，1352 年に鎌倉で足利直義が殺害されて終結したものの，直義派の守
護たちの反乱は継続し，中国地方では直義の養子足利直冬が山名氏などに擁されて抵
抗を続けていた。さらに，幕府内部での有力守護どうしの権力抗争も激しかった。

▶地方での武士団内部の分裂・抗争

　南北朝内乱期は，先に確認したように，所領相続法の転換を大きな要因として惣領
制が解体していった時期である。鎌倉時代の武家社会では，所領は惣領・庶子（女子
を含む）で分割相続されていた。しかし，鎌倉後期以降，嫡子単独相続へと移行しは
じめ，それに伴って惣領の地位が強化され，庶子の地位が低下した。そのため，一家
（一門）の内部，つまり武士団の内部で対立・抗争が生じていたのである。
　一方，鎌倉後期には，荘園・公領の領主や幕府の支配に敵対する武士たちが地縁に
基づいて共同で行動し，悪党と称されて討伐の対象とされる状況が拡大していた。そ
して，鎌倉幕府の滅亡，建武新政とその下での在地社会の混乱を経て，南北朝内乱期
には，戦乱に乗じる形で，荘園・公領の領主に対抗しながら所領支配権の拡大をめざ
す地方武士の動きも活発化していた。

▶南朝の利用価値

　問題文で触れられているように，南朝は政権としては弱体であった。

　しかし，観応の擾乱の中で足利尊氏・直義が，それぞれ共に相手に対抗するための手段として南朝と結んだことは（→ 資料文(2)），南朝が自らを正統とする理念を保持したこととあいまって，その利用価値を高めた。

　紛争の渦中にある武士たちにとって，南朝と結ぶことは，敵対勢力に対抗するための合力（他者による力添え）を調達する有効な手段であり，さらに，由緒（自らの行動の正統性）を保証する手段の一つとして意味をもつようになったのである。

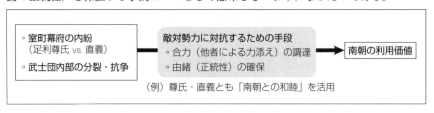

- 室町幕府の内紛
  （足利尊氏 vs. 直義）
- 武士団内部の分裂・抗争

敵対勢力に対抗するための手段
- 合力（他者による力添え）の調達
- 由緒（正統性）の確保

→ 南朝の利用価値

（例）尊氏・直義とも「南朝との和睦」を活用

解答例

　　A惣領の統率下に一家として行動する惣領制が崩れ，個々の武士団がその時々の利害関係や情勢に応じて敵味方に分かれて行動した。

　　B各地の武士団では単独相続への移行に伴って分裂・抗争が生じ，室町幕府では観応の擾乱が起こって以降，守護を巻き込んだ内紛がくり返されていた。そのため，北朝に対抗して正統性を主張する南朝は，合力や由緒を調達する手段として，利用価値をもち続けた。

論述作成上の注意

- □各地の武士団の動きについては，一家（一門）としてのまとまった行動が崩れている点については設問Aで扱い，その背景である所領相続法の転換については設問Bの中で触れるのがよい。
- □Bについて。南朝が存立し続けた理由が表現できれば，設問の要求に十分応えられる。
- □Bについて。解答例の「合力や由緒を調達する手段として」のところは，「敵対勢力に対抗する手段として」くらいの表現でよい。

45 鎌倉時代の荘園と地頭 （2001年度 第2問）

　鎌倉時代の荘園制と地頭，荘園内の産業について問うた出題である。資料文だけでなく絵画資料が示され，その読み取りも求められている点に特徴がある。同じような絵画資料を用いた問題としては，2020年度第2問がある。

A

設問の要求

〔主題〕東国と西国では，地頭のもっている荘園支配の権限にどのような違いがあるか。

　地頭の権限（職権）が下地管理と治安維持，年貢の徴収と本所への納入であることは知っていると思うが，東国と西国とで違いがあったという知識はないのが一般的だろう。そこで，まずは資料文を参照してみよう。

資料文の読み取り ＜パート1＞

(1) 上野国新田荘：東国
　開発し寄進した新田義重の子息が地頭職に任命された（⇨ 本領安堵）
(2) 丹波国大山荘：西国
　承久の乱後に任命された地頭（⇨ 新恩給与）

　資料文に基づけば，《東国＝本領安堵の地頭，西国＝新恩給与の地頭》と特徴づけることができそうだ。しかし，この判断は妥当なのか？　東国でも平氏や奥州藤原氏に加担した敵方（謀叛人）の所領を対象として，新恩給与の地頭が補任されている。このことを念頭に置けば，先に示した特徴づけは一つの傾向性を示すものとしては可能であっても，一般化できるものではないことが分かる。さらに，新恩給与の場合，地頭は前任者（荘官など）の職務や得分をそれぞれ継承するので，「地頭がもっている荘園支配の権限」に関して言えば，本領安堵の場合と基本的に違いがない。

▶では，東国と西国では何が異なるのか？

　そこで想起したいのが，寿永二年十月宣旨と新補率法である。

　寿永二年十月宣旨は，治承・寿永の乱の中で源頼朝が主張していた東国における事実上の支配権を，後白河法皇が東海・東山両道の支配権という形で承認したものである。一方，新補率法は承久の乱後，院方没収所領（西国が中心）に新しく補任された地頭を対象として，その得分率を定めたもので，依拠すべき先例がない場合に紛争を避けることを目的としていた。つまり，本所と地頭の共存，本所による支配の尊重が意図されていた。

ここから，次のような構図を描くことができる。

このことを前提として，地頭の権限を考えればよい。とはいえ，教科書では，東国と西国を比較して荘園支配の権限が違っていたことは明記されておらず，資料文でもそれに関するデータが明確な形で示されているわけでもない。したがって，荘園支配の権限の内容については**強弱の程度**レベルにとどめておいて構わない。

B

設問の要求

〔主題〕①西国で荘園領主と地頭の間に生じた問題。
　　　　②その解決策。

資料文(2)・(3)が共に西国での事例であり，これらを活用しよう。

資料文の読み取り ＜パート2＞

(2) 丹波国大山荘
　東寺と地頭の間で「年貢についての契約」（⇨ 地頭請の契約）
(3) 伯耆国東郷荘
　「領家と地頭の間で土地の折半」（⇨ 下地中分）

ただし，これらは「解決策」のみである。その前提としての荘園領主・地頭間で生じた「問題」については，自分の知識で補おう。

西国で荘園領主と地頭の間に生じた問題

　。地頭の非法（年貢の横領，名主ら百姓の私的な使役など）
　　［背景］幕府の権威が増した（全国支配権を強化し，朝廷よりも優位に立った）

C

設問の要求

〔主題〕荘園でどのような産業が展開していたか。
〔条件〕資料文と絵画資料から読み取れることを述べる。

まず，資料文で活用できるのは(2)のみで，地頭請の契約内容に登場する荘園領主への貢納品の中に，米や麦のほか，栗，干柿，くるみ，干蕨，つくしなどが含まれていることが述べられている。そこから推理できる産業は次の通りである。

①米と麦の二毛作
②山野の産物の採集・加工

次に，絵画資料からデータを読み取ろう。

画面の下半分に注目しよう。馬や帆かけ船が描かれていることに気づいただろうか。さらに，「馬野」や「大湊宮」という文字を発見できただろうか。

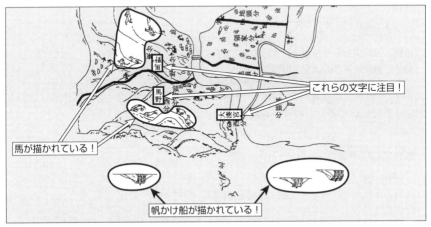

これらの文字に注目！

馬が描かれている！

帆かけ船が描かれている！

ここから推理できる産業は次の通りである。

③馬の放牧（飼育）
④海運業（水運業）

なお，丹波国大山荘（資料文(2)）と伯耆国東郷荘（絵画資料）とで同一の産業が展開していたのかどうか，判断できない。しかし，設問では「**読み取れること**」を述べることが求められており，上記の①〜④を総合して説明すればよい。

解答例

A 東国は幕府の支配領域で，本領も多く，下地支配権を認められた。西国は新恩が多く，本所の支配が尊重され，権限は抑制された。

B 地頭が年貢横領などの非法を行い，現地の支配権をめぐって荘園領主と対立したため，地頭請や下地中分で両者の調停が図られた。

C 米と麦の二毛作，周辺の山野河海を利用した栗・柿・山菜などの採集と加工，馬の放牧が営まれたほか，海運業者も往来していた。

論述作成上の注意

□設問Cでは鎌倉時代の産業一般は問われていない。読み取れることを説明しよう。

46　室町文化の特徴

（1999 年度　第 2 問）

> 室町時代の文化を素材とした問題であるが，社会動向と関連させて特徴づけることが求められている。文化を他の分野と関連させて考察させるタイプは，中世で 2014 年度第 2問，近世で 2001 年度第 3 問，近代で 2010 年度第 4 問などが出題されている。

設問の要求

〔主題〕資料文からうかがえる室町時代の文化の特徴。
〔条件〕当時の民衆の状況と関連づける。

　　まず，「民衆」とはどのような人々を含むのか，「民衆の状況」とは具体的には何を想定すればよいのか，この点から確定していこう。

資料文の読み取り ＜パート1＞

(1)「農村地帯」
(3)「村」「村人たち」　⇨ 百姓による自治村落 "惣村（惣）" が思い浮かぶ
(4)「村」
(2)「京都や奈良の町衆」⇨ 町衆（富裕な商工業者）による自治組織 "町" が思い浮かぶ

　　ここから「当時の民衆の状況」としては，次のことが分かる。

	民　　衆	民衆の状況
農村部	百　　姓	惣村（惣）を形成
都市部	町　　衆	町を形成

▶惣村や町

　　惣村や町は，室町時代，近畿地方やその周辺部で形成された百姓や商工業者による地縁的な社会組織であり，次のような性格をもっていた。

惣村や町の性格
①生活・経済活動のための共同体
②自治組織（自主的な地域権力）

　　惣村は，まず，①共同利用する山野（入会地）や灌漑施設を共同管理するなどして，相互の経営の成立を保障しあう共同体であり，それを基礎に，②領主への年貢納入をまとめて請負い（百姓請），独自の法（惣掟）を定めて，警察・裁判権を自ら行使する（自検断）など，それまで領主がもっていた地域支配の権限の一部を担う自治組織であった。

一方，**町**は都市において道路をはさんだ両側の商工業者が結びついて形成され，①互いの財産や信用を保証しあう共同体であり，②独自の法（町掟）を定めて地域の自治を担った。

そして，これらの社会組織は，**寄合**が開かれて構成員の合議によって運営され，**神社の祭祀**を営むことを通して構成員相互の結びつきを強めていた。

> **惣村や町の自治**
> ○ 寄合により運営
> ○ 神社の祭祀を通じて結合

▶室町時代の文化

この問題では室町文化一般が問われているのではなく，資料文に扱われている事例に限定して考察することが求められている。誰を担い手とする，どのような文化が挙げられているのかに注目しつつ，資料文を読み進めていこう。

> **資料文の読み取り＜パート2＞**
> (1) 猿楽（観阿弥）
> 　農村地帯で座を結成 → 能を大成（足利義満の称賛）
> (2) 喫茶（村田珠光）
> 　上流階級の間で流行していた貴族的な喫茶 ──→ 侘び茶を創始
> 　　町衆の間で行われていた質素な喫茶 ───┘
> (3) 盆に演じられるお囃子や舞（⇨盆踊り）
> 　盆に村人が演じるお囃子や舞＝「都の熟練者にも劣らぬもの」（公家の感想）
> (4) 連 歌
> 　村の神社に連歌会を催すための掟が残る⇨村の神社で連歌会が催されたと判断できる
> 　連歌会の統括役＝参加者から多数決で互選

まず，扱われている事例をまとめて特徴づけてみよう。

猿楽や喫茶・盆踊り・連歌は，身振りや声など身体表現を軸とした芸能・文芸であり，民衆を担い手の一つとする。そして，集団で営まれ，参加し楽しむという点に共通性がある（猿楽については疑問符がつくかもしれないが，各地の祭礼や法会で演じられた点に注目しよう）。

つまり，先に確認した「当時の民衆の状況」に対応した**寄合の芸能**（文芸）である。

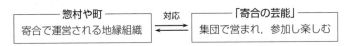

次に，担い手に注目しよう。民衆以外にどのような人々が登場するのか？

足利義満（資料文(1)）や公家（資料文(3)）が挙げられており，さらに，資料文(2)には公家・武家を総称した表現と考えられる「上流階級」という言葉がある。

室町時代には京都に武家政権が開かれ，公家社会もその影響下に組み込まれたこと（ある意味では武家の公家化）を念頭に置けば，公家・武家を一括し，民衆に対峙する存在として扱うことができる。

では，民衆の文化と公家・武家の文化はどのように関連していたのか？

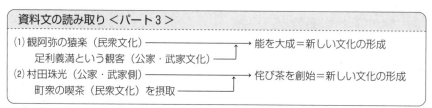

ここから，民衆と公家・武家という身分を超えた文化の融合が進んだと言える。

ところで，資料文(3)の「お囃子や舞」は，その村に滞在していた「一人の公家」によって伝えられたものだろうか？　「驚嘆している」との表現からすると，そのようには判断できない。別の視点を考えてみよう。

```
資料文の読み取り ＜パート4＞

(1) 伊賀国の山間部の農村地帯 ←――交流――→ 都＝「足利義満」という観客

(3) 和泉国のある村 ←‥‥‥‥同等‥‥‥‥→ 「都の熟練者」
```

ここから，都や地方という区別を超えた文化の広がりが分かる。

解答例

　　　近畿地方やその周辺部では，農業や商工業の発展を背景として惣村や町という地縁的な自治組織が成長し，それを基礎として猿楽能・喫茶・盆踊り・連歌など，集団で営まれ，参加し楽しむ寄合の芸能が盛んとなった。これら民衆文化は，公家・武家文化を受容して次第に洗練され，さらに公家・武家に摂取されると共に，都と地方の文化交流が広がるなど，身分や地域を超えた文化の融合が進んだ。

論述作成上の注意

□設問で「当時の民衆の状況と関連づけ」ることが求められているからと言って，民衆だけが文化の担い手であるかのような構成をとってはならない。公家や武家の動向にも目配りが必要である。

第 3 章　近　世

解答用紙は，横書きで〈地理歴史〉共通。1 行：30 字詰。

47　天保期における江戸の都市政策　(2023年度　第3問)

寄席という，教科書に記述はあっても受験生にはなじみの薄い素材となっているが，天保期における江戸の都市構造と幕府の都市政策について問うた基本的な出題である。

A

設問の要求

〔主題〕(1)のように江戸で寄席が急増した理由。
〔条件〕歌舞伎と対比される寄席の特徴に留意する。

最初に，寄席がどのような特徴をもっていたのかを確認しておきたい。

資料文(1)の読み取り

(1) 1820年頃から1841年頃にかけての寄席の急増
　◦ 歌舞伎：日中だけ興行，入場料が次第に高額化
　◦ 寄席　：夜も興行，入場料は歌舞伎の100分の1ほど

寄席は，日中だけでなく夜も興行し，料金が安い点が特徴であったと判断できる。次に，どのような人々が寄席を利用していたのかを確認したい。

資料文(2)・(4)の読み取り

(2) 1841年，寄席全廃に対する町奉行の反対意見
　◦ 寄席＝歌舞伎などに行けない職人や日雇い稼ぎの者などのささやかな娯楽の場
(4) 1842年の江戸の町方人口
　◦ 町方人口56万人のうち，28万人余りは「その日稼ぎの者」
　◦「その日稼ぎの者」＝日々の暮らしをその日に稼いだわずかな収入でまかなう人々

寄席の観客は，職人や日雇い稼ぎなど，言い換えれば，その日稼ぎの者が中心であった。彼らは日中に高額な入場料を支払って娯楽を楽しむ時間的，金銭的な余裕のない下層民（貧民）であった。資料文(4)から，19世紀半ば，江戸町方の住民の半数がそうした貧民であったことがわかる。こうした観客の増加に対応して寄席が急増したと推論できる。とはいえ，資料文では18世紀と比べて都市貧民が増加したのかどうかは判断できないので，知識で補うしかない。

19世紀前半，文政期に金銀貨が大量に発行されて地域経済が発達したうえ，天保期に凶作・飢饉（天保の飢饉）が続くと，一部の貧農が村々を離れ，出稼ぎなどの形で都市に流れ込んだ。そのため，江戸では下層民（貧民）が増加していた。

19 世紀前半＝地域経済の発達や飢饉（天保の飢饉）
　影響：一部の貧農が都市に流入＝その日稼ぎの貧民が増加

B

設問の要求

〔主題〕町奉行が(2)・(5)のように寄席を擁護したのは，どのような事態が生じることを懸念したためか。

〔条件〕江戸に関する幕府の当時の政策，幕府がこれ以前に直面したできごとにふれる。

最初に，条件に記された「当時」と「これ以前」がいつ頃かを確認しておく。

当時＝資料文(2)・(5)：1841～44 年頃＝天保の改革期
これ以前＝資料文(3)：1837 年頃＝天保の飢饉のなか，大塩の乱や打ちこわしなどが発生

次に，町奉行がどのような観点から寄席を擁護したのか，確認したい。

資料文(2)・(5)の読み取り

(2) 1841 年，寄席全廃に対する町奉行の反対意見
　・都市貧民（職人や日雇い稼ぎの者など）のささやかな娯楽の場が失われる ……ⓐ
　・寄席で働く人々の仕事も失われる …………………………………………ⓑ
(5) 1844 年，新任の町奉行の反対意見＝(2)とほぼ同様の趣旨

町奉行は，貧しい下層民にとっての娯楽，そして寄席で働く人々の雇用を確保するという観点から，寄席全廃に対して反対意見を述べた。

では，町奉行は何を懸念していたのか。参考になるのが，条件の「幕府がこれ以前に直面したできごと」である。

資料文(3)の読み取り

(3) 1837 年における町奉行の意見
　・現状についての判断＝問題視していることがら
　　例年に比べ米価などが高騰 ………………………………………………ⓒ
　　盛り場がにぎわっていない …………………………………………………ⓓ
　　建物の普請による仕事の口が少ない ……………………………………ⓔ
　・将来の心配＝懸念していることがら
　　職人などが何をするかわからない ………………………………………ⓕ
　・提案
　　職人などが騒ぎ立てないよう手を打つべき ……………………………ⓖ

ⓒは天保の飢饉にともなう物価の高騰であり，ⓓは娯楽の場に関するものなのでⓐ

と，ⓔは雇用に関するものなのでⓑと対応する。

　ⓕとⓖからは，**大塩の乱や打ちこわしのような事態が江戸で発生することを懸念し**，対策を講じることを提案していたこともわかる。実際，幕府はお救い小屋を設けて貧民に米や銭をほどこし，江戸で打ちこわしが発生することを未然に防いだ。

　こうした1837年の事例を手がかりとすれば，当時の町奉行は，物価が高騰するなかで寄席の全廃という政策を実施すると，**打ちこわしを誘発する**危険性があると認識していたと判断できる。

> **寄席全廃に対する町奉行の懸念**
> 　◦物価高騰のもとでの寄席全廃 → 打ちこわしの誘発＝江戸の秩序が混乱すること

　こうした町奉行の懸念は「江戸に関する幕府の当時の政策」とどう関連するのか。

> **天保の改革での江戸に関する幕府の政策**
> 　◦厳しい倹約令と風俗統制（取締）令を出す
> 　◦人返し令で江戸に流入した貧民を強制排除
> 　◦武士や庶民の生活をおびやかす物価の高騰を抑えるため株仲間を解散

　これらの政策はすべて江戸の秩序を回復・安定させることを目的としていた。寄席全廃をめぐる町奉行の懸念も同じ意図に基づく。したがって，どれにふれてもよさそうである。

　とはいえ，資料文に記されている内容を伏線と考え，その伏線を回収するとの視点を持ち込むとどうか。

　ⓒに注目すれば，**米価などの高騰に関連した秩序回復策**を取り上げるのが最も適切だと判断できる。ところが，厳しい倹約令や風俗統制（取締）令は，上のような懸念をもつ町奉行からすれば，寄席全廃と同じ性格をもつ政策であり，また，人返し令は物価高騰に対応した政策ではない。したがって，物価の高騰を抑えることを意図して行われた**株仲間の解散**にふれておくのがよい。

解答例

　　　A江戸ではその日稼ぎの貧民が増加していた。寄席は歌舞伎とは異
　　　なり，貧民が仕事を終えた夜も興行し安価なため，人気を博した。

　　　Bこれ以前，天保の飢饉により物価が高騰して大塩の乱などの騒動
　　　が生じていた。幕府は当時，株仲間解散で物価を抑え，江戸の秩序
　　　安定を図っており，寄席全廃が打ちこわしを招くことを懸念した。

論述作成上の注意

□Bについて。物価が高騰するなかで都市で騒動が発生し，秩序の混乱を招くという観点から「これ以前」と「当時」に共通性を見出すとよい。

48　徳川綱吉政権の政策の意義　（2022 年度　第 3 問）

　徳川綱吉政権の政策に焦点をあてることにより，17 世紀を通じて政治・社会がどのように変化したのかを考察した問題である。当時の百姓や大名がどのような社会的・政治的な環境のもとにあったのかを想像し関連づけることが求められた。2013 年度に類題がある。

A

設問の要求

〔主題〕江戸幕府はどのような用途を想定して鉄砲の所持や使用を認めたのか。
〔条件〕⑴で鉄砲が没収された理由と対比する。

　まず，時期を確認しておく。

　資料文⑶が素材とされているので，1687 年や 1689 年の頃，つまり <u>5 代将軍徳川綱吉</u>のいわゆる元禄時代を対象として考えたい。

　続いて，資料文⑴の内容を確認しよう。**豊臣政権の刀狩令**についての説明である。

資料文⑴の読み取り

⑴ 1588 年の刀狩令
　◦諸国の百姓から刀・鉄砲など武具の類を没収する …………………………………ⓐ
　◦百姓は農具さえ持って耕作に専念すれば子孫まで末長く繁栄すると述べる ………ⓑ

　ⓐが刀狩を指示したもので，この設問の主題に即せば，百姓から鉄砲を没収することを命じている。ⓑがその目的について説明した部分で，豊臣政権が百姓を農具だけ持つ存在と規定し，農業に専念させようと意図していたことを示している。もう少し深読みするなら，武具の所持と農具の所持をそれぞれ武士，百姓の身分標識として示し，**兵農分離**を進めることを意図していたと表現できる。

豊臣政権
　鉄砲を没収　目的：農業に専念させる＝兵農分離を推進

資料文⑶の読み取り

⑶鉄砲の所持・使用について（1687 年の幕府の命令と 1689 年の補足説明）
　◦条件付きで認める→それ以外はすべて没収 ……………………………………………ⓒ
　◦作毛を荒らされるか，人間や家畜の命に関わるような場合には使ってよい ………ⓓ

　ⓓから，鉄砲の所持・使用が認められた条件がわかる。

鉄砲の所持・使用の条件
作毛（田畑の農作物）を荒らされるか，人間や家畜の命に関わるような場合

　では，何が農作物を荒らし，人間や家畜の命を脅かすのか。それは<u>イノシシやシカ</u><u>など野生の鳥獣</u>である。

　17世紀を通じて幕府や諸藩によって**新田開発**が活発に行われ，田畑の面積が激増した。開発の対象となったのが山野や沼などである。たとえば，関東地方では17世紀後半以降，武蔵野台地の開発がさかんに行われた。こうした新田開発によって山野などは減少し，<u>それにともなって**百姓と野生の鳥獣（なかでもイノシシやシカなどの**</u><u>**獣）の生活域が接近**</u>した。そのため，イノシシやシカなどの野生獣が農作物や人間，家畜を襲うことが増加した。

　こうした農業など百姓の生活に被害を及ぼす**野生獣への対策（駆除など）**に限って鉄砲の所持・使用が認められた。

B

設問の要求
〔主題〕江戸幕府が(4)のような手厚い対応をとるようになった背景。
〔条件〕(2)・(3)をふまえる。

　資料文(2)と資料文(4)とが同じ大名の江戸藩邸をめぐるエピソードなので，両者を並べて内容を確認しておこう。

資料文(2)・(4)の読み取り
(2) 1675年（4代徳川家綱期）のエピソード
　。藩邸の門外にむしろに包んだ死体が置かれていた
　。江戸の事情に詳しい人の説明：おそらく死んだ乞食を捨てたもの
　　　　　　　　　　　　　　　　　江戸では時々ある＝珍しくない
　。藩邸側の対応：死体を他所へ捨てさせた
(4) 1696年（5代徳川綱吉期）のエピソード
　。(2)と同じ藩邸の堀に老女が落ちた
　。藩邸側の対応：番人が見つけてすぐに引きあげた
　　　　　　　　　医師に容体を診察させた→着替えと食事を提供
　　　　　　　　　幕府の指示に従ってできる限り介抱→町奉行所へ引き渡す

　資料文(2)は死体の放置，資料文(4)は老女が生命の危険にさらされる事態と，藩邸にとっては思いがけず直面した，人命に関わる出来事である点で共通している。ところが，(2)の4代徳川家綱期には，<u>死体を他所へ捨てさせるという**ぞんざいな対応**</u>をとっていたのに対し，(4)の5代徳川綱吉期には，<u>救助・保護するという**手厚い対応**</u>をとっ

ている点に違いがある。

では，4代徳川家綱期と5代徳川綱吉期とで相違が生じた背景・事情は何か。

それを考える手がかりが資料文(3)である。とりわけⓒに着目したい。

設問Aで問われた通り，幕府は鉄砲の所持・使用を農業など生活に被害を及ぼす鳥獣への対策という用途に限って認めた。**言い換えれば**，そうした用途を除いて鉄砲の所持・使用を禁じたということである。つまり，資料文(3)は鳥獣の無用な殺生を禁じる政策についての説明であると**読みかえる**ことが可能で，そうすれば，同時代の政策として**生類憐みの令**が思い浮ぶ。

▶生類憐みの令とはどのような政策なのか

生類憐みの令は生類すべての殺生を禁じたもので，犬などの動物に対する愛護の命令だけでなく捨子の保護・禁止も含んでいた。つまり，**すべての生命を尊重する**意識・倫理観の定着をはかろうとする政策であった。この設問では「藩邸」の対応に焦点があたっているので，武士（諸藩）の立場に即して表現すれば，武士（諸藩）に対し，為政者として**民衆の生命を尊重・保護する**という，仁徳に基づく政治（仁政）を要請する，という意義をもった政策であったとも評価できる。

幕府がこうした政策を推進・強制している状況下では，藩邸側としては外聞をはばかって手厚い対応をとる以外，選択の余地がなかった，と言える。

ところで，資料文(4)は老女の生命を保護・尊重するエピソードなので，「死を忌む風潮の広がり」を指摘するだけに留めるのは避けたい。

解 答 例

A豊臣政権は兵農分離を進めるため鉄砲を没収した。17世紀に新田開発が広がって鳥獣が農作物や人間，家畜を襲うことが増えると，江戸幕府は鳥獣被害対策という用途に限って所持・使用を認めた。

B徳川綱吉政権が生類すべての殺生を禁止する生類憐みの令を出したため，諸藩には民衆の生命を尊重・保護する仁政が求められた。

論述作成上の注意

□Aについて。用途さえ説明すれば最低限の答案を作成できる。しかし，豊臣政権との違いに注目し，所持・使用を認めるにいたった背景についても説明しておくとよい。

□Bについて。最低限，生類憐みの令にともなって人命尊重の風潮が広まっていたことを指摘したい。

49　徳川綱吉期における富士山噴火の復興事業

（2021年度　第3問）

> 　江戸幕府が公共的機能をどのように果たしたのかについて、宝永期の富士山噴火の復興事業を通して考察する出題である。

A

設問の要求

〔主題〕幕府が資料文(1)・(4)のような対応をとる背景となった17世紀後半以降の幕府財政上の問題。

　資料文(1)・(4)から<u>幕府財政に関連すること</u>がらをピックアップしよう。

資料文(1)・(4)の読み取り

(1)諸国高役金を徴収した事情
　　①近年出費がかさんでいる，②砂が積もった村々の御救（被災地の救済）も必要
(4)諸国高役金の使途の内訳
　　◦諸国高役金＝約49万両→被災地の救済に使用＝6万両余

　「村々の御救も必要」という言い分，そして使途の内訳をみれば，諸国高役金の徴収は実のところ，被災地の救済はタテマエで，出費がかさむ状況への対応であったことがわかる。<u>幕府財政は厳しい状況にあった，財政難に陥っていた</u>のである。

　幕府が財政難に陥っていた事情は，以下の通りである。収入面と支出面に分けて整理したい。

> **幕府が財政難に陥っていた事情**
> 　収入が減少：金銀産出額が減少
> 　支出が増加：明暦の大火後の江戸復興費がかさむ，元禄期に寺社をさかんに造営

B

設問の要求

〔主題〕①被災地の救済にあたって幕府がとった方針。
　　　　②その方針にどのような問題があったか。
〔条件〕資料文(2)・(3)のように対応が異なる理由に注意すること。

　富士山噴火で被災した地域は富士山の東側，駿河国の東端から相模国の大半，そして武蔵国などに及んでいたが，<u>資料文に即して考察したい。</u>

資料文(2)は足柄平野，資料文(3)は富士山麓で，ともに酒匂川流域である。まず，それぞれの被災地がどのような特徴をもっているか，確認しよう。

資料文(2)・(3)の読み取り ＜パート1＞

(2)足柄平野
- 酒匂川下流域＝「豊かな」足柄平野 ………………………………………… ⓐ
- 被災状況：上流から砂（火山灰）が流れ込んで堆積→氾濫の危険性が高まっていた

(3)富士山麓の村々
- 酒匂川上流域＝「冷涼な」富士山麓 ………………………………………… ⓑ
- 被災状況：砂（火山灰）が最も深く積もった

ここで，幕藩体制が**石高制を基盤**としていることを想起したい。そうすれば，ⓐとⓑの表現を次のように言い換えることができる。

足柄平野と富士山麓の違い
「豊かな」足柄平野（ⓐ）：田畑が多く農業がさかんで**石高が大きい**
「冷涼な」富士山麓（ⓑ）：農業に適しておらず**石高が小さい**

被災状況に注目すると，足柄平野よりも富士山麓の村々のほうが噴火の直接的な被害が大きかったと判断できる。

▶地域によって異なる幕府の対応

次に，幕府の対応を確認しよう。

資料文(2)・(3)の読み取り ＜パート2＞

(2)足柄平野＝酒匂川下流域
- 幕府の対応：幕府と他地域の大名とで費用を分担 ………………………… ⓒ

(3)富士山麓＝酒匂川上流域
- 幕府の対応：幕府からの手当がわずか …………………………………… ⓓ
  →村々が一部の田畑を潰して砂を捨てる ………………………………… ⓔ
- 幕府のその後の対応：砂を流す水路の開削費用を支給 ……………………… ⓕ

ⓒとⓓを対比すれば，幕府は被災状況の大きさで優先順位をつけず，**石高の大きさを重視して「豊かな」足柄平野の救済を優先した**ことがわかる。設問Aで問われた幕府の財政事情が背景にあったものと推察できる。

一方，富士山麓の村々については，ⓓのように手当をわずかしか支給していないのだから，**幕府は復旧の多くを村々の自助努力にゆだねた**，と判断できる。そのため村々は田畑などに積もった砂を自ら取り除き，ⓔのように，河川には流さずに一部の田畑を取りつぶして積み上げていた。ところが，これでは復興がなかなか進まなかっ

たのだろう。また，村々からの訴えもあったのだろう。⑥のように，後になって幕府は砂を流す水路の開削費用を支給している。**場当たり的な対応である。**

▶復興方針の問題点

　こうした幕府の方針にはどのような問題があったのか。影響に注目したい。

```
資料文(2)・(3)の読み取り ＜パート３＞

(2)足柄平野＝酒匂川下流域
  ◦最も氾濫の危険が大きな箇所を補強する緊急工事を行う ………………………⑧
  ◦酒匂川での砂の除去が不十分
    →堤が切れて洪水が繰り返された ……………………………………………⑥
(3)富士山麓＝酒匂川上流域
  ◦砂を流す水路を開削
    →捨てた砂が酒匂川に流れ込む＝下流部に堆積 ……………………………⑥
```

　⑧のように，幕府は酒匂川下流域で氾濫の危険性が高い箇所を補強する緊急工事を行っていたが，⑥から，洪水対策としては十分でなかったことがわかる。

　一方，⑥のように上流域では田畑などから取り除いた砂を流す水路を開削させ，酒匂川に流し込ませてしまったことで，酒匂川での砂の堆積を助長していた。言い換えれば，上流域での救済策がかえって下流域での洪水を頻発させる，つまり**二次被害（災害）**をもたらす結果を招いていた。

　つまり，幕府は酒匂川流域全体の連関を考えずに場当たり的な対応をとり，そのため被災地の復興を遅らせた，とまとめることができる。

解答例

　　A収入面では金銀産出額が減少する一方，明暦の大火に伴う江戸復
　　興，寺社の造営などによって支出が増加し，財政難に陥っていた。

　　B幕府は財政事情を重視し，石高が大きい平野部の洪水対策を優先
　　し，被害の大きい山麓部は自助を軸とした。その上，流域全体の連
　　関を考えずに場当たりで対応したため，二次災害を引き起こした。

論述作成上の注意

□Bについて。平野部（下流域）と山麓部（上流域）での幕府の対応の違いを表現するだけでなく，幕府の救済策が全体としてどのようなものだったかを端的にまとめ，そのことの影響，問題点を説明したい。その影響，問題点については「被災地の復興を遅らせた」「根本的な解決にならなかった」などと表現してもよい。

50 江戸時代における暦の作成 （2020 年度 第 3 問）

暦の作成を素材としながら，江戸幕府と朝廷の関係，そして鎖国制下における外来の学問・知識の摂取を考察する出題である。資料文から読み取れるデータと自分の知識とを組み合わせながら考えたい。

A

設問の要求

〔主題〕江戸時代に暦を改めるに際して，幕府と朝廷がそれぞれどのような役割を果たしたか。

〔条件〕両者を対比させること。

高校日本史の教科書では，朝廷が改暦についての権限を保持し続けたものの幕府の承諾が必要となったことくらいしか記述されていない。したがって，資料文からデータを読み取り，それに基づいて考えたい。

▶貞享暦の作成・施行

資料文(1)・(2)には，貞享暦が作成され，施行された経緯が説明されている。

資料文(1)・(2)の読み取り

(1)貞享暦の作成
- 渋川春海＝新たな暦を考える
- 幕府　　＝渋川春海が考えた新たな暦を採用
　　　　　　→天体観測や暦作りを行う天文方を設置＝渋川春海を任じる

(2)貞享暦の施行
- 幕府の申し入れ→朝廷＝暦を改める儀式を行い，暦を命名する
　　　　　　　　　　幕府＝新たな暦を全国で施行
- この手順は江戸時代を通じて変わらなかった ……………………………………ⓐ

ⓐの指摘を考慮すれば，これだけのデータをもとに答案を構成すればよい。その際，資料文のまま説明すると経緯の説明にしかならない点に注意しよう。問われているのは幕府と朝廷それぞれの役割である。その点に留意して整理すれば次の通りである。

改暦における役割

幕府：新たな暦を作る→新たな暦を施行する　〔まとめ〕実務的・実質的な役割

朝廷：改暦の儀式を行い，暦を命名する　　　〔まとめ〕儀礼的な役割

　ところで，気になるのが資料文(4)である。

資料文(4)の読み取り

(4)宝暦暦の作成・施行
　　◦公家の土御門泰邦が幕府に働きかけて作成を主導した
　　　→幕府が施行

　公家が新しい暦の作成を主導したというのである。しかし「幕府に働きかけて」との表現に注目すれば，新たな暦を作成するのは幕府（天文方）の役割であるとの認識が公家側にあったと判断でき，先ほどの整理を修正する必要はない。

B

設問の要求

〔主題〕江戸時代に暦を改める際に依拠した知識がどのように推移したか。
〔条件〕幕府の学問に対する政策とその影響に留意すること。

▶改暦の際に依拠した知識
　改暦の際に依拠した知識について書かれているのは，資料文(1)・(5)である。

資料文(1)・(5)の読み取り

(1)貞享暦のケース
　　◦貞享暦＝元の暦をもとに，明で作られた世界地図もみた
　　　　　　　→中国と日本（京都）の経度の違いを検討
(5)寛政暦と天保暦のケース
　　◦寛政暦＝清で編まれた西洋天文学の書物をもとに
　　　　　　〔一般化すると〕漢訳洋書
　　◦天保暦＝オランダ語の天文学書の翻訳を完成し，これを活かして
　　　　　　〔一般化すると〕洋書

　時期を明示しながら推移を整理すれば次の通りである。

元禄期：中国の知識
寛政期：漢訳洋書＝中国経由の西洋の知識
天保期：洋書の翻訳＝西洋の知識に直接依拠

▶幕府の学問政策とその影響
　幕府の学問や学者に対する政策が説明してあるのは資料文(3)・(4)・(5)である。

資料文(3)・(4)・(5)の読み取り

(3) 1730年＝享保期
- 西洋天文学の基礎を記した清の書物『天経或問』
  →「禁書であったが内容は有益である」と判断して刊行を許可 ……………ⓑ

(4) 18世紀後半
- 天文方に人員を補充→以後天文方の学術面での強化を進める ……………ⓒ

(5) 寛政期～天保期
- 麻田剛立の弟子高橋至時を天文方に登用 ……………ⓓ
  →天文方渋川景佑＝オランダ語の天文学書の翻訳を完成

ⓑは，実学を奨励する意図から幕府が実施した**漢訳洋書の輸入制限の緩和策**である。この政策にともなって**洋学（蘭学）**が発達した。漢訳洋書を通じた西洋の学問・知識の摂取が進み，18世紀後半，前野良沢や杉田玄白らによるオランダ語の解剖書『ターヘル＝アナトミア』の訳出（『解体新書』）につながった。資料文に出てくる麻田剛立や高橋至時らも西洋天文学を学んだ洋学者であった。

二つめの政策がⓒやⓓである。つまり，幕府天文方へと洋学者を登用し，その知識を積極的に取り入れたことである。それにともなって，天文方で洋書の翻訳が進められたことは資料文(5)に説明されている通りであり，また，1811年には幕府天文方に蛮書和解御用が設けられ，天文方の高橋景保（高橋至時の子・渋川景佑の兄）を中心としてさまざまな洋書の翻訳が行われていた。こうした翻訳事業の成果が天保暦の作成に活かされたのである。

解答例

A 幕府は新たな暦の作成と全国での施行という実務的な役割を担い，朝廷は改暦の儀式と命名を行うという儀礼的な役割を担った。

B 元禄期は中国の知識に依拠した。漢訳洋書の輸入制限が緩和されて洋学が発達する中，寛政期には中国経由の西洋の知識を参考にし，洋書の翻訳が進むと共に天保期には西洋の知識に直接依拠した。

論述作成上の注意
□Aについて。改暦の経緯ではなく，幕府と朝廷それぞれの役割を説明しよう。
□Bについて。3つの時期に分け，時期を明示しながら構成したい。幕府の政策については漢訳洋書の輸入制限の緩和，その影響については洋学の発達が指摘できればよい。

51　江戸時代中期における輸入代替化 (2019年度　第3問)

　江戸時代中期における対外貿易と国内の社会経済との関連について問うた出題である。
2009年度第3問に類題が出題されている。

A

設問の要求

〔主題〕江戸幕府が(2)〜(4)のような政策をとった背景や意図。
〔条件〕貿易との関連において考える。

　まず,「(2)〜(4)のような政策」がどのようなものかを確認したい。

資料文(2)・(3)・(4)の読み取り

(2)生糸をめぐる政策
- 長崎における生糸などの輸入額を制限（1685年）
- 京都の織屋に命令：日本産の生糸も使用すること（1712年）
- 諸国に養蚕や製糸（生糸の生産）を奨励（1713年）

(3)朝鮮人参をめぐる政策
- 対馬藩に朝鮮人参を取り寄せさせる（1720年）→朝鮮人参の栽培を試みる
- 人参の種を誰でも希望する者は買うように,という触れを出す（1738年）

(4)砂糖をめぐる政策
- 薩摩藩士に教えを受ける（1727年）→サトウキビの栽培を試みる
- 製糖（砂糖の生産）の方法を調査・研究

　共通点・類似点に注目して情報を整理すると,このなかには2つの政策が含まれて
いることがわかる。第一に長崎での輸入額を制限する政策,第二に生糸や朝鮮人参,
砂糖の国内生産を試み,奨励する政策である。
　ところで,生糸や朝鮮人参,砂糖に共通点はあるのか。そのことを考える手がかり
は資料文(1)である。

資料文(1)の読み取り

(1) 17世紀の貿易
- 多く輸入された品々＝中国産の生糸,東南アジア産の砂糖,朝鮮人参 …………ⓐ
- 輸入の対価＝初めは銀,やがて金や銅が支払われた …………ⓑ

　ⓐから,生糸・朝鮮人参・砂糖がいずれも,17世紀を通じて輸入が多かった品々,
言い換えれば主要な輸入品であったことがわかる。

したがって、幕府は17世紀末に長崎での輸入額を制限し、18世紀前半には主要な輸入品の国産化をはかろうとしていた、とまとめることができる。

▶貿易との関連から政策の背景や意図を考える

まず、ⓐの歴史的な前提について確認しておこう。

1680年代前半に明清交替の動乱がおさまり、清の中国支配が安定して以降、中国船の長崎来航が激増し、長崎での貿易額が年々増加していた。また、教科書には記載がないが、日朝間での貿易も活発となっていた。対馬から釜山への渡航船は1609年に朝鮮と対馬の宗氏の間で結ばれた己酉約条で制限されていたものの、対馬藩の努力により航行数の実質的な拡大が進められ、貿易額は増加していた。

こうした状況のなか、幕府は1680年代半ば以降、長崎での輸入額を制限する政策をとった。資料文(2)にある1685年の政策（定高貿易仕法）だけでなく、1715年に海舶互市新例（長崎新令）で同様の政策をとっていることを知っているだろう。

次に、ⓑに関しては、17世紀後半以降、金銀産出高が激減していたことが指摘できる。つまり、貿易額が増加するなかで金銀産出高が激減していた。

ここから、幕府の政策意図は輸入額を制限して金銀の流出を抑えることにあったと推論することができる。

B

設問の要求

〔主題〕幕府が(2)〜(4)のような政策をとった背景として、国内の消費生活においてどのような動きがあったと考えられるか。
〔条件〕それぞれの産物の用途に留意する。

▶考察の対象となる時期はどのような時期なのか？

資料文(2)〜(4)は、元禄時代から正徳政治、享保改革にかけての時期である。

正徳政治から享保改革の前半期にかけては、正徳金銀や享保金銀という良質な金銀貨が発行されて貨幣流通量が抑制され、経済全体としてはデフレ傾向にあり、同時に、幕府によって倹約が奨励された時期であった。

しかし、元禄時代と享保改革の後半期は、それぞれ品位の低い元禄金銀、品位・量目ともに低い元文金銀が発行されて貨幣流通量が増加し、経済活動が拡大した時期である。具体的には、東・西廻り海運を通じた全国的な流通が活発化して大坂が諸国物資の集散地、天下の台所として繁栄し、都市での需要に対応して商品作物の栽培がさかんになるなど、農業生産が拡大した時期であった。

このことを念頭におけば、経済発展に関連づけながら国内の消費生活における動向

を考えていけばよいことがわかる。

▶国内における消費生活の動向

誰が，どのような消費生活を送っていたのか，考えていこう。

まず最初に消費者として思い浮かべたいのは将軍・大名やその家臣などの**幕藩領主**<u>（武士身分）</u>である。幕藩体制が安定するなか，彼ら幕藩領主の間ではその支配身分としての威信を示す意味もあり，高級品・奢侈品の消費がさかんになっていた。次に，当時の経済発展に関連して都市の庶民，特に**上層町人**，続いて村々の百姓，特に**上層農民（豪農）**を思い浮かべたい。彼らは経済発展のなかで富を蓄積し，生活水準を上昇させ，それに伴って消費支出を増大させていた。

ここで生糸や朝鮮人参，砂糖が関連してくる。**生糸**は絹織物の原料であり，資料文(2)で取りあげられている「京都の織屋」は京都**西陣**の絹織物業者を想起することができ，そこから<u>高級絹織物</u>がこの問題での焦点になっていることがわかる。**朝鮮人参**は，資料文(1)によれば薬種である。滋養・強壮薬として珍重された<u>高価な薬種</u>であった。**砂糖**も当初は薬種として扱われたが，やがて菓子類の原料としても用いられた。餡^{あん}や羊羹^{ようかん}，南蛮貿易によって伝えられた金平糖などを思い浮かべればよい。これらは<u>奢侈品・嗜好品</u>である。

つまり，<u>国内の消費生活では高級品・奢侈品の消費が増大していた</u>と推論することができる。

解答例

A金銀産出高が激減する一方で貿易額が増加したため，輸入額の制限と主要な輸入品の国産化を進め，金銀の流出を抑えようとした。

B商品経済の発展に伴って武士だけでなく上層町人や豪農の生活水準が上昇したのに応じ，生糸を原料とする高級な絹織物や朝鮮人参などの薬種，砂糖を使った菓子など奢侈品の消費が増大していた。

論述作成上の注意

□Aについて。輸入の制限・抑制だけにとどまらず，金銀の流出を抑えようとした点まで説明したい。

□Bについて。「国内の消費生活」に焦点をあてて書くべきデータを絞り込もう。

52 異国船打払令 (2018 年度 第 3 問)

　異国船打払令がどのような目的のもとで，どのような内容をもつ法令として出されたのか。思い込みで即断することを抑制しながら，資料文としてあげられた他の情報と総合して判断することが求められている。

A

設問の要求

〔主題〕異国船打払いを命じる法令を出したにもかかわらず，(5)のように沿岸防備を強化しなかった幕府の姿勢は，異国船に対するどのような認識にもとづいたものか。

▶どのような異国船が近海に出没していたのか？

　幕府が異国船打払いを命じた頃，日本近海に出没していた異国船がどのような船舶であったのか，資料文から確認しておく。

資料文(1)・(2)の読み取り ＜パート1＞

(1) 1823 年の太平洋岸の沖合での事件
　◦ 水戸藩領の漁師らがイギリスの捕鯨船に遭遇
(2) 1824 年の常陸大津浜での事件
　◦ イギリスの捕鯨船の乗組員が上陸

　これらから，近海に出没した異国船が**捕鯨船**であったことがわかる。

▶異国船に対する幕府の姿勢

　「幕府の姿勢」についても，資料文から確認しておこう。

資料文(3)・(5)の読み取り

(3) 異国船打払令発令をめぐる老中の見解
　◦ 近海に出没する異国の漁船＝格別の防備は不要 ………………………ⓐ
(5) 江戸湾防備について
　◦ 1810 年から課されていた会津藩・白河藩による防備を免除→防備体制を縮小 ……ⓑ
　◦ 1825 年（異国船打払令の発令）以後になっても拡充されず

　幕府の姿勢は，設問文にある通り，「(5)のように沿岸防備を強化しなかった」というものであり，ⓐにあるように，格別の防備は不要であり，異国船は沿岸防備を強化せずとも打払いが可能であると幕府は考えていた。

　このような判断はどこから出てきたのか？　会津藩・白河藩が江戸湾の防備を命じられた 1810 年頃（ⓑ）と対比して推論するしかない。

1810 年頃の異国船	1825 年頃の異国船
◦ロシア軍艦が蝦夷地を襲撃（1806〜07 年） ◦イギリス軍艦フェートン号が長崎に侵入（1808 年）	◦捕鯨船 ◦漁船

　このように対比すれば，近海に出没していた異国船は，軍艦とは異なり，武装していない，あるいは武装していたとしても軽微なものであり，軍事的な脅威にならないと幕府は認識していたと推論することができる。

B

設問の要求

〔主題〕幕府の政策にはどのような意図があったか。
〔条件〕異国船打払令と同時に(4)の法令が出されていることから考える。

　問題文に「1825 年，江戸幕府は異国船打払令（無二念打払令）を出した」とあるので，ここで言う「幕府の政策」とは異国船打払令を指すと考えてよい。もちろん，資料文(4)の関連法令を含めて総体で考えてもよい。どちらでも考察する内容に違いはない。

▶資料文(4)の法令はどのような内容をもつのか

資料文(4)の読み取り

(4)異国船打払令と同時に出された関連法令
　　◦海上で廻船や漁船が異国の船と「親しみ候」事態をあらためて厳禁する

　ここで注目したいのは「親しみ候」事態である。これも資料文から考えよう。

資料文(1)・(2)の読み取り ＜パート2＞

(1) 1823 年の太平洋岸の沖合での事件
　　◦水戸藩領の漁師ら＝異国船と密かに交易をおこなったとの嫌疑→水戸藩が処罰
(2) 1824 年の常陸大津浜での事件
　　◦異国船の乗組員が上陸 → 幕府および水戸藩は対応に追われた

　資料文(1)の事件では，漁師らが実際に異国船と密かに交易をおこなっていたかどうかは定かではない。しかし，この水戸藩の処置から次の2点がわかる。

　◦漁師らが異国船と接触していた
　◦水戸藩（や幕府）が密かな交易（密貿易）を禁じていた

　ここから，異国の船と「親しみ候」事態とは，まずは異国船（異国人）と接触することだと判断することができ，資料文(2)の事件も異国人（異国船の乗組員）と日本人が接触した（接触する可能性が生じた）事件と考えることができる。

▶幕府が異国船（異国人）との接触をあらためて厳禁したのはなぜか？

　密貿易を禁止するため，と即断せず，「あらためて」厳禁している点に注目したい。
　18世紀末以降，欧米諸国が接近するなかで「鎖国祖法観」とも称される対外認識が形成されたことを思い起こしたい。鎖国制を祖先が定めて代々受け継いできた法だと考え，それを順守しようとする認識である。
　では，なぜ鎖国政策がとられたのか？　それはキリスト教禁制を徹底するためであった。つまり，資料文(4)の法令により異国船との接触をあらためて厳禁したのは，キリスト教禁制をあらためて徹底するという意図があったと推論することができる。

▶幕府が異国船打払令を出した意図は何か？

　異国船との接触を厳禁した資料文(4)の法令が異国船打払令の関連法令である点に留意したい。その観点に立てば，異国船打払令は異国船を二念なく撃退することを命じることにより日本人と異国船（異国人）との接触を断ち，両者を隔離しようとする政策であった，と判断することができる。ここに幕府が異国船打払令を出した（そして同時に関連法令として資料文(4)の法令を出した）意図がある，と考えることができる。

解答例

　A当時近海に出没した異国船は捕鯨などに従事する漁船であり，非武装，もしくは軽武装で，軍事的脅威にならないと認識していた。

　B異国船打払令は異国船を二念なく撃退することを命じることで日本船が異国船と接触することを防ごうとした政策で，日本人と異国人とを隔離し，キリスト教禁制策を徹底することを意図していた。

別解　B異国船打払令は異国船を二念なく撃退することを命じ，それにより日本人が異国人と接触することを防ごうとした政策で，密貿易を防ぐとともに，キリスト教禁制策を徹底することを意図していた。

論述作成上の注意
□Aについて。「(5)のように沿岸防備を強化しなかった」理由まで説明する必要はない。
□Bについて。異国船打払令の意図を資料文(4)の法令に関連づけながら考えたい。なお，密貿易の防止については触れても触れなくてもどちらでも構わない。

53　江戸時代の村や家におけるジェンダー

（2017年度　第3問）

　社会的・文化的に要求される性差をジェンダーという。この問題は江戸時代の村や家におけるジェンダーについて問うた出題であり，一般的に知識は乏しいと思うので，資料文に即して考えていこう。

A

設問の要求

〔主題〕S村では家の相続者がどのように決められていたか。

　「S村では」と対象が限定されており，資料文から抽出できたデータに基づいて考えよう。相続者について書かれているのは，資料文(2)・(3)である。

資料文の読み取り ＜パート1＞

(2)家の相続者の具体例
 ・前当主の長男が過半〔46/81〕を占める ………………………………………… ⓐ
 ・次男・弟〔7/81〕 ……………………………………………………………………… ⓑ
 ・母・妻（後家）〔10/81〕 …………………………………………………………… ⓒ
 ・養子〔8/81〕 …………………………………………………………………………… ⓓ
(3)女性が相続者となるケースの内訳
 ・家族内に男性がいないとき ……………………………………………………… ⓔ
 　→その後，婿や養子などの男性に家督を譲る ……………………………… ⓕ
 ・男子がいても，若年の場合，問題を起こした場合，村を出て行った場合など ……ⓖ

　まずⓔ・ⓕから，性差で言えば，男性が優先されたと推論できる。次にⓐから，男性のなかでも長男が優先され，それに次ぐ候補者として次男や前当主の弟，つまり血縁関係の近い男性（ⓑ），そして養子（ⓓ）がいたと整理することができる。
　では，女性はどのような場合に選ばれたのか。ⓔとⓖに具体的な事例が列挙されており，まとめると，相続者として適格な男性がいない場合と表現することができる。そしてⓕから，女性は適格な男性を迎えるまでの中継ぎであったと推論できる。

B

設問の要求

〔主題〕村と家において女性がどのように位置づけられていたか。
〔条件〕資料文(4)で当主の名前の書かれ方が男女で違ったことをふまえること。

設問Aとは違って「S村では」と限定されていないものの，条件を念頭におけば，資料文で紹介されている「S村」に限定して考えればよいと判断できる。

考察の前提として，家の当主とはどのような存在なのか，確認しておこう。

資料文の読み取り ＜パート2＞

(1)家の当主
- 家では家業と財産を代々継承することが重視される ……………………… ⓗ
- 家を代表→年貢や諸役をつとめ，村の運営に参加する ………………… ⓘ

まず，ⓗから，家において当主とは「家業と財産」を前世代から次世代へと継承する役割を果たす存在であった。

次に，江戸時代には村請制が採用され，年貢や諸役は村でまとめて納入するシステムが採用され，村の自治運営が保障されていたことを念頭におけば，ⓘから，村において当主とは家を代表し，村の正規な構成員としての務めを果たす存在であった。

一方，設問Aでの考察から，女性が，中継ぎではあれ，家の当主となることがあることがわかった。女性はその期間，当主としての役割を果たしたように思える。しかし，男性当主と同等な扱いを受けていたのか。この，村や家において要求されていた性差に焦点をあてたのが，この設問Bである。

では，当主の名前の書かれ方がどのように違ったのか，資料文(4)で確認しよう。

資料文の読み取り ＜パート3＞

(4)当主の名前の書かれ方における性差
男性
- 家名として代々同じ名前を継ぐことが多い ……………………………… ⓙ
女性（平左衛門の死後，妻〔後家〕のひさが相続した例）
- 宗門人別改帳：亡夫の名前を肩書きに付けて「百姓平左衛門後家ひさ」と記す …ⓚ
- 村の取決めや年貢などの書類：「平左衛門」の名前のみを記す ……………… ⓛ

男性当主の名前がどのように書かれていたのか，資料文には具体的なデータが明示されていない。しかし，ⓙにあるように，男性当主は家名を継ぐことが多い上，「平左衛門」の妻「ひさ」が相続した後も，ⓛのように，村の書類で「平左衛門」の名前が使われている。この点からすれば，男性当主たとえば「平左衛門」は，宗門人別改帳には「百姓平左衛門」，村の書類には「平左衛門」と書かれたと推測することができる。

このことを前提として，以下，考察を進めていこう。

まず，家ごとの構成員を示す宗門人別改帳での書かれ方である。「ひさ」は家を相続した当主であるにもかかわらず，「平左衛門後家」と亡夫の名前を肩書きに付けて

記されている。つまり，自立した個人として扱われていない。言い換えれば，女性は当主であっても戸主に準じる存在でしかなかったと表現することができる。

　次に，村の書類での書かれ方である。「ひさ」は，家名と考えられる「平左衛門」と記されている。つまり，女性であれ家名を名乗り，村を構成する家の代表として扱われた，と推論することができる。

　とはいえ，ここで考察を止めず，「平左衛門」が男性名である点に注目してみたい。ここから，村において家を代表する人物には男性が求められていたことがわかる。つまり，女性当主が村において家の代表として扱われたとはいえ，性別を超えてそのような扱いを受けたのではなく，男性性を帯びて初めて家の代表として認知された，と言える。

　このようにジェンダーの視点に立てば，女性は村と家の双方において男性よりも低く位置づけられていた，と結論づけることができる。

> **発　展　宗門人別改帳での記名**
> 　資料文(4)によれば，家を相続した「ひさ」は，宗門人別改帳では「百姓平左衛門後家ひさ」と記されていたとある。この記名のうち，「百姓」とは何を意味するのか？
> 　江戸時代の村において，年貢や諸役をつとめ，村の運営に参加する正規な構成員が百姓と呼ばれたのに対し，田畑を所持しないものは水呑と呼ばれ，村の正規の構成員とは認められなかった。そのため，村ごとに作成された宗門人別改帳には，家の当主の名前の頭に「百姓」や「水呑」などの身分が記されていた。
> 　つまり，「ひさ」の名前の頭に「百姓」と記されているのは，「ひさ」が家の当主であったことを示している。

解答例

　A 男性が優先された。特に長男が優先され，次に血縁関係の近い男性や養子，適格な男性がいない時は中継ぎとして女性が選ばれた。

　B 女性は男性より低く位置づけられた。村で家を代表する家名は男性名が用いられ，女性当主でも変わらなかった。家では当主であれ自立した個人として扱われず，戸主に準じる存在でしかなかった。

別解 B 女性は家では男性より低く位置づけられ，当主であれ自立した個人として扱われず，戸主に準じる存在であった。しかし，村では女性当主も家名を名乗り，村を構成する家の代表と位置づけられた。

論述作成上の注意

□Bについて。家名の男性性というジェンダーの視点を組み込まない解答例を別解で用意しておいた。最低限，このような答案は作っておきたい。

54 大船禁止令とその理解の変化 （2016年度 第3問）

大船禁止令の理解のしかたが時期によって異なっていたことを問うた出題である。出来事や政策を結果から判断しがちなことに注意を喚起した問題だと言える。

A

設問の要求

〔主題〕徳川家康が大船禁止令を出した理由。
〔条件〕当時の政治情勢をふまえること。

理由が問われたとき，一般的には背景・原因や目的を考えたい。とりわけ，この設問では，条件として「当時の政治情勢」をふまえることが求められているので，背景・原因だけに考察をとどめず，目的までも答案に組み込みたい。

▶当時の政治情勢

徳川家康の大船禁止令は資料文(1)に説明があるので，これを素材として考えよう。

「当時」とは，資料文(1)からすれば「1609 年」のことである。徳川家康が 1603 年に征夷大将軍の宣下をうけて江戸幕府を開き，1605 年には将軍職を子秀忠に譲り，徳川氏が天下を治めることをすでに示していた。しかし，豊臣秀吉の子豊臣秀頼が大坂城にいて独自な権威を保っていた。そうしたなか，家康は諸大名に対してくり返し軍役を課す，具体的にはお手伝普請として城普請役をくり返し課すことを通じ，諸大名との間に主従関係を作りあげ，豊臣秀頼を孤立させようとしていた。

こうした時期に，資料文(1)によれば，「大坂以西の有力な大名」を対象として「国内での戦争やそのための輸送に用いる和船」を所持することを禁止した，という。

▶「大坂以西の有力な大名」とは？

「大坂以西」といえば，関ヶ原の戦いで西軍に属した毛利氏（長門・周防）や島津氏（薩摩・大隅），さらに，東軍に属したものの豊臣家ゆかりの福島正則（安芸の広島）や加藤清正（肥後の熊本），黒田長政（筑前の福岡）などの有力な大名がいる。なかでも警戒すべき対象が，後者の東軍に属した豊臣系大名である。彼らは関ヶ原の戦いでの軍功により領知を加増され，大きな軍事力を保持していた上，豊臣秀頼との個別的なつながりもあった。そこで，「国内での戦争やそのための輸送に用いる和船」を所持することを禁止して彼らの軍事力，とりわけ水軍力を削ぎ，大坂城の豊臣秀頼をより孤立化させようとしたのが，この大船禁止令であった。

B

設問の要求

〔主題〕幕末には大船禁止令の理解のしかたが当初とくらべ，どのように変化しているか。

　徳川家康の時代について説明した資料文(1)と，幕末期の大船禁止令改定に関する資料文(3)・(4)から，変化つまり**時期による違い**を読み取っていこう。

▶大船禁止令の理解の時期による違い

資料文の読み取り　＜パート1＞

(1)徳川家康の時代
　　◦禁止の対象＝国内での戦争やそのための輸送に用いる和船→目的：軍事力の抑制
　　　　　　　　　≠外洋を航海する船
　　↕
(3)幕末期，大船禁止令改定の目的
　　◦外洋航海が可能な洋式軍艦の建造を推進すること
(4)大船禁止令改定に際して改定担当者が抱いた危惧
　　◦寛永年中の禁止令＝「当時の対外政策にもとづいた」徳川家光の「御深慮」と判断
　　◦大船を解禁→大名が外国と通交・貿易（「互市」）を行うことを危惧

　資料文(3)から，大船禁止令の改定（大船の解禁）は外洋航海の解禁を伴うことが当然視されていたことがわかる。それゆえ，改定担当者は，大船を解禁すると大名が外国と通交し，貿易を行うのではないか，と危惧した。

　ここから，徳川家康が大船禁止令を出したのは外洋航海を禁止するためではなかったにもかかわらず，幕末期には，外洋を航海し，外国と通交・貿易することを禁止するためであったという理解＝誤解が生じていることがわかる。

▶理解の変化・ズレが生じた背景は何か？

　注目したいのは，資料文(4)によれば，幕末の改定担当者が「**寛永年中**」の大船禁止令を対象として考えている点である。なぜ「**寛永年中**」なのか。
　もう一つ，資料文(2)にも注目してみよう。

資料文の読み取り　＜パート2＞

(2)大船禁止令と武家諸法度の関係
　　◦徳川家光の時の武家諸法度に加えられた
　　◦その後，原則として継承された

　これによれば，大船禁止令が武家諸法度に記載されたのは徳川家光の時の**寛永の武家諸法度**（1635年）が初めてであり，これ以降，先例とされたという。こうした事

情から，担当者は「寛永年中」を対象として，つまり徳川家光の「御深慮」をおしはかりながら大船禁止令を理解しようとした，と推論することができる。

　では，「寛永年中」を対象として理解しようとすると，なぜ理解のズレ，誤解が生じるのか。それを考える手がかりとなるのが，資料文(4)のなかの「当時の対外政策にもとづいた」との記述である。

　当時つまり「寛永年中」は鎖国制の形成期であった。その時期，幕府はキリスト教禁制を徹底するため，日本人の海外渡航・帰国を禁止する（1635年・海禁政策ともいう）など，日本と異国・異域との通交や貿易を厳しく制限する政策を進めた。その結果，鎖国制とも呼ばれる対外関係が整えられて貿易は幕府の統制下におかれ，大名は貿易を通じて富強となる途を閉ざされた。さらに，欧米諸国が接近する18世紀末以降，こうした鎖国制を祖法（祖先が定め，代々受け継いできた法）とみなして維持しようとする意識が幕政担当者のなかに定着した。

　ここから，改定担当者の理解（誤解）は，大船禁止令を海禁政策（日本人の海外渡航・帰国の禁止）などの鎖国政策と関連づけ，徳川家光の「御深慮」と判断することによって成り立っていたと推論することができる。つまり，大船禁止令が初めて武家諸法度に追加されたのが鎖国制の形成期であったことが，その理解を変化させた遠因だったと言える。

解答例

　A大坂城の豊臣秀頼を孤立させるため，関ヶ原の戦いで領知を加増された西国の豊臣系大名を主な対象に軍事力を抑制しようとした。

　B当初は外洋航海の禁止を意図していなかったが，鎖国制形成期に初めて武家諸法度に追加されたため，幕末には大名が海外渡航して外国と通交・貿易することを禁止するための施策だと理解された。

論述作成上の注意
□Bについて。設問Aで軍事力（水軍力）の抑制を答えているので，データのすみ分けを図って解答を作成したい。また，問いへの対応としては，理解のしかたの変化を表現すれば十分なのだが，資料文をできる限り全て活用するという観点から，変化が生じた背景まで説明しておくとよい。

55　大坂・江戸間の商品流通　　（2015年度　第3問）

　　大坂・江戸間の商品流通のあり方を素材として，江戸時代中期における産業や市場の構造を問うた，オーソドックスなテーマに関する出題である。

A

設問の要求

〔時期〕1724年から1730年までの7年間
〔主題〕繰綿・木綿・油・醬油・酒の5品目が，大坂から江戸へ大量に送られている事情。
〔条件〕生産・加工面と運輸・流通面に留意する。

　　対象時期は享保期（18世紀前半）であり，その時期の大坂・江戸間の商品流通に関して，次のような知識をもっているはずである。

　◦東・西廻り海運の整備→江戸・大坂中心の全国的な流通網が成立
　◦江戸・大坂間（西廻り海運の一部）に菱垣廻船や樽廻船が就航
　◦江戸・大坂の問屋が問屋仲間を組織→商品を独占的に集荷・出荷するシステムが成立
　◦江戸の消費物資の多くは大坂など上方から供給される
　　〔背景〕関東（江戸地廻り）が江戸の膨大な消費需要に対応できる生産力をもたない

　　これらの知識で条件も含めて答案が書けてしまいそうだが，繰綿・木綿・油・醬油・酒の5品目が資料文でどのように説明されているか，確認しよう。

資料文の読み取り

(1)大坂の町人が江戸へ送った商品の数量
　　◦繰綿・木綿（綿布）・油（灯油）・醬油・酒が大量に送られている
(2)綿や油菜（菜種）の栽培
　　◦温暖な西日本で盛んに栽培されている ……………………………………………………ⓐ
(3)繰綿や木綿（綿布）の流通
　　◦東北地方へも江戸などの問屋・商人を介して送られる ……………………ⓑ
　　◦東北地方＝綿が栽培されない ……………………………………………………ⓒ
(4)油（灯油）の生産
　　◦灯油＝摂津の灘目に水車で大規模に生産する業者が出現 ……………ⓓ
　　◦九十九里浜（上総）などで作られる魚油（灯油に利用）＝質が劣る ………………ⓔ

▶繰綿・木綿（綿布）・油（灯油）について

　　まず，ⓐ・ⓑ・ⓓから，西日本では綿（綿花）や油菜の栽培，綿から繰綿・木綿への加工，綿実や菜種を絞って行われる灯油の生産が盛んであることが分かる。

ところで，東北地方で綿が栽培されていないことは©に明記されているものの，関東地方への言及がない。ここから，関東地方でも綿が栽培されていたが，<u>江戸での膨大な消費需要に対応できるほど盛んではなかった</u>可能性を推論できる。

次に，ⓓ・ⓔから，西日本では菜種や綿実から灯油を**大量生産**する体制が整い，関東地方で生産される魚油＝灯油に比べて**高品質**だったことが分かる。つまり，<u>江戸での消費需要を量的にも質的にもまかなうことができたのは西日本産の灯油であった。</u>

> **生産・加工面（1）**
> ・綿や油菜の栽培，繰綿・木綿の加工…関東・東北より西日本の方が盛ん
> ・油（灯油） …関東より西日本の方が良質なものを大量生産

▶醤油・酒について

資料文には「醤油・酒」が大坂から江戸へ運ばれた事情に関わるデータが含まれていない。これは知識あるいは推論で対応するしかない。

酒については，**樽廻船**が酒を大坂から江戸へ運ぶ専用の廻船として就航していたことから考えれば，西日本の方が量的にも質的にも優れていたことは想像がつく。実際，酒は山城の伏見，摂津の灘や伊丹などで盛んに造られ，江戸で人気を博した。

醤油についての知識はほぼないだろうが，醤油もおそらく西日本の方が量的にも質的にも優れていたと推論できるだろう。当時は紀伊の湯浅，播磨の龍野などで盛んに造られていた（もっとも，関東地方でも下総の野田や銚子で醤油の醸造が始まり，江戸時代後期になると，大坂から運ばれる醤油を圧倒した）。

> **生産・加工面（2）**
> ・醤油・酒…関東より西日本の方が良質なものを大量生産

▶運輸・流通面にも留意しよう

ここまで確認したのは生産・加工面に限られている。運輸・流通面も考えよう。

資料文で注目したいのは，ⓐやⓓで西日本や摂津の灘目が取り上げられ，<u>大坂だけに限定されていない点</u>，ⓑで東北地方へも江戸などの問屋・商人を介して送られたと説明されている点である。これらから，最初に確認した十組問屋などの**問屋仲間**を中心とする流通網，**東・西廻り海運**の整備・発達（特に大坂・江戸間での菱垣廻船などの就航）を想起したい。中でも灯油や醤油，酒といった重量のある物資は陸運では運びづらく，海運が整備されて初めて大坂から江戸への大量な輸送が可能である。

> **運輸・流通面**
> ・問屋仲間中心の流通網，東・西廻り海運の整備（菱垣廻船などの就航）

B

設問の要求

〔主題〕炭・薪・魚油・味噌の4品目がとるに足らない量で，米も江戸の人口に見合った量は送られていないのはなぜか。
〔条件〕炭など4品目と米とを区別して説明する。

　資料文(2)～(4)では，魚油以外は全くふれられていないので，知識あるいは推論で対応するしかない。

▶炭・薪・魚油・味噌について

　資料文には，炭・薪・味噌についてのデータがないものの，ⓔで魚油が関東地方（江戸近郊）から供給されていると指摘されていることを手がかりに考えればよい。

　ここから，炭・薪・魚油・味噌の4品目は関東地方で生産され，江戸での消費需要に見合った量が供給されていた，との推論が成り立つ。実際，炭・薪は関東地方の山々で生産されており，味噌は江戸など関東地方でも盛んに製造されていた。

▶米について

　東廻り海運がもともと東北地方の幕領から江戸への米の輸送を目的として整備され，関東・東北の幕領や諸藩から相当量の年貢米が江戸に廻送されていたことは知っているはずである。大坂から大量の米を廻送せずとも，江戸での消費需要に対応できる，それなりの量の米を確保できていたのである。もちろん，それに不足があるから大坂からも廻米があったわけだが。

解答例

　A関東・東北より西日本の方が綿や油菜の栽培，繰綿・木綿の加工が盛んで，良質な油・醤油・酒が大量生産された上，問屋仲間中心の流通網が整い，東・西廻り海運により大量輸送も円滑であった。

　B炭など4品目は江戸やその近郊で生産され，米は関東・東北の幕領や諸藩から年貢米が運ばれ，江戸の消費に応じた供給があった。

論述作成上の注意

□Aの醤油やBの味噌など，教科書にもほぼ記述がなく，問題の資料文にもデータがない品物が取り上げられているが，それらは他との共通性から推論して説明すればよい。
□Bについて。炭など4品目の生産地は「江戸近郊」「江戸地廻り」「関東地方」などの表現でも構わない。

56 幕藩体制下の軍事動員とその影響 (2014年度 第3問)

　江戸時代における，石高制を基礎とした武士・百姓の軍事動員制度とその影響について問うた出題である。軍事動員制度は過去問に類題 (2005年度) があり，軍事動員の影響については，江戸時代初期，幕府が諸大名との主従関係を形成するためにくり返し軍役を賦課したことの影響を間接的に問うていた2013年度も類題と言える。

A

設問の要求

〔主題〕長州征討に際してどのような人々が，どのように動員されたのか。

　資料文では(1)と(2)に動員された人々に関するデータが記されているので，その内容の確認から始めよう。

資料文の読み取り ＜パート１＞

(1)幕府の命令
　。対象：諸大名・旗本 ……………………………………………………………… ⓐ
　。内容：「各自の知行高に応じた数の人馬や兵器を用意すること」 …………… ⓑ
(2)幕府・諸藩の命令
　。対象：領内の村々 ………………………………………………………………… ⓒ
　。内容：「村高に応じた数の人夫を出すこと」 …………………………………… ⓓ

　まず，「どのような人々」が動員されたのかを確認しよう。

　ⓐから諸大名・旗本，ⓒから村々の百姓が動員されたことが分かる。

どのような人々が動員されたのか
　諸大名・旗本と村々の百姓

　次に，ⓑとⓓで「〇〇高に応じた」との表現が共通している点に注目しよう。

　ⓑには「知行高」，ⓓには「村高」とあり，「知行高」は諸大名・旗本が幕府から知行として給付・保障された石高，「村高」は幕府・諸藩が実施した検地により確定された村全体の石高のことである。つまり，石高制のもと，石高を統一基準として諸大名・旗本や村々の百姓が軍事動員されていた。

どのように動員されたのか
　諸大名・旗本と村々の百姓を動員⇨統一基準＝石高制に基づく

▶石高制とは？

　石高とは土地の価値を米量に換算して表示したもので，石高を基礎として組み立て
られた支配・社会の仕組みを石高制と称する。16世紀末，豊臣政権が全国的に実施
した太閤検地と御前帳・国絵図の徴収とを通じて成立し，江戸幕府もそれを継承し，
幕藩体制の基礎とした。

発　展　石高制のもつフィクション性

　石高制はフィクションの性格が強かった。

　第一に，石高はもともと軍役や年貢などを賦課する基準を想定し，米建てで表示したも
のであった。17世紀末，5代将軍徳川綱吉の頃に，石高は生産の実態を把握した数値と
なり，土地の生産力へとその意味するものが転じたのである。

　第二に，村ごとに作成された検地帳の石高と，豊臣政権や江戸幕府が諸大名から提出さ
せた御前帳（郷帳）の石高とは異なるのが一般的であった。そもそも豊臣政権が1591年，
諸大名から徴収した御前帳の石高は，朝鮮出兵の実施を控える状況のもと，諸大名が負担
する軍役の基準として政治的に算定されたものであった。つまり，御前帳の石高は，豊臣
秀吉（や将軍）と諸大名の主従関係において基礎となる数値でしかなく，諸大名が給付さ
れた領地からどれだけの年貢を収納するかの基準ではなかった。

▶諸大名・旗本と村々の動員原理の違い

　石高制に基づいて軍事動員されるという点では共通しているものの，諸大名・旗本
と村々の百姓とでは原理に違いがあった。

　まず，諸大名・旗本は将軍の家臣であり，将軍との**主従関係**に基づいて軍事動員を
受けていた。主従関係とは**御恩**と**奉公**の契約関係であり，そこに石高という統一基準
が持ち込まれていた。したがって，諸大名・旗本は将軍から給付・保障された石高に
見あった数量の**軍役**を担い，ⓑにあるように，石高に応じた数の人馬・兵器を用意し，
動員することが求められた。

　ここまで来ると，最初の＜どのような人々が動員されたのか＞のデータを修正すべ
きであることに気づくだろう。諸大名・旗本だけが動員されたのではなく，知行高に
応じてそれぞれの家臣団も動員されている。

　一方，村々の百姓は，幕府・諸藩を領主と仰ぐ被支配身分であり，村請制のもと，
検地帳で確定された村高に応じた年貢・諸役を負担することを義務づけられていた。
合戦に際して物資を運搬するために人夫を差し出す**陣夫役**もその義務の一つであり，
村を単位として負担した。

動員された人々と動員の原理

諸大名・旗本とその家臣団…諸大名・旗本の知行高に基づく⇨主従関係のもと動員

村々の百姓　　　　　　　…村ごとの石高に基づく　　　⇨村を単位として動員

B

設問の要求

〔主題〕再度の長州征討に際し，多くの藩が出兵に消極的となった理由。
〔条件〕諸藩と民衆の関係に注目する。

「諸藩と民衆の関係」に注目することが条件づけられているので，政治情勢や諸藩の財政事情は考慮する必要はなく，諸藩が出兵すると，領内の民衆支配にとって不都合な，どのような事態が生じる可能性が高いかを考えよう。諸藩が1864年の長州征討に際して何を行い，そのことがどのような影響を招いたかをヒントに考えればよい。

資料文の読み取り ＜パート2＞

(2)人夫の徴発
　。村々から人夫を徴発⇨村々の負担（重荷）となる
(3)兵糧米の徴集
　。大量の兵糧米を集める（→商人の買い占めも）⇨米価が高騰

これらが民衆にどのような影響をもたらしたと，考えられるか。

村々にとって過重な負担は百姓経営を疲弊させ，その成り立ちを脅かして百姓一揆を誘発する。米価の高騰は都市民衆の生活を揺るがし，打ちこわしの多発を招く。ともに，諸藩にとっては領内統治（民衆支配）を不安定化させる事態である。

再度の長州征討はこうした事態を招く恐れがあった点が，多くの藩が出兵に消極的となった理由だと判断できる。

解答例

A石高制のもと，大名・旗本が主従関係に基づき知行高に応じた家臣団を率いて従軍し，村を単位に村高に応じて百姓が動員された。

B人夫の徴発は村々の百姓経営を疲弊させて百姓一揆を誘発し，兵糧米の徴集は商人による米の買い占めなどとあいまって米価を騰貴させて打ちこわしを招き，領内統治が不安定化する恐れがあった。

論述作成上の注意

□Aについて。「知行高」「村高」という資料中にある表現のみを使うのではなく，それらが石高であることを表現することが不可欠である。また，大名・旗本だけでなく，その家臣団も動員された点を書き漏らさないようにしたい。
□Bについて。まだ実施されていない再度の長州征討をめぐる諸藩の姿勢がテーマなので，百姓一揆や打ちこわしが頻発していたなどと，事態を表現するのではなく，その頻発を恐れていた，懸念していたなどと，諸藩の予測を表現したい。

57　幕藩体制の形成

（2013 年度　第 3 問）

> 　江戸幕府による支配体制がどのように形成されたかを問うた出題である。大名や朝廷との関係構築が課題であった 17 世紀前半，地域の統治をいかに安定させるかが課題となった 17 世紀後半，という違いに注目させる問題となっている。

A

設問の要求

〔主題〕(1)・(2)の時期に江戸幕府がその支配体制の中で大名と天皇それぞれに求めた役割。

　資料文(1)・(2)ともに「あるべき姿」との表現が含まれているので，そこに記されている内容を確認しよう。

資料文(1)・(2)の読み取り

(1)元和の武家諸法度（1615 年）
　　大名のあるべき姿＝「文武弓馬の道，専ら相嗜むべき事」 ……………………ⓐ
(2)禁中並公家諸法度（1615 年）
　　天皇のあるべき姿＝「第一御学問なり」 …………………………………………ⓑ
　→　皇帝による政治のあり方を説く中国唐代の書物 ⎫
　　　平安時代の天皇が後継者に与えた訓戒書　　　　⎬ に言及 …………………ⓒ

　まず大名についてである。

　ⓐでは「文」と「武」が並記されているが，「弓馬の道」つまり**武芸の鍛練**が特記されている。幕府に対して**軍事の職分を担うこと**が求められていたのである。

　次に天皇についてである。

　ⓑでは「学問」を修めることが求められている。具体的には，ⓒによれば「皇帝による政治のあり方を説く中国唐代の書物」や「平安時代の天皇が後継者に与えた訓戒書」を学ぶことである。中国唐代や平安時代の，つまり**和漢を問わず古典を通じて理想的な君主のあり方を学ぶこと**が求められているのである。

　ところで，君主のあるべき姿を学ぶことにより，天皇にはどのような役割が期待されたのか？

　それは，朝廷での政務や儀式を滞りなく主宰・遂行することであった。なかでも神祇・仏教に基づく儀式を主宰・遂行することは，儀礼を通じて国家の安泰を図ることであった。つまり，天皇は古来の先例に基づく朝廷儀礼を主宰・遂行することにより，幕府の支配を補完することを期待されたのである。

B

〔主題〕1683 年に幕府が武家諸法度を改めたのは，武士の置かれた社会状況のどのような
　　　　変化によるか。

▶ 1683 年に武家諸法度はどのように改められたか

資料文(3)・(4)の読み取り

(3)条文として追加
　◦末期養子の禁を緩和
　◦殉死を禁止
(4)第 1 条の改定
　◦「文武忠孝を励まし，礼儀を正すべき事」

　　まず，追加された 2 つの政策（(3)）は，主従関係の性格変化を助長したところに共
通点があった。

　　末期養子とは死ぬ間際に急に養子を迎えて跡継ぎとすることで，17 世紀前半，幕
府はこれを禁じていた。主従関係はもともと個人同士の，本人一代限りの関係であっ
た。大名（従者）が将軍（主君）から保障された石高と領地は代替わりによって後継
者に自動的に継承されるものではなく，後継者を主君に対して事前に紹介し，了解を
とっておくことが不可欠であった。したがって，死ぬ間際の養子は大名（従者）本人
の意思が確認できず，将軍（主君）が認める必然性はなかったのである。

　　一方，殉死とは主君の死去に際して従者があとを追って自殺することで，17 世紀
に広く行われていた。主君個人に奉公するという従者個人の意識の表れであった。

　　したがって，末期養子の禁の緩和は幕府が大名個人の意思確認よりも大名家の存続
を重視する姿勢へと転換したことを示しており，殉死の禁止は奉公の対象を主君個人
から主家（代々の主君）へと転換させようとした政策であることが分かる。

　　つまり，この 2 つの政策は主従関係のもつ属人的な性格を弱め，家同士の永続的な
関係へと変化させようとする政策であった。

　　次に，改定された第 1 条（(4)）である。ここでは，武芸の鍛練（「弓馬の道」）に代
わり，忠孝や礼儀による秩序が重視されている。戦乱が終焉し，幕府の大名統制も整
う中，幕府が武断主義から文治主義へと政治姿勢を転換させたことを示すものと説明
されることが多い。しかし，それは幕府の政治姿勢の転換でしかなく，これを説明し
たところで「武士の置かれた社会状況の変化」を説明したことにはならない。この幕
府の政治姿勢の変化はどのような「社会状況の変化」によるのかを考えよう。

▶「武士の置かれた社会状況」とは？

　社会は武家社会だけに限られるわけではない。武士同士の関係だけでなく，武士以外の人々との関係の中でも考察する必要がある。

　武士は軍役を負担する際，村々から武家奉公人や陣夫（物資運搬にあたる人夫）を動員していた。そのため，江戸幕府がその支配を確立させるために大名に対して繰り返し課した軍役（城普請への動員など）は村々へと転嫁され，村々の百姓を大きく疲弊させる結果となっていた。そのことが顕在化したのが島原・天草の一揆（1637～1638年）であり寛永の飢饉（1640年代初め）であった。

　こうした中で幕府は，17世紀半ば以降，大名や朝廷との関係をいかに構築するかという支配層編成の問題から地域統治・人民支配をいかに安定させるかという問題へと政策の重点をシフトすることになる。それを象徴するのが，田畑永代売買の禁令（1643年）など百姓の経営を維持・安定させるための政策であった。

　この事態を武士身分一般から捉えかえせば，武士は村々の百姓など地域住民（被支配層）から経営の維持・安定を保障する為政者としての役割を期待されるようになった，と表現することができる。ここで天和の武家諸法度第1条（資料文(4)）につながる。文治主義の基礎の一つである儒学では，為政者の徳の有無によって政権の盛衰が決まると考える。武士に為政者としての徳が求められる時代がやってきたのである。

> 武家社会内部の変化
> 　主従関係が本人一代限りの関係⇨家同士の永続的な関係
> 武士への新たな社会的要請
> 　為政者としての徳＝百姓経営の維持・安定など統治を担う為政者としての役割

解答例

　　　A大名には武芸の鍛練，天皇には和漢の古典を学ぶことを求め，それぞれ軍事面，儀礼面から幕府の支配体制を支えることを求めた。

　　　B武士の主従関係が本人一代限りの関係から家同士の永続的な関係へと変化した上，戦乱が終焉する中，武士には百姓経営の維持・安定など統治を担う為政者としての役割が求められるようになった。

論述作成上の注意

□Aについて。定型的な知識に基づいて「天皇がみずから権力をふるわないように規制した」と書いても，幕府の求める役割を説明したことにはならないので注意しよう。

□Bについて。設問では「1683年に」つまり5代将軍綱吉の下で武家諸法度が改められた事情が問われているのだから，4代将軍家綱のときに末期養子の禁が緩和され，また殉死が禁止された，それぞれの契機については答案に含める必要はない。

58 江戸時代半ば以降における農村社会の変化

(2012年度　第3問)

> 村の「休日・遊日」や「若者組」を素材として，幕藩体制下における村の秩序とその変化を問うた問題である。素材は目新しいが，問われている内容はオーソドックスである。見かけにまどわされず取り組もう。

A

設問の要求

〔主題〕当時，村ごとに休日を定めた理由。
〔条件〕村の性格や百姓・若者組のあり方に即して。

▶「村ごとに休日を定めた」との表現からチェックしていこう！

「村ごとに」「定めた」…定めた主体は，資料文(2)や(3)をもとに考えれば，村（あるいは「村役人の寄合」）であると分かる。そして「村で定められた休日はおおむね守っている」（資料文(2)）との表現から，休日は村の百姓たちが共通して守るべきものとして定められていた，と判断できる。

「休日」…どのようなタイプの休日が資料文で取り上げられているのか？

資料文の読み取り＜パート1＞

(1)村の定書より
　・正月・盆・五節句や諸神社の祭礼＝年中行事的な祝祭日 　……………………①
　・田植え・稲刈り明け＝農業労働の休養日 　………………………………………②
(3)ある村の名主の日記より
　・臨時の休日＝若者組が願い出たもののうち，村役人の寄合で認めたもの 　………③

それぞれのタイプに即して休日が定められた理由を考えていくとよい。

▶「村の性格」と「百姓のあり方」について知識を確認しておこう！

まず，「村の性格」については次の3点を知っているだろう。

・百姓にとって経営を成り立たせるための共同体
・独自の法（村掟）をもち，寄合に基づいて運営される自治組織
・村請制の下で領主支配の末端を担う存在

次に「百姓のあり方」である。「あり方」との表現は曖昧だが，「村ごとに」と書かれている点に留意し，「村」との関わりを考えてみるとよい。

　江戸時代の百姓の多くは，小家族とわずかな田畑をもとにした小経営であった。そのため，お互いに労働力を提供しあう必要があった（たとえば結）。だからこそ，村は百姓経営を成り立たせるための共同体という性格をもっていたのである。

▶村ごとに休日を定めた理由　—タイプ①・②の場合—
　ここで，①と②の2つのタイプの休日を村が定めた理由を考えよう。
　村を共同体として保たせる軸が祭礼であることを念頭におけば，①のタイプの休日は百姓たちの共同性を確認し，共同意識を培うために設定されていた，と判断することができる。
　一方，先にも確認したように，田植えや稲刈りがお互いの労働力を提供しあって行われていたことを考えれば，②のタイプの休日は農作業上の共同性に基づいて設定された，と判断することができる。

タイプ①・②の休日
　村としての共同性を確認・保持するために定められた

▶次に「若者組」とは何かを考えよう
　「若者組」がどのような存在なのか，資料文からデータを引き出してこよう。

資料文の読み取り＜パート2＞
(3)名主ら村役人との関係の中で
　◦惣代や世話人を立て，強固な集団を作る　……………………………⑦
　◦名主のもとへ集団で頻繁に押しかけて「臨時の休日」（③）を願い出る　…………⑦
　　⇅
　◦村役人の寄合＝若者組の願い出を拒んだり認めたりする　………………⑦
(4)支出について
　◦大半を祭礼関係に使う　……………………………………………⑦
　　例）隣町の師匠から芝居の稽古をつけてもらう→謝礼を支払う
　　　　近隣の村々での芝居・相撲興行に際して祝い金を出す

　若者組は組織性をもつ集団（⑦）であり，村の祭礼やそこでの興行（遊興）を担い，さらに村の枠を超え，近隣の村々や町の人々と独自に結びつきをもっていた（⑦）。つまり，若者組は村役人にとって御しにくい，自律的な集団だったのである。

▶村ごとに休日を定めた理由　—タイプ③の場合—
　そうした若者組が集団で押しかけて願い出たこと（⑦）を契機として定められたのがタイプ③の休日であった（⑦）。

もっとも，願い出のすべてが認められたわけではない。名主ら村役人は，願い出を取捨選択してタイプ③の休日を定めている。この点を意識すれば，**自律的な若者組を村役人を中心とした村落秩序の下に組み込み，統制することが意図されていた**，と推論することができる。

> **タイプ③の休日**
> 村としての秩序・統制を保つために定められた

B

> **設問の要求**
> 〔主題〕18世紀末，村人の「遊び」をより厳しく規制しようとした幕府や藩が危惧したことがら。
> 〔条件〕農村社会の変化を念頭におく。

▶18世紀末に農村社会がどのように変化していたのか

18世紀末，村々では商品生産（商品作物の栽培や農村手工業）が活発となり，生活水準の総体的な向上をともないつつも，階層分化が広がっていた。有力な百姓が商品生産の担い手として成長する一方，経営に失敗し，小作人や奉公人へ転落したり，都市へ流出したりする百姓が増加していた。その結果，村方騒動が生じるなど村落秩序が動揺していたのである。

また，村々と都市のあいだでは人や物の交通が活発となっていた。都市から村々へ訪れる行商人や文人が増え，百姓の中から商業活動に経営の比重を移す在郷商人も登場する。しだいに無宿や博徒も村々を横行するようになり，治安の乱れを招いていた。

▶村人の「遊び」とは？

資料文(1)では「休日」と「遊日」が併記され，休日に関わる行為が「遊び」であったと判断できる。では，具体的にどのような行為が行われていたのか。

> **資料文の読み取り ＜パート3＞**
> (2)休日に行われる行為
> ○平日よりも贅沢な食事や酒，花火などを楽しむ ……………………………ⓐ
> ○博打に興じる者もいる ………………………ⓑ
> (4)若者組の祭礼に関わる行動
> ○隣町の師匠の下で芝居の稽古 ………………………………………………ⓒ
> ○隣町の師匠へ謝礼，近隣の村々への祝い金といった支出 ………………ⓓ

▶幕府や藩にとって村人の「遊び」のどこが危ないのか?

まず「遊び」の影響を考えよう。

生活の奢侈化(ⓐ)も博打の流行(ⓑ)も,ともに貨幣経済の浸透を促し,没落する百姓を増加させかねない。さらに,若者組の「遊び」に興ずる,無軌道な行動が拡大するとともに,村という枠を超えた,近隣の村々や町の人々(若者組など)との結びつきをより頻繁なものにする(ⓒとⓓ)。

これらは幕府や藩にとって「危ない」ものなのか?

没落する百姓の増加も,若者組の村の枠を超えた無軌道な行動の広がりも,ともに**村落秩序を動揺**させ,**「村請制の下で領主支配の末端を担う存在」**としての村の機能を低下させる。したがって,村請制に依拠して百姓支配を実現している幕府や藩にとって,支配体制の基礎を揺るがしかねない事態であった。

> ### 村人の「遊び」によって生じる,危惧される事態
> ・貨幣経済が浸透→没落する百姓が増加(百姓の階層分化が助長される)
> ・村の枠を超えた若者組の無軌道な行動が拡大
>   ↓
> ・村請制を通じた百姓支配が動揺

なお,生活の奢侈化は村々での米消費の拡大につながり,また,若者たちが「遊び」に興じることは農業に従事する労働力の減少を招きかねない。**都市への米供給の減少**,食糧事情の悪化を招きかねない事態である(2008年度第3問も参照せよ)。この点を指摘することも可能である。

解答例

> A村は百姓の経営維持に不可欠な共同組織であり,農業サイクルに合った休日を定めることで共同性を保つ一方,祭礼・興行を主に担う自律的な若者組の要求をも組み入れ,村落秩序の維持を図った。
>
> B貨幣経済が浸透して没落する百姓が増加し,若者組の無軌道な行動が村の枠を超えて広がり,村請制の動揺を招くことを危惧した。

論述作成上の注意
□Aについて。正規な休日と臨時の休日とに分けながら説明するとよい。
□Bについて。「都市への米供給が減少しかねないこと」を指摘してもよい。

59 江戸時代前期における城普請役とその意義

城普請役を素材とし，その影響を問うた出題である。Aは将軍・大名間，大名・家臣間の関係に与えた影響，Bは経済発展にもたらした効果が問われている。もっている知識と資料文で与えられたデータとを，融合させながら解答したい。

A

設問の要求

〔時期〕17 世紀前半。
〔主題〕幕府が藩に課した城普請役が，将軍と大名の関係，大名と家臣の関係に与えた影響。
〔条件〕負担の基準にもふれる。

▶城普請役とは何か？

資料文(1)の読み取り

○城普請＝石垣や堀の普請が割り当てられた
○担当する面積＝各藩の領知高（石高）をもとに決定

つまり，城普請役は，江戸幕府が藩に対し，領知（領地）の石高を基準として課した負担の一つであり，城を築く際に石垣や堀を造成する土木工事の負担である。

▶城普請役が「将軍と大名の関係」に与えた影響

城普請役は，幕府（→ 将軍）が藩（→ 大名）に課した負担なのだから，将軍が大名に対して課した奉公の一つである，と言い換えることができる。

では，なぜ将軍は大名に対して奉公を課したのか？

設問の設定時期が「17 世紀前半」つまり江戸幕府の全国支配の形成期であることに留意すれば，大名，中でも外様大名を幕府の軍役体系のもとに組み込み，将軍と大名との間に主従関係を作りあげていこうという意図があったことが分かる。

そもそも，初代徳川家康は関ヶ原の戦いに勝利したものの，それだけで，福島正則ら豊臣系の有力大名を主従制下に組み込めたわけではなかった。さらに，主君・従者の契約関係は本来，本人一代限りであり，家康が諸大名の主従関係を整えたとしても，それが次代（2代秀忠や3代家光）へ自動的に継承されるわけではなかった。したがって，代々の将軍が大名をくり返し普請役（手伝普請）に動員することは，将軍の上洛や日光社参の際に家臣団を率いて御供させること（軍役）と共に，将軍と大名との

主従関係を世代をこえて安定的に築きあげる上で役立ったのである。

▶「大名と家臣の関係」への影響
　資料文からデータを抽出しておこう。

資料文(2)の読み取り

◦大名：城普請役を務めることが藩の存続にとって不可欠と強調　………………ⓐ
　↓
◦家臣を普請に動員＝知行高（石高）に応じて費用を徴収　…………………………ⓑ

　ⓑから，大名に課せられた負担が家臣へと転嫁され，家臣たちは石高に応じて負担を分担させられていることが分かる。「将軍と大名の関係」と同様，**大名と家臣との主従関係を築きあげるのに役立っていた**のである。
　ここで考察を止めてもよいが，加えて，「藩の存続」（ⓐ）との表現に注目したい。
　藩とは，大名の領知とその支配機構の総称であり，「大名と家臣」に即して表現し直せば，「大名と家臣」によって構成される集団である。したがって，「藩の存続」を強調することは，藩という集団を**協同**して維持する，という意識を喚起することを意味する。言い換えれば，「大名と家臣」が幕府への奉公を**協同**して務める，という意識を浸透させる効果があった，と推論することができる。

B

設問の要求

〔主題〕城普請が17世紀の全国的な経済発展にもたらした効果。

　城の石垣や堀を造成することそのものが経済発展に効果があったとは思えない。したがって，城普請に用いられた技術に着目しよう。

資料文(3)・(4)の読み取り

(3)
　　　　　　　　┌ 遠隔地で切り出される　……………………………………………ⓒ
◦巨大な石 →　┤ 陸上と水上を運搬される　…………………………………………ⓓ
　　　　　　　　└ 綿密な計算に基づいて積み上げられる　………………………………ⓔ
◦多様な技術をもつ人々が動員された　……………………………………………………ⓕ
(4)
◦ある藩の家臣＝巨石を川の水流をたくみに調節しながら運ぶ　……………………ⓖ
　→ 藩内各所の治水等にも成果をあげていた　………………………………………ⓗ
◦他の藩の者たち＝この技術を取り入れる　………………………………………………ⓘ

まず，ⓕから，ⓒ・ⓓ・ⓔの工程には，それぞれ対応する技術者（たとえばⓔ＝穴太衆）が作業にあたっていたことが分かる。そして，それぞれの工程は，次のようにまとめることができる。

> ⓒ：山から石を切り出す → 掘削（岩盤を掘る・取り除く）
> ⓓ：陸上・水上での運搬 → 運搬（陸上＝修羅と呼ばれる木製ソリ，水上＝船を使う）
> ⓔ：石を積み上げる　　 → 石の加工・測量

続いて，ⓓとⓖをあわせて考えれば，船を使った運搬に便利なように「川の水流をたくみに調節」（ⓖ）する技術が治水技術（ⓗ）でもあることに納得がいくだろう。実際，治水とは，河川の氾濫を防ぐために堤防を築いたり，流路そのものを変更したり，河川の水流・水量を調節するために川底の土砂をさらえたり，障害となる岩石を取り除くことなどを内容としている。そして，ⓒ（掘削）やⓔ（特に測量）は，こうした治水に不可欠な技術であることも分かる。

以上をまとめれば，次のような2つの効果があったと判断できる。

> ・陸上・水上交通網の整備＝物流の基礎
> ・治水の進展・治水への技術の転用
> 　→ 河川敷（沖積平野）や湖沼・干潟などの大規模な耕地化＝新田開発へ

さらに，ⓘから，これらの技術が各地で共有され，普及したことが分かる。陸上・水上交通網の整備と大規模な新田開発が全国レベルで進展したのである。

解答例

　A城普請役は軍役に準ずる奉公として石高を基準に課された。その結果，将軍と大名，大名と家臣の主従関係が確立すると共に，大名・家臣が藩として協同し，幕府に服従するという体制が整った。

　B陸上・水上交通が整備されて物流の基礎が整うと共に，治水の進展により大河川の沖積平野などの大規模な耕地化が全国で進んだ。

論述作成上の注意

□Aについて。最低限，将軍と大名，大名と家臣の主従関係が確立・強化されたことが指摘できればよい。
□Bについて。交通網の整備と新田開発（沖積平野などの耕地化）が進んだことが指摘できればよい。

60　江戸初期の院内銀山と米市場　　（2010年度　第3問）

　院内銀山（出羽国）とその鉱山町を素材とした出題である。受験生にとって初見の素材なので，資料文を読み込むことによって解答への手がかりをつかみたい。

A

設問の要求

〔主題〕山師と精錬を行う職人の出身地にそれぞれ「上記のような」特徴がみられた理由。

▶「上記のような特徴」とは？

　資料文(2)で，鉱山町の住民の出身地について説明されているので，そこから「特徴」を確認しよう。

資料文(2)の読み取り＜パート1＞

山師の出身地：
　◦畿内（大坂・京都を含む），北陸，中国地方の割合が高い
精錬を行う職人の出身地：
　◦中国地方（石見国など）の出身者が多い
鉱石の運搬などの単純労働に従事した者の出身地：
　◦秋田領内とその近国の割合が高い

▶山師とは何か？

　山師についての知識をもたない受験生が大半だろうが，知らずとも問題ない。資料文(2)をもう一度，チェックしてみよう。

資料文(2)の読み取り＜パート2＞

山師：
　◦藩に運上を納めて　……………………………………………………………ⓐ
　◦鉱山経営を請け負った　………………………………………………………ⓑ

　山師とは「鉱山経営を請け負った」人々であり，そして，ⓐ→ⓑという説明の順序から，事前に「藩に運上を納めて」から鉱山経営に携わった，と判断できる。つまり，山師には，①資金力，②経営能力（鉱山の採掘という技術面，職人を集める能力も含む），が求められていたのである。

　このことを念頭に置きながら，山師の出身地の中で割合が高い「畿内（大坂・京都
を含む），北陸，中国地方」がどのような性格をもつ地域なのか，推論すればよい。

山師の出身地

- 畿内：経済流通の先進地域
- 北陸地方：日本海海運が発達
　} → 多大な資金を蓄えた豪商がいる
- 中国地方：石見大森銀山などがある → 鉱山の経営経験をもつ山師がすでにいる

▶ 「精錬を行う職人」には何が求められるのか？

　資料文(2)で「精錬を行う職人」と「鉱石の運搬などの単純労働に従事した者」とが
並列されている点に注目すれば，精錬は「単純労働」ではなく熟練労働であることが
分かる。したがって，「精錬を行う職人」には，**精錬という技能への習熟が求められ
ていた**のである。

精錬を行う職人の出身地

- 中国地方：石見大森銀山などがある → 精錬技術に習熟した職人がすでにいる

B

設問の要求

〔時期〕17 世紀前半
〔主題〕秋田藩にとって，人口の多い都市を領内にもつことの利点。

　鉱山町については知識がないと思うので，資料文から参考になりそうなデータを抽
出しよう。その際，**「人口の多い都市」が藩にとってどのような意味をもつのか**，を
意識しながら資料文を読んでいこう。

資料文(1)・(3)・(4)の読み取り

(1)鉱山町＝城下町（久保田）に並ぶ人口をもつ ・・・・・・・・・・・・・・・ⓒ
(3)鉱山町＝藩が「領内の相場より高い価格」で「独占的」に年貢米を販売 ・・・・・・・・・・ⓓ
(4)藩が上方で年貢米を売り払う ・・・・・・・・・・・・・・・・・・・・・・・・・・・ⓔ
　→ 当時，輸送に水路と陸路を併用＝積替えの手間がかかり，費用もかさむ ・・・・・・ⓕ

　まず，ⓓから，「人口の多い都市」は藩にとって**年貢米を販売する市場**という意味
をもっていたことが分かる。

　そしてⓒから，鉱山町が城下町（久保田）に並ぶ規模をもつ消費市場であることも
分かるが，鉱山町と城下町とでは人口構成が異なり，鉱山町のほうが武家人口の占め
る割合が少ない。したがって，年貢米の販売市場という観点からみれば，鉱山町のほ

うが城下町よりも<u>規模の大きな市場</u>だと言える。

　城下町以外に，それよりも規模の大きな（あるいは同規模の）米消費市場をもつことは，多くの藩にとって一般的ではない。秋田藩の利点の一つだと言える。

　次に留意したいのは⑥である。<u>年貢米の販売市場として上方という選択肢もあったことに注目したい</u>。鉱山町と上方とでは，<u>販米市場としてどのような違いがあったのか</u>，考えてみたいのである。⑩と①を手がかりとして相違点を整理すると，次のようになる（カッコの中は推論）。

	鉱山町	上方
⑩	「領内の相場より高い価格」「独占的」＝自藩による価格調整が可能	（大坂・京都は幕府直轄地→藩による価格調整は不可能）
①	（領内なので手間も費用も少）	輸送に手間がかかり，費用もかさむ

　この対比で鉱山町をもつことの利点がみえてくる。とはいえ，ここで考察を止めず，資料文(4)の「当時」という限定にも注目しよう。

　「当時」とは17世紀前半であり，<u>日本海沿岸から大坂までを結ぶ西廻り航路はまだ整備されていない</u>。つまり，秋田方面から大坂までを海路で直接結ぶ航路（海運）が整っておらず，それゆえに「輸送に水路と陸路を併用」しなければならず，コストがかかっていたのである。

解答例

　Ａ資本力と経営能力とが求められた山師には，海運業や既存の鉱山業が発達した畿内・北陸・中国地方の豪商が多く，精錬技術への熟練を必要とした職人は，銀山の多い中国地方の出身者が多かった。

別解　Ａ山師は資金力と経営能力，精錬を行う職人は技能への習熟が求められたのに対し，畿内・北陸地方には海運などで資金を蓄えた豪商が，中国地方には石見大森銀山など開発の進んだ銀山が存在した。

　Ｂ西廻り航路が未整備な当時，上方への廻米より低コストで年貢米販売市場を確保できたうえ，自藩による価格調節が可能であった。

論述作成上の注意

□Ａについて。山師，精錬を行う職人に求められるものと，出身者の多い各地方の性格との双方にしっかり目配りしたい。

□Ｂについて。17世紀前半という時期設定に即して上方への廻米との対比を意識した構成にしたい。

61 豊臣政権の天下統一

(2009 年度 第 2 問)

豊臣秀吉が各地で戦乱をくり広げる諸大名をまとめあげ，天下を統一するにあたって，どのような論理・原理を用いたのかを，3 つの観点から問うた出題である。一つの歴史的事象を多面的に把握することの重要性を意識させる構成となっている。

A

設問の要求

〔主題〕豊臣秀吉は，①戦乱の原因をどのようにとらえたか。
②その解決のためにどのような方針でのぞんだか。

戦乱と豊臣秀吉のそれへの対処について記しているのは，資料文(1)～(3)である。まず，それらから戦乱に関連する記述を抽出してみよう。

資料文の読み取り ＜パート1＞

(1) **豊臣秀吉の命令**
  ◦「いまだに戦乱が続いているのは良くない」 …………………………………… ⓐ
  ↓
  ◦「国や郡の境目争いについては，双方の言い分を聴取して，追って決定する」 …… ⓑ
  ◦「敵も味方も戦いをやめよ」 ……………………………………………………… ⓒ
  →「もしこれに応じなければ，直ちに成敗するであろう」 ………………………… ⓓ
(2) **島津氏の回答**
  ◦「境を接する大友氏から攻撃を受けているので(中略)防戦をせざるを得ない」 …… ⓔ
  ⇨ 秀吉による停戦命令（ⓒ）への事実上の拒否
(3) **豊臣秀吉の対応**
  ◦「島津氏は秀吉の攻撃を受けた」
  ⇨ 停戦命令（ⓒ）に従わない戦国大名を武力で討伐 …………………………… ⓕ

▶**豊臣秀吉は戦乱の原因をどのようにとらえたか？**

まず，ⓑとⓔから，資料文(1)で取り上げられている戦乱（ⓐ）が「境を接する」もの同士による「境目争い」であることが分かる。しかし，ⓑでは「境目争い」を秀吉の裁定にゆだねさせようとする姿勢が示されている。つまり，「境目争い」は必ずしも戦乱に直結するとは限らず，「境目争い」を武力で解決しようとしたときに戦乱が生じるのである。

ここでもう一つ注意したいのはⓕである。ここで生じた事態も戦乱ではあるものの，秀吉からすれば，島津氏が彼の命令に従わないがゆえに実施された懲罰的な行為であ

り，「しずめ」る対象としての戦乱ではなかった，と考えてよい（もっとも，島津氏からすれば，秀吉の一方的な命令が⑥の事態つまり戦乱の原因なのだが）。

　このように推論を積み重ねてくると，秀吉は，大名が境目争いを自らの武力で解決しようとする点に戦乱の原因をみていた，との結論を得ることができる。

▶豊臣秀吉の方針

　秀吉の方針は資料文から判断できる。戦いを停止するよう命じる（ⓒ）一方，境目争いについては，秀吉が裁定を下す（ⓑ），と通達している。そして，この命令に従わない場合，秀吉が武力で討伐する姿勢を示している（ⓓ）。

　なお，このように自力による紛争解決を否定し，紛争解決の機能と武力行使を豊臣政権が独占しようとする政策は，惣無事と称されている。

B

設問の要求

〔主題〕秀吉が，自身の命令を正当化するために用いた①地位，②論理。

　教科書レベルの知識で言えば，豊臣秀吉は関白に就任した上で，天皇から日本全国の支配権をゆだねられたと称し，各地の戦国大名に惣無事を命じている。この知識だけでも答案は書けそうだが，あくまでも資料文に即して考えていこう。

資料文の読み取り＜パート2＞

(1)「勅命に基づいて書き送る」
(2)「関白殿から戦いをやめるように言われた」

　主題のうち，①（地位）については「関白」で問題ないが，②（論理）については「勅命に基づいて」との記述を活用したい。

C

設問の要求

〔主題〕秀吉はどのようにして諸大名を従えたか。

　設問文で「秀吉による全国統一には，鎌倉幕府以来の武士社会における結合の原理に基づく面がある」と説明されており，ここに注目しよう。

　「鎌倉幕府以来の武士社会における結合の原理」とは，御恩と奉公による主従制原理（主従関係）である。ここから，答案は「（御恩と奉公による）主従制原理に基づき，……（諸大名を）従えた。」という構成をとればよいことが分かる。あとは，

「……」の部分に御恩と奉公の内容を具体的に説明するだけで
よい。秀吉と諸大名との主従関係について説明している資料文
(3)・(4)の内容に即して考えていこう。

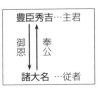

資料文の読み取り ＜パート3＞

(3)
秀吉 → { 島津氏：薩摩国・大隅国などを領地として給与
毛利氏：安芸国・備後国・石見国などを領地として給与

(4)
島津氏・毛利氏：与えられた領地に応じた軍事動員を，秀吉から命じられる

　資料文(3)が秀吉による**御恩**，資料文(4)が諸大名による**奉公**，を指すことは言うまで
もないだろう。

　ところで，こうした御恩と奉公の関係が，豊臣政権の下で最終的に石高に基づく統
一的な体系として整備されたことは知っているだろう。しかし，設問文に「鎌倉幕府
以来の（中略）原理に基づく面がある」と説明されている点を念頭に置けば，答案の
中で石高制に言及する必要はない。

解答例

　A戦乱の原因は大名が境目争いを自らの武力で解決しようとするこ
とにあるととらえ，自力による解決を停止させた上で，秀吉の裁定
に従わせ，停戦に応じない場合は武力で討伐する方針でのぞんだ。

　B関白に就任し，天皇の意思を奉じた命令という形式を用いた。
別解　B関白に就任し，天皇から全国の支配権をゆだねられたと称した。

　C秀吉は御恩と奉公による主従制原理に基づき，一定の領地を給与
・保障すると共にそれに応じた軍事動員に従事させ，臣従させた。

論述作成上の注意

□Aについて。方針の内容が問われているのだから，「惣無事」という呼称を記す必要は
ない。
□Cについて。資料文(3)によれば，島津氏は降伏したにもかかわらず領地の給与を受けて
いるのだから，「軍功に応じて領地を給与し」などと表現するのは適当ではない。また，
設問文からすれば，石高（制）やそれに基づく統一的な知行・軍役体系（大名知行制）
に言及する必要はない。

62　江戸時代の日中間の貿易・文化交流

(2009年度　第3問)

　江戸時代の日中関係は，教科書に説明があるとはいえ，盲点となっている受験生が多いのではないか。2003年度第3問にも関連する出題があり，東アジアの中での江戸時代日本という視点を，もっと意識しておきたい。

A

設問の要求

〔主題〕(1)の時期と(2)の時期以降とでは，中国との貿易品にどのような変化があったか。
〔条件〕国内産業への影響に言及する。

▶江戸時代の日中貿易

　貿易品が問われているのだから，まずは日本からの輸出品，中国からの輸入品をそれぞれ時期ごとに確認していこう。資料文のうち，貿易品をうかがうことができるのは(1)と(2)である。

	(1)の時期	(2)の時期以降
輸出	？	「銅の輸出量にも上限を設けた」…(2)
輸入	「主要な輸入品であった中国産品」…(1)	？

　まず，資料文(1)の「中国産品」が生糸であることは言うまでもない。

　次に，資料文(2)の「銅の輸出量にも上限を設けた」についてである。この表現から推論できるのは，ⓐ(2)の時期に銅が輸出品であった，ⓑ(2)の時期以降，銅以外の品物が（主要な）輸出品に現れる，の2点である。ⓑの輸出品が何であるかについては，(2)の時期，すなわち「1685年」（元禄政治期）から「1715年」（正徳政治期）にかけての時期よりも以降であればいつでも構わないのだから，18世紀後半の田沼政治期に中国向けの輸出が奨励された俵物（海産物）を思い浮かべればよい。

　以上の考察をふまえれば，先ほどの表は次のように書き換えることができる。

	(1)の時期	(2)の時期以降
輸出	？（A）	銅，のち俵物
輸入	生糸	？（B）

　続いて，残っている部分を知識で補っていこう。

　まずAである。資料文(1)に「ポルトガル船」が出てくる点に注目すれば，南蛮貿易での貿易品目を思い起こせばよいことが分かる。南蛮貿易での日本の輸出品は銀であり，ポルトガル船が主として日中間の中継貿易に従事していたことを念頭に置けば，

Aに銀が入ると判断できる。なお、資料文(2)の「1715年」から海舶互市新例を思い
浮かべ、それが金銀の流出を防止することを目的の一つとしていたことを考え、銀だ
けでなく金も含まれる、と判断してもよい。

　次にBである。(2)の時期の主要な輸入品を思い浮かべるのは難しい。しかし、設問
では貿易品の名称を個別に列挙することが求められているのではなく、「貿易品にお
ける変化」が問われている。その点に注目すれば、(2)の時期に金銀や銅の流出を防止
するために貿易額に制限が加えられていることから、それまでの主要な輸入品であっ
た生糸の輸入が抑制された、と推論しておけば十分である。

	(1)の時期	(2)の時期以降
輸出	銀（や金）	銅，のち俵物
輸入	生糸	生糸の輸入が抑制される

▶貿易の変化が国内産業へ及ぼした影響

　貿易品における変化は、(ア)俵物が新しく主要な輸出品として現れること、(イ)生糸の
輸入が抑制されることの2点なので、それぞれの影響を長めのスパンで考えよう。

国内産業への影響
　　(ア)俵物輸出の増加　　　⇨（蝦夷地などでの）水産業の活発化
　　(イ)生糸輸入の抑制（減少）⇨ 生糸の国産化（製糸業の発達）

　なお、製糸業は、幕府による生糸の国産化奨励策もあって、信濃や北関東などで盛
んとなり、次第に中国産生糸に代わって国内産生糸が需要をまかなうようになった。

B

設問の要求

〔主題〕江戸時代の中国からの文化の流入には、どのような特徴があるか。

　「江戸時代」と時期設定されているものの、「江戸時代の日中関係にかかわる」文章
として提示されている資料文が1639年以降に限定されているので、とりあえずは、
対象時期を鎖国制下に限定して考察を進めていけばよい。

　そして、特徴が問われているので、まず内容を考え、その上で他の時代と対比し、
相違点を抽出しよう。

▶鎖国制下における中国からの文化流入：内容

　教科書では、明からの亡命僧隠元隆琦が黄檗宗を伝えたこと（資料文(4)）以外には、
化政文化のところで、儒学の中で清の考証学の影響（⇨ 考証学派）、絵画の中で明・
清の文人画や写生風の花鳥画の影響（⇨ それぞれ文人画〔南画〕、円山応挙の写生

画）などが個別的に説明されている程度で，まとまった知識として扱われていない。
したがって，資料文から「内容」を引き出してくるしかない。

資料文の読み取り

(3)
　書籍：長崎から全国へと商業ルートを通じて流通 → ただしキリスト教関係を除く
(4)
　人物：長崎に禅僧や「医術・詩文・絵画・書道などに通じた人物」が頻繁に来航

　ここから，①書籍や人が比較的自由に流入していること（波線部に注目せよ！），
半面，②流入する場所が長崎に限定され，キリスト教に関係するか否かについて幕府
の検閲を受けるというように，幕府の規制の下に置かれていること，の2点が分かる。

▶鎖国制下における中国からの文化流入：特徴
　次に，他の時代，たとえば直前の戦国時代末と対比してみよう。

　戦国時代末には，日明勘合貿易が断絶する前後から，中国人倭寇やポルトガル船な
どが盛んに往来していた。それら商船の寄港地が制限されていたわけではないことを
意識すれば，中国から文化がどのように流入していたかは推論が可能だろう。

中国からの文化流入

　◦戦国時代末…流入経路に制限なし・キリスト教関連も流入
　↕
　◦鎖国制下　…流入経路が長崎に限定・キリスト教関連は排除 ⇦ 江戸幕府の規制

解 答 例

　　　A(1)の時期は生糸の輸入，銀の輸出が中心であった。(2)の時期以降，
　　生糸輸入が抑制される一方，輸出は銅，次いで俵物へ移った。その
　　結果，生糸の国産化が進み，蝦夷地などで水産業が活発化した。

　　　B漢籍や新しい仏教・学術・文物がある程度自由に流入したが，禁
　　教・鎖国政策の下，内容や流入経路に幕府の規制が加えられた。
　別解 B禁教・鎖国政策の下，キリスト教関係を除いて漢籍が自由に流入
　　し，場所は限定されたが中国人により学術・文物が直接流入した。

論述作成上の注意

□Bについて。鎖国制の一般的イメージとの対比から考えて「漢籍や新しい仏教・学術・
　文物がある程度自由に流入した」との説明に焦点を当て，別解のように構成してもよい。
　なお，時期が「享保期以降」と限定されておらず，漢訳洋書輸入には触れなくてよい。

63　天明期の農業・食糧問題と寛政改革

(2008 年度　第 3 問)

　天明の飢饉について，さまざまな既知の知識があるだろうが，Ａは資料文に即して考える必要がある。Ｂについても「その問題に対処するため」と表現されている以上，既知の知識をそのままに表現せず，Ａの内容に対応した形で構成し直すことが必要である。

Ａ

設問の要求

〔主題〕当時の農業や食糧について，松平定信はどのような問題があると認識していたか。

　最初に，「当時」がいつなのか，確認しよう。

　資料文(1)に「午年（1786 年）」との記述があることから，「当時」とは天明期であることが分かる。そして，ここから天明の飢饉を想起することができるだろう。

　だからといって，既知の知識だけで答案を構成しようとしてはならない。「松平定信の意見の一部」である資料文の内容を把握する作業から始めよう。

資料文の読み取り

(1) 人口の動向
- ｡「耕す者」の減少＝「飢え」につながる ………………………………………… ⓐ
- ｡「離散」→ 人別帳の記載＝ 140 万人の減少 ………………………………… ⓑ

(2) 生業のあり様
- ｡煙草の栽培，養蚕，藍や紅花の栽培などが盛ん → 米の減産 ………… ⓒ
- ｡「農業以外で生計を立てようとしている」 ……………………………………… ⓓ

生活のあり様
- ｡「農家も今は多く米を食べ」る ……………………………………………………… ⓔ
- ｡「酒も濁り酒は好まず」 ……………………………………………………………… ⓕ
- ｡「村々に髪結床などもあり」 ………………………………………………………… ⓖ

(3) 米作の動向と定信の危惧
- ｡自然災害（「近年水害なども多く」）→ 年を追うごとに米が減産 ……………… ⓗ
- ｡「不時の凶作があれば，どれほど困難な事態が生じるであろうか」 …………… ⓘ

　これらのデータを，定信が観察した事実を叙述した部分と，それに関する定信の判断・認識とに分けた上で，それぞれの内容を判断していこう。

松平定信が観察した事実の叙述…ⓑ〜ⓗ
それに関わる定信の判断・認識…ⓐ・ⓘ

▶定信が観察した事実

　まず,「農業」従事者(「耕す者」)に視点をあわせよう。

　ⓑの人別帳(宗旨人別帳)は村々・都市を問わず作成されたものの,ここでは村々の人口が激減している様子(天明の飢饉の影響である)を記したものと判断してよい。さらに,ⓓによれば,農業に従事しない人々が増加している。

　両者を総合すれば,農業従事者が激減していることが分かる。

> **定信が観察した事実＜１＞**
> 　離散者(離村者)が激増,村々で非農業従事者が増加
> 　　⇨ 農業従事者が激減

　次に,「農業」の内容に目を向けると,ⓒとⓗで米の減産が指摘されている。

　背景は,商業的農業の拡大(ⓒ),自然災害(ⓗ)である。さらに,ⓐの認識を媒介とすれば,先に確認した,農業従事者の激減も米減産の背景であると推論することができる。

> **定信が観察した事実＜２＞**
> 　農業従事者が激減,商業的農業が拡大,自然災害
> 　　⇨ 米が減産

　最後に,「食糧」についてである。

　米の減産も「食糧」問題であるが,それ以外に,ⓔでは村々での米消費の増大が指摘されている。一方,ⓕとⓖでは村々の人々の生活の奢侈化が指摘されているものの,「農業や食糧」とは直接関係がない。省いて考えてよいが,非農業従事者の増加や米消費の増大につながるものと考えることもできる。

> **定信が観察した事実＜３＞**
> 　村々での米消費が増大

▶定信の判断・認識

　ⓐでは,「耕す者」(農業従事者)の減少が「飢え」につながる,との認識が示されている。上で確認した事実に即せば,農業従事者の激減が米の減産につながり,さらに飢饉を引き起こすとの判断である。一方,ⓘでは,「不時の凶作」つまり予想外に農作物の出来が悪くなると「困難な事態」を招くだろう,との危惧が表明されている。「困難な事態」が食糧危機つまり大規模な飢饉の発生であることは,すぐに判断できるだろう。

> **定信の判断・認識**
> 　食糧危機つまり大規模な飢饉の発生を危惧

B

設問の要求

〔主題〕その問題に対処するため，定信が主導した幕政改革では具体的にどのような政策がとられたか。

「その問題」とは，端的には**食糧危機**であるが，それをもたらす事情を考えれば，設問Aで説明したこと全てを包括するものと考えるのが適当である。

したがって，①米の減産と，その背景である農業従事者の激減や商業的農業の拡大，②米消費の増加に象徴される村々の生活の奢侈化，③危惧される食糧危機＝飢饉発生（拡大），という3つの課題を設定し，定信が主導した寛政改革において，それぞれの課題に対処するために実施された政策を具体的に考えていけばよい。

寛政改革で実施された政策
①米の減産をめぐって
・農業従事者の激減をめぐって
⇨人口の回復：旧里帰農令（都市に流入した貧民の帰村を奨励），出稼ぎを制限
・商業的農業の拡大をめぐって
⇨商品作物（木綿・菜種を除く）の栽培を抑制，倹約を奨励（需要の抑制）
②村々の生活の奢侈化をめぐって
⇨倹約を奨励
③危惧される食糧危機＝飢饉発生（拡大）をめぐって
⇨備荒貯蓄：各地に義倉・社倉を設置，大名に囲米を命令

解答例

A離村者や非農業従事者の増加，商業的農業の拡大，天災により米が減産となる一方，米消費が増大しており，食糧危機を危惧した。

B旧里帰農令や出稼ぎ制限により村々の人口を回復させ，商品作物栽培も抑制することにより，米の生産を確保する一方，倹約令により村々での米消費や都市での商品需要を抑制しようとした。そして，飢饉に備えて各地に義倉・社倉を設け，大名にも囲米を命じた。

論述作成上の注意
□Aについて。「食糧危機」を「飢饉発生（拡大）」と表現してもよい。
□Bについて。米生産の確保，倹約の奨励，備荒貯蓄，という3点に絞り込みながら，答案を構成しよう。

64　江戸後期の学問発達　　　（2007年度　第3問）

18世紀後半における学問の発達を，研究方法という視点から問うた出題である。資料文に示された初見のデータをいかに処理するか，既知のデータを設問の要求に即した形で処理できるかがポイントである。

設問の要求

〔主題〕18世紀後半における学問の発達。
〔条件〕研究方法に共通する特徴にふれること。

「18世紀後半」に発達した学問と聞いて，何を思いつくだろうか。

幕府や藩に教学として重んじられたのが**儒学**だが，中でも，荻生徂徠の創始した古文辞学など古学派，さまざまな学説を取捨選択する折衷学派が盛んであり，実証を重視する考証学派も登場する。そして，政治・経済を論じ，具体的な改革案を提示しようとする経世論も広がりをみせていく。

さらに，西洋の学術・研究を吸収した**洋学**（**蘭学**），日本古典の実証的な研究を通じて日本の文化的な固有性を探ろうとする**国学**が発達する。

このようにさまざまな学問が想起できるが，ここでは「(1)～(4)の文章を読んで」との指示があるので，まずは資料文で取り上げられている学問に限定して考えてみよう。

資料文の読み取り＜パート1＞

(1)「各地の薬草や鉱物」を展示（⇨ **本草学**）
(2)「西洋解剖書」の翻訳（⇨ **医学**）
(3)西洋の「世界地理書」（⇨ **地理学**）
(4)「日本古来の姿」の探究（⇨ **国学**）

▶**本草学**

「薬草や鉱物」の研究は本草学と呼ばれる。本来は，動植物や鉱物の薬用効果についての研究であった。

ところが，享保改革以降の**殖産興業政策**と結びつき，次第に実地で実物調査を行う者が増え，**物産学・博物学**としての性格を強めていく。薬用にこだわらず，動植物や鉱物を整理・分類する学問へと発展していったのである。

代表的な人物が，資料文(1)で取り上げられている**平賀源内**で，彼はたびたび物産会を開催すると共に，西洋博物学の研究を志して蘭書の収集なども行っていた。

▶医　学

　江戸時代には元・明の医学が重視されており，それらは朱子学の影響を受けた観念的・思弁的なものであった。

　しかし，元禄期以降，臨床・実験を重視する古医方があらわれていた。その動きを代表するのが山脇東洋で，彼は 18 世紀半ば，刑死人の解剖を行わせて人体内部を直接観察し，日本最初の解剖図録『蔵志』を著している。

　こうした流れの中で，資料文(2)にあるように，前野良沢・杉田玄白らが「西洋解剖書」，『ターヘル・アナトミア』の翻訳を行う。そして，これを契機として，西洋医学がその実用性ゆえに積極的に取り入れられていったのである。

▶地理学

　「地理」から，地図，そして伊能忠敬を想起したい。彼は，蘭学者で幕府天文方の高橋至時に師事し，19 世紀初，地上の実測と天体観測を組みあわせた測量を行って『大日本沿海輿地全図』を作成した。

　このことを念頭に置けば，資料文(3)は，医学の分野と同じく，西洋の実証的な研究が摂取されている様子を表現したものと判断できる。

▶国　学

　国学は，日本古典の実証的な研究を通して，儒学や仏教などの思想が伝来する以前の「日本古来の姿」を探究しようとする学問である。元禄期に戸田茂睡や契沖らが基礎を作り，18 世紀半ば以降，賀茂真淵や本居宣長らによって大成された。

▶共通する研究方法とは？

　「研究方法」という視点から，もう一度，資料文に目を通してみよう。

資料文の読み取り＜パート2＞

(1) 各地の薬草や鉱物を「一堂に展示」
(2) 西洋解剖書の原書を「翻訳」
(3) 西洋の世界地理書を「著作の主要材料として利用」
(4)「古語の用例を集めて文章の意味を推定する作業をくり返し」

　まず，資料文(1)・(4)は，広く資料を収集し，具体的な事例に基づこうとする点が共通している。

　一方，資料文(2)・(3)では，「翻訳」や「材料として利用」など，西洋の学術・研究の成果を摂取するという姿勢しか表現されていない。しかし，先に医学や地理学について確認した内容を念頭に置けば，研究成果だけでなく，実証・実験という科学的な

研究方法も摂取・導入されたと考えるのが妥当である。

　このように，資料文で取り上げられた学問は，**実証や考証を重視する**という点で共通性があると判断できる。

　そして，その共通性は，合理的だが観念性の強い朱子学やその影響下にあった旧来の医学，中世以来の日本古典に対する道徳的な解釈など，元禄期までの学問とは異なる点であり，研究方法に共通する「**特徴**」として把握することができる。

> それ以前　　：観念・思弁や道徳を重視 ← 朱子学など
> 　↕
> 18世紀後半：実証や考証を重視＝広く資料・事例を収集し，具体的な証拠に基づく

　なお，実証や考証を重視する点は，古学派や考証学派など儒学の一派にも共通していた。そもそも古文辞学を創始した荻生徂徠は，朱子学を批判しながら，儒学の古典を当時の言葉によって解釈すべきだと主張しており，資料文(4)で説明されている，本居宣長の研究方法に影響を与えていたのである。

　つまり，実証・考証の重視は，18世紀後半の学問について総体的に該当する特徴だと言える。

解答例

　18世紀後半に発展した諸学問は，広く資料を収集し，具体的な証拠に基づいて研究しようとする方法が共通していた。本草学は殖産興業政策とも結びついて博物学として発展し，医学や地理学の分野ではオランダ語を介して西洋の科学的研究方法が導入され，日本の古代精神探究のために古典の考証的研究を進める国学も発展した。

論述作成上の注意

□国学については，日本の古代精神を探究しようとする姿勢ではなく，日本古典の考証という点に力点を置いて説明したい。

65 中世・近世の琉球 (2006 年度 第 3 問)

　江戸幕末期の琉球に対するフランスの開国要求の史料を素材として，中世・近世の琉球について問うた出題である。設問 A については明の対外政策を考慮し，設問 B については資料文から「琉球王府が隠そうとした」内容を読み解くことが必要である。

A

設問の要求

〔主題〕15 世紀に琉球が海外貿易に積極的に乗り出した理由。
〔条件〕中国との関係をふまえる。

　15 世紀の琉球は，中国へ頻繁に朝貢しながら，東アジア・東南アジア諸国を結ぶ**中継貿易**で繁栄していた。このことの背景を，中国との関係の中で考えることが必要である。

　当時の中国・明は，次のような対外政策をとっていた。

明の対外政策

- 海禁政策＝一般の中国人の海外渡航・海上貿易を禁止
- 通交を朝貢形式に限定＝朝貢・冊封関係を結んだ政府だけ限定して民間貿易を禁止

　このような明の対外政策は，東アジア海域にどのような変化をもたらしたのか？

▶**明を頂点とする国際秩序の形成によって何が変化したか？**

　明の対外政策は，当時，中国・朝鮮沿岸で横行していた**倭寇**を禁圧するなど，東アジア通商圏の秩序づけを図ろうとするものであった。ところが周辺諸国にとっては，朝貢・冊封関係を結ばない限り中国との貿易が閉ざされることを意味し，朝貢・冊封関係を結んだとしても，貿易は明の管理・統制下に置かれることとなった。

　こうした国際環境は，東アジアと東南アジアを結ぶ中継点に位置する琉球にとって，絶好のビジネス・チャンスであった。中国商人の役割を代替し，自由な海外貿易に乗り出せる環境が開かれたことが分かる。

B

設問の要求

〔主題〕「こうした」架空の話によって琉球王府が隠そうとした国際関係。
〔条件〕歴史的経緯を含めて説明する。

　設問で言われている「こうした」架空の話とは，どのような内容なのか？　資料文

(2)では，**架空のトカラ島**について次のように説明されている。

　「朝貢品や中国で売るための輸出品は，当国に隣接している日本のトカラ島で買う以外に入手することはできません。その他に米，薪，鉄鍋，綿，茶などがトカラ島の商人によって日本から運ばれ，当国の黒砂糖，酒，それに福建からの商品と交換されています。」

　それに対して，近世における琉球の国際的な位置は，下図の通りである。

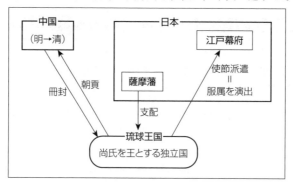

　中国との朝貢・冊封関係については説明されているのだから（「中国の冊封国となり」「福建に朝貢に行く」など），トカラ島をめぐる架空の話によって，**日本との関係**が隠されていることが分かる。なかでも，次の2点に注目したい。

資料文の読み取り

◦ 朝貢品・輸出品は日本のトカラ島で買う以外に入手することができない　…………①
◦ トカラ島の商人に対し「当国の黒砂糖，酒」「福建からの商品」を売却している　…②

　この2点は，薩摩藩による支配という視点からすれば，次のように読み替えることができる。

---

① ⇨ 他との自由な通商ができない＝通商権を薩摩藩に掌握されている
② ⇨ 琉球産の黒砂糖・酒や，中国との朝貢貿易で得た産物を薩摩藩に収奪されている

　これらの点は最低限，答案の中に盛り込んでおきたい。

▶薩摩藩による琉球支配とその歴史的経緯

　17世紀初，江戸幕府の許可の下で**島津家久**が琉球に侵攻し，国王尚寧を捕えて以降，薩摩藩による琉球支配が始まった。

　薩摩藩は与論島以北を割譲させると共に，検地・刀狩を行って農村支配を確保した。その上で，尚氏を王とする独立国の体裁を残し，中国との朝貢・冊封関係を継続させつつ，通商交易権を掌握した。そして，中国との朝貢貿易によって得た産物を送らせ

ると共に，琉球産の黒砂糖の上納を強制した。

　さらに，江戸幕府の要請により，将軍の代替りごとに**慶賀使**，琉球国王の代替りごとに**謝恩使**を江戸へ派遣させた。そして，使節の行列には異国風の服装を用いさせていた。これは，異国が江戸幕府に服属・入貢するように演出し，幕府の威光が異国にまで及んでいることを誇示するセレモニーとしての意味をもっていた。

解答例

　A明の海禁政策により中国商人の海外渡航と民間貿易が禁じられたため，明に朝貢する琉球は中継貿易による利益獲得が期待できた。

　B琉球は17世紀初に薩摩藩の侵攻を受けて以降，同藩の支配下にあり，江戸幕府へは謝恩使や慶賀使を派遣させられていた。中国との朝貢・冊封関係を継続しつつも，通商権を薩摩藩に掌握され，中国との朝貢貿易で得た産物や琉球産の黒砂糖の上納を強制された。

論述作成上の注意

□Aについて。明の海禁政策が琉球の中継貿易の基礎にあったこと，その関係を説明することが不可欠である。

□Bについて。中国との朝貢・冊封関係は隠されていないのだから，日中両属を指摘するにしても，「日本との関係」を主題とした答案を構成しよう。

□Bについて。資料文から読み取った内容をしっかり反映させよう。

66　江戸時代の軍事動員制度 （2005年度　第3問）

　江戸時代における，石高制を基礎とした武士・百姓の軍事動員制度について問うた出題である。石高が幕府・大名間の関係，幕府・百姓間の関係においてどのように機能していたのかが理解できていれば，解答は平易だろう。

設問の要求

〔主題〕「このような」統一基準をもった軍事動員を可能にした制度。
〔条件〕江戸時代の支配の仕組みにふれる。

　「このような」を把握することが不可欠であり，まずは，資料文の読み取りから入ろう。

資料文の読み取り

(1) 幕府の軍事力構成
　　直参（旗本・御家人）と大名から差し出される兵力で構成
(2) 幕府が兵力を動員する際の基準
　　動員する軍勢の基準＝各大名の知行高に基づく
(3) 幕府が村々から陣夫役を徴発する際の基準
　　村々からの徴発する人数の基準＝村高に基づく

▶誰が誰を軍事動員するのか？

　資料文(1)・(2)が軍事動員に関する説明であることは，すぐに了解できるだろう。

　では，資料文(3)はどうか？　陣夫役（兵糧や物資輸送などのために徴発された夫役）も一種の軍事動員だと判断できたかどうかが，ポイントである。

(1)・(2)
　幕府が大名から兵力を動員 → 大名家を単位として武士を軍事動員
(3)
　幕府が村々から百姓を徴発 → 村々を単位として百姓を軍事動員

▶何を基準として動員するのか？

　武士や百姓を動員する際の**「統一基準」**とは何か？

　資料文(2)では「知行高」，資料文(3)では「村高」と，異なった表現が用いられているものの，単位（石）を見れば分かるように，これらは**石高**である。知行高は，大名が幕府（将軍）から知行を保障された石高であり，村高は百姓が所持を保障された田

畑・屋敷地の石高の村全体にわたる総計である。

　つまり、「統一基準」とは石高に基づいて規定されたものであり、それゆえ、この設問で問われているのは、**石高制**について説明することである、と判断できる。

(2) 知行高を基準として兵力を動員
(3) 村高を基準として陣夫役を徴発
⇨ 統一基準＝石高制に基づく

▶**石高制**

　石高とは土地の価値を米量に換算して表示したもので、この石高を基礎として組み立てられた支配・社会の仕組みを石高制と称する。16 世紀末に天下統一を果たした**豊臣政権**による**太閤検地**を通じて全国的に確立し、江戸幕府でも継承された。

発　展　**太閤検地**

　豊臣政権は、新しく獲得した領地で次々と検地を実施した。この一連の検地を太閤検地と呼び、村ごとに検地帳を作成することを主な目的として実施された。村切りを行って村の境界を確定しつつ、田畑・屋敷地に対して権利をもつ百姓を一人に確定すると共に、面積を測定し、石盛を見積もって石高を算出していった。

　この結果、検地帳に登録された百姓（名請人と呼ぶ）には、土地を所持・耕作する権利が保障されると共に、石高に応じた年貢・諸役を負担することが義務づけられた。とはいえ、個々の百姓が領主に対して年貢・諸役を納入するのではなく、村請制が採用され、年貢・諸役は村全体の石高（村高）を基準として村を対象に賦課され、村全体の責任で納入された。

　一方、豊臣政権は 1591 年、全国の大名に対して国ごとの検地帳（御前帳）の提出を命じ、その際、この検地帳は石高で統一することを求めた。この結果、全ての大名の石高が定まり、全国的に石高制が確立することとなった。

　なお、石高制は土地（の質的側面）を統一基準の下で数量化した点が画期的で、これにより武士など領主と支配地との関係は置き換え可能となり、領主を本来の支配地から引き離すことが容易となり、統一権力確立の基礎となった。

▶**石高制と「江戸時代の支配の仕組み」**

　江戸時代における支配・社会の仕組みにおいて、石高は 2 通りに使われていた。

　第一に、武士など領主と百姓（あるいは村々）との関係においてである。検地を通じて、石高をもとに百姓の土地所持が明確になる一方、その石高に応じた年貢・諸役を負担する義務を負うこととなった。つまり石高は、領主が百姓に対して年貢・諸役を賦課する対象であり、領主にとっては年貢を収納する基準となるものであった。

　第二に、領主間、とりわけ**武士どうしの主従関係**においてである。主君から家臣に対し、石高をもとに領地が与えられ、家臣はその石高に応じた軍役を負担すること

なった。言い換えれば，石高は家臣（大名・旗本など）が主君（将軍）に対して負う軍役の基準であり，常備することを義務づけられた兵馬の数量の基準であった。

```
石高制 ─────────→ ( ◦ 武士による百姓支配
       統一的に把握   ◦ 武士どうしの主従関係
```

　なお，「江戸時代の支配の仕組み」を別の視点から説明することも可能である。

　江戸時代には，武士の主従制，百姓の村，町人の町などの集団が社会の基本的な構成単位であった。そして，人々はこれらの集団を通じ，それぞれ集団ごとに割り当てられた役（義務）を石高に応じて担うことによって身分に位置づけられていた。それゆえ，武士は主従制の下，石高を基準に軍役を負担し，百姓は村ごとに，石高を基準に陣夫役を負担したのである。

解答例

　江戸時代は，土地の価値を米建てで統一的に表示する石高制を基盤とし，武士間の主従関係と武士による百姓支配が石高という基準の下で統一的に把握された。武士は主君から石高の知行を保障され，石高に見合った軍役を負担し，百姓は検地により田畑・屋敷地の所持を保障され，石高に応じた年貢や陣夫役を村ごとに負担した。

別解　江戸時代は全国の土地の価値を米量で統一的に表示する石高制を基盤とし，人々は所属する身分集団ごとに固有の義務を石高に応じて負担していた。武士は主従制の下，主君から知行として給付された石高を基準に，軍役を負担して兵力を提供し，百姓は検地によって確定された村ごとの石高に応じて，年貢や陣夫役を負担した。

論述作成上の注意

□「知行高」「村高」という資料文中にある表現のみを使うのではなく，それらが石高であることを表現することが不可欠である。

□幕府と大名との関係ばかりに焦点を当てず，百姓との関係にも目配りし，両者を総合的に表現しよう。

67 中世・近世前期の貨幣流通 （2004 年度 第 2 問）

中世と近世における貨幣制度の相違を問うた出題である。貨幣がどのような機能を果たしたのか，国家権力の変化と共に貨幣制度がどのように変化し，整備されたのかが問われている。

A

設問の要求

〔主題〕ⓐ鎌倉時代の日本で使われていた銭貨①（皇宋通寶）はどこで造られたものか。
　　　　ⓑ流通した背景としての国内経済上の変化。

▶主題ⓐ：銭貨①はどこで造られたのか

写真を見たことがなくとも，「鎌倉時代の日本で使われていた銭貨の一例」と説明してあることから，宋銭であることは察しがつくだろう。

▶主題ⓑ：銭貨①が流通した背景

鎌倉時代には，荘園年貢の輸送を媒介として遠隔地間での商品流通が活発化し，地域でも農業生産の発達と共に定期市が開催されるなど商品流通が盛んになっていた。それゆえ，商品の流通を媒介する貨幣に対する需要が高まり，それまで貨幣として機能していた米や布・絹などに代わって銭貨が流通するようになった。

なお，貨幣は素材面から見ると，物品貨幣（米・布・絹など），金属貨幣（金・銀・銅など），信用貨幣（紙幣など）があるが，金属貨幣は物品貨幣に比べ，均質で分割しやすく，持ち運びに比較的便利であり，耐久性があるなどの理由から，交換（流通）手段としての利用に適していた。

B

設問の要求

〔主題〕銭貨②（永樂通寶）が造られてから，土中に埋まるまでの経過。

▶銭貨②はどこで造られたのか，どのような経緯で日本に流入したのか

問題では旧字が用いられているが，「永楽通宝」であることが判読できれば，銭貨②が明で造られたことが分かる。そして，15 世紀には日明間で勘合貿易が行われており，それを通じて大量に輸入されたことも知っているだろう。

▶銭貨②が日本に流入してから「土中に埋まる」までの経過

　まず，設問文で「日本の遺跡で相当数がまとまった状態で発掘される」と説明されている点に注目しよう。おそらく自然に埋まったものではなく，人為的に埋められたと想像できる。そして，埋めた人々が相当数の銭貨②を手元に所持していたということも推察できる。

　ここで考えたいのは，設問(A)では銭貨が商品流通を媒介する手段，つまり交換（流通）手段として普及した様子が問われていたが，この設問では貨幣のどのような機能に焦点が当たっているのか，という点である。

　貨幣が果たす役割は，次のように整理することができる。

> **貨幣の機能**
> 　㋐価値尺度
> 　　品物がどれくらいの価値（交換価値）をもつかを表示する基準。
> 　㋑交換（流通）手段
> 　　品物を交換するに際し，それへの対価を支払うために用いられる。
> 　㋒支払手段
> 　　人々が国家へ租税を納入したり，国家などが給与を支払うのに用いられる。
> 　㋓蓄財手段
> 　　蓄えている財産の規模を表示する手段（→ 貨幣の蓄蔵＝財産蓄積）。
> 　㋔価値増殖の手段
> 　　他人に貸付け，利子をつけて返済させることで，価値を増殖させることができる。
> 　㋕まじないの手段
> 　　祭礼などで使用され，呪力をもつものとして，あるいは呪力そのものとして機能することがある。

　このうち，「㋓蓄財手段」に焦点の一つが当たっていることを意識したい。つまり，15世紀には銭貨は交換（流通）手段としてのみならず，蓄財手段としても機能するようになっていたのである。

　では，人々はなぜ相当数の銭貨②を土中に埋めたのだろうか？

　実は，理由については学者の中でも議論が分かれていて，戦乱などから財産を守るために土中に埋蔵しておいたという説や，土地開発を行う際に神仏に捧げたという説（「㋕まじないの手段」）などがある。こうなると高校日本史レベルではお手上げであり，最低限，銭貨が蓄財手段としても機能するようになっていたこと，その上で土中に埋められたことが指摘できれば十分だろう。

C

設問の要求

〔主題〕銭貨①②が流通していた時代から銭貨③（寛永通寳）が発行されるまでに，
　　　　ⓒ日本の国家権力にどのような変化があったか。
　　　　ⓓそれが貨幣のあり方にどのような影響を与えたか。

▶主題ⓒ：国家権力の変化

　まず，銭貨①②や銭貨③が流通していた時代それぞれについて国家権力のあり方を整理しよう。

〔銭貨① → 鎌倉時代〕

　鎌倉時代は鎌倉に武家政権，京都に公家政権が存在し，公武二元支配が行われた時代であり，承久の乱・蒙古襲来を経る中で武家政権の支配力が拡大していくものの，最後までこの枠組みは維持され続けていた。つまり，一元的な国家権力が存在しなかったのが鎌倉時代であった。

〔銭貨② → 室町時代〕

　南北朝動乱を経て全国支配を形成した室町幕府は，朝廷の権限を吸収して公武一統を実現していったものの，その全国支配は守護領国制に依拠することで初めて実現しており，地方分権的な性格が強かった。つまり，室町時代も一元的な国家権力が不在であった。

〔銭貨③ → 江戸時代〕

　江戸時代の支配体制は幕藩体制と呼ばれ，各地に諸大名が領地（領知）をもち，ある程度の自由裁量を認められ地方統治を担っていた。この意味では江戸時代も地方分権的だが，室町時代とは異なり，中央集権的な性格が強かった。それは，石高制を基礎とする大名知行制が形成されていたからである。石高制の下，幕府が所領与奪の権限を握り，諸大名の領知は一時預かりと認識されていたのである。

　以上を整理すると，次のようになる。

> 銭貨①②の時代：一元的・統一的な支配力をもつ国家権力が不在
> ↕
> 銭貨③の時代　：石高制を基礎に統一権力が出現

▶主題ⓓ：貨幣のあり方とその変化

　このような国家権力の変化が「貨幣のあり方」にどのような影響を与えたのか。このことを考える際，銭貨①②の時代と銭貨③の時代において，「貨幣のあり方」がどのように変化したのかを考えることがまず必要である。

◦銭貨①②の時代
　さまざまな銭貨が混在し，統一性が欠如
　　：中国から流入した宋銭・明銭が流通，室町後期には私鋳銭も流通 → 撰銭が横行

◦銭貨③の時代
　全国に流通する銭貨の統一が実現
　　：江戸幕府の下で規格の統一された銭貨③が大量に鋳造・供給される → 撰銭が停止

　こうした変化が，江戸幕府が石高制を基礎とする統一権力として成立し，それゆえ貨幣鋳造権を独占したために生じたことは，先に整理したデータとの対応関係から，すぐに了解できるだろう。

解答例

　　A宋。荘園公領制下での年貢輸送を媒介に遠隔地間商業が発達し，交通の要地で定期市が開催されるなど，貨幣需要が高まっていた。

　　B明で鋳造されて勘合貿易により流入し，流通手段としてのみならず蓄財手段としても機能し，財産保全などを目的に埋蔵された。

別解　B明で鋳造されて勘合貿易により流入し，流通手段としてのみならず蓄財手段としても機能し，土地開発などに際して埋納された。

　　C中世は統一権力が不在で，中国銭を中心に多様な貨幣が混在した。一方，近世には石高制を基礎に統一権力が樹立され，鋳造権を独占した江戸幕府の下，同じ規格をもつ貨幣が全国的に通用した。

論述作成上の注意

□Aについて。「年貢の代銭納」については書いてはならない。「代銭納」は貨幣が流通した結果・影響ではあっても，その背景ではない。

□Bについて。高校日本史レベルでは，土中に埋められた理由を的確に説明できなくとも構わない。

□Cについて。銭貨③を発行した江戸幕府が統一的な国家権力を掌握していたことと共に，その基礎である石高制にも言及しておきたい。

68 幕藩体制にとっての蝦夷地の意味 (2004 年度 第 3 問)

　江戸時代において蝦夷地が経済・貿易とどのような関係をもっていたかについての出題である。条件にのみ即して答えようとすると，資料文全てを活用しきれない。資料文全体に対する目配りが不可欠である。

設問の要求

〔主題〕18 世紀中ごろ，蝦夷地が幕藩体制にとって，どのような意味で，なくてはならない地域となっていたか。
〔条件〕生産，流通，長崎貿易との関係を中心に説明する。

▶蝦夷地とはどのような地域なのか

　蝦夷地とは，ほぼ現在の北海道を指す呼称（千島や樺太の一部も含む）であり，この地域には**アイヌ**が居住していた。

　とはいえ，厳密に言えば北海道全域を指すのではなく，松前地（和人地＝松前氏の領地）を除いた地域の呼称である。松前氏は将軍と主従関係を結んだ大名だから，その領地以外ということは，江戸幕府による幕藩制支配の及ばない地域であり，だからこそ，「蝦夷」地なのである。

▶蝦夷地と幕藩体制下の日本との関係

　蝦夷地は，幕藩制支配の及ばない地域だったとはいえ，幕藩体制下の日本と無関係だったわけではない。蝦夷地は松前氏が交易の独占権を保障されており，松前藩はそのことを基盤として存立していた。松前氏は，家臣に対して交易権を分与すること（商場知行制）を通じて藩制を成り立たせていたのである。

　このように蝦夷地は，松前氏を通じて幕藩体制と関係づけられており，ある意味では，宗氏を介した朝鮮，島津氏を介した琉球と共通するものがあった。蝦夷地は，朝鮮や琉球と共に江戸幕府に服属する異国・異域と位置づけられ，朝鮮や琉球のように幕府のもとへ使節を派遣することこそなかったが，将軍の代替りに際して諸国に派遣された巡見使に対して服属儀礼（ウィマムと言う）を行っていた。

蝦夷地：アイヌの居住地
　↓
　松前氏が交易独占権をもつ＝商場知行制を通じて藩制を整備
　　将軍と主従関係（→ 蝦夷地交易の独占権を保障される）

> **資料文の読み取り**
>
> (1)
> 　◦ アイヌ：漁業や狩猟で得たものを和人などと交易
> 　◦ 松前藩：アイヌとの交易から得る利益を主な収入とする
> 　↓
> 　◦ 松前氏：江戸幕府から蝦夷地交易の独占権を認められる
> 　　　→ 家臣に対して蝦夷地交易権を分与（商場知行制）
> (2)
> 　◦ 18世紀以降，場所請負制へ移行
> 　　　→ 商人が漁獲物や毛皮・木材などを求めて殺到
> 　◦ 18世紀後半頃，松前・江差・箱館〜日本海〜下関〜上方という廻船のルートが確立
> (3)
> 　◦ 蝦夷地での漁獲物とその用途
> 　　⎡ 鰊（にしん）：食用，肥料用の〆粕への加工（19世紀）
> 　　⎟ 鮭：食用や贈答品
> 　　⎣ なまこや鮑（あわび）：食用

　以上を念頭に置きながら，蝦夷地と生産，流通，長崎貿易との関係を確認していこう。

▶蝦夷地と生産との関係

　資料文(3)に「肥料」への加工についての説明があり，**農業生産の発展**に関わっていたことがわかる。〆粕は干鰯と同じように，綿作などの商品作物生産に欠かせない肥料であった。

　なお，設問では「18世紀中ごろまでには，蝦夷地は幕藩体制にとって，なくてはならない地域となっていた」と記されているものの，資料文(3)によれば，〆粕への加工は19世紀以降のことと言う。ここに注目すれば，〆粕を考察の材料から除外した方がよいようにも見える。しかし，〆粕を除外すれば「生産との関係」を考える素材がなくなってしまう。それゆえ，ここでは時期のズレをあえて無視しよう。

▶蝦夷地と流通との関係

　資料文(2)に，18世紀後半頃「松前・江差・箱館から日本海を回り，下関を経て上方にいたる廻船のルート」が確立したと書かれているが，このルートで活躍したのが**北前船**である。北前船は，菱垣廻船など旧来の廻船とは性格の異なる新しい廻船であった。旧来の廻船が荷主との契約で荷物を輸送し，その運賃を収益とする運賃積方式であったのに対し，北前船は買積方式の廻船で，船主が自ら買い入れた商品を積み，輸送先で売却して利益をあげていた（尾張を拠点とした内海船も同様）。つまり，船主たちは（この問題に即して言えば）鰊・鮭・鮑・昆布などの海産物，各地で食用品

や贈答品などとして大きな需要がある商品を，蝦夷地から日本海沿岸，そして下関，瀬戸内海沿岸，上方といった消費地へと運び，地域間の価格差を利用して利益をあげていたのである（なお，このことが大坂の商業的機能を低下させていった）。

このように蝦夷地は，<u>北前船という新しいタイプの廻船業者を台頭・成長させる媒介となったわけである</u>。

▶蝦夷地と長崎貿易との関係

資料文(3)に「なまこや鮑も食用に加工された」とあり，ここから**俵物**が想起できれば問題はない。つまり蝦夷地は，<u>清向け輸出品として重要度を増していく俵物の重要な供給地だったのである</u>。

以上の3点をまとめれば，次のようになる。

生産との関係
　商品作物栽培に対して肥料〆粕を供給
流通との関係
　新興の廻船業者北前船を台頭させる
長崎貿易との関係
　清向け輸出品である俵物を供給

18世紀以降，資料文(2)にあるように，松前藩の下で，アイヌとの交易を商人に請負わせる**場所請負制**が導入され，<u>商人による経営が拡大する</u>中，このような形で蝦夷地は幕藩体制にとって，なくてはならない地域となっていったのである。

解答例

蝦夷地は，幕府からアイヌとの交易独占権を認められた松前氏が商場知行制を通じて藩制を整備したことを通して幕藩体制と関係づけられていた。18世紀以降，場所請負制が広がり，和人商人により漁場経営が拡大すると，西廻り航路を就航した新興の北前船の成長を促すと共に，商品作物栽培に不可欠な〆粕，長崎貿易での清への主要な輸出品である俵物の供給地として重要な役割を果たした。

論述作成上の注意
□流通については，「廻船ルートの発達により産物が全国に流通した」などと，蝦夷地の産物が流通する様子を説明するのではなく，流通（商品の移動や移動させるための活動）の発達，言い換えれば「廻船ルートの発達」に対して，蝦夷地がどのように役立っていたのかを表現したい。

69　17世紀後半の歴史書編纂と国家意識

（2003年度　第3問）

　幕藩体制が安定期を迎えた17世紀後半，儒学者がどのような歴史観や国家意識をもっていたかに視点を当てることを通して，当時の政治動向や対外関係の特色を問うた出題である。設問Aは儒学者の歴史観，設問Bは鎖国制下の対外関係の内実がどこまで把握できているかがポイントである。

A

設問の要求

〔主題〕17世紀後半に歴史書の編纂がさかんになった理由。
〔条件〕当時の幕藩体制の動向に関連させる。

▶誰が歴史書の編纂に携わったのか

　まず，どのような人々が歴史書の編纂に携わったのか，確認しよう。

　問題文では，具体的な人物名として「儒学者の林羅山・林鵞峯父子」と「儒学者の山鹿素行」が挙げられている。いずれも儒学者である。そして，『大日本史』については編纂者に関するデータが記されていないが，その編纂過程で水戸学と称される独自の朱子学派が形成されたことは知っているだろう。これも儒学者が編纂に携わっていたと判断できる。

　このことを念頭に置けば，この問題は次のように読み替えることができる。

〔主題〕17世紀後半，儒学者がさかんに歴史書を編纂した理由。

▶当時の幕藩体制の動向

　「当時」すなわち17世紀後半は，4代将軍徳川家綱から5代将軍徳川綱吉の治世の前半期にかけての時期である。したがって，幕藩体制が安定期に入って文治政治が展開していた時代であり，儒学に基づき，武士に対して忠孝の道徳や礼儀が求められていた時代である。

当時の幕藩体制の動向
　文治政治の展開 → 忠孝や礼儀による秩序を重視＝儒学に基づく

▶儒学者の歴史観

　このような政治情勢の下，儒学者は歴史書を編纂し，歴史を論じることによって何を主張しようとしたのか？

儒学者は**徳治主義**の立場に立ち，為政者（統治者）の道徳を重視し，為政者の道徳が政権の盛衰を左右すると考えていた。それゆえ，歴史書を編纂することを通じて，幕府の正統性を論じると共に，為政者の道徳がいかに政権の盛衰につながったかを具体的な事実から論証し，武士に対して**為政者としての自覚**を促そうとしたのである。

儒学者の歴史観

為政者の道徳により政権が盛衰
　→ 具体的な歴史叙述を通じて示す＝武士に対して為政者としての自覚を求める

B

設問の要求

〔主題〕下線部「日本こそが『中華』である」のような主張が生まれてくる背景。
〔条件〕 ⓐ 幕府が作り上げた対外関係の動向を中心とする。
　　　　 ⓑ 「この時期」の東アジア情勢にもふれる。

「日本こそが『中華』である」との主張の内容を考える際，次の点に注目しよう。

① 「『中華』である」とは，どういう意味なのか
② なぜ「日本こそ」と表現されているのか

▶条件ⓐ：幕府が作り上げた対外関係の動向

いわゆる鎖国制下の対外関係は，次のように整理することができる。

鎖国制下の対外関係

　◦（一般の）日本人の海外渡航・帰国を禁止
　◦対外交渉の窓口を四口に限定＝自由な民間貿易を禁止
　　→ 長崎口は幕府が直轄 ↔ 対馬口・薩摩口・松前口はそれぞれの大名に独占的に委任
　◦交渉相手を朝鮮・琉球・オランダ・中国・アイヌ（蝦夷地）に限定
　　→ 朝鮮・琉球＝通信国 ↔ オランダ・中国＝通商国

ところが，これだけの知識では「日本こそが『中華』である」という主張との関連が見えてこない。幕府はこのような対外関係を作り上げることで何を実現させたのか，あるいは実現させようとしたのかを考えることが必要である。その際，考察の対象を通信国，つまり国交をもった**朝鮮・琉球**に限定してよい。

朝鮮からは将軍の代替りに（朝鮮）信通使が派遣され，島津氏支配の下で幕藩体制の枠内に組み込まれつつも独立国としての体裁が存続した琉球からは，将軍の代替りに慶賀使，国王の代替りに謝恩使が派遣されていた。そして，これらの使節の江戸参府は，幕府の権威が異国へも及んでいるように演出するための儀礼（セレモニー）としての意味をもっていた（なお，オランダ商館長は毎年，江戸へ参府することが義務づけられてお

り，これもオランダ商館長の将軍への臣従を演出させる儀礼であった）。言い換えれ
ば，幕府は，かつて明が東アジア世界において作り上げていた国際秩序を，独自に作
り上げようとしていたのである。「中華」の模倣である。

日本は「中華」である

　朝鮮・琉球からの使節＝異国による服属を演出 ⇨ 日本型華夷秩序

▶条件ⓑ：17世紀後半の東アジア情勢

　日本史の教科書でも，次のような情勢はたいてい説明されている。

17世紀後半の東アジア情勢

　明が滅亡 → 清（中国東北部から興る・満州族）の中国支配が形成

　ここで，説明文に「それまで日本は異民族に征服されその支配をうけることがなか
ったことや，王朝の交替がなかったこと」と記述されていることに注目しよう。この
記述を念頭に置けば，中国では異民族支配が形成され，王朝の交替が行われた（華夷
変態と評された）とまとめ直すことができる。

　ここに「日本こそが『中華』である」という主張の含意がある。

日本こそが「中華」である

　中国＝異民族支配の形成・王朝の交替
　　　↕
　日本＝異民族支配も王朝交替もなし

　異民族による征服・支配が進展した中国（という儒学の本国）よりも，異民族によ
る征服・支配を経験していない日本の方が「中華」としてふさわしいとの優越意識が
儒学者の中に生じたのである。

解答例

　Ａ幕藩体制が安定し，儒学に基づいて忠孝や礼儀による秩序を重視
する文治政治が展開するのに伴い，過去の政権の盛衰を示すことを
通じ，武士に対して為政者としての自覚を求める風潮が強まった。

　Ｂ幕府は朝鮮・琉球を臣従する異国と位置づけ，独自の華夷秩序を
形成したのに対し，中国では明が滅んで清による支配が形成され，
異民族支配と王朝交替が進んだため，中国への優越意識が生じた。

論述作成上の注意

□Ａについて。"幕府支配の正統性"に触れてもよいが，幕府から処罰された山鹿素行の
　『武家事紀』も素材として取り上げられており，不可欠ではない。

□Ｂについて。下線部の直前にある記述に即して論じるとよい。

70　中世・近世の武士と百姓・商工業者

（2002 年度　第 2 問）

　中世後期から近世にかけての身分のあり方の変化を，地侍・城下町・村に焦点を当てて問うた出題である。資料文が示されているものの，その要約では答案は構成できない。内容把握に努めつつ，それに関連する知識を自分のストックからいかに引き出してくるかがポイントである。

A

設問の要求

〔主題〕室町時代の地侍の，幕府・大名・荘園領主への対立的な行動を具体的に説明する。

　まず，地侍とはどのような存在であるかを資料文(ア)で確認しておこう。そこには 2 つのデータが示されている。

資料文の読み取り ＜パート 1 ＞

(ア)・国人たちと主従関係を結ぶ → 国人に従って戦争に出陣　‥‥‥‥‥‥‥‥‥‥‥@
　　　⇨ 国人たちと軍事行動を共にする
　　・惣村の指導者層でもあった　‥‥‥‥‥‥‥‥‥‥‥‥‥‥‥‥‥‥‥‥‥‥‥‥ⓑ
　　　⇨ 惣村の百姓たちと行動を共にする

　それぞれ具体的にはどのような行動だったのか。この設問では，幕府・大名・荘園領主との関係においてとられた行動のうち，それらに対する「対立的な行動」を説明することが求められている。

ⓐ国人たちとの共同行動
　・国一揆に参加＝大名による支配に対抗 → 一定地域の自治を実現

ⓑ惣村の百姓たちとの共同行動
　・荘家の一揆を結ぶ＝荘園領主に対して年貢減免や不法な代官の罷免などを要求
　　（強訴や逃散などを行う）
　・周辺の村々と連合して土一揆を起こす＝徳政を掲げる → 幕府に徳政令発布を要求

B

設問の要求

〔主題〕戦国大名が城下町に家臣たちを集住させた目的。

▶城下町に集住させた「家臣」とは？

　この設問には資料文(イ)が対応するものの，そこでは「家臣」という語が用いられていない。したがって，まず「家臣」とはどのような人々を指すのかを資料文(イ)を使って明確化しておく必要がある。

資料文の読み取り＜パート2＞

(イ)「国人や軍役を負担する人々を城下町に集住させようとした」
　　⇨「家臣」＝「国人」と「軍役を負担する人々」

▶「軍役を負担する人々」とは？

　在地に居住する者で，国人以外に軍役を負担する人々と言えば，**地侍**を指すものと想像できる。しかし，資料文(イ)では「地侍」という語が用いられていない。

　もともと地侍とは百姓身分でありつつ武士身分でもあった人々なのだから，「年貢を負担する者」であると共に「軍役を負担する者」でもある。このことを念頭に置けば，地侍の中には「軍役を負担する者」として城下町へ集住させられた者もいれば，「年貢を負担する者」として在地に留まった者もいるということが分かる。

　検地を通して「年貢を負担する者と，軍役を負担する者とに区別していく」ことにより，戦国大名は軍役・年貢負担を軸として武士―百姓関係を確定し直そうとしているのであり，言い換えれば，**兵農分離**を推進しているのである。

▶再び「家臣」とは？

　ここまで確認したことを前提として，「家臣」とはどのような存在なのか，資料文(ア)・(イ)を参照しつつ，さまざまな視点から整理し直してみよう。

資料文の読み取り＜パート3＞

戦国大名の「家臣」
　ⓒ戦国大名に「従う」人々（→ 資料文(イ)）
　　⇨戦国大名に臣従する人々（従者）
　ⓓ「軍役を負担する者（人々）」（→ 資料文(イ)）
　　⇨戦国大名の軍隊を構成する人々
　ⓔ「在地に居館を設け」る国人・「惣村の指導者層」（→ 資料文(ア)）
　　⇨在地に居住し，百姓と直接的な関係をもつ人々

さて，こうした側面をもつ「家臣」が集住させられた「城下町」とは，戦国大名の居城の回りに形成された町であり，戦国大名の直接監視下にある地域である。

このことを念頭に置けば，先に確認したような側面をもつ「家臣」を城下町に集住させることは，次のような3つの意味をもつことが分かる。

家臣を城下町に集住させる意味
- ⓒ→臣従する家臣をまとめて直接監視下に置く＝統制を確保・強化
- ⓓ→迅速な軍事動員（軍隊編成）を可能とする
- ⓔ→家臣を在地から引き離す＝「年貢を負担する者」（百姓）への直接的支配を志向

C

設問の要求

〔主題〕近世大名は，城下町に呼び集めた商工業者をどのように扱ったか。
（①居住のしかた，②与えた特権について述べる）

▶主題①：商工業者の居住のしかた

城下町には武家地，寺社地とならんで**町人地**と称される地域が設定され，商人や手工業者はその地域の中に職種ごとに居住させられていた。

▶主題②：近世大名が商工業者に与えた特権

商人や手工業者の集住を促すため，地子銭を免除し，営業の自由を保障するなどの特権を与えた。

D

設問の要求

〔主題〕近世の村がもつ，①二つの側面，②その相互の関係。

▶主題①：近世の村がもつ「二つの側面」

この設問に対応するのは資料文㈣であり，そこで「二つの側面」が説明されている。

資料文の読み取り＜パート4＞

㈣◦側面1：「農民の生産と生活のための共同体」
　◦側面2：「支配の末端組織」

まずは，それぞれの具体的内容を確認しよう。

▶〔側面1〕村＝農民（百姓）の生産と生活のための共同体

　室町時代以降，村では灌漑施設や山野など入会地を共同管理し，祭礼などの行事を共にし，結と呼ばれる相互扶助による共同労働も盛んであった。

▶〔側面2〕村＝支配の末端組織

　太閤検地以降，村ごとに検地帳が作成され，村が支配の末端機構として把握されていった。そして，幕藩領主は，年貢・諸役を村高を基準として賦課し，村の責任の下で納入させると共に，法令の伝達・遵守などについても村の責任によって行わせた。つまり，村請制を採用したのである。

▶主題②：「二つの側面」の相互の関係

　村請制を採用したということは，村内部のことがらについては，その自律性にゆだね，村々の自治を保障した，ということを意味する。つまり，幕藩領主は村の共同体的慣行（共同体秩序）を百姓支配のために利用したのである。

解答例

　A惣村の指導者として荘園領主に対して年貢減免などを求めて強訴・逃散を行い，土一揆を主導して幕府に対して徳政令発布を求め，国人と共に国一揆を起こして大名支配の排除を図ることもあった。

　B検地を通して武士・百姓関係を確定し直して兵農分離を進めた。その上で，武士身分として家臣に編成した人々を城下町に集住させ，直接監視下に置いて統制を強化しつつ迅速な軍事動員を確保すると同時に，在地から切り離すことで百姓の直接的支配を志向した。

　C城下町に集住する家臣団に対する生活物資と軍事物資の供給を安定的に確保するため，地子銭免除などの特権を与えて商工業者を集め，武家地とは区別された町人地に職種・業種ごとに居住させた。

　D村は灌漑施設や入会地の共同管理，結と呼ばれる相互扶助などが行われる生産と生活のための共同体であった。幕藩領主は，この共同体秩序に依拠し，法令の伝達・遵守や年貢納入を村の責任で請負わせる村請制を採用して，村を百姓支配の末端組織と位置づけた。

論述作成上の注意

☐Bについて。資料文(イ)の「年貢を負担する者と，軍役を負担する者とに区別していった」との表現を答案に生かしたい。

☐Dについて。「二つの側面」の内容を具体的に説明するだけで終わらず，「関係」を説明することが不可欠である。

71　江戸後期における農村社会の変化 (2001年度　第3問)

　化政文化が農村をも組み込んだ形で展開していたことに焦点を当てた出題である。化政文化，すなわち江戸の中下層の町人による文化，という思い込みをもたず，資料文を丁寧に読み解くことがポイントである。

設問の要求

〔主題〕資料文のような変化が生まれた背景。
〔条件〕化政文化の特徴にもふれる。

　まず，資料文にどのような変化が記されているのかを把握しよう。その際，変化を表現する言葉に注意しながら，内容を読み込んでいくことが必要である。

資料文の読み取り

昔
　❶「無筆（読み書きのできない）の者が多かった」
　❷「儒教の書物などを」「学ぶことは流行しなかった」
　　→ 背景の推測：「そのころは村の人々に余裕がなかったためか」
今（現在）
　①「そのようなこと〔無筆の者が多かった〕を言っても，誰も本当のことだとは思わない」
　　⇨ ほとんどの者が読み書きができる
　　（「もっとも，老人にはまだ無筆の人もいるが」）
　②「学問，俳諧，和歌，狂歌，生け花，茶の湯，書画などを心がける人が多い」

　これらをまとめれば，次のように表現できる。

変　化
　❶→①：識字率の上昇
　❷→②：学問や教養を身につけることの流行
背　景
　村の人々に「余裕」が生まれたこと

　ここで注意しておきたいのは，学問などを心がける人が多いと記されている点である。「昔」の話として「儒教の書物などを教授すること」があったものの「学ぶことは流行しなかった」とあること（→❷）に留意すれば，学問とは少なくとも儒教（儒学）であり，あるいは国学などが含まれるかもしれない。このような学問の流行も含んだ「変化」が指摘されていることに注目したい。

　「化政文化」が素材となっているからと言って，先入観に基づいて，農村にも庶民娯楽が広がった，などと思い込んではならない。

▶村の人々に「余裕」が生まれた背景

どのようにして村の人々に「余裕」が生まれるようになったのか。

資料文は1840年代に書き留められた記録の一部なのだから，19世紀前半（文化・文政期）における経済発展を想起すればよい。

18世紀後半以降，村々では商品作物の栽培を中心とする商業的農業が著しく発展し，村々で商品作物を集荷・加工する動きも進んでいた。そして，19世紀前半には文政金銀の鋳造で通貨流通量が増加したこともあいまって**商品経済**がさらに大きく発展した。その結果，百姓たちの経済的な余裕が生じ，生活水準が総体的に向上していく。さらに，豪農や在郷商人が成長し，交通の便がよい在郷町を中心に地域市場が生まれ，村々への行商人の出入りも頻繁となった。

> **19世紀前半の経済発展**
> ○村々での商品生産が拡大 → 地域市場が成長
> ↓
> ○百姓の生活水準が総体的に向上
> ○村々と都市の交流（人や物・情報の交通）が活発化

▶村々の経済発展と寺子屋の普及

こうした生活水準の向上・経済的な余裕の発生は，**寺子屋（手習塾）**の普及とそれに伴う識字・計算能力の向上をもたらした。

商品経済の浸透は，百姓に対してそれに対応した経営への転換を促し，それゆえ，新たな農業技術の習得のために農書を読み解き，あるいは市場に関する情報を収集・分析する必要を増やしていた。さらに，都市の商家へ子供を出稼ぎに出す農家も多かった。寺子屋教育の普及は，こうした事態への対応であった。

▶村々・都市間の交流と学問・教養

一方，村々と都市の交流が活発となるに伴い，さまざまな行商人，さらには出稼ぎから戻った人々が江戸などの都市の文化や情報を伝えた。あるいは，文人が村々を訪れ，人々と交流を深めることもあった。こうした中で，学問をしたり，俳諧や和歌など教養を身につけようとする百姓たちの意欲が高まっていた。単純なあこがれ，都市文化への憧憬という要因もあるだろう。

さらに，たとえば俳諧がつどい，寄り合う中で創作された文芸であることを意識すれば，生活圏の拡大・経済活動の広域化に伴う社交・コミュニケーションの手段であったことにも気づく。実際，俳諧や和歌をたしなむ人々により，各地で連や社中などと称された文化的サークルが組織されていた。そして，こうした文化的なサークルは，百姓たちがさまざまな情報を収集・交換するための情報伝達網の結節点としても機能していたのである。

　経済発展は百姓の階層分化と村の共同体秩序の動揺を伴っていたことにも留意したい。商品生産の拡大とそれに対応した経営への転換は，百姓の下に債務が恒常的に存在する状況を作り出し，飢饉などに際しての経営の破綻・没落にもつながった。さらに，村々と都市の交流が活発になる中，無宿や博徒が横行するようになり，治安の悪化を招いていた。
　こうした地域秩序の動揺に直面し，農村社会の指導層である豪農や在郷商人には，地域秩序の再構築に向け，そのよりどころとなる学問・思想が求められていたのである。たとえば平田派国学（復古神道）が各地の豪農に浸透し，あるいは，報徳仕法を実践した二宮尊徳，独自の教学をもって農村復興に努めた大原幽学らの動きが一定の広がりをもったのも，そうした社会的な基盤があったからであった。

▶化政文化の特徴

　最後に，化政文化の特徴を確認しておこう。
　化政文化と聞くと，江戸を中心とする，中下層の都市民を対象とした町人文化だと即断する受験生が多いのではないか。しかし，それだけが特徴ではないし，そのような認識では，資料文の内容，とりわけ学問の流行との関連が見えてこない。江戸の文化を受け入れながら，地域独自の文化を育む動きが起こっていたこと，地域に根ざした地方文人が生まれたことに意識を向けてほしい。

化政文化の特徴
　。江戸が文化の発信地 → 中下層の町人を対象とする町人文化
　。地方：地域独自の文化を育む動き ← 江戸の文化を受容

解答例
　19世紀前半には村々で商品生産が拡大し，地域市場が成長した。それに伴い，百姓の経済的余裕が生じ，寺子屋が普及して識字率が上昇する一方，在郷商人が成長し，行商人や出稼ぎ者などの往来も頻繁になり，江戸など都市と村々との交流が活発化した。その結果，江戸の文化・学問を受け入れながら，地域独自の文化が育まれた。

論述作成上の注意
□江戸など都市に住む人々の生活が豊かになったなどと，都市の状況を説明してはならない。資料文が「村の変化」を書き留めた記録であることに留意しよう。
□化政文化の特徴については，「中下層の町人を対象とする町人文化」という側面に言及する必要はない。

72　一向一揆・キリスト教と豊臣政権

（2000 年度　第 2 問）

　一向一揆の行動やキリスト教信徒のあり方との対比を通して，豊臣政権がめざした統一権力の特徴を問うた出題である。設問A・Bは史料に即して表現すれば平易だが，設問Cは近世社会の特徴を念頭に置きながら総合的に考えることが求められる。

A

設問の要求

〔主題〕伴天連追放令第6条に記されている戦国時代の一向一揆の行動の特徴。

　まず，第6条にどのような行動が記されているか，確認しよう。

史料の読み取り ＜パート1＞

伴天連追放令第6条
- 「国郡に寺内を立て」 ⇨ 寺内町を建設
　↓
- 「給人へ年貢を成さず」 ⇨ 領主への年貢納入を拒否
- { 「加賀一国を門徒に成し候て，国主の富樫を追い出し」
「その上越前まで取り候」 } ⇨ 大名支配を排除
　↓
- 「一向宗の坊主のもとへ知行せしめ」 ⇨ 本願寺を頂点とする門徒領国を実現

　これらのデータをそのまま順番に記述すれば，答案が作れてしまいそうである。とはいえ，一向一揆に関する一般的な知識を確認し，対応させておこう。

　一向一揆は，近畿から北陸・東海などで，浄土真宗本願寺派（一向宗）の門徒である，国人・地侍，百姓らが結んだ一揆であり，次のような行動をとっていた。

一向宗門徒の行動
　①講に組織される（→ 講を通じて惣村に浸透）
　②寺内町を建設 → 不入・免税権などの特権を獲得
　③一揆を結んで対立する政治勢力と対抗 → 本願寺を頂点とする門徒領国を形成

　このうち，①については史料（第6条）には記されていないので答案からは省けばよく，さらに②の「不入・免税権の獲得」が史料（第6条）の「給人へ年貢を成さず」に相当するものと判断すればよい。

　なお，各地の寺内町がもっていた不入・免税権などの特権は，16世紀前半，細川晴元政権との争乱の中でまず大坂本願寺（石山本願寺）が獲得し，次いで各地の寺内町も本願寺末寺であることを根拠に獲得していった。

B

設問の要求

〔主題〕伴天連（キリスト教宣教師）は日本布教にあたってどのような方針を採ったか。
〔条件〕伴天連追放令の第 8 条から読みとる。

まず，第 8 条の内容を把握しよう。

史料の読み取り＜パート 2 ＞

伴天連追放令第 8 条
　○大名が「その家中の者共を伴天連門徒に押し付け成し候事」
　　↓
　○「分別これなき」→「御成敗を加えらるべく候」

　大名の中に，貿易の利益に着目してキリスト教に入信した者や，高山右近などのように信仰にひかれて入信する者がいたことは知っているだろう。この第 8 条では，そうした**キリシタン大名**の行為について書かれている。キリシタン大名が「家中」つまり家臣に対してキリスト教への改宗・入信を無理強いすることが禁制の対象とされているのである。
　このことを，キリスト教宣教師の立場から表現すればよい。

キリスト教宣教師の布教方法
　①大名を入信させる
　②大名の家臣（ひいては領民総体）を強制的に入信させる

C

設問の要求

〔主題〕豊臣秀吉が一向宗や伴天連門徒を「天下の障り」と考えた理由。

　伴天連追放令には「天下の障り」とあるが，これはどういう意味なのか。「障り」とは障害・妨げという意味だが，では「天下」とは何か？
　「天下」とはもともと全世界を意味していたものの，日本では古来，全国を指す語として使われていた。さらに，全国政権（あるいは中央政権）の所在地，全国政権，最高権力者個人をも重層的に意味する言葉として用いられるようになっていた。
　このことを前提とすれば，「天下」とは**豊臣政権**あるいは最高権力者としての**豊臣秀吉**個人を指すものと考えることができる。
　では，豊臣政権あるいは豊臣秀吉にとって，「一向宗や伴天連門徒」の何が障害なのか？

　これを考えるには，①「一向宗や伴天連門徒」の組織や行動，②豊臣政権がめざした支配体制がどのようなものであったか，を確認しておくことが必要である。

▶ポイント①：「一向宗や伴天連門徒」の組織・行動

　設問A・Bである程度，確認した。共通しているのは，以下の2点である。

　◦武士・百姓・商工業者など，さまざまな身分の者を含む
　◦信仰に基づいて団結し，共同行動を行う

▶ポイント②：豊臣政権のめざした支配体制

　豊臣政権は天下統一を進めながら，太閤検地や刀狩などの政策を実施した。

　太閤検地では，村が全国的に把握され，石高制が全国的に整備されると共に，村に属して年貢・諸役を負担する百姓と，主従制の下で知行を給付され，年貢を収納する武士（など領主）とが区別されていった。一方，刀狩によって百姓の武装と武力行使を禁ずることで，兵農両身分を区別する指標を明確化した。

　そして，こうした政策の上にたって身分統制令（人掃令）が出されることで，兵農分離・農商分離が整えられていったのである。

　天下統一→ { ◦村の全国的な把握　　　　　 } → 兵農商分離を推進
　　　　　　 { ◦石高制の全国的な整備　　　 }

　①と②を対比すれば，「一向宗や伴天連門徒」が身分を超えて団結し，共同行動を行う点が，兵農商分離を進める豊臣政権にとっての障害であったことが分かる。

解答例

　　A本願寺の下に団結し，各地の寺内町では不入・免税権を獲得し，加賀や越前では対立する政治勢力を排除して門徒領国を実現した。

　　B宣教師はまず大名を布教対象とし，その上で大名を通じてその家臣などに対してキリスト教への改宗・入信を強制しようとした。

　　C同じ信仰の下に身分を超えて団結し，共同行動をとったため，統一権力を樹立し，兵農商分離を進める秀吉にとって障害であった。

論述作成上の注意

□設問A・BがCを考える上での前提となっていることを注意しよう。
□Cについて。「一向宗や伴天連門徒」だけに注目せず，豊臣政権がめざした支配体制（近世社会のあり方）と対照することが必要である。

73 江戸時代の商家の相続 （1999年度 第3問）

江戸時代の商家における相続を，武家との対比の上で問うた出題である。知識のない受験生がほとんどだと思うので，資料文に即して，その内容を要約しながら考えていけばよい。

設問の要求

〔主題〕江戸時代の有力な商家における相続の特徴。
〔条件〕ⓐ武家における相続のあり方とくらべる。
　　　　ⓑ資料文に見られる長男の地位にふれる。

「商家の相続」についての知識はまずないと思うので，資料文(1)～(5)を要約しながら答案を作成すればよい。とはいえ，条件ⓐで武家との対比が求められており，その違いが生じる背景にまで考察を及ぼしておきたい。

▶条件ⓐ：武家における相続

武家では**長子単独相続**が行われていたことを見落としている受験生が案外多いのではないか。しかし，資料文(2)に「天子や大名において，次男以下の弟たちはみな，家を継ぐ長男の家来となる」とあることに注目すれば，長男が単独で相続していた（長子単独相続）というデータを引き出すことが可能である。

▶条件ⓑ：長男の地位

次に，資料文の中で「長男の地位」がどのように説明されているか，武家と有力な商家の違いに注目しながら，確認していこう。

資料文の読み取り ＜パート1＞

(2)
　○「下々の我々においても，次男以下の者は，長男の家来同様の立場にあるべきものだ」
　　　⇨ 有力な商家でも（武家と同じく）長子単独相続
(3)
　○「長男の成長が思わしくないとき」＝「相続させず」

ここから，有力な商家では，武家と同じく，長子単独相続を原則としていたものの，「成長が思わしくないとき」は長男であっても相続者から除外されていたことが分かる。これが，商家における相続の特徴だと判断できる。

では，なぜ長男の「成長が思わしくないとき」に相続者が変更されるのか？

▶商家と武家の相違点

　商家の長男に求められる「成長」とは，どのようなものか？　言い換えれば，商家の相続者としてふさわしい人材とは，どのようなものなのか？

　資料文をチェックしてみよう。

資料文の読み取り＜パート2＞

(1)
　・「家の財産」＝「子孫へ首尾よく相続するように」「心掛けること」 ……………………①
　　→「首尾よく」とはどういうことか？

(2)
　・「長男の成長が思わしくないとき」は相続させない ……………………………………②
　　→「成長が思わしくない」とはどういうことか？
　・「人品を見て適当な相続者を決める」 ……………………………………………………③
　　→「人品」とは何か？

(4)
　・「家を滅亡させかねない者」へ家の財産を与えては（相続させては）ならない ……④
　　→「家を滅亡させかねない」とはどういうことか？
　・「他人でも役に立ちそうな者を見立て，養子相続させる」 ……………………………⑤
　　→「役に立ちそうな」とは，何に「役に立」つのか？

　このように並べてみると，②と④，①と③と⑤がそれぞれ対応関係にあり，さらに両者が対立関係にあることが分かる。

　・「成長が思わしくない」人物（②）＝「家を滅亡させかねない者」（④）
　　　↕
　・「人品」の適当な者（③）
　・「役に立ちそうな者」（⑤） ｝→「首尾よく」家の財産を子孫へ相続させる（①）

　ここから，商家の相続者に求められた資質・才能が，家を破産させず，財産を子孫へと継承させることであったことが分かる。だからこそ，長男であっても相続させない場合があり，そのときは次男以下や他家からの養子に相続させるというのである。

　では，商家の場合，なぜ相続者にそうした資質・才能が求められるのか？

　武家との対比の中で，その理由を考えよう。注目すべきは「家の財産」である。

「家の財産」の違い

　武家：家禄（家ごとに世襲される知行・俸禄）
　　　　↕
　商家：家業により形成した資産

　武家の場合，主君から給付・保障された家禄であり，武家諸法度違反のような特別なことがない限り，家禄が削減される，あるいは没収されることはない。

　ところが，商家は家業の成否，経営のあり方いかんによって，資産が増えることも
あれば，資産を減らしてしまうこともある。したがって，相続者すなわち次の経営者
には，それにふさわしい資質・才能が求められたのである。

> **商家の相続者**
> 　◦原則：長子単独相続
> 　　↓
> 　◦経営者としての資質・才能が求められた
> 　　→ 次男以下や他家からの養子から相続者が選ばれることもある

▶選定対象の性別について

　では，相続者の選定は性別を問わなかったのだろうか？
　資料文(5)では，女子が他家に嫁ぐ存在であることが強調されている。ここから，女
子が相続者としての選定対象から除外されていたことが分かる。言い換えれば，選定
対象は男子に限られていたのである。

解答例

　　武家と同様，有力な商家でも長男による単独相続が原則であった。
　　しかし，武家の財産が固定的な家禄であるのに対し，商家の財産は
　　経営状態に左右されたため，相続者には経営者としての資質・才能
　　が求められた。そのため，次男以下の者や他家からの養子が相続す
　　ることもあったが，選定対象は男子に限られ，女子は除外された。

論述作成上の注意

□女子の地位は武家と同様である。しかし，相続者の選定対象が男子に限られていたこと
　を書き込んでいないと，商家の相続のあり方そのものの説明としては不十分であるし，
　資料文(5)を活用したことにもならない。含めておきたい。

第4章　近現代

解答用紙は，横書きで〈地理歴史〉共通。1行：30字詰。

74　55 年体制の形成とその背景　　(2023 年度　第 4 問)

　55 年体制 (1955 年体制) と呼ばれる, 第二次世界大戦後の政党政治の枠組みがどのように成立したかを問うたもの。第二次世界大戦後だけが単独で出題されたのは, これが初めてである。

A

設問の要求

〔主題〕占領終結から岸内閣期, 日本の対外関係がどのように変化したか。
〔条件〕国際政治の動向に留意する。

　最初に, 資料文から「対外関係」に関連するデータをピックアップしたい。

資料文(2)・(3)・(4)の読み取り

(2)吉田茂内閣期の 1951〜52 年
　◦サンフランシスコ平和条約, 日米安全保障条約に調印
(3)鳩山一郎内閣期の 1954〜56 年
　◦日ソ共同宣言に調印
(4)岸信介内閣期の 1957〜60 年
　◦新しい日米安全保障条約が発効

　これらは基本的に<u>対外政策についての説明</u>なので, 設問の要求に即し, 対外関係の説明に置き換えていこう。その際, 条件である国際政治の動向とその変化, 時期による違いに留意したい。

　占領終結から岸内閣期まで, つまり 1950 年代初めから 60 年までを対象として国際政治の動向を俯瞰すると, 次のように整理できる。

1950 年代初め

　◦冷戦が激化＝東側陣営の攻勢によりアメリカの優位性が動揺
　　例) 朝鮮戦争の勃発 (1950 年)

1950 年代半ば以降

　◦米ソ 2 大陣営の平和共存がめざされる＝冷戦構造が固定化
　◦第三勢力が台頭＝インドなどアジア・アフリカの新興諸国を中心として

　こうした国際政治の動向を念頭に, それぞれの内閣の時期における日本の対外関係を考えていきたい。

　第一に, 吉田内閣期についてである。

　サンフランシスコ平和条約と日米安全保障条約が締結された背景には, <u>米ソ冷戦の</u>

激化，なかでも朝鮮戦争の勃発があった。

サンフランシスコ平和条約は，アメリカ主導で結ばれた連合国と日本との講和条約である。ソ連など東側諸国やインド，ビルマなどを除く，西側諸国のみとの単独講和であり，これによって日本は西側陣営の一員として独立を回復した。同時に日米安全保障条約が結ばれ，アメリカが日本を軍事基地として自由利用する状態となった。つまり，日本はアメリカから共産主義の防壁としての役割を期待され，アメリカに従属する形で西側陣営に組み込まれた。

> **吉田内閣期**
> 　国際政治の動向：冷戦が激化
> 　日本の対外関係：アメリカに従属＝共産主義の防壁として西側陣営に編入

第二に，鳩山内閣期である。

朝鮮戦争が休戦して以降，米ソの平和共存をめざす動きが進んだ時期である。鳩山内閣は，アメリカへの追随から脱して自主外交をめざし，日ソ共同宣言に調印してソ連との国交回復を実現し，これをうけて国際連合への加盟も実現させた。つまり，米ソの平和共存，冷戦構造の固定化が進むなか，国際社会への本格的な復帰が進んだ。

第三に，岸内閣期である。

冷戦構造が固定化する一方でアジア・アフリカで第三勢力が台頭するなか，岸内閣は国連重視，アジア重視の立場を掲げつつ，アメリカとの関係をより緊密，より対等なものに変えていこうとした。それに対してアメリカが日本の中立化を懸念し，日米関係の安定化をはかったため，日米安保条約の改定が実現した。つまり，冷戦構造の固定化が進み，同時に第三勢力が台頭するなか，日米関係の対等化が進んだ。

> **鳩山内閣期～岸内閣期**
> 　国際政治の動向：米ソの平和共存が進む＝冷戦構造が固定化
> 　日本の対外関係：鳩山内閣期＝ソ連との国交回復・国連加盟が実現
> 　　　　　　　　　岸内閣期＝日米関係の対等化が進む

なお，第三勢力の台頭については，字数とのかね合いから省いてよい。

B

> **設問の要求**
> 〔主題〕1950年代後半から岸内閣期，政党間対立はどのように変化したか。
> 〔条件〕内閣の施策に留意する。

始期が「1950年代後半」なので，鳩山内閣期から岸内閣期を対象として「政党間対立」を考えるとよい。その際，対立を与党・野党，そして保守・革新という2つの観点から整理したい。

> ### 資料文(3)の読み取り
>
> (3)鳩山内閣期（1955年総選挙）
> 　与党＝日本民主党（39.6％）⇄野党＝左右両社会党（33.4％）と自由党（24.0％）など
> 　保守＝日本民主党・自由党（63.6％）⇄革新＝左右両社会党（33.4％）など

　日本社会党は1951年，サンフランシスコ平和条約の賛否をめぐって左右に分裂し，一方，保守勢力は同年に鳩山一郎らが公職追放を解除されて政界に復帰して以降，吉田茂派と鳩山ら反吉田派とで対立していた。つまり，鳩山内閣期には当初保守・革新とも分裂していた。

　なお，吉田派と反吉田派の対立については，資料文(2)の「吉田首相は……与野党議員の多くに対して事前に知らせずに，突如，衆議院の解散を断行した」という表現から判断したい。

> ### 資料文(4)の読み取り
>
> (4)岸内閣期（1958年総選挙）
> 　与党＝自由民主党（61.5％）⇄野党＝日本社会党（35.5％）など
> 　保守＝自由民主党⇄革新＝日本社会党など

　ここで，資料文(3)と(4)を対比して「変化」を確認したい。

　資料文からわかる「変化」は，保守勢力が合同して革新勢力の社会党が統一され，その結果，保守政党どうしの対立が解消され，政党間の対立が保守対革新という構造をとっている点である。そして，保守の自由民主党が三分の二弱の議席を占める一方，革新の社会党が三分の一強の議席を占めていたこともわかる。これが，55年体制（1955年体制）と呼ばれる，保守一党優位のもとでの保革対立の政治体制である。

▶55年体制（1955年体制）の形成

　55年体制は1955年，左右両社会党が再統一したことを契機として成立した。資料文(2)の図からわかるように，1952年総選挙では左右両社会党は合わせて23.8％の議席しか占めていなかったものの，1955年総選挙では左派社会党が特に議席を伸ばし，左右合わせて33.4％を占めた。再統一を果たせば3党鼎立となり，政権を獲得できる可能性が生じた。こうした思惑もあって社会党が再統一すると，危機感をいだいた財界やアメリカの要請をうけたこともあり，日本民主党と自由党が合同し，自由民主党が成立した。

▶保守と革新が対立した争点

　最後に，保革対立の争点となった内閣の施策を確認しよう。
　まず鳩山内閣である。

　鳩山内閣は組閣当初から**憲法改正**，それによる**再軍備**をかかげていた。それに対して左派社会党が**再軍備反対**の立場を明確にし，先に確認したように，1955年総選挙で議席を伸ばし，左右両派合わせて三分の一強の議席を確保した。

　ここで，資料文(1)を確認しよう。

資料文(1)の読み取り

(1)日本国憲法第96条
　。改憲の発議は「各議院の総議員の三分の二以上の賛成で」国会が行う

　三分の一強の議席とは，資料文(1)からわかるように，**憲法改正の発議を阻止できる**議席数であった。この選挙結果をうけ，左右両社会党は左派優位のもとで再統一を果たした。

　次に岸内閣である。

　資料文(4)に日米新安保条約が取り上げられており，ここに焦点を絞ればよい。

　社会党は**中立堅持・非武装**を掲げ，冷戦構造のもとでは第三勢力に近い立場をとっていた。その立場から，**安保条約の改定はアメリカの世界戦略にくみ込まれる危険性があるとして激しい反対運動をくり広げた**。**安保闘争**である。このように保革対立が激化したものの，内閣与党の自由民主党が三分の二弱の議席を占めて保守一党優位であり，衆議院では新安保条約の批准が強行採決された。その際の岸首相の強硬な姿勢に対して自民党内部からも批判が出たため参議院では審議未了となったものの，日本国憲法では衆議院の議決が優先されるため条約批准が自然成立し，それを受けて岸内閣は総辞職した。

解答例

　A吉田内閣期，冷戦が激化するなか，対米従属の形で西側陣営に組み込まれた。米ソの平和共存が進むと，鳩山内閣期にソ連との国交回復，国連加盟が実現し，岸内閣期に日米関係の対等化が進んだ。

　B鳩山内閣期，初め保守・革新とも分裂していたが，社会党が統一して改憲発議を阻止すると，保守合同で自由民主党が成立して保革対立となった。岸内閣期，安保条約改定をめぐり対立が激化した。

論述作成上の注意
□Aについて。日本の対外政策とその変化が求められているわけではない点に注意したい。
□Bについて。保守合同より以前は保守勢力が分裂していたことを明記することが必要である。

75　明治～昭和戦前期の経済発展

（2022年度　第4問）

> 　明治期から昭和戦前期における経済発展の要因を，経済だけでなく政治（法制）・文化をも含めて総合的に関連づけることができるかどうかを問うた問題である。「労働生産性」という高校日本史で扱わない概念に焦点があたっているが，問題文で述べられている内容に即せば対応できる。

　最初に，労働生産性の上昇をもたらした要因が何か，問題文を確認しておく。

問題文の読み取り

労働生産性が上昇する要因

- ◦「機械など，働き手1人当たり資本設備の増加」……………………………ⓐ
- ◦「その他の要因」＝具体的には「教育による労働の質の向上」，「技術の進歩」，「財産権を保護する法などの制度」………………………………………………ⓑ

▶どの産業に焦点を絞るのか

　図（労働生産性上昇率の推移）で扱われている時期が1885年以降なので，<u>産業革命が始まって機械の普及が本格化し，農業社会から工業社会への転換，言い換えれば工業化が進んだ時期</u>が対象である。したがって，<u>工業に絞って考えてよい。</u>

▶産業構造はどうだったのか

　工業に焦点を絞るにせよ，時期による違いがあることを意識しておきたい。

　<u>日清戦争前後から第一次世界大戦期</u>は，製糸業や紡績業，綿織物業など<u>繊維工業が工業の中心</u>であり，<u>第一次世界大戦期から1930年代</u>にかけては，重化学工業が本格的に成長し，<u>重化学工業中心</u>の産業構造へと転換する時期である。

▶繊維工業と重化学工業の違いは？

　ⓐにある「機械など，働き手1人当たり資本設備」との表現に注目しながら違いを考えたい。

　企業を設立・経営するには資金（資本）が必要であり，その資金は工場設備の整備，原材料や燃料の確保，労働者の雇用などにあてられる。このうち，工場設備が「機械など……資本設備」にあたり，「働き手」が労働者である。繊維工業が工場設備の規模の割に多くの労働者が必要なのに対し，<u>重化学工業は工場設備が巨大で，多くの資本が必要とされる。</u>そこで繊維工業は労働集約型，重化学工業は資本集約型と称される。

　こうした点を念頭において各設問に取り組んでいこう。

A

設問の要求

〔主題〕1880年代半ば〜1890年代，労働生産性の上昇をもたらした要因。

　図（労働生産性上昇率の推移）から情報を読み取ろう。その際，「1899 - 1913年」以降と対比し，「1880年代半ばから1890年代」（図では「1885 - 1899年」）における労働生産性の上昇要因の特徴を確認したい。

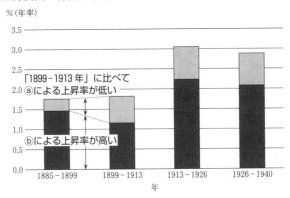

　ⓐによる上昇率が「1899 - 1913年」以降よりも低いのは，最初に確認したように，この時期に繊維工業を中心として機械化が進んだものの，繊維工業が労働集約型で，工場設備（「機械など……資本設備」）の規模の割に多くの労働者を必要としていたことが背景にある。

　一方，ⓑによる上昇率が高いのには，どのような背景があったか。ⓑで列挙してある事項に即して考えていきたい。

　「教育による労働の質の向上」は，1つめの史料を参考にしたい。

史料の読み取り ＜パート1＞

『学問のすゝめ』初編，1872年
　・「専ら勤むべきは人間普通日用に近き実学なり」→実学＝読み書き算盤など
　・「人間普通の実学」の「心得ありて後に」「銘々の家業を営」むべき

　この史料で述べられた実学の重視は，学制（1872年）で各地に小学校設立を進める際の理念であった。そして，1886年に学校令が出され，1890年代を通じて**義務教育を軸とした初等教育制度が整備され**，徐々に普及した。

　「技術の進歩」は，先に確認した**繊維工業での機械化**が該当する。

　1880年代半ば以降，紡績業で企業が勃興し，機械を使った生産が広がった。欧米諸国から紡績機械と蒸気機関を輸入し，大阪などの都市部を中心として機械を使った

大工場が設立され，綿糸の国内生産高が増加した。他方，製糸業でも，欧米の技術に
学んで在来の技術を改良した国産器械を採用した小工場が長野などの農村部を中心に
増加し，日清戦争頃には座繰製糸の生産高を上回るにいたった。このように，紡績業
など繊維工業を中心として手工業から機械制生産への転換が進んでいた。

　「財産権を保護する法などの制度」は，2つめの史料が参考になる。

史料の読み取り ＜パート2＞

『学問のすゝめ』六編，1874年
　・国民の役目　その一：「自分の名代として政府を立て」「善人を保護する」
　　　　　　　　その二：「固く政府の約束を守りその法に従って保護を受くる」

　このうち，特に「その二」に注目したい。1889年に**大日本帝国憲法**が発布され，
その第27条で法律の範囲内で**所有権の不可侵**が規定された。言い換えれば，憲法を
中心とする法治国家の体制が整備され，財産権の保護がはかられたことが指摘できる。

1885 – 1899年の上昇要因
　ⓑが中心：繊維工業を中心に機械化
　　　　　　義務教育が普及＝識字・計算能力の浸透
　　　　　　憲法で所有権の不可侵を規定

B

設問の要求

〔主題〕第一次世界大戦期以後，労働生産性の上昇がさらに加速している要因。

　図（労働生産性上昇率の推移）から情報を読み取ろう。その際，「1885 – 1899年」
や「1899 – 1913年」と対比し，第一次世界大戦期以後（図では「1913 – 1926年」と
「1926-1940年」）における労働生産性の上昇要因の特徴を確認したい。

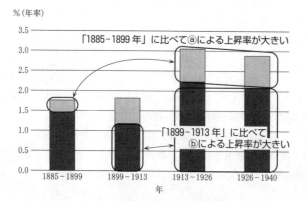

第一に，「1885 - 1899年」と比べ，ⓐによる上昇率が大きいことが指摘できる。

ⓐによる上昇率が大きいのは，最初に確認したように，この時期には**重化学工業が本格的に成長**し，1930年代後半に**重化学工業中心の産業構造へ転換**したうえ，重化学工業が資本集約型で，**多くの資本を必要とする産業**であったことが背景にある。

第二に，重工業の基礎が整った「1899 - 1913年」と比べると，ⓑによる上昇率が大きいことが指摘できる。具体的な要因を確認しよう。

「教育による労働の質の向上」は，1920年代に中学校の生徒数が急増して**中等教育が普及**し，大学令が制定（1918年）されて以降，高等教育の拡充が進んだことを想起したい。そうしたなかで専門的知識をもつサラリーマンなど新中間層が増加した。

「技術の進歩」は，第一次世界大戦期以降に**電力の普及**が進んだことを指摘できる。大規模な水力発電事業が展開したことを背景として，中小工場も含めて機械化が広がった。

「財産権を保護する法などの制度」に関しては，教科書の知識では対応できないので，書く必要はない。

> **1913 - 1940年の上昇要因**
> ⓐ：重化学工業（多くの資本を必要とする）が成長
> ⓑ：電力が普及
> 　　中等・高等教育が普及＝新中間層が増加

解答例

　Ａ紡績業などの繊維工業を中心として機械化が進んだ。義務教育の普及により識字・計算能力が広く国民に浸透するとともに，大日本帝国憲法により所有権の不可侵が規定されて財産権が保護された。

　Ｂ多くの資本を必要とする重化学工業が成長し，1930年代後半に工業生産の過半を占める一方，電力の普及で機械化がより進んだ。中等・高等教育の普及により専門的知識をもつ新中間層が増加した。

論述作成上の注意
□Ａでは繊維工業，Ｂでは多くの資本を必要とする重化学工業がそれぞれ成長した時期であることを明記したい。

76　貴族院と第二次護憲運動　　　　(2021年度　第4問)

　貴族院に焦点をあてながら立憲政治のあり様を問うた出題である。資料文だけに頼らず，もっている知識もフル活用しながら考察を進めたい。

A

設問の要求

〔主題〕①華族令によってもたらされた，華族の構成の変化。
　　　　②その意図。

　知識で解答できてしまいそうだが，問題から情報を引き出しながら考えていこう。

▶華族の構成の変化

問題文・設問文・資料文(1)の読み取り

問題文
　。華族＝1869年に公卿・諸侯の称を廃止し，華族と称す，として誕生した　………ⓐ
設問文
　。1884年の華族令＝公・侯・伯・子・男の5つの爵位が設けられる
(1)公爵の構成（「華族叙爵内規」1884年）
　。皇族身分を離れた者，旧摂家，徳川宗家，国家に偉勲ある者　………………ⓑ

　ⓐとⓑを対比させれば，華族令の発布にともなう構成の変化は判断できるが，その前にそれぞれの内容を確認しておこう。

　ⓐの公卿とは，もともと太政官で国政の審議にあたる官職を総称する表現だが，中世以降，それらに就任する家柄が固定されるのにともない，その家柄の人々を総称して公卿とも呼ぶようになった。つまり上層の公家を指し，ⓑの皇族身分を離れた者や旧摂家も含まれる。一方，ⓐの諸侯とは諸大名を指し，ここにはかつての将軍家つまりⓑの徳川宗家も含まれる。徳川宗家は戊辰戦争のなかで新政府に恭順を誓ったあとは大名（静岡藩主），版籍奉還後は知藩事として存続していた。

　このことを前提とすれば，ⓑで新しく追加されたのは「国家に偉勲ある者」であることがわかる。つまり，出自だけでなく能力・功績を加味して華族の範囲を広げようとしていることがわかる。

従来の華族＝公卿と諸大名 → 華族令により，国家に功績のあった者が追加される

▶政府が華族を増員した意図

　政府が明治十四年の政変に際して国会開設の勅諭を発していたことを想起したい。

　政府は国会開設に向けて憲法制定を本格化させるなか，二院制を採用する方針をと

り，大日本帝国憲法では貴族院・衆議院として具体化された。公選制の下院として衆

議院を設けたが，衆議院は民権派が議席の多くを占めることが予想された。それに対

し，上院として貴族院を設けて対等な権限をもたせ，国家本位の立場から立法に携わ

らせることによって衆議院の動向を抑制するしくみを整えた。

　では，華族はどちらの議院に関わったのか。

資料文(2)の読み取り

(2)華族と貴族院との関係（「大日本帝国憲法」1889年）
　◦華族は皇族，勅任議員とともに貴族院を構成する

　ここから，華族の構成を変更して増員をはかったのは，上院（貴族院）の主な選出

母体を確保し，その土台を作るためだったとわかる。

B

設問の要求

〔主題〕1924年に衆議院議員総選挙が行われたのに対し，高橋是清が「こうした行動」を
　　　　とったのはどうしてか。
〔条件〕この時期の国内政治の状況にふれること。

　まず，高橋是清の地位と「こうした行動」を設問文から抜き出して整理しておこう。

設問文の読み取り

高橋是清の地位
　◦立憲政友会の総裁
　◦子爵＝華族
高橋是清の行動
　◦隠居をする
　◦貴族院議員を辞職する
　◦衆議院議員総選挙に立候補する

　続いて，それぞれの行動の理由（背景・目的）を考えよう。

▶隠居の理由

　隠居とは，明治民法のもとでは戸主が生前に家督を譲渡すること，つまり戸主をや

めることである。では，高橋が華族の戸主をやめたのはなぜか。

資料文(4)の読み取り

(4)華族の戸主と衆議院議員選挙との関係（「改正衆議院議員選挙法」1900年）
　・華族の戸主は選挙権・被選挙権をもたない

　ここから，高橋が華族の戸主である限り衆議院議員総選挙に立候補することはできなかったことがわかる。

▶貴族院議員を辞職した理由

資料文(3)の読み取り

(3)衆議院議員と貴族院議員（「大日本帝国憲法」1889年）
　・同時に両議院の議員であることはできない

　ここから，貴族院議員を辞職することは衆議院議員総選挙に立候補するための前提条件だったことがわかる。

▶衆議院議員総選挙に立候補した理由

　設問文で，「1924年に発足した清浦奎吾内閣は，衆議院を解散したため，衆議院議員総選挙が行われた」と書かれていることに注目したい。

　清浦内閣はもともと，衆議院の任期満了を目前にひかえるなか，元老西園寺公望らから公正な衆議院議員総選挙を実施するための選挙管理を期待されて成立し，政党とは距離をおいて貴族院議員を中心として組織された。それに対して**憲政会・立憲政友会・革新倶楽部**は清浦内閣に貴族院内閣，特権内閣というレッテルをはりつけ，政党内閣の実現などを掲げ，総選挙に向けて**第二次護憲運動**をくり広げた。一方，政友会では清浦内閣を支持し，総裁高橋是清を批判する勢力が脱退して**政友本党**を結成し，清浦内閣は任期満了を待たずに衆議院を解散し，総選挙を実施した。

　高橋が総選挙に立候補したのは，こうした政治状況のなかでのことであった。

1924年の国内政治の状況

　貴族院中心の清浦内閣が成立　⇐　政友会の多数派（反総裁派）が支持，政友会を脱党
　　　　　　　　⇕　　　　　　　　　　　　　　　　⇕
　政友会総裁の高橋是清＝政党内閣の確立などを掲げて対抗　⇨　第二次護憲運動に参加

　つまり，高橋は総裁として党内をまとめることができず，高橋に反発する多くの党員の脱退を招き，政友会の衆議院での議席を減らしてしまった。

　こうした状況をふまえれば，政友会総裁の高橋は，第二次護憲運動に深くコミットして清浦内閣支持派（政友本党）に対抗しながら，自ら衆議院議員に立候補して総選

挙を戦い抜くことにより，総裁としての指導力を強化するとともに政友会の議席拡大（回復）をめざそうとしていたことがわかる。

　なお，貴族院中心の清浦内閣を批判するには貴族院議員のままでは説得力をもたない，と推論した人がいるかもしれない。しかし，憲政会総裁の加藤高明は華族で貴族院議員であったが（2008年度第4問Bの解説も参照のこと），その地位のまま第二次護憲運動に関わっている。つまり，貴族院議員であることは倒閣運動において必ずしも不都合ではなかった。政友会総裁としての高橋の立場に即して考えたい。

発展　1920年代前半に非政党内閣が続いた事情

　高橋是清が立憲政友会総裁に就任したのは1921年，原敬首相が暗殺された際で，政友会内閣を引き継いだものの翌22年，政友会の内紛により総辞職した。

　後継首相には海軍軍人の加藤友三郎が就き，貴族院中心の内閣を組織すると，政友会は事実上の与党として内閣を支える立場をとった。かつての桂園時代の再来と言ってもよい。ところが，1923年に加藤首相が病死した際，後継首相には薩摩閥で海軍軍人の山本権兵衛が選ばれた。つまり，桂園時代の再来とはならなかった。首相は元老の協議によって選定されるのが慣例であり，当時，元老は松方正義と西園寺公望の2人であったが，彼らが政友会総裁の高橋是清を首相に選ばなかったのである。

　政友会は衆議院で過半数の議席をもっていたものの，総裁高橋は党内をまとめ切れておらず内紛をかかえていた。したがって，再び高橋を首相に選んでも内閣に安定性は期待できない。また，衆議院第2党の憲政会は少数派にすぎず，憲政会総裁の加藤高明を選んでも同様である。このように政友会・憲政会ともに党首が元老から信任を得られていなかったため，非政党内閣が続いたのである。

　もちろん元老西園寺らは政党内閣を是と考えていた。そのため，衆議院議員選挙の結果に基づいて次の内閣を定めようと，1924年，政党とは距離のある枢密院議長清浦奎吾を首相に選び，選挙管理を期待した。

解答例

A旧公卿・大名以外に，国家に功績のあった者を華族に新しく追加した。国会開設に向けて憲法制定を本格化させた政府は，二院制を採用し，下院を抑えるための上院の選出母体を確保しようとした。

B貴族院中心の清浦内閣が成立し，対応をめぐり政友会が分裂するなか，内閣批判の立場をとった高橋は，衆議院議員に立候補し総選挙を戦うことで自らの指導力強化と政友会の議席拡大をめざした。

論述作成上の注意

□Bについて。隠居と貴族院議員の辞職とは衆議院議員への立候補のための行動なので，立候補という行動の背景・目的に焦点を絞って答案を作成すればよい。

77　明治前期の軍隊と政治・社会　（2020年度　第4問）

> 　明治前期，近代軍制の形成期に焦点をあて，明治政府が軍人にどのような規律を求めたのか，その背景や意図を問うた出題である。1878年と1882年とで政治・社会情勢がどのように異なるのか，時期による違いについての確かな知識が求められている。

A

設問の要求

〔主題〕資料文(1)の主張の背景にある，当時の政府の方針と社会情勢。

　問題文に「軍人が実践すべき道徳を論じた」と説明されているので，軍人に求められているのは何かに注目しながら，資料文(1)の内容を読み取っていこう。

資料文(1)の読み取り

(1) 1878年に西周が陸軍将校を対象として行った講演
- 軍人が「民権家風」に染まることを避けなくてはいけない ……………………ⓐ
- 軍人は大元帥である天皇を戴き，上下の序列を重んじて命令に服従すべき ………ⓑ
- 当時の政府の動き
  幕府に見られた専権圧制の体制を脱しようとしている ……………………㋐
  人民の自治・自由の精神を鼓舞しようとしている ……………………………㋑
  ↓
- 一般人民がそれに呼応するのは当然である
  しかし軍人は別であるべき ……………………………………………………ⓒ

　ⓐ・ⓑ・ⓒが軍人に求められている事項である。天皇を大元帥として敬い仕え，上からの命令に服従すること，自治・自由を求める風潮に染まらないことが「実践すべき道徳」として主張されている。

　では，こうした内容が主張された背景を考えていこう。

▶当時の政府の方針

　政府の方針に関連するのは㋐と㋑である。<u>1878年</u>という時期に注目し，それぞれが具体的にどのような政策と対応しているのか，確認しよう。

　㋐については，江戸時代以来の<u>身分制の解体</u>を思い浮かべることができる。その際，この問題では軍人に焦点があたっていることを念頭におけば，<u>徴兵制（国民皆兵の原則）による軍隊を創設する</u>と共に，<u>秩禄処分や廃刀令などを通じて旧武士身分を解体した</u>ことが想起できるだろう。

　㋑については，まず<u>漸次立憲政体樹立の詔（1875年）</u>が想起できる。これは，元

老院・大審院を設置し，地方官会議を召集することを表明したもので，**漸進主義の立場にたって立憲制を導入しようとする政府の姿勢**を示したものである。次に**地方三新法**（1878年）が思い浮かぶ。郡区町村編制法・府県会規則・地方税規則の3つの法令の総称であり，府県会規則では公選制の府県会を開設し，民意をある程度くみ取るしくみを導入しようとした。ただし，地方三新法には注意が必要である。制定されたのが資料文(1)（5月）よりも前か後かは知識にないだろう。こういう場合は考察の対象から外すのがよい（地方三新法は7月制定であり資料文(1)よりも後である）。

▶当時の社会情勢

　続いて社会情勢についてである。

　考える手がかりは@の「民権家風」であり，まずここから**自由民権運動の高まり**を思い浮かべたい。民撰議院設立建白書の提出（1874年）を発端として**士族を中心として国会開設の要求が広まっていた**。さらに，政府の身分制解体，なかでも旧武士身分の解体という政策をめぐって，**不平士族が反政府活動をくり広げ，士族反乱**やテロが生じていたことにも目配りしておきたい。

　明治初期，陸軍の幹部である将校は多くが士族であった。西周は，彼らが自由民権運動や士族反乱など士族を中心とする反政府活動に関わることを防ぐ意図から，@・ⓑ・ⓒのような主張を行ったと判断することができる。

B

設問の要求

〔主題〕資料文(2)のような規律を掲げた政府の意図。
〔条件〕当時の国内政治の状況に即すこと。

▶当時の国内政治の状況

　資料文(2)の軍人勅諭は「1882年1月」に出されているので，1881年に焦点をあてて考えたい。

　国会期成同盟のもとで**自由民権運動が高まり**，国会開設を求める動きだけでなく，**憲法草案（私擬憲法）を民間で自主的に作成する動き**が各地で展開した。さらに，政党結成の動きも進んだ。一方，政府では国会開設の時期や憲法構想をめぐる対立から**明治十四年の政変**が起こり，その際，政府は**国会開設の勅諭を出して**1890年の**国会開設を公約**すると共に，天皇と政府の権限が強い憲法を制定する方針を決め，**憲法制定に本格的に着手**した。

　こうしたなかで出されたのが**軍人勅諭**である。資料文(2)の内容を確認しておこう。

資料文(2)の読み取り

(2) 1882 年に発布された軍人勅諭
- 軍人は忠節を尽くすことを本分とすべき ………………………………… ⓓ
- 世論に惑わず，政治に関わらず ………………………………………… ⓔ
  →ひたすら忠節を守れ

　掲げられているのは天皇への忠節（ⓓ）と政治関与の禁止（ⓔ）である。資料文(1)と比べると，忠節という徳目をはっきり掲げていること，それを軸として，「世論」つまり自由民権運動だけでなく政治一般への関与を禁じていることに注目したい。

▶軍人勅諭発布の意図

　先に確認した国内政治の状況と対応させながら，政府の意図を考察しよう。
　ⓓは軍人に天皇への絶対的忠誠を求めたものであり，憲法制定を本格化させるなかで天皇の権威を強めようとした政府の方針に対応したものと判断できる。
　ⓔはまず，自由民権運動の高まり，明治十四年の政変にともなう国会開設の公約という政治動向に対応したものと考えることができる。つまり，自由民権運動，ひいては議会の動向が軍隊内に影響を及ぼすことを防ぐという意図があったと言える。しかし，政治一般への関与が禁じられている点に注目し，他の事項も考えたい。具体的には，1878 年に参謀本部が設けられ，軍務にあたる軍令機関が政府から独立して天皇に直属していたことを想起したい。そうすれば，天皇に直属して政治一般から独立した軍隊，つまり天皇の軍隊を創設しようとする政府の意図を読み取れる。
　つまり，ⓓ・ⓔともに，天皇の軍隊を創設しようとする意図から政府によって掲げられた，とまとめることができる。

解答例

　A政府は徴兵制による軍隊を整備し，旧武士身分を解体すると共に，漸進主義の立場で立憲制の導入を進めていた。社会では不平士族により士族反乱や自由民権運動などの反政府活動が展開していた。

　B自由民権運動が高まるなか，政府は国会開設を公約して憲法制定を本格化させた。そこで政府は，天皇への絶対的忠誠と政治関与の禁止を求め，憲法制定に先立って天皇の軍隊を創設しようとした。

論述作成上の注意

☐Aについて。政府の方針と社会情勢という2つの観点に分けて構成したい。
☐Bについて。政府の意図を説明することが求められていることに注意しよう。その際，明治十四年の政変・国会開設の勅諭が出された後であることを意識して表現したい。

78 第一次世界大戦期と 1950 年代前半の経済状況
(2019 年度 第 4 問)

第一次世界大戦期と朝鮮戦争期を対象とし，それぞれの時期に機械工業が活況となった背景を問うた出題である。知識をもとにしながらも，資料に即して考えたい。

A

設問の要求

〔主題〕(1)に示された第一次世界大戦期の機械工業の活況はなぜ生じたのか。
〔条件〕機械類の需要や貿易の状況に留意する。

まず，資料文(1)に示された機械工業の活況を確認しよう。

資料文(1)の読み取り

(1)第一次世界大戦期の好況
　○各種の機械工業がにわかに活況を呈した
　○特に兵器や船舶，その他の機械類の生産が最も顕著に発展

具体的な品目としてあげられているのは，兵器と船舶，その他の機械類である。これらの生産と第一次世界大戦がどのように関連するのかを考えよう。

▶大戦景気

第一次世界大戦の勃発に伴って大戦景気が生じた。その主な背景は，貿易面に注目すると，輸出の急増とヨーロッパ諸国からの輸入の途絶であった。

輸出の急増については，要因として次の3つが指摘できる。

第一次世界大戦に伴って輸出が急増した要因
　○ロシアやイギリスから軍需が増加　　→軍需品の輸出が増加
　○ヨーロッパ諸国がアジア市場から後退→綿織物などの輸出が増加
　○アメリカが戦争景気で好況　　　　　→生糸などの輸出が増加

他方，ヨーロッパ諸国から輸入が途絶したものに，機械類・鉄類などの重工業製品，染料・肥料・薬品などの化学工業製品があった。

これらを工業生産の増大に関連づけて整理し直すと，次のようになる。

　○軍需の増大　　　　　　　→兵器や船舶など軍需品の生産が増大　……………ア
　○綿織物や生糸の輸出増大→繊維工業での生産が増大　……………………………イ
　○化学工業製品の輸入途絶→化学工業が自立　………………………………………ウ

▶大戦景気と機械工業（兵器や船舶，その他の機械類の生産）との関連

アはそのまま機械工業の活況に直結するものの，イやウは直接関連づかない。

しかし，兵器や船舶，綿織物などの生産の増大はそれぞれの工場設備の拡張につながり，工場設備の拡張に伴って国内での機械類の需要は増大する。一方，紡績機械をはじめとする大型の機械は，20世紀初頭まで輸入に依存していたのに対し，第一次世界大戦に伴って輸入が途絶した。ここから，工場設備の拡張に応じて紡績機械など大型の機械の輸入代替化（国産化）が進んでいたと推論することができる。

つまり，「その他の機械類」として紡績機械，そして兵器や船舶を製造するための大型の機械を想定することができる。また，大戦景気のなかで工業原動力として電力が普及したことに注目すれば，電気機械を「その他の機械類」として想定してもよい。

B

設問の要求

〔主題〕(2)に示されたサンフランシスコ平和条約が発効した直後の時期の機械工業の活況はどのような事情で生じたのか。
〔条件〕機械類の需要や貿易の状況に留意する。

まず，時期を確認したい。サンフランシスコ平和条約が発効したのは1952年であり，その直後の時期は朝鮮戦争（1950年勃発）の最中である。ここから，朝鮮戦争の勃発に伴って日本経済が活況を呈したこと（特需景気）を想起することができる。

とはいえ，ここで思考をとめてしまうと資料文(2)を参照しないことになる。資料に即して考えるためにも，資料文(2)の内容をしっかり確認しよう。

資料文(2)の読み取り

(2) 1953年頃の好況
　　◦近来特に伸びが著しい：電源開発に関連した機械類 ･･････････････ⓐ
　　　　　　　　　　　　　　小型自動車，スクーター，蛍光灯など新しい機種 ･･････ⓑ
　　◦機械輸出の主力：船舶（大型タンカー）･･･････････････････ⓒ
　　◦輸出が好調：繊維機械，ミシン，自転車，エンジン，カメラ，双眼鏡など比較的軽機械 ･･･ⓓ

ここにあげられた品目に違和感を覚えないか？

特需景気は，兵器・弾薬の製造，兵器・車両の修理などアメリカ軍による膨大な特別需要が発生したことが契機であるはずなのに，輸出品目のなかに「兵器」がなく，また，伸びの著しい機種として小型自動車はあがっているものの，軍事車両として使われた「トラック」が含まれていない。

つまり，資料文(2)は，朝鮮戦争に伴う特需との関連を示す材料・根拠に乏しい。したがって，資料に即すならば朝鮮特需に言及しなくても構わないとも判断できる。

では，先に読み取った内容に即しながら，機械工業が活況を呈した事情をいくつかの観点に分けて確認していこう。

第一に，ⓐから水力発電所の建設を想起したい。電力を安定的に供給するため，政府の保護政策のもと，佐久間ダムなどに大規模な水力発電所の建設が進んでいた。

第二に，ⓒから石油の貿易取引が活発となっていたことを考えたい。第二次世界大戦後は中東，なかでもペルシャ湾岸のサウジアラビアやクウェートで大規模な油田の開発・採油が本格化し，アメリカ・イギリス系の国際石油会社が石油の採掘から流通までを支配する体制を作りあげ，安価な石油を世界に供給しつつあった。こうしたなかで日本でも石油化学や合成繊維など新しい産業が登場し始めていた。

第三に，ⓓのように個人消費に関する品々が輸出されていることに注目すれば，世界的に個人消費が拡大していたことが想像できる。さらにⓑからは，それぞれの品々が個人消費を対象とするものかどうかは特定し切れないが，個人消費の拡大が国内でも始まっていたことに気づくことができる。

ここまで考察を進めることができれば問題ないが，もう一点，ⓑに「新しい機種」との表現があることに注目し，この時期には政府の保護政策のもと，鉄鋼や造船，自動車などの業種で合理化が行われ始めたことを意識しておくとよい。大規模な労働争議を伴いつつ，アメリカの先進技術が導入されて技術革新と設備の更新が進み始め，日本経済が高度成長へ向かう前提が整い始めていたのがこの時期であった。

解答例

A大戦により軍需品や綿織物などの輸出が急増する一方，ヨーロッパから機械類の輸入が途絶えた。そのため，兵器や船舶の生産が盛んになる一方，工場設備の拡張に応じて機械類の生産も増大した。

B合理化・技術革新が進んで設備が更新されると共に，電力の安定供給をめざして水力発電所の建設が進み，中東での油田開発を背景に石油の貿易取引が増大し，国内外で個人消費が拡大していた。

別解 B朝鮮戦争に伴って特需景気が生じた上，合理化・技術革新が進んで設備が更新され，電力の安定供給をめざして水力発電所の建設が進み，中東での油田開発を背景に石油の貿易取引が増大していた。

論述作成上の注意
□Aについて。工場設備の拡張に伴う国内需要の増大という要因にも注目したい。
□Bについて。多面的に考えたい。朝鮮特需（特需景気）については，触れても触れなくてもどちらでも構わない。

79　新たな教育勅語の模索　　(2018年度　第4問)

　日清戦争後と第二次世界大戦後における，日本を取り巻く情勢，日本の政治・社会状況を問うた出題である。設問Aは，どこまで資料に即して考えることができるかがポイントであり，設問Bは，日本国憲法と教育勅語の間にはどのような齟齬があるのかを考えたい。

A

設問の要求

〔主題〕日清戦争後に西園寺公望文相が(1)の勅語の草稿を記した際，西園寺はどのような状況を危惧し，それにどう対処しようとしたのか。

▶資料文(1)はいつの時期のものなのか

　設問文には「日清戦争後」とあるが，もう少し時期を具体化したい。まず，この観点から資料文(1)を読んでみよう。

資料文(1)の読み取り ＜パート1＞

- 条約改正の結果　　　　　　　　　　　　　　　　　　　　　　　　　　　⋯⋯ⓐ
  相手国の臣民が来て，我が統治の下に身を任せる時期もまた目前に迫ってきた　⋯⋯ⓑ

　条約改正に言及していること（ⓐ）から，西園寺が勅語の草稿を記したのは**日英通商航海条約が発効**（1899年）する直前であることがわかる。したがって，ⓑは**領事裁判権**が撤廃され，居留地が廃止されて**内地雑居**（外国人の日本国内での居住・通商の自由）がまもなく実現することを示していると判断できる。

▶西園寺が危惧した状況とは何か

　西園寺は領事裁判権の撤廃や内地雑居が実現することによって，どのような状況が生じると考えたのか。この観点からもう一度，資料文(1)を読み直してみよう。

資料文(1)の読み取り ＜パート2＞

- 旧来の悪しき慣習を破り，知識を世界に求め，上下心を一つにして怠らない　⋯⋯ⓒ
  →開国の国是が確立・一定　　　　　　　　　　　　　　　　　　　　　　⋯⋯ⓓ
- この時（領事裁判権の撤廃・内地雑居の実現）にあたり
  我が臣民は，相手国の臣民に丁寧・親切に接し ｝なければならない　⋯⋯ⓔ
  大国としての寛容の気風を発揮し

注目したいのは，ⓔに「……しなければならない」と書かれている点である。ここで前提として想定されている状況を考えたい。

その際に参考になるのはⓒであり，想起したいのは五箇条の誓文である。

五箇条の誓文（1868年）
一 広ク会議ヲ興シ万機公論ニ決スベシ
一 上下心ヲ一ニシテ盛ニ経綸ヲ行フベシ
…（中略）…
一 旧来ノ陋習ヲ破リ天地ノ公道ニ基クベシ
一 智識ヲ世界ニ求メ大ニ皇基ヲ振起スベシ

このように五箇条の誓文では，旧来の陋習（旧来の悪しき慣習）つまり攘夷を放棄すること，万国公法に基づいて開国和親の姿勢をとることなどが宣言されている。このことを意識すれば，西園寺の草稿では五箇条の誓文の一部を記載し（ⓒ），そのうえで開国和親の姿勢（ⓓ）を確認し直していることがわかる。そして，ここを手がかりとして考えれば，ⓔの表現は，内地雑居の実現に伴って攘夷すなわち外国人排斥の風潮が生じる可能性を想定・危惧していると判断することができる。

▶西園寺はどう対処しようとしたのか

先の考察ですでに答えは出ている。西園寺はまず，明治初年に明治天皇が発した五箇条の誓文をもち出し（ⓒ），それをよりどころとして開国和親の姿勢を強調（ⓓ）した。そのうえで，外国人排斥の風潮を抑制し，大国，言い換えれば欧米にならった文明国・一等国としての矜持を国民に求めようとした（ⓔ）。

B

設問の要求
〔主題〕日本政府が設けた教育関係者による委員会が⑵の報告書を準備したにもかかわらず，新たな勅語が実現せず，1948年6月に国会で教育勅語の排除および失効確認の決議がなされたのはなぜか。
〔条件〕日本国憲法との関連に留意する。

教育勅語は1890年，明治天皇が「我が臣民」に対して教育の基本理念を示すものとして発布したものである。そこで，教育勅語が天皇が臣民に対して発したものであり，教育の基本理念を示したものである，という2点に分けて考えていこう。

▶教育勅語は天皇が臣民に対して発したもの ―形式面に注目する―

1947年5月に施行された日本国憲法は，国民主権・平和主義・基本的人権の尊重を3つの原則としており，天皇は統治権を失い，日本国の象徴および日本国民統合の

象徴と定められた。そのため憲法の前文では，国民主権に反する「一切の憲法，法令及び詔勅を排除する」と明記されている。

　それに対して資料文(2)では，昭和天皇が内容を一新した新たな詔書を発布することが要請されている。しかし，天皇が詔書を国民に下して指針を示すのは国民主権の原理に反するものであり，日本国憲法に記されている通り排除されるべきものである。したがって，新たな勅語を発布することは実現されるはずもなかった。

　したがって，1890年の教育勅語であれ新たな勅語であれ，形式面から言って排除されるべきものであった。

▶教育勅語は教育の基本理念を示したもの　ー内容面に注目するー

　教育勅語は，儒教（儒学）に基づく徳目をあげつつ，永遠に続く（「天壌無窮の」）天皇中心の国体という観念を養うことを教育理念として示している。

　それに対し，新たな教育理念を示すものとして教育基本法が1947年に制定されている。教育基本法は，日本国憲法の精神に立脚し，個人の尊厳の尊重，真理と平和を希求する人間を育成することを教育理念として掲げていた。したがって，教育勅語はもはや必要のない過去の文書であった。さらに，教育勅語が神話的な国体観念を示していることは，基本的人権の尊重という日本国憲法の原則にそぐわず，基本的人権を損なうと判断された点にも注目したい。

　つまり，教育勅語は内容面から言っても排除されるべきものであった。

解答例

　　A内地雑居の実現を契機として外国人排斥の風潮が生じることを危
　惧した。そこで，五箇条の誓文に依拠して開国和親の姿勢を強調し，
　その風潮を抑え，文明国としての矜持を国民に求めようとした。

　　B日本国憲法は国民主権と基本的人権の尊重を定め，教育基本法が
　その精神に則った教育理念を定めていた。そのため，天皇が教育理
　念を示す勅語は形式・内容の両面から排除されるべきものだった。

　別解　B教育勅語のように天皇が勅語を発して教育理念を示すのは日本国
　憲法が掲げる国民主権の原理に反し，排除するのが当然である上，
　教育基本法で新憲法の精神をふまえた新たな教育理念が示された。

論述作成上の注意

□Bについて。「新たな勅語」が実現しなかった点をも意識した答案を書きたい。また，
　日本国憲法については，別解のように，国民主権だけに言及するという答案もある。

80 大正〜昭和初期の陸海軍と政党政治

(2017年度 第4問)

軍部（陸海軍）の自立性と政党政治との関連を問うた出題である。年表に記されたデータの不足をどこまで知識で補えるかがポイントである。

A

設問の要求

〔主題〕2個師団増設をめぐる問題が政党政治に与えた影響。

2個師団増設をめぐる問題と聞けば，すぐに第2次西園寺公望内閣を総辞職に導いた2個師団増設問題と思いがちだが，掲げられた年表には第2次大隈重信内閣によって2個師団増設が実現したことまで触れてある。つまり，この設問でいう「2個師団増設をめぐる問題」とは，第2次西園寺内閣から第2次大隈内閣にいたる問題として考えるのが妥当である。

次に，「政党政治」とは何か，確認しておこう。

政党政治とは，政党が主導する政治，言い換えれば，政党が主体となって内閣を組織し，主導する政治を指す。立憲政友会の原敬内閣を端緒とし，憲政の常道期において行われた政治のあり方である。つまり，2個師団増設が政治上の争点となっていた時期は，まだ政党政治の時代ではない。このことを念頭におきながら「政党政治に与えた影響」を考えていこう。

さて，年表の不足を補いながら経緯を確認しておく。太字が年表の事項である。

- 陸軍が2個師団の増設を第2次西園寺公望内閣に要求
  - →上原勇作陸相，陸軍2個師団増設が拒否されたことで辞職
  - →軍部大臣現役武官制により第2次西園寺内閣が総辞職 ……………………ⓐ
- 桂太郎が第3次内閣を組織
  - →桂首相は組閣にあたり元老政治と決別する姿勢を示す ……………………ⓑ
  - →第一次護憲運動＝政党や都市民衆の抗議行動が高まる ……………………ⓒ
  - →桂首相が新党結成に着手するも多数派の形成に失敗 ……………………ⓓ
  - →第3次桂内閣が総辞職＝大正政変
- 山本権兵衛が立憲政友会を与党として内閣を組織
  - →軍部大臣現役武官制を改正し，陸海相の任用資格から現役規定を削除 ………ⓔ
  - →ジーメンス事件が発覚して都市民衆の抗議行動が高まり，内閣総辞職 ………ⓕ
- 大隈重信が立憲同志会（もと桂新党）などを与党として第2次内閣を組織
  - →総選挙で与党が政友会に圧勝＝立憲同志会が衆議院第1党となる ………ⓖ
  - →第2次大隈重信内閣による2個師団増設案，帝国議会で可決

　まずⓐから，問題文にある「内閣に対する軍部の自立性」の基盤の一つが**軍部大臣現役武官制**であることがわかる。ところが，ⓔから，**第一次護憲運動**という政党や都市民衆の抗議行動が高まって大正政変が生じる（民衆の直接行動により内閣が総辞職に追い込まれた最初の出来事である）という状況のなか，**軍部大臣現役武官制が改正**され，軍部の内閣に対する自立性が後退したことがわかる。

　次にⓑとⓓから，2個師団増設をめぐる問題は，**桂太郎が元老の主導する国政運営と決別して内閣主導を掲げ，さらに自ら政党の結成に向かう直接の契機となった**ことがわかる。その結果，官僚勢力を含む政党が，立憲政友会に加え，もう一つ登場した。それが**立憲同志会**である（のち**憲政会**へ発展する）。このことは，憲政の常道期につながる前提，つまり内閣に参加・主導することのできる政党，政権担当能力をもつ政党が複数並び立つ前提が整ったことを意味する。

　そしてⓖにあるように，立憲同志会が衆議院第1党となる状況下，同志会などを与党とする内閣で2個師団増設が実現した。陸軍，ひいては軍部は，政党の協力がなければその要求を実現させることができない状況となっていたことがわかる。それは，軍部大臣現役武官制の改正により軍部の自立性が後退していたことに加え，ⓒやⓕのように，都市民衆の騒擾（直接行動）がくり返し発生し，内閣総辞職の一因となる状況が生じていたことも要因であった。民衆騒擾の頻発は，藩閥政治家や官僚勢力の間に政党のもつ政治的・社会的な統合力への期待が強まる契機であった。つまり，2個師団増設をめぐる問題は政党の影響力が強まる契機ともなったのである。

> **2個師団増設をめぐる問題の影響**
> 　軍部大臣現役武官制の改正を招く　　→軍部の自立性が後退する
> 　桂太郎が元老政治と決別して政党を結成　→政権担当の可能な政党が複数並び立つ
> 　都市民衆の騒擾（直接行動）が頻発　　→政党の影響力が強まる

　このように，藩閥政治家や官僚勢力，陸海軍の支持のもとで政党内閣が組織され，複数の政党どうしの間で政権が交代する政党政治が形成される素地が作られたのが，2個師団増設をめぐる政治過程であった。

［発展］　桂太郎による元老政治との決別

　高校教科書では，第一次護憲運動のところに「第3次桂内閣初閣議での桂太郎の発言（桂太郎関係文書）」という史料が掲載されている。そのなかで桂太郎は，「立憲政治の要諦が内閣を組織する国務大臣の輔弼にあるのは明らかであるにもかかわらず，従来は政治上のことがらを元老に相談してきた。しかし，これは元老に責任を転嫁するとともに，国務大臣の本来の任務を忘れた行為である」と発言している。

　桂は山県系の藩閥政治家であったが，この時期には山県とたもとを分かち，山県ら元老の干渉を排除したうえで自ら政党を結成し，政党を基盤としながら内閣主導の国政運営を行おうとする立場へと政治姿勢を変化させていた。

B

▶浜口内閣がロンドン海軍軍縮条約の成立を推進した背景

掲載されている年表では，浜口雄幸内閣のロンドン海軍軍縮条約締結だけでなく，高橋是清内閣が**ワシントン会議**に参加し，四カ国条約や海軍軍縮条約，九カ国条約を締結したことも記されている。この点を念頭におけば，条約成立を推進した背景として<u>ワシントン会議以降の国際情勢，国際協調と軍縮の動き</u>をあげることができる。

さらに，浜口内閣が**金輸出解禁**を実施したことにも留意したい。金輸出解禁は旧平価で実施されたため実質的な円切上げを伴い，国内経済に深刻なデフレをひき起こした。そこで浜口内閣は，解禁実施前から産業合理化を奨励すると共に，**財政緊縮**の方針を掲げて歳出の抑制を図っていた。<u>海軍軍縮の実現はその財政緊縮の一環であった</u>。

▶国内での反応

浜口内閣は，補助艦艇保有量の対米7割が確保できないまま，ロンドン海軍軍縮条約の調印に踏み切ったが，その際，元老西園寺公望や昭和天皇，天皇側近の宮中官僚らの支持を背景として海軍軍令部長の反対を押し切っていた。このため，天皇の統帥を輔弼する軍令機関である海軍軍令部の反対を押し切って内閣が兵力量を決定したのは統帥権の干犯にあたるとして，野党の立憲政友会や海軍の一部などから批判をあびた。統帥権干犯問題である。

解答例

A都市民衆の抗議行動を招いて軍部の自立性が後退し，政党の影響力が強まる契機となった上，桂太郎が元老政治と決別して政党結成に着手し，政権担当の可能な政党が複数並び立つ出発点となった。

Bワシントン会議以降，国際協調と軍縮の動きが国際的に進展していた上，金輸出解禁に伴い財政を緊縮する必要があった。海軍軍令部や野党の立憲政友会が締結に反発し，統帥権干犯問題が生じた。

論述作成上の注意

□Aについて。「都市民衆の抗議行動を招いて」の代わりに「軍部大臣現役武官制が改正されて」と表現しても構わない。

81　近現代の経済と労働者の賃金動向 (2016年度　第4問)

> 労働者の実質賃金の上昇・下降が経済状況とどのように関連するのかを問うた出題である。図（グラフ）を読み取りながら具体的に考えたい。

A

設問の要求

〔主題〕1885〜1899年における女性工業労働者の実質賃金の上昇について
　　　　①何によってもたらされ,
　　　　②どのような社会的影響を及ぼしたか。
〔条件〕図と文章を参考にすること。

　女性労働者の実質賃金の上昇について考えるには, まず, この時期, 女性労働者が主にどのような工業部門で働いていたのかを確認しておくことが必要である。

　女性労働者が働いていたのは, 製糸業や綿紡績業, さらに日清戦争後に力織機が普及した絹織物業や綿織物業など, まとめれば**繊維工業**である。

▶**女性工業労働者の実質賃金が上昇したのはどのような時期なのか?**

　図1には, 実質賃金が上昇している時期が3つある。

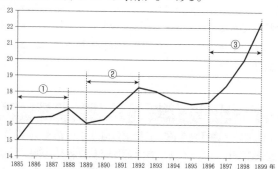

　では, これらの時期における, 繊維工業の動向をそれぞれ確認していこう。

　①の時期について。1880年代後半は綿紡績業で民間企業が勃興した時期であり, その結果, 綿糸生産が拡大し, 1890年には綿糸の国産高が輸入高を上回った。

　②の時期について。1890年に初めて恐慌が生じた後の時期なので, 繊維工業の生産が回復基調にある時期と推察できる。

　③の時期について。日清戦争後のこの時期, 綿紡績業などで再び企業勃興が生じた。また, 日清戦争後には器械製糸の生産高が座繰製糸の生産高を上回り, 絹織物業や綿織物業でも力織機の導入が進んだ。

つまり，繊維工業が成長している時期に実質賃金が上昇していることがわかる。

▶女性工業労働者の実質賃金が上昇した要因は何か？

実質賃金とは名目賃金を物価指数で割った数値で，その時々の貨幣価値を考慮に入れた賃金のことである。物価動向についての知識がなければ，その背景を正確には判断できないのだが，高校教科書ではこの時期の物価動向は不明である。したがって物価動向を無視して考えるしかない。この前提で考えれば，この時期，繊維工業で働く女性労働者の名目賃金が上昇していたと推論することができる。

では，企業が増加し，生産が増大したら，なぜ（女性）労働者の賃金が上昇するのか。その際，生産が増大して企業の利益が増大したからといって労働者の賃金が上昇するとは限らない点に注意が必要である。賃金上昇には，それ以外の要因が必要不可欠である。たとえば，賃金引上げや待遇改善を求める労働争議（ストライキ）など労働運動の展開であり，また，労働者の不足という要因を考えることもできる。

この時期に労働運動はすでに始まっており，日清戦争前でも雨宮製糸（甲府）や天満紡績（大阪）などでストライキが行われていた。しかし，繊維工業の女性労働者を組織化した労働運動が広く展開していたわけではない。1897年に結成された労働組合期成会の指導によって組織された労働組合は，東京砲兵工廠や造船所で働く機械・金属工，鉄道の機関手，活版工（印刷工）などの男性労働者によるものが中心であった。つまり，女性労働者の賃金上昇の要因として労働運動の高まりを考えることは難しい。したがって，企業勃興や生産の拡大にともなって労働者が不足がちになったことが主な要因であると推論することができる。

なお，実質賃金が上昇したとはいえ，欧米に比べてはるかに低い賃金であった。

▶女性工業労働者の実質賃金が上昇したことの社会的影響

文章としてあげられている『日本之下層社会』からの引用を手がかりに考えていこう。

資料文の読み取り

都会や地方で下女（住み込みの女性使用人）が不足している
　〔背景〕
　　　機織工女や製糸工女が非常に高い賃金を受け取っている
　　　　→若い女性が皆，絹織物や製糸の工場労働者として働く
　〔横山源之助の評価〕
　　　下女の不足は，工業の進歩を意味し，また，下女の社会的地位を高める

『日本之下層社会』の評価に即せば，下女など他の産業部門での女性労働者の不足を招き，その結果，下女の社会的地位を高めた。この指摘を一般化するならば，労働者としての女性の社会的地位を高めたと表現することができる。

B

設問の要求
・・
〔主題〕男性工業労働者の実質賃金について,
　　　① 1930 年代における下降,
　　　② 1960 年代における急上昇が, それぞれ何によってもたらされたか。

　男性工業労働者が多く就労していたのは重化学工業であり, 1930 年代と 1960 年代
は共に重化学工業が成長した時期である。にもかかわらず, なぜこの2つの時期にお
いて男性工業労働者の賃金動向に違いがあるのか。その背景が問われている。

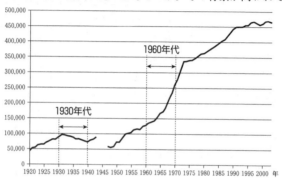

▶ 1930 年代について

　まず, この時期の重化学工業の動向を確認しよう。

　<u>1930 年代前半は昭和恐慌期</u>で, 1931 年末に犬養政友会内閣が成立して以降, 高橋
是清蔵相のもと, <u>低為替政策と積極財政とによって 1933 年には工業生産を回復し</u>,
恐慌を脱出する。なかでも<u>満州事変</u>を背景として<u>軍事費が増大したため</u>, 軍需の増大
にともなって重化学工業が成長した。<u>1930 年代後半は</u>, 広田内閣以降の大規模な軍
備拡張, <u>日中戦争</u>にともなう<u>戦時統制経済</u>への移行, さらに満州国での工業建設によ
り重化学工業の需要が拡大し, 産業構造が重化学工業中心へと転換した時期である。

　このように重化学工業が成長する一方で, そこで働く男性工業労働者の実質賃金が
低下しているという。

　第一の要因として考えられるのは, 昭和恐慌のなかで<u>産業合理化</u>が進んだことであ
る。産業合理化は, 恐慌のきっかけとなった金輸出解禁政策の目的でもあった。金輸
出解禁と昭和恐慌のなかで経済界の整理, 工業の国際競争力の育成が進められ, 企業
の整理・統合だけでなく労働者の解雇・賃金引下げが進んでいた。

　しかし, <u>昭和恐慌から脱出して以降も男性工業労働者の実質賃金は下降している</u>。

　そこで第二の要因として考えられるのが, <u>インフレ</u>の高進である。犬養政友会内閣
の高橋蔵相は積極財政の財源を確保するため, 赤字国債を日本銀行の引受けにより発

行する方式をあみ出したが，二・二六事件以降，広田内閣，林内閣と続いて，その方式を継承して大規模な軍拡予算を組んだ。さらに，第1次近衛内閣以降，日中戦争が始まるなかで軍事費が飛躍的に増大した。これらの結果，極度のインフレが生じ（**軍事インフレ**という），このことが実質賃金をいっそう引下げる要因となった。

さらに，日中戦争にともない**戦時経済統制**が進むなか，賃金が抑制されたことも指摘できる。各工場で産業報国会が組織されて労働組合が解消・改組され，労働者の立場から待遇改善などその利益を求めることが抑制された。こうして国益優先のもと，経営者と労働者が一体となって生産力増強をはかる態勢が整えられるなか，労働者の賃金が抑制されたのである。

とはいえ，日中戦争が長期化して多くの成人男性が兵役に徴発されると，重化学工業における男性労働者は不足がちになる。その兆候が見え始めたのが1939年で，そのため平沼内閣が賃金統制令を定めたものの，図2でわかるように，翌40年から実質賃金は上昇に転じることとなった。

▶ 1960年代について

1960年代は**高度経済成長**期であり，重化学工業を中心として工業生産が飛躍的に拡大した。そのなかで，まず，若年層を中心として労働者不足が生じた。さらに，総評のもとで1955年に始まった**春闘**が全組織労働者の賃上げ闘争として定着したため，春闘を通じて成長の成果が広く工業労働者に分配され，実質賃金の上昇に貢献した。

解答例

A繊維工業の成長に伴って女性労働者が不足したため実質賃金が上昇した。その結果，労働者としての女性の社会的地位が向上した。

B1930年代は昭和恐慌以降の産業合理化，日中戦争に伴う戦時経済統制により名目賃金が抑制された上，軍事インフレにより実質賃金は下降した。1960年代は高度経済成長に伴い男性労働者が不足した上，春闘を通じて成長の成果が分配され，実質賃金は急上昇した。

論述作成上の注意
□経済成長・企業利益の増大だけで実質賃金が上昇するわけではないことを意識し，視野を広くもってポイントを多面的にピックアップしたい。

82　都市化とマス=メディアの発展　（2015年度　第4問）

　大正期の政治・社会運動について，都市化やマス=メディアの発展，海外からの情報・思想の流入との関連の中で問うた出題である。

A

設問の要求

〔時期〕第一次世界大戦中～大正期の終わり
〔主題〕「上のような」社会の変化が政治のしくみをどのように変えていったか。

　「上のような」の指示内容は次の通りである。

第一次世界大戦中からの変化
　・都市化とマス=メディアの発展が顕著になる
　・海外からの情報と思想の流入も大量かつ急速になる

　まず，それぞれの内容を確認しておこう。

▶都市化

　第一次世界大戦期以降に進んだ都市化は，次の3つの側面に分けて整理できる。

・**都市人口の増加**

　第一次世界大戦の勃発に伴う世界市場の構造変化により日本経済は飛躍的に成長した。工業生産が拡大して男子を中心として**工場労働者が増加**し，商社や銀行の活動も活発となり会社員・銀行員などの**サラリーマンも増加**した。

・**都市領域の拡張**

　市街地が郊外へと広がって都市の領域が拡張した。郊外にはサラリーマン向けの**文化住宅**が立ち並ぶ新興住宅地が出現し，私鉄によって都心部と結ばれた。

・**都市景観の近代化・洋風化**

　民家は木造家屋がまだ多くを占めたものの，鉄筋コンクリート造の建物が増加した。デパート（百貨店）やオフィスビルなどである。さらに，路面電車やバス，円タクなどの交通機関が発達し，洋服を着る男性も増えた。

▶マス=メディアの発展

　マス=メディアとは，同一の情報を一挙に大量の人間に伝達することを可能とする媒体であり，たとえば**新聞や雑誌，映画，レコード，ラジオ放送**などである。新聞・雑誌が発行部数を伸ばし，総合雑誌だけでなく週刊誌，娯楽的な読み物を中心として掲載する大衆雑誌も刊行された。明治末期に輸入された映画やレコードが人気を博し，

1920年代半ばからはラジオ放送が始まるなど，多様なメディアが普及した。

▶海外からの情報・思想の流入
　欧米諸国のさまざまな情報・思想が紹介された。たとえば，映画を通じてアメリカ文化が広まり始め，一方，ロシア革命が理想の社会を形成するかに見えたこともあり，マルクス主義や共産主義が知識人に大きな影響を与えた。

▶「上のような」社会の変化と政治との関連を考える
　第一次世界大戦中～大正期の終わりという時期設定から，大正デモクラシーの風潮が想起できる。民衆の政治参加や市民的自由の拡大をめざす動きである。
　大正デモクラシーの風潮が広まったのは，第一に，労働者やサラリーマンなど都市民衆の量的な増加を背景としていた。第二に，富山県で始まった米騒動（1918年）が新聞報道とともに全国各地に拡大したように，都市民衆の動きと新聞・雑誌での報道とが結びつきながら一つの政治的潮流が形成されていった。第三に，世界的な民主主義の風潮やロシア革命といった国際的な動きも背景の一つであった。
　こうしたなか，吉野作造らが民本主義を唱えた。政治の目的は一般民衆の利益・幸福を追求することにあると説き，中下層の人々による社会的平等への要求を組み入れた，新しい立憲政治をめざす政治思想であった。さらに，友愛会が本格的な労働組合へと発展するなど，1920年代にはさまざまな社会運動が勃興した。

▶大正デモクラシーの風潮のなかで「政治のしくみ」がどのように変化したか
　まず，政党政治が次第に定着する。第一次世界大戦末期には，米騒動を契機として本格的な政党内閣である原敬内閣が成立した。その後，加藤友三郎内閣や第2次山本権兵衛内閣など官僚主導の内閣が継続したものの，第二次護憲運動をうけて加藤高明護憲三派内閣が成立し，政党内閣制の慣行が始まる。都市民衆を中心として政治参加や市民的自由を求める動きが広がり，社会運動が勃興するなか，政党の政治的・社会的な役割が増し，政党を通じて政治・社会秩序の安定を図ろうとする考えが元老や官僚のなかにも浸透したのである（2008年度第4問も参照のこと）。
　さらに，加藤高明護憲三派内閣のもとで普通選挙法が制定され，男子普通選挙が実現する。衆議院のもとに民衆の意向を集約させ，それを基盤とする政党内閣により政治秩序の安定を図ろうとする動きである。
　つまり，次のようにまとめることができる。

官僚主導の内閣　→　政党内閣
制限選挙　　　　　普通選挙（男子普通選挙）

B

設問の要求

〔主題〕①「上のような」社会の変化が生んだ，国際的な性格をもった社会運動の内容。
②この動きに対する当時の政権の政策。

　第一次世界大戦期以降に勃興した社会運動としては，労働運動，農民運動，女性運動，部落解放運動，社会主義運動などがあげられる。そのなかで「国際的な性格」をもつもの，言い換えれば，国家の枠組みを超えた性格をもつものは，社会主義運動の一つ，日本共産党の結成である。

　日本共産党は1922年，ロシアでの革命を世界革命に発展させようとして結成された国際共産党組織コミンテルンの指導下，その日本支部として都市の知識人や労働運動の活動家らにより非合法に結成され，一時解散したもののすぐに再建され，日本労働組合評議会などを通して社会運動に影響力を浸透させていった。

国際的な性格をもった社会運動
　日本共産党＝コミンテルンの支部として結成 → 共産主義が浸透

　この動きに対して「当時の政権」が何を行ったのか。

　「当時の政権」が具体的に何を指すのかが曖昧だが，「国際的な性格をもった社会運動」が生まれて以降，（設問Aを参照して）大正期の終わり頃までの政府を指すと考えればよい。そうすれば，護憲三派内閣が1925年，治安維持法を制定し，国体の変革や私有財産制度の否認を目的とする結社を取り締まったことが想起できるだろう。

当時の政権の政策＝治安維持法を制定して取り締まりを整備・強化

解答例

　A 都市民衆を中心に政治参加を求める動きが活発化し，社会運動が勃興した。政党のもつ政治的役割が増し，官僚主導の内閣と制限選挙に代わって政党内閣の慣行が始まり男子普通選挙が導入された。

　B 世界革命をめざす国際共産党組織コミンテルンの支部として日本共産党が非合法に結成され，社会運動に共産主義が浸透した。これに対して，政府は治安維持法を制定して共産主義組織を取締った。

論述作成上の注意
□Aについて。「変化」をはっきりと表現しよう。
□Bについて。「コミンテルンの支部」「コミンテルンの指導」を書けなくても，少なくとも「ロシア革命の影響」に言及できればよい。

83 明治憲法と立憲主義 （2014 年度 第 4 問）

民権派の植木枝盛らの評価を通して近代国家の形成期において憲法制定と公選制議会の設立がもった意義を問うた出題である。

A

設問の要求

〔主題〕「それ」にもかかわらず，民権派が憲法の発布を祝ったのはなぜか。

まず主題の分析から入ろう。「それ」とは何を指すか，そして「憲法の発布を祝った」とはどういうことなのかを確認しよう。

「それ」とは，大日本帝国憲法（明治憲法）が「その内容に関して公開の場で議論することのない欽定憲法という形式で制定された」ことを指している。一方，「憲法の発布を祝った」とは，明治憲法が発布されたという事態を肯定する行為である。

つまり，民権派の立場からすれば，制定の形式は肯定できないものの，<u>内容には評価できる要素がある</u>ということである。

▶憲法とはどのようなものか

憲法とはそもそも，<u>多様な価値観・世界観をもつ人々が公平なかたちで共存できる社会をつくるため，西欧近代に生み出された法的な枠組み</u>であり，そのもとでは<u>個人の自由と権利が保障される</u>こと，そのために国家機構が機能に応じて分割され<u>権力の分立が定められている</u>ことが不可欠な要素とされる。2005 年度第 4 問のリード文で引かれていた「憲法はその内容の主なるものとして，(a)<u>人民権利の保障</u>，(b)<u>三権分立主義</u>，(c)<u>民選議院制度</u>の三種の規定を含むものでなければならぬ」という吉野作造の言葉を想起してもよい。

▶明治憲法はどのような内容をもつのか

ここでは，吉野が示した 3 点に即して明治憲法の内容を考えてみよう。

(a)法律の範囲内において言論・出版・集会・結社，居住・移転などの自由
(b)天皇が統治権を総攬⇄統治権の行使に内閣・帝国議会・裁判所などが関与
(c)帝国議会＝二院制（貴族院・衆議院）⇄衆議院＝公選制

このような内容をもつ明治憲法は，近代的な憲法であると評価できるのか。

ここで考えたいのは，『土陽新聞』の論説が「汝すでに生れたり。吾これを祝す」と憲法の発布を肯定的に受け入れているだけでなく，「すでに汝の生れたるを祝すれ

ば，随ってまた，汝の成長するを祈らざるべからず」と続けて書いている点である。ここには，憲法の運用によって民権派が考えている理想へ近づけることができる，との判断・期待が示されている。

▶民権派は明治憲法に何を期待したのか

自由民権運動はもともと有司専制を排し，公議に基づく政治を実現するために民撰議院の設立を求めた民撰議院設立の建白書の提出から始まり，さらに，天賦人権論に基づいて言論・集会の自由など人民の自由・権利の保障を主張していた。

これらを，上記の3つの判断ポイントに即して整理し直せば，次のようになる。

(a)天賦人権論→個人の自由・権利の保障
(b)有司専制（政府官僚の専断）の排除・抑制
(c)公議に基づく政治＝民撰議院（公選制議会）の設立による人民の国政参加の実現

ここから，(a)法律の範囲内という制限つきであれ，言論・集会などの自由を保障し，(b)統治権を総攬する天皇が議会の関与なしで行使できる天皇大権をもつ（内閣の輔弼により行使）ものの，実質的な三権分立（権力分立）を定め，政府官僚＝行政府による専断を排除・抑制することを可能とする制度を導入し，(c)皇族・華族など非公選議員で構成される貴族院を設けたものの，公選制の衆議院を設け，それを通じた人民の国政参加を実現させた，という3点において，明治憲法は民権派の理想にかなう要素をもっていたことが分かる。ここに，民権派が憲法の発布を肯定的に評価した理由があった。

発展 日本はアジアで初めての立憲国家なのか

明治憲法の制定により「アジアで初めての立憲国家となった」と評されることがある。この評価は，オスマン帝国が1876年に憲法を制定したものの露土戦争の影響などにより立憲制が定着せずに終わったこと＝「失敗」を前提としたものである。

B

設問の要求

〔主題〕「7月の論説のような主張」がなされた根拠。

「7月の論説のような主張」とは，「新聞紙条例，出版条例，集会条例を改正し，保安条例を廃止するべきである」との主張である。言論・出版・集会・結社，居住・移転の自由に関わることがらである。

明治憲法では，先に確認したように，人民の自由と権利は法律の範囲内において認められた。このことは法律の範囲内に制限されたと解釈できるのだから，自由・権利

を法律で規制することは憲法違反ではない。

　しかし，民権派（とりわけ植木枝盛）が依拠していた**天賦人権論**を念頭におくならば，人民の自由と権利を保障するのが憲法の本来的な役割である。さらに，明治憲法では，人民の自由・権利が法律の範囲内とされた上で，帝国議会が立法を協賛し，法律案の審議に関わるものと定められている。この両者を合わせて考えれば，**人民の自由と権利を保障するのは帝国議会の役割である**との判断を引き出すことができる。こうした判断を根拠として，新聞紙条例や出版条例，集会条例，保安条例といった，人民の自由・権利を制限する法律の改正・廃止を主張したのである。

> 根拠①：天賦人権論
> 根拠②：明治憲法の規定
> ┌ 人民の自由と権利＝法律の範囲内
> └ 帝国議会が法律案の審議に関わる
> 　⇨人民の自由と権利を保障するのは帝国議会の役割

　ところで，新聞紙条例，出版条例，集会条例は改正を求め，保安条例は廃止を主張したのはなぜか。前三者は言論・集会・結社に規制を加えた弾圧立法である一方，新聞などの出版，政治集会や結社などの制度的な枠組みを整える法令でもあった。ところが，後者は三大事件建白運動に対する弾圧立法でしかない。こうした点が扱いの違いに現れたのである。

解答例

　Ａ明治憲法は権力分立を定め，制限つきであれ人民の自由と権利を保障し，帝国議会の一部として公選制の衆議院を設けており，政府官僚の専断を抑制し，公議に基づく政治を実現させる道が開けた。

　Ｂ天賦人権論に依拠する民権派にとり，法律の範囲内とされた人民の自由の保障は，法律案の審議に関わる帝国議会の役割であった。

論述作成上の注意

□Ａについて。民権派が「アジアで初めての立憲国家となった」点を高く評価した，と解答することも可能かもしれないが，それでは明治憲法の内容に留意していない答案になってしまう。『土陽新聞』の論説が「憲法の章立てを紹介」していることからも，民権派が明治憲法の内容に対して肯定的な評価を与えていることが分かるのだから，憲法の内容を根拠としない説明は不適切である。

□Ｂについて。人民の自由・権利が憲法で認められたことを指摘しただけでは，弾圧立法の改正・廃止を主張する根拠として弱い。民権派の依拠する理念をもとに，憲法の規定を読み替えたい。

84　公議政治の形成

(2013 年度　第 4 問)

　江戸幕府の政治制度，幕末の改革構想，明治憲法体制下の政治制度を対比させ，近世から近代へ移行する中で公議政体がどのように形成されたかを問うた出題である。

A

設問の要求

〔主題〕橋本左内の構想は従来の政治の仕組みをどのように変えようとするものか。
〔条件〕国際的背景を含める。

▶橋本左内の構想

　まず，橋本左内の構想を確認しよう。

史料の読み取り

◦ 将軍：後継ぎを立てる
◦ 老中：松平慶永・徳川斉昭・島津斉彬らを国内事務担当の老中，鍋島斉正（直正）を外国事務担当の老中とする
◦ 老中に添える人材：有能な旗本や「天下に名のとどろいた見識ある人物」を登用する
　→「天下に名のとどろいた見識ある人物」＝大名の家来や浪人でも可

　将軍，老中，老中に添える人材の 3 つについて，そこに起用すべき人材を記していることが分かる。

▶「従来の政治の仕組み」

　続いて，江戸幕府の「従来の政治の仕組み」を確認しよう。その際，橋本の構想に即し，将軍，老中，老中に添える人材の 3 つに絞ってみていくとよい。

従来の政治の仕組み

①役職と職務内容
　◦ 将軍に権限が集中　……………………………………………………………………ⓐ
　◦ 老中が政務を統轄＝将軍の政治を補佐・執行　…………………………………ⓑ
　◦ 勘定奉行・町奉行などが老中の下で職務を分担　………………………………ⓒ
②役職就任者（将軍以外）の資格
　◦ 武士身分が独占　………………………………………………………………………ⓓ
　◦ 家格に基づく：基本的に譜代大名・旗本に限定　………………………………ⓔ
　　　　　　　→大名が就く職と旗本が就く職の区別あり　…………………………ⓕ

両者を対照させれば，橋本の構想は「①役職と職務内容」に触れておらず，「②役職就任者の資格」をめぐる改革構想であることが分かる。

▶「従来の政治の仕組み」と橋本の構想との違い

橋本が挙げている人材はすべて武士身分である上，老中候補として挙げている人材はすべて大名であり，有能な旗本や「天下に名のとどろいた見識ある人物」が老中に就くことは想定されていない。したがって，ⓓの「武士身分が独占」，ⓕの「大名が就く職と旗本が就く職の区別あり」の2点は共通している。

異なるのはⓔの「基本的に譜代大名・旗本に限定」をめぐってである。松平慶永・徳川斉昭は**親藩**，島津斉彬・鍋島斉正（直正）は**外様大名**であり，「大名の家来や浪人」は旗本＝将軍直属の家臣（幕臣）ではない。

つまり，大名とそれ以外の一般武士との階層差を前提としながら，家格制を部分的に改革しようというのが橋本の改革構想であった。

> **橋本の改革構想＜家格に基づく政治制度の改革＞**
> ◦ 親藩・外様を老中に起用
> ◦ 老中を補佐する人材として幕臣以外からも有能な武士を起用

> **発展** 「国内事務担当の老中」と「外国事務担当の老中」の区別について
>
> 橋本の構想の中で「国内事務担当の老中」と「外国事務担当の老中」の区別が設けられている点が気になるかもしれない。とりわけ，外交という特定の職務を専管する老中が設けられていることを橋本の構想の新しさとして指摘できそうだ。
>
> しかし，勝手掛という財政問題専門の老中が5代将軍綱吉以降に設けられ，また，海防掛という海防問題を専管する老中が寛政期から設けられ，ペリー来航後には海防掛に代わり「外国御用取扱」という外交問題に専念する老中が任じられていた（堀田正睦）。したがって，「外国事務担当の老中」を設けることは橋本左内の独創ではなく，当時の幕政のあり方を踏襲したものであった。

▶このような政治改革が構想された国際的背景は何か？

史料が書かれたのは「1858年」，日米修好通商条約が締結された年である。しかし「将軍の後継ぎを立てること」が挙げられているので将軍継嗣問題の決着がついていない段階に記したものと判断でき，まだ日米修好通商条約は締結されていないと分かる。条約勅許や将軍継嗣をめぐって国論が分裂する中で書かれたのだろう。

当時は清とイギリス・フランスとの**アロー戦争**が展開している最中であり，アメリカ総領事ハリスがこの戦争を利用して幕府に日米修好通商条約の締結を迫ったことは知っているだろう。このことを念頭におけば，欧米諸国の圧倒的な軍事力をまのあたりにしながら，欧米主導の国際社会の中に組み込まれようとしていたのが当時の日本だった，と言える。

　橋本左内はこうした情勢に積極的に対応するため，**譜代大名・旗本という特定の家格の人々が幕政＝国政を独占する政治の仕組み**を変革し，武士身分を広く結集した挙国一致の政治体制を作りあげようとしたのである。

B

設問の要求

〔主題〕1858年から約30年後に成立した新たな国家体制の下での政治制度と橋本の構想との主な相違点。

　1858年から「約30年後に成立した」のは**明治憲法体制**であり，その下での政治制度を橋本の構想と対比させればよい。

▶どこに焦点をあてて対比すればよいのか？

　橋本の構想は，設問Aで確認したように，基本的に江戸幕府での「従来の政治の仕組み」を前提とする改革構想であった。それに対して，維新の動乱を経て成立した**明治憲法体制**は，江戸幕府の下での政治制度を変革して成立したものである。したがって，まず「従来の政治の仕組み」と橋本の構想との共通点を考え，その上で，明治憲法体制下の政治制度を対比すればよい。

「従来の政治の仕組み」と橋本の構想の共通点

　ⓐ将軍に権限が集中
　ⓑ将軍の政治を補佐・執行＝老中　　⇨大名が就任（ⓕ）
　ⓒさまざまな職務を分担＝勘定奉行など　⇨武士身分が担う（ⓓ）

▶明治憲法体制下の政治制度はどのようなものか

　明治憲法体制は，天皇に権限（統治権）が集中し，天皇の政治をさまざまな国家機関が補佐・執行した点で，江戸幕府の「従来の政治の仕組み」と枠組みにおいて類似している。そのことを意識すれば，明治憲法体制の下での政治制度は次のように整理できる。

明治憲法体制の下での政治制度

　ⓐ′ 天皇に権限が集中
　ⓑ′ 天皇の政治を補佐・執行＝内閣や帝国議会，裁判所など
　ⓒ′ さまざまな職務を分担＝さまざまな官庁の官僚

　次に確認しなければならないのは，ⓑ′やⓒ′を担ったのは誰か，である。

　第一に，**内閣を構成する首相と閣僚**についてである。陸海軍大臣には軍部大臣現役武官制（1900年）が定められるものの，それ以外は任用資格が定められていない。

　第二に，帝国議会を構成する貴族院・衆議院の議員はそれぞれ貴族院令・衆議院議員選挙法（1889年）によって定められた。貴族院は皇族・華族という特定のステータスをもつ人々などによって構成されたのに対し，衆議院は公選議員によって構成され，被選挙人・選挙人とも年齢・性別・納税資格の条件がついていたものの，一般人民に開かれていた。

　第三に，裁判所の判事（裁判官）やさまざまな官庁に勤務する文官については，文官任用令（1893年）により高級官僚は自由任用，それ以外は文官高等試験などの試験合格者からの任用（試験任用）とされた。また，陸海軍では武官を養成するための特別な教育機関（陸軍大学校・海軍大学校など）が設けられていた。つまり文武官とも，能力が問われるものの，一般人民にも機会は開かれていた。

　このようにⓑ′やⓒ′は，一部（貴族院議員）を除けば，一般人民にも開かれていた。つまり，江戸時代とは異なり，身分や家格，階層を問うことなく，財産や能力があれば一般人民にも政治機構に関与・参加する機会が開かれたのである。

　これが江戸幕府の「従来の政治の仕組み」や橋本の構想と根本的に異なる点である。

明治憲法体制の下での政治制度（その2）
ⓐ′ 天皇に権限が集中
ⓑ′ 天皇の政治を補佐・執行＝内閣や帝国議会，裁判所など　｝⇒一般人民にも開かれる
ⓒ′ さまざまな職務を分担＝さまざまな官庁の官僚　　　　　　（一部を除く）

解答例

A従来，譜代・旗本を中心に家格に基づく政治制度がとられたのに対し，アロー戦争を背景として欧米主導の国際社会に半ば強制的に組み込まれようとする状況下，親藩・外様の大名を老中に起用し，武士身分に限るにせよ，幕臣以外からも人材を登用すべきとした。

B橋本の構想が武士身分による独占，大名と一般武士の階層差を前提としたのに対し，明治憲法体制下では身分や階層を問わず，一般人民にも財産や能力があれば政治機構に参与する機会が開かれた。

論述作成上の注意
□Aについて。リストアップされた親藩・外様の大名が雄藩であることを書いてもよい。
□Bについて。1858年から約30年後に成立した新たな国家体制の内容に焦点があたっているので，約30年の間における変化の経緯を説明する必要はない。また，天皇や内閣，帝国議会など政治に関わる機関が変わったことを江戸時代と対照させながら書いてもよいが，その時も必ず，政治に関与・参加する人々の相違点を解答に盛り込もう。

85　明治後期〜昭和戦後期の対外関係 (2012年度　第4問)

第二次世界大戦の終結にともなう復員と引揚げを素材として，明治後期から昭和戦後期
にいたる対外関係を問うた出題である。第二次世界大戦後からも出題があることを肝に銘
じておこう。

A

設問の要求

〔主題〕表に見るように多数の一般邦人が中国に在住するようになっていた，20世紀初頭
　　　　以降の歴史的背景。

▶「一般邦人」とは誰か？

　表と資料文(1)では，「軍人・軍属」と「一般邦人」が並記されているので，一般邦
人とは軍人・軍属以外の日本人だと分かる。具体的には<u>外交・行政機関に勤務する官
僚や日本企業に勤務する人々とその家族，そして移民</u>などが含まれる。

▶一般邦人は中国のどこに在住していたのか？

　表には「中国東北地方」と「東北地方以外の中国と香港」の2つが挙げられており，
資料文(1)には「日本の占領地や植民地など」と記されている。

　したがって，「中国東北地方」と「東北地方以外の中国と香港」のうち，「日本の占
領地や植民地など」を対象として考えればよいことが分かる。

▶中国に「占領地や植民地」を獲得した経緯

　中国東北地方は，かつて満州と呼ばれた地域であり，日本は<u>日露戦争</u>により<u>南満州
に権益（旅順・大連の租借権や南満州鉄道など）を獲得し，満州事変では満州国を建
国し，満州全域を実質的な支配下においた。</u>

占領地や植民地（その1）＝中国東北地方
- 日露戦争（1904〜1905年）
  - →南満州に権益＝関東都督府（のち関東庁）や南満州鉄道株式会社
- 満州事変（1931〜1933年）
  - →満州を占領＝満州国の実権を日本の官僚が掌握，日産が進出，満州移民が入植

　「東北地方以外の中国」では，**第一次世界大戦**時に<u>山東省権益を獲得した</u>。さらに，
日中戦争の中で<u>華北から華南にかけて中国各地を軍事占領し，アジア太平洋戦争</u>の開
始とともに<u>香港も占領</u>下においている。

占領地や植民地（その 2 ）＝東北地方以外の中国と香港
　∘第一次世界大戦（1914〜1918 年）
　　→山東省権益（1920 年代初めに返還）
　∘日中戦争（1937〜1945 年）
　　→華北から華南にかけて各地を占領
　∘アジア太平洋戦争（1941〜1945 年）
　　→香港を占領

▶「占領地や植民地など」の「など」とは？

　「占領地や植民地」以外には，市場（商品を輸出する市場や投資市場）を想定することができる。

　日清戦争によって中国での経済的利益を獲得したため，中国向けの綿糸などの輸出が増加し，第一次世界大戦期には，ヨーロッパ諸国の後退にともなって綿織物などの輸出が飛躍的に増加した。こうした商品輸出の増加にともない，三井物産（商社）や日本郵船（海運会社）など日本企業の中国での活動が活発となる。さらに，青島や上海に在華紡が進出するなど，資本輸出も拡大した。

中国への企業進出
　∘日清戦争以降，特に第一次世界大戦期
　　→ { 綿糸・綿織物などの商品輸出
　　　　資本輸出＝青島や上海などに在華紡

B

設問の要求
〔主題〕ソ連からの日本人の帰還が(2)のような経過をたどった理由。
〔条件〕当時の国際社会の状況に着目する。

　まず，「(2)のような経過」を確認しよう。

資料文(2)の読み取り
① 1950 年，ソ連政府の一方的な宣言により中断
② 1953 年，日ソ両国の赤十字社の交渉（＝非公式な交渉）を通じてとりあえず再開
③ 1956 年，ほとんどの日本人の帰還が実現

　続いて，「当時」つまりそれぞれの年について，日ソ関係に影響を与えるような国際社会の状況を確認しよう。

① 1950 年は**朝鮮戦争勃発**の年である。

　前年（1949 年），中国内戦での中国共産党の勝利の下に中華人民共和国が成立するという状況で，北朝鮮が朝鮮半島の統一をめざし，北緯 38 度線を越えて南へ侵攻したことから朝鮮戦争が勃発した。アメリカの実質的な単独占領下にあった日本とソ連との関係が悪化する事態が発生したのである。

② 1953 年は板門店で**朝鮮戦争の休戦協定**が結ばれた年である。

　朝鮮戦争の休戦により東アジアでは緊張が緩和に向かう。日ソ関係も改善へ向けたきざしが見えはじめたのである。

③ 1956 年は**日ソ共同宣言**が発表された年である。

　日本では鳩山一郎内閣が対米自主外交を掲げ，ソ連ではフルシチョフがスターリン批判を行い，平和共存を積極的に唱える，という状況の下，日ソ共同宣言によって日本とソ連の国交正常化が実現した。

解答例

　Ａ日露戦争により南満州，第一次世界大戦で山東省に権益を獲得したうえ，資本主義の発達と共に商品や資本の輸出が拡大し，企業進出が進んだ。さらに満州事変により満州全域，日中戦争以降は中国本土・香港へと占領地が広がり，満州移民など移住者も増加した。

　Ｂソ連からの帰還は朝鮮戦争の勃発により中断したが，休戦協定の調印により再開し，ソ連との国交正常化が実現してほぼ完了した。

論述作成上の注意

☐Ａについて。時代順に説明していくとよい。
☐Ｂについて。資料文⑵で示されている各年次ごとに説明していくとよい。

86 資本主義の発達と男女別職工数の変化

(2011年度 第4問)

「工場で働いていた職工」数の推移を素材としながら，その背景としての工業のあり方を問うた出題である。1890年代から1930年代にかけての日本経済のあり方を，工業の動向を軸としながら把握できているかどうかが試される問題である。

A

設問の要求

〔主題〕1890年代から1920年代まで女性の職工数が男性のそれを上回っている事情。
〔条件〕当時の産業構造に留意する。

▶当時の産業構造

グラフの素材は「工場で働いていた職工」である。ここから，産業構造については，工業分野に限定し，どのようなタイプの工業が中心であったかを考えればよい，と判断できる。

1890年代から1920年代までの産業構造
工業分野での比重に注目……繊維工業が中心（綿紡績業や製糸業など）

▶なぜ女性の職工が多かったのか

綿紡績業・製糸業など繊維工業では，働く職工（労働者）の多くは女性であった。では，なぜ繊維工業で働く職工は女性中心だったのか。

▶繊維工業ではなぜ男性ではなく女性が中心だったのか

まず考えたいのは，繊維工業がどのような環境の中で成長したのか，である。
綿紡績業では，機械紡績が普及した1880年代後半以降，輸入綿糸に対抗することが第一の目標であり，1890年代後半以降，中国などへの輸出が拡大する中では，海外市場においてインド産など外国産綿糸に対抗することが必要であった。一方，製糸業は最大の輸出産業として成長する中で，アメリカなど海外市場での競争力を維持・強化することが求められた。
このように繊維工業では，外国製品に対抗できる国際競争力の確保が必要とされていた。そのための方策の第一が製品価格の抑制であり，製品価格を抑制する方法の一つが，職工の賃金を低く抑えることであった。
この要請に応えたのが，寄生地主制の下で零細な農業経営を営んでいた小作農であ

る。彼らは，高率の小作料によって圧迫されていた**家計を補充（補助）**する目的で，**子女を紡績・製糸工場へ出稼ぎさせた**ため，女性職工の賃金は低く抑制された。

このように，**賃金を抑制して低価格による競争力を確保したい企業側の要請**と，**家計補充をはかりたい零細農の事情**とが合致する形で，繊維工業で働く職工は女性が中心となっていたのである。

> 繊維工業
> 　賃金を抑制して競争力を確保 ⇄ 貧農の子女が出稼ぎ＝家計補充（補助）

B

> 設問の要求
> 〔主題〕1910年代と30年代に男性の職工数が急激に増加している背景。
> 〔条件〕「それぞれ」について説明する。

男性は造船・鉄鋼など重化学工業で働くものが多い点に留意すれば，1910年代と30年代のそれぞれについて，重化学工業が発展している様子を説明すればよい。

▶ 1910年代における重化学工業の発達

1910年代は，第一次世界大戦の勃発に伴って**大戦景気**が生じ，工業が飛躍的に発展した時期である。

第一次世界大戦が総力戦として展開したため，ヨーロッパ諸国が経済的に後退して世界市場に大きな構造的な変化をもたらし，その恩恵の下で日本経済が飛躍的に発展したのである。

まず，**輸出が急増**した。ヨーロッパ諸国が後退したアジア市場，特に中国市場に向けて綿織物などの輸出が増え，戦争景気のアメリカに向けて生糸の輸出が拡大した。さらに，ロシアやイギリスからの軍事需要に伴って軍需品の輸出が増加した。

こうした輸出増加に伴い，工業生産が著しく増加した。綿織物業，製糸業など繊維工業が成長しただけではなかった。世界的な船舶の不足によって海運業が活況を呈したことを背景として**造船業が生産を伸ばし**，**鉄鋼業でヨーロッパ向けの軍需生産が拡大する**一方，ドイツからの輸入が途絶したため**染料・薬品・肥料などの化学工業が自立し始めた**。さらに，生産規模の拡張に対応し，その国内需要を満たすため機械・鉄鋼など重工業資材の生産も拡大した。**重化学工業が成長した**のである。

> 1910年代における重化学工業の発達
> 　第一次世界大戦の勃発に伴う輸出急増 → 造船・鉄鋼を中心として重化学工業が成長

▶ 1930年代における重化学工業の発達

1930年代は，初めに昭和恐慌が生じたものの，金輸出再禁止に伴う**低為替政策と積極財政（高橋財政）**，満州事変以降の**軍需増大**，日中戦争の展開に伴う**戦時経済体制（軍需を核とする経済編成）**を背景として，重化学工業が成長し，**重化学工業中心**の産業構造への転換が進んだ時期である。

重化学工業は，低為替政策の下で国際競争から保護されたうえで，**軍需増大**にともなって生産を拡大させた。都市やその近郊で軍需関連産業が発達したのである。さらに，生産拡大が設備投資の拡大につながり，重工業部門に新たな需要を生み出していった。さらに，満州事変により建国された満州国で重工業を中心とする計画経済の実験が着手されたことは，重工業資材の独占的な輸出市場を提供することになった。

こうして，日本経済は**重化学工業中心の産業構造へと転換**したのである。

1930年代における重化学工業の発達
- 高橋財政＝低為替と満州事変に対応した軍需増大
- 軍需産業の生産拡大や満州国での重工業建設による需要増大
- 日中戦争の展開＝軍需を核とした経済編成（戦時経済体制）
↓
重化学工業中心の産業構造への転換

解答例

A当時の産業構造は綿紡績・製糸など繊維工業が中心であり，繊維工業では賃金を抑制して低価格による競争力を確保するため，寄生地主制下の貧農の子女による出稼ぎに職工の多くを依存していた。

B1910年代は大戦景気の下で鉄鋼・造船業など重化学工業が発展し，30年代は軍需中心の積極財政，日中戦争に伴う戦時経済体制の編成などを背景に，重化学工業中心の産業構造への転換が進んだ。

論述作成上の注意
□当時の産業構造を「農業が中心」と考えた人がいるかもしれないが，1910年代末にはすでに工業生産額が農業生産額を上回っており，「当時」の説明としては適切ではない。

87　欧化主義への反発とナショナリズム

　1880年代後半における政治・外交や文化・思想をいかに関連づけながら理解しているかを問うた出題である。問題文での誘導（設定）に即し，複数の観点に分けながら考えたい。

設問の要求

〔主題〕「このような」反発の内容と背景。
〔条件〕年表を参考にする。

　最初に，「このような」反発の指示内容を確認しておこう。

問題文の読み取り

- 明治政府は（条約改正交渉を担当した井上馨を中心として）欧化を促進（法律・美術・社交・生活習慣といった幅広い分野での）
- 1887年頃には（政治と文化の両面で）欧化主義への反発が（方向の違いをふくみながら）あらわれた
- 「このような」反発

　「このような」反発とは，「1887年頃」にあらわれた「欧化主義への反発」である。そして，その「欧化主義」が，明治政府が促進した欧化を受けた表現であることを念頭におけば，**明治政府が促進した欧化への反発**と言い換えることができる。

「このような」反発＝欧化主義への反発＝明治政府が促進した欧化への反発

　さらに，明治政府が促進した欧化にも，1887年頃にあらわれた欧化主義への反発にも，それぞれ補足説明が付けられていることに注目したい。

▶明治政府が促進した欧化（欧化主義）とは？

明治政府が促進した欧化
- 条約改正交渉を担当した井上馨を中心として　……………………………………ⓐ
- 法律・美術・社交・生活習慣といった幅広い分野での　…………………………ⓑ

　ⓐからすれば，井上馨が条約改正交渉を担当した1880年代に限定してもよいが，

「中心として」とあるので，それ以前（1870年代）を含めて考えて差し支えない。
　では，ⓑに即して明治政府が促進した欧化（欧化主義）の内容を確認しておこう。
　①法律について。
　井上外交の中で，領事裁判権の撤廃に関し，外国人を被告とする裁判に外国人判事を任用することと共に欧米同様の法典を編纂することという条件が付けられていた。
　②美術について。
　1880年代，洋画は衰退傾向にあったが，1870年代は，政府によって工部美術学校が設立され，西洋美術の導入がさかんであった。
　③社交について。
　条約改正交渉を有利にするため，国際的な社交場として鹿鳴館が建設され（1883年），欧米諸国の外交官や政府高官が招かれて舞踏会などが連日のように催された。
　④生活習慣について。
　1870年代初め以降，江戸時代以来の庶民の生活習慣を，欧米から未開・野蛮と受け取られるのを嫌い，政府は裸体・混浴・入墨などを軽犯罪として禁止すると共に，五節句や盂蘭盆会などの民俗的な行事を禁止した。

▶ 1887年頃にあらわれた欧化主義への反発とは？
　年表では，㋐徳富蘇峰ら民友社・雑誌『国民之友』，㋑東京美術学校の設立，㋒三大事件建白運動，㋓三宅雪嶺や志賀重昂ら政教社・雑誌『日本人』，の4つが挙げられている。出題者が提示している，この4つの事例に即して考えていこう。
　㋐徳富蘇峰ら民友社・雑誌『国民之友』。
　徳富蘇峰らは政府が進める欧化を貴族的欧化主義と批判して**平民的欧化主義**を掲げた。地方の豪農（平民）を担い手とする，自由な生活社会・経済生活を基盤とした欧化を主張したのである。
　㋑東京美術学校の設立。
　岡倉天心らの尽力によって設立された官立学校で，当初，教育内容は日本美術に限られた。とは言え，岡倉天心は旧来の伝統美術を固守しようとしたのではなく，西洋美術を吸収しつつ，新たな伝統美術を創り出そうと試みていた（**新日本画運動**）。
　㋒三大事件建白運動。
　三大事件とは地租の軽減，言論・集会の自由，外交失策の回復の3つの要求を指す。井上外交に関連するのが外交失策の回復という要求で，国権の確立を主張している。と同時に，豪農たちの利益となる地租の軽減，さらに言論・集会の自由つまり国民の政治的自由を要求している。**自由民権運動**の系譜の中に位置づけられる運動である。
　㋓三宅雪嶺や志賀重昂ら政教社・雑誌『日本人』。
　三宅雪嶺らは国粋保存主義を掲げ，国民の伝統・長所の擁護を説いた。しかし，旧態を守り続けようというのではなく，西洋文明を咀嚼・消化して取り入れることを主

張し、国民の生活や利害を無視した、直輸入的な欧化主義を批判したのである。

さて、これら4つの事例は、どのようにまとめられるだろうか。ここで、もう一度、問題文で述べられていることがらを確認したい。

1887年頃にあらわれた欧化主義への反発
- 政治と文化の両面で
- 方向の違いをふくみながら

これらの観点に即して分類すると、次のようになる。

政治	文化	＜方向の違い＞
⑦	⑦	豪農を主体とする欧化・自由の拡大
	④・①	伝統を重視

▶反発の背景

ここまでの考察を総合すれば、「このような」反発が生じた背景は説明できる。政府の進める欧化が、表面的な、欧米に迎合的な欧化主義であったことである。

さらに注目したいのは、4つの事例とも、国民もしくは国民性（ナショナリティ）への着目という点で共通していることである。

この背景には、自由民権運動の展開があった。自由民権運動は、政府に対して「国民としての権利」を要求すると共に、民衆に対して「国民としての自覚」を喚起する、いわば国民形成の政治運動であった。つまり、天皇を中心とする国家のあり方を前提としながらも、「臣民」ではなく「国民」を形成しようとする動きが広がっていた。こうした中、欧化に対する方向の違いをふくみながらも、国民的な基盤の下で近代化をめざす、あるいは、国民意識の発揚をはかろうとする思想・運動があらわれたのである。

解答例

当時の欧化が藩閥主導の表面的な西洋模倣であったため、国民的基盤の下での近代化をめざす潮流が広まった。民友社が掲げた平民的欧化主義や民権派による三大事件建白運動のように、豪農を主体とする欧化と自由の拡大をめざす動きが広まり、他方では、政教社が掲げた国粋保存主義や東京美術学校設立につながる新日本画運動のように、西洋の直輸入を排し、伝統を重視する傾向が広まった。

論述作成上の注意
□問題文に書かれている「方向の違い」に即して、豪農主体の欧化と伝統の重視という2
  つの観点に分けて説明するとよい。

88　昭和初期の農業恐慌

（2009 年度　第4問）

　昭和恐慌時における「農村の危機」を問うた出題である。その際，高度経済成長期から現在にかけての時期との対比を念頭に置いて考察することが求められている点に特徴がある。現代との対比の中で近代を考察させようとする視点は，2005 年度第4問など過去にも出題があり，注意が必要である。

設問の要求

〔主題〕昭和恐慌の際における，現在とは異なる「農村の危機」の①内容，②背景。
〔条件〕指定語句（失業者・農村人口・米価・養蚕）を用いる。

　設問では「図を手がかりと」することが指示されており，まずは，図から「昭和恐慌の際」と「現在」との相違点を抽出したい。その際，現在については「高度経済成長期以降」を含めた傾向性が考察の対象となっているので，昭和恐慌期についても少し幅をとってよい。昭和恐慌頃（1920〜1930 年）と高度経済成長期以降（1960〜2000 年）とを対比させながら考えよう。

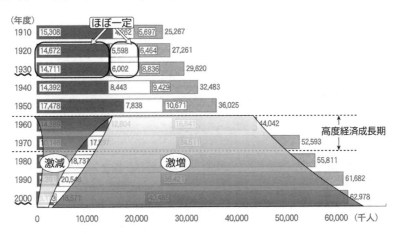

　図から読み取れるデータは，次のように整理することができる。

昭和恐慌頃（1920〜1930 年）

　農林水産業も鉱工業も共に，就業者数はほぼ一定水準で推移している。

↕

高度経済成長期以降（1960〜2000 年）

　農林水産業は激減しているのに対し，鉱工業や商業・サービス業が激増している。

▶昭和恐慌頃と高度経済成長期以降との就業構造の違い

　まず，高度経済成長期以降（1960～2000年）から見ていこう。

　農林水産業の就業者が激減した背景は何か？　設問では「機械化や農薬の利用によって省力化が進み，農業就業者が急激に減り」との説明があり，農業就業者が激減した理由として農業の省力化が指摘されている。

　しかし，それのみならず，鉱工業や商業・サービス業の就業者が激増していることとの関連にも注目したい。高度経済成長期以降，太平洋側に重化学工業地帯（太平洋ベルト地帯）が出現し，さらに，銀行・証券業や広告業，レジャー産業などが拡大し，それと共に大都市圏への人口集中，農村部からの人口移動が生じている。ここから，鉱工業や商業・サービス業により多くの労働力が吸収され，そのことも一因となって農業（農林水産業）就業者が激減していることが分かる。

> **高度経済成長期以降（1960～2000年）**
> 農業の省力化が進展
> 鉱工業や商業・サービス業が拡大＝多くの労働力を吸収（……ⓐ）｝⇨ 農業就業者が激減

　次に，昭和恐慌頃（1920～1930年）に移ろう。

　この時期は，商業・サービス業の就業者は増加しているものの，農林水産業も鉱工業も共に，就業者数がほぼ一定水準で推移している。このことを，高度経済成長期以降の就業構造について確認した点（ⓐ）との対比において考えれば，昭和恐慌頃には鉱工業による労働力吸収が本格化していない（あるいは停滞している），と推論することができる。言い換えれば，農業（農林水産業）就業者が相対的にみて過剰であった，あるいは過剰な労働力が農村部に滞留していた，と仮定することができる。

> **昭和恐慌頃（1920～1930年）**
> 鉱工業による労働力吸収が少ない⇨［仮定］農業就業者が相対的に過剰　……………ⓑ

　なお，図は10年ごとのデータでしかないため，昭和恐慌を契機として農林水産業や鉱工業の就業者数がどのように変化したか，ほとんど判断できない。したがって，図からは，その頃における傾向性を読み取れば十分である。

▶昭和恐慌の際の「農村の危機」

　では，昭和恐慌の際に，農村はどのような状況に置かれていたのか。

　当時の農村は農業恐慌にみまわれていた。原因の一つは各種農産物の価格が暴落したことにあった。まず米価は，1920年代から植民地米の移入の影響によって低迷していた上，豊作飢饉（1930年）により暴落した。さらに東北・北海道では冷害（1931年）により凶作となった。一方，世界恐慌により生糸のアメリカ向け輸出が激減したため，原料繭の価格も大きく下落した。こうした結果，米作と養蚕を軸とす

る農村経済は大きな打撃を被ったのである。

　それだけではない。昭和恐慌によって企業の操業短縮・倒産が相次ぎ，産業合理化により人員整理が行われ，都市では失業者が増大していた。このことは，都市における就労機会が減少したことを意味し，農村から都市への人口移動を抑制した。さらに，都市の失業者の多くが帰村した。出稼ぎが多かった繊維工業の女工はともかく，男子労働者の多くは一時的な帰村にすぎなかったと判断でき，鉱工業部門のはき出した労働力を農村（農林水産業部門）がプールする形となった，と言える。つまり，鉱工業にとり過剰な労働力が農村部に滞留したのである。先に仮定したことがら（ⓑ）を事実として確認してよい。こうして農村人口は過剰となり，農村経済を圧迫した。

　このような状況を背景として，農家の困窮は激しく，子女の身売りや欠食児童が増加した。これが，昭和恐慌の際に問題となっていた「農村の危機」である。

> 昭和恐慌の際の「農村の危機」
> 　［背景］
> 　　◦米作と養蚕を軸とする農村経済が打撃 ⇦ 米価・繭価が下落
> 　　◦農村人口が過剰 ⇦ 都市での就労機会が減少・都市の失業者が帰村
> 　［内容］
> 　　◦農家の困窮 ⇨ 子女の身売りや欠食児童が増加

解答例

　当時，鉱工業の労働力需要が停滞的で，過剰な労働力が農林水産業に滞留した上，昭和恐慌で生じた失業者が帰村し，農村人口は過剰であった。さらに，豊作飢饉や対米生糸輸出の激減により米価と繭価が暴落し，米作と養蚕を軸とする農村経済は打撃を受けた。そのため，農家の困窮は深刻で，子女の身売りや欠食児童が増加した。

【別解】1920年代から米価が低迷していたのに加え，世界恐慌の影響により対米生糸輸出が激減したのに伴って繭価が下落したため，米作と養蚕を軸とする農村経済は打撃を受けた。さらに，昭和恐慌により増大した都市の失業者が帰村し，農村人口が過剰となっていた。そのため，農家の困窮は深刻で，子女の身売りや欠食児童が増加した。

【論述作成上の注意】
□農村人口（農業就業者）の過剰さに焦点の一つを定めよう。
□別解は，図をほとんど意識せずに，定型的な知識に基づいて構成した解答例である。最低限，この程度の答案は作成したい。

89　明治憲法体制と政党内閣　　（2008年度　第4問）

　第一次大隈重信内閣と原敬内閣，そして「憲政の常道」期の政党内閣を比較することを通じて，明治憲法体制の下で，どのように政党政治が進展し，定着するに至ったか，その性格を意識した出題である。戦争との関連において問うている点に特徴がある。

A

設問の要求

〔主題〕第一次大隈重信内閣の成立と戦争との関連。

　第一次大隈重信内閣が成立した事情は，設問によれば，「戦争と深くかかわっている」という。第一次大隈内閣は日清戦争後に成立した内閣なので，その「戦争」とは，まずは日清戦争を指すのだろうと想像がつく。

▶日清戦後経営

　日清戦争の勝利と三国干渉を前提とし，藩閥官僚勢力は日清戦後経営を推し進めた。欧米列国による東アジア分割競争に対応できる帝国国家へと編成替えを進めようとする政策である。具体的には，軍備拡張，経済力の育成，そして，新たに獲得した植民地台湾の経営などを内容としていた。中でも中心は，対露戦に備えた軍拡であった。

> **日清戦後経営**
> 　軍備拡張が中心 ⇨ 日清戦争に伴う東アジア分割競争へ対応，中でも対露戦への備え

▶日清戦後経営に伴う藩閥と政党との対立

　さて，日清戦後経営の財源は何か？

　日清戦争の勝利により清から得た賠償金であった。ところが，戦後経営に伴う財政膨張は，すぐに賠償金の枠を超えてしまったため，酒税など間接消費税，そして地租の増税が政治課題として浮上してきた。

　中でも地租増徴問題は，日清戦争後に進んでいた藩閥内閣と政党との提携に亀裂をもたらした。まず第二次松方正義内閣が地租増徴の方針を示すと，進歩党（事実上の党首大隈重信が入閣）は提携を打ち切り，内閣が総辞職に追い込まれた。続く第三次伊藤博文内閣では，内閣の提出した地租増徴案を自由党・進歩党が連携して否決し，内閣が衆議院を解散すると，両党は合同して憲政党を結成した。この結果，伊藤内閣は総辞職し，代わって第一次大隈内閣が成立したのである。

▶憲政党結成がなぜ「はじめての政党内閣」成立につながったのか？

　まず，大日本帝国憲法発布に際して超然主義を掲げた藩閥官僚勢力が，日清戦争後，その立場を修正し，政党と提携した背景を思い起こそう。

　帝国議会は，天皇による立法や予算制定を協賛する機関と定められ，その上，議会を構成する二院のうち衆議院に予算を先に審議する権限が認められていた。したがって，議会，なかでも衆議院の同意がなければ予算や法律は成立しなかった。この設問に即して言えば，衆議院が増税の決定権を実質的に握っていたのである。

　さらに，公選制の衆議院では，議会開設以来，藩閥内閣に批判的な諸政党が多数を占めていた。こうした状況下，藩閥内閣は超然主義を修正し，議会運営の円滑化を図ったのである。

　では，こうした状況と憲政党結成により生じた政治状況とは，どこが異なるのか？それは，自由・進歩両党が合同することにより，**衆議院に絶対多数をもつ単独政党が出現**した点である。そのため，伊藤博文・山県有朋ら元老は，藩閥官僚勢力による政権維持の見通しを立てることができず，憲政党指導者の大隈重信・板垣退助に組閣をゆだねることになった。こうして「はじめての政党内閣」が成立したのである。

> **「はじめての政党内閣」が成立した事情**
> ◦ 衆議院が増税の決定権を握る
> ◦ 日清戦後経営＝対露軍拡が中心 ⇨ 財源不足から地租増徴問題が浮上
> 　⇩
> ◦ 地租増徴に反対する自由・進歩両党が合同＝衆議院に絶対多数党が出現
> 　⇨ 藩閥官僚勢力が政権維持の見通しを失う

B

> **設問の要求**
> 〔主題〕原敬内閣が本格的な政党内閣となったのはなぜか。
> 〔条件〕社会的背景に留意する。

▶「本格的な政党内閣」とは何か？

　「本格的な政党内閣」とは何かについて，何らかの知識をもちあわせているかもしれない。しかし，設問では「第一次大隈重信内閣とは異なり，のちの『憲政の常道』の慣行につながる，本格的な政党内閣となった」と書かれている。出題者によるこの設定に即して「本格的な政党内閣」とは何かを確認していこう。

　その際，それぞれの内閣とも全て政党内閣なので，首相が政党党首（あるいはそれに準ずる人物），閣僚の過半を政党員で占める点では共通しており，それ以外の点において考えたい。そこで，教科書では原敬首相について「衆議院第一党の党首」，「藩

閣出身者でも華族でもなく衆議院議員だった」といった説明がなされていることを手
がかりとして，(ア)与党の衆議院における地位，(イ)首相となった人物の身分に注目して
対比してみよう。

	第一次大隈内閣	原内閣	「憲政の常道」期の政党内閣
(ア)与党	衆議院第一党	衆議院第一党	組閣当初は第一党とは限らない
(イ)首相	華　族	衆議院議員	衆議院議員とは限らない

(ア)与党が衆議院第一党である点は第一次大隈内閣と共通している上，「憲政の常道」
期に必ずしもつながっていない。「憲政の常道」期では，最初の加藤高明内閣こそ衆
議院第一党党首が首相となったものの，与党の交代した田中義一内閣以降，衆議院第
二党党首が組閣にあたっている。「憲政の常道」と呼ばれる政党間の政権交代は，総
選挙に伴う政権交代ではなく，元老西園寺公望の調整の下での政権交代であった。

(イ)首相が衆議院議員である点は第一次大隈内閣と異なるとはいえ，「憲政の常道」
期につながっていない。「憲政の常道」期に衆議院議員で首相となったのは浜口雄幸
と犬養毅の2人しかおらず，残る加藤高明・田中義一・若槻礼次郎は華族であった。

以上の考察を，原敬内閣のあり方に即してまとめ直すと，次のようになる。

> **原敬内閣のあり方**
> ◦ 首相が政党党首である　　⇨ 第一次大隈内閣に（基本的に）共通
> ◦ 閣僚の過半が政党員である ⇨ 第一次大隈内閣に共通
> ◦ 与党が衆議院第一党である ⇨ 第一次大隈内閣に共通，「憲政の常道」につながらない
> ◦ 首相が衆議院議員である　 ⇨「憲政の常道」につながらない

これらからは，原内閣が第一次大隈内閣と異なり，同時に「憲政の常道」期の政党
内閣につながる点を見出すことができない。

▶内閣成立の社会的背景に注目する

では，別の手がかりを求めて，「社会的背景に留意」することが条件づけられてい
る点に注目してみよう。第一次大隈内閣が成立した事情は，設問Aで確認した通り，
藩閥官僚勢力と政党との対立にある。これは「社会的」ではない。この点に注目すれ
ば，内閣成立の「社会的背景」に，原内閣と「憲政の常道」期の政党内閣との共通点
を見出すことができる，と考えてよさそうである。

> **原内閣成立頃の社会情勢**
> ◦ 大正デモクラシーの風潮が都市を中心に広まる
> ◦ 米騒動が発生
> **「憲政の常道」成立頃の社会情勢**
> ◦ 大正デモクラシーの風潮が都市だけでなく農村にまで広まる
> ◦ 社会運動が勃興 ⇨ 社会主義も浸透

　共通の社会的背景として，大正デモクラシーの風潮の広まりを指摘することができる。これは，第一次世界大戦中の経済発展（大戦景気）によって生じた社会の変化である。都市化が進展し，都市を中心として民衆の生活水準が大幅に上昇したことにより，民衆が市民的自由の拡大や政治参加の実現を求めるようになったのである。

　たとえば，原内閣が成立する直前には，シベリア出兵宣言に伴って米価が高騰したことを契機として全国各地で米騒動が発生した。そして，寺内正毅内閣がこの全国的な騒擾を軍隊を出動させて鎮圧したことに対し，新聞などで「非立憲的」として批判が広がり，寺内内閣の総辞職，原内閣の成立につながった。さらに，こうした民主主義を求める風潮の中，原内閣期には普通選挙を要求する運動が高揚した。

▶再び「本格的な政党内閣」とは何か？

　このように大正デモクラシーの風潮（民衆が市民的自由の拡大や政治参加の実現を求める潮流）が広まる中，政党はなぜ政党内閣を組織することができたのか？　それを考えることが，「本格的な政党内閣」とは何か，言い換えれば，原内閣はなぜ「のちの『憲政の常道』の慣行につながる，本格的な政党内閣となった」のか，を考える作業となる。

　政党内閣とは，①政党党首を首相とし，②閣僚の過半を政党員で占める内閣である。この 2 点に即して考えていこう。

　まず，①（首相の選定）についてである。

　大日本帝国憲法では首相の選定についての規定が存在せず，日清戦争後まもなくの時期以降，藩閥の長老政治家が元老として首相の選定にあたることが慣行として定着していた。したがって，元老がなぜ政党党首を首相に選定したのか，考えよう。

　第一次大隈内閣は，設問Aで確認したように，元老たちが藩閥官僚勢力による政権維持の見通しを失ったところから，いわば偶然に成立した内閣であった。

　それに対して，原内閣や「憲政の常道」期の政党内閣が成立する際には，元老は政党党首を首相適任者と判断し，首相に選定している。もちろん彼ら元老が必ずしも政党内閣論を積極的に支持したわけではない。しかし，米騒動の頃には，山県系官僚勢力は勢力を減退させつつ分解し始めていたし，第二次護憲運動の頃には西園寺公望が唯一の元老であり，彼は山県とは異なり，政界に独自の手勢をもたなかった。さらに，大正デモクラシーの潮流は，議会外での民衆による動きであった。こうした状況下，元老は民衆を善導して社会を統合し，政治を安定させることを期待して，政党党首に内閣をゆだねたのである。

　なお，寺内内閣の総辞職に際して原敬が，清浦奎吾内閣の総辞職に際して加藤高明がそれぞれ首相に選定されたのには，衆議院第一党の総裁という点もやはり判断材料となっている。政治の安定を確保する条件の一つである。

原内閣〔首相の選定について〕
- 元老が選定を担う
  ⇨ 元老が政党党首に政治・社会の統合力を期待＝首相適任者と判断

　次に，②（閣僚の選定）についてである。

　首相は閣僚の任免権をもたないのだから，政党党首が首相に選定されたからと言って，政党内閣が成立するとは限らない。たとえば，日露戦争後に2度組織された西園寺公望内閣は，一般に政党内閣とは称されない。桂太郎を中心とする山県系官僚勢力との力関係から，政友会会員が閣内では少数派であったためである。

　したがって，閣僚の過半を政党員で占めるには，官僚勢力からの支持，あるいは官僚勢力に対する優位が必要であった。この観点から見れば，原内閣が陸・海・外相以外の閣僚を政友会会員で占める形で成立したということは，政友会が官僚機構の中に勢力を広めて高級官僚を政党の下に取り込み，**官僚勢力から政権担当能力に対する支持を調達することができていた**，ということを示している。

原内閣〔閣僚の選定について〕
- 首相が任命権をもたない＝官僚勢力との力関係に左右される
  ⇨ 官僚勢力が政党の政権担当能力を支持＝閣僚の過半を政党員で占めることが可能

　以上の考察から，元老や官僚勢力からの支持・期待をもとに成立した政党内閣，これが「本格的な政党内閣」であると判断することができる。

　原内閣は，大正デモクラシーの風潮が広まる中，元老や官僚勢力から社会を統合し政治を安定させる能力を期待された。そのため，本格的な政党内閣として成立することが可能となり，のちの「憲政の常道」（政党間の政権交代）につながったのである。

解答例

　A藩閥内閣が対露戦に備えた軍拡のため地租増徴を企図すると，反対する自由・進歩両党が合同し，衆議院に絶対多数党が出現した。

　B大戦景気に伴う労働者やサラリーマンの増加を基礎として，市民的自由の拡大と民衆の政治参加を求める風潮が広まり，さらに米価高騰が全国各地で米騒動を招いた。こうした中，政友会総裁原敬は元老や官僚勢力から政党のもつ政治・社会の統合力を期待された。

論述作成上の注意
- □Aについて。第一次大隈内閣成立の事情のうち，「戦争との関連」，言い換えれば，対露戦に備えた日清戦後経営との関連に焦点を絞って答案を構成しよう。
- □Bについて。政友会（もしくは政友会総裁原敬）に対する元老や官僚勢力からの支持・期待が，当時の社会情勢に起因するものであったことが分かるよう，表現しよう。

90　近代日本の帝国主義外交　　（2007 年度　第 4 問）

小日本主義の提唱で有名な石橋湛山の論説「一切を棄つるの覚悟」を素材として，ワシントン会議から満州事変にかけての日本の外交・軍事政策を概括することを求めた問題である。設問 A は平易だが，設問 B は，いつからいつまでを対象として考えればよいのかが明示されておらず，この点そのものを含めて考えることが求められている。

A

設問の要求

〔主題〕「満州を棄てる」とは何を棄てることを意味するのか。
〔条件〕それを日本が獲得した事情をも含めて説明する。

史料が「1921 年のワシントン会議を前に発表」されていることを念頭に置けば，「満州」が**南満州権益**を指すことはすぐに分かる。

南満州権益
　［内容］・関東州（旅順・大連）の租借権
　　　　　・長春・旅順間の鉄道とそれに付属の利権（南満州鉄道とその付属地）
　［獲得した事情］
　　　　　・日露戦争の勝利
　　　　　　　→ ポーツマス条約でロシアから継承（譲渡を受ける）
　二十一カ条の要求で期限を延長・強化

条件として「獲得した事情」を含めることは求められているものの，獲得して以降，1921 年当時まで，どのように維持・強化したのか，その間の事情を説明することまでは要求されていない。したがって，二十一カ条の要求について触れる必要はない。

B

設問の要求

〔主題〕石橋湛山のいう「唯一の道」を「その後の日本」が進むことがなかった理由。
〔条件〕歴史的経緯をふまえる。

▶「唯一の道」とは？
史料に「今にしてこの覚悟をすれば，我が国は救わるる。しかも，こがその唯一の道である」とあるので，「唯一の道」とは，「こ」すなわち「この覚悟」であり，論説のタイトル「一切を棄つるの覚悟」である。では，何を棄てるのか？

史料の読み取り

「一切を棄つるの覚悟」＝「総てを棄てて掛るの覚悟」

　・「満州を棄てる，山東を棄てる」　　　　　⇨ 権益
　・「支那が我が国から受けつつありと考うる一切の 圧迫を棄てる」
　　　：「支那」に対する「一切の圧迫を棄てる」⇨ 中国との不平等条約や軍事的圧迫
　・「朝鮮に，台湾に自由を許す」　　　　　　⇨ 植民地

まとめれば，帝国主義的な外交・軍事政策の放棄と表現することができる。

▶「その後の日本」とは，いつからいつまでを考えればよいのか?

　続いて，「その後の日本」の動向を見ていこう。その際，いつからいつまでを対象
として考えればよいのか，確定しておくことが不可欠である。

　まず，＜いつから＞なのか。

　資料文が「ワシントン会議を前に発表」されたものである点を考慮にいれれば，対
象時期を少なくともワシントン会議から始めることが必要である。

　次に，＜いつまで＞なのか。

　"全ては棄てない"という政策がとられているのであれば，「一切を棄つる」政策へ
と転じる余地が残されているかもしれない。しかし，帝国主義的な外交・軍事政策を
拡大・膨張させる方向へと転じ，その方向が不可逆となってしまえば，その余地も消
滅する。したがって，その方向転換の時点を終期と考えるとよい。

▶ワシントン会議とワシントン体制

　ワシントン会議では，太平洋に関する四カ国条約，中国に関する九カ国条約，ワシ
ントン海軍軍縮条約が締結され，東アジア・太平洋地域における国際協調体制が形成
された。日本のシベリア撤兵宣言，山東省権益の中国への返還など，日本の対外膨張
は一部抑制されたものの，帝国主義的な国際秩序，植民地支配秩序は，米英日の協調
関係を軸としながら，曖昧なまま現状維持された。それがワシントン体制であった。

　したがって，ワシントン体制に順応し，米英協調の外交政策をとることは，"全て
は棄てない"という姿勢であり，「唯一の道」を進まないという選択であった。

▶なぜ日本は植民地や権益・中国との不平等条約を放棄しなかったのか?

　日本は朝鮮・台湾の植民地や南満州権益，中国との不平等条約をなぜ放棄しなかっ
たのか?　言い換えれば，それらにどのような必要性を感じていたのか?　これを考
えるには，朝鮮や台湾，南満州などの具体例に即して，それらの地域を何に役立てて
いたのか，それらの地域から何を得ていたのかを考えていけばよい。その際，とりあ
えず経済面に注目してみよう。経済面ならば，教科書にも出てくるはずである。

日本にとっての植民地（朝鮮・台湾）・南満州権益・中国 ＜経済面に注目＞
- 朝鮮　：米の移入，綿布の移出
- 台湾　：米や砂糖の移入
- 南満州：撫順炭鉱の採掘，大豆粕の輸入，綿布の輸出
- 中国との不平等条約（日清通商航海条約）
  → 中国：綿布の輸出，大冶鉄山からの鉄鉱石の輸入

まとめれば，食糧・資源の供給地，商品市場として重要な意味をもっていた。

▶ "全ては棄てない" から "拡大・膨張" への方向転換

　ワシントン体制下，1920年代後半における幣原外交と田中外交は，"中国での権益維持" という基本姿勢においては変わるところはなかった。もちろん，北伐への対応という観点から言えば，両者に違いは存在する。しかし，山東出兵を行って軍事介入した田中内閣にせよ，蒋介石の南京国民政府との全面的な対決という政策を選択したわけではなく，さらに張作霖という現地勢力に依拠した権益確保という姿勢を放棄したわけでもない。

　したがって，方向転換の時点は，国民政府の下での中国統一化やソ連の経済的・軍事的な成長などに対する危機感から日本陸軍が満州全域の領有をめざした満州事変に定めてよい。この関東軍の軍事行動は内閣の外交政策を大きく左右し，国際連盟からの脱退につながる。さらに，華北分離工作の進展から中国本土に対する侵略へとつながっていく。旧来のワシントン体制下の状態へ戻るという選択肢はほぼありえないものとなっていくのである。その意味で，結果論かもしれないが，満州事変に不可逆点を見ておくとよい。

解答例

A旅順・大連の租借権，長春・旅順間の鉄道とそれに付属の利権。
日露戦争の勝利を受け，ポーツマス条約でロシアから譲渡された。

B当時，植民地や権益は食糧・資源の供給地や商品市場として重視され，ワシントン体制下でも米英と協調しながら確保を図っていた。さらに，陸軍が中国統一化などへの危機感から満州事変を起こし，満蒙領有を進めて以降，中国侵略が国策として定着していった。

論述作成上の注意

□Aについて。「獲得した事情」に限定されているので，南満州権益を延長・強化した二十一カ条の要求については触れなくてよい。

□Bについて。ワシントン会議もしくはワシントン体制と満州事変の2つに焦点を当て，全ては棄てない姿勢と，そこから拡大・膨張へと転じる流れとを説明しよう。

91　明治・大正期の鉄道の発達　　（2006年度　第4問）

　明治・大正期における鉄道の発達について，時期ごとの特徴とその背景を問うた出題である。設問Aは鉄道国有法，設問Bは産業革命，設問Cは立憲政友会内閣の積極政策がキーワードである。

A

設問の要求

〔主題〕1904年度と1907年度の間に見られる大きな変化の理由。

　大きな変化とは，私設鉄道営業距離と官設鉄道営業距離の逆転であり，それは1906年制定の鉄道国有法によるものである。

B

設問の要求

〔主題〕1889年度〜1901年度にかけての鉄道の営業距離の変化の①特徴，②背景。

▶主題①：変化の特徴

　「特徴」が問われているので，前後の時期と比較しよう。

　1880年度〜1886年度はグラフが読み取りにくいが，1889年に私設鉄道営業距離が官設鉄道営業距離を上回ったことは知っていると思うので，それまでは《官設＞私設》であったことが分かる。そして，1907年度以降も《官設＞私設》である。それに対して，当該期は《官設＜私設》である。

　また，ⓐとⓑを比べれば，私設鉄道の拡張（ⓐ）が官設鉄道のそれ（ⓑ）を大幅に上回っており，さらにⓐとⓒを比べても，ⓐの方がその増加度合いが著しい。

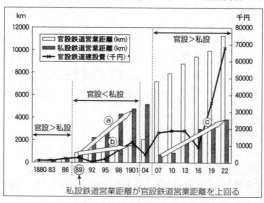

私設鉄道営業距離が官設鉄道営業距離を上回る

1889年度～1901年度にかけての変化の特徴
　。私設鉄道の建設が激増
　↓
　。私設鉄道が官設鉄道の営業距離を大幅に上回る

▶主題②：私設鉄道の建設が激増した背景

　1889年度の統計は1887～89年度の動向が反映しているのだから，1887年度以降（大雑把に1880年代後半以降），1901年度に至るまでの動向を確認しよう。

　1880年代後半は，綿紡績業と共に鉄道業で**企業勃興**が進んだ時期である。なかでも，1881年に華族の共同出資で設立された**日本鉄道会社**は，政府の保護もあって良好な営業成績をあげ，民営鉄道会社の設立ブームの先がけとなった。さらに日清戦争後にも，清国からの賠償金による好況への期待から企業勃興が再発していた。つまり，民営鉄道会社の勃興が私設鉄道の建設が激増した背景の一つであった。

　では，こうした会社設立ブーム，言い換えれば，鉄道会社に対する民間での投資が拡大した背景は何か？　投機による利潤の獲得という要素もあるものの，鉄道が輸送手段である点に注目し，何を運ぶのに利用されるのかを考えるとよい。

　1880年代後半から日清戦争後にかけては，綿紡績業を中心として**産業革命**が進展し，最大の輸出産業製糸業の発展も著しかった。さらに，産業革命に伴う蒸気機関の普及が石炭需要を高め，特に北九州の筑豊一帯などでは炭鉱開発が進んでいた。鉄道網の拡張は，こうした資本主義の発展に伴う物資輸送の拡大に対応したものであった。たとえば，日本鉄道会社は最初，高崎（群馬県）と上野を結ぶ鉄道を敷き，最大の輸出品生糸の産地と開港場を結ぶ輸送手段を確保するという役割を担っていた。

1889年度～1901年度にかけての私設鉄道の建設が激増した背景
　。会社設立ブーム（企業の勃興）← 契機：日本鉄道会社の成功
　。資本主義の発展に伴う物資輸送の拡大

C

設問の要求

〔主題〕1919年度から1922年度にかけて当時の内閣が官設鉄道建設費の急増という政策をとった理由。

　まず当時の内閣は何内閣か？　当時は立憲政友会を与党とする原敬内閣から高橋是清内閣の時期である（原敬は1921年に暗殺された）。2代の内閣にまたがるので，両者の共通点をとって立憲政友会内閣としてまとめて表現してしまうのがよい。

　では，立憲政友会内閣が官設鉄道建設費を急激に増加させたのはなぜか。

　原内閣が鉄道の拡充など積極政策を掲げたことは知っているだろうから，まずは，その理由・背景を考えればよい。その際，鉄道の誘致・建設が，地域の経済開発，製品の輸送手段を改善することで地場産業の成長を促す基盤を整えることにつながる点を念頭に置いて考えよう。

▶政友会内閣の鉄道拡充策の背景

　第一に，鉄道の拡充は経済成長，景気拡大を刺激する政策である。したがって，1919年度で言えば，大戦景気を受け，さらに日本経済を発展させることが目的とされていた，と考えることができる。**第二**に，鉄道の拡充は地方の有力者，地主らの支持が期待できる政策である。したがって，政党内閣である原内閣にとって，選挙地盤を強化するための，言い換えれば，党勢拡張のための利益誘導策であったと言える。

　ここで注意しておきたいのは，1920年に戦後恐慌が発生していることである。したがって，先に第一点目にあげた大戦景気との関係については，1922年度に関しては該当しない。ところが，鉄道の拡充という政府の積極政策は，景気が後退した局面においては，経済活動に対する刺激，景気浮揚のための公共政策という性格をもつ。この点を考慮に入れれば，大戦景気の最中であれ，戦後恐慌を経た後であれ，"景気拡大策"という点で共通しているとまとめることができる。

当時の内閣＝立憲政友会内閣

　・鉄道拡充（＝積極政策）を掲げる → 官設鉄道建設費が急増

　　　［目的］ { ・景気拡大を図る
　　　　　　　　・党勢拡張のための利益誘導

解 答 例

　A鉄道国有法が制定され，主要な私設鉄道が国に買収されたため。

　B日本鉄道会社の成功を受けて企業が勃興した上，資本主義の発展と共に輸送手段としての鉄道網整備が求められていた。そのため，私設鉄道の建設が激増し，官設鉄道の営業距離を大幅に上回った。

　C立憲政友会内閣は景気拡大を図る積極政策の一環として鉄道拡充を掲げ，同時に地方への利益誘導による党勢の拡張を狙った。

論述作成上の注意

□Aについて。私設鉄道が減少し，官設鉄道が増加したことの理由を説明しなければならない。したがって，私設鉄道の買収に限定するなら買収の主体を明記したい。

□Bについて。変化の特徴とその背景を分けて説明するとよい。

□Cについて。1922年度を含むのだから，原内閣や大戦景気という表現は避けたい。

92　明治憲法と昭和憲法における三権分立

（2005 年度　第 4 問）

「三権分立」がどのような事態を指すのかを把握できているかどうかがポイントである。資料文は参考にならないため，知識だけで答案を構成しなければならない分，立憲体制についての的確な知識が要求される出題となっている。

設問の要求

〔主題〕三権分立に関する，大日本帝国憲法と日本国憲法の共通点と相違点。

　まず，「三権分立」が一般的にどのような事態を指すのかを確認しておこう。

　「三権」とは**行政・立法・司法**の総称で，それらが①相互に独立し，②相互に均衡・抑制機能を果たしていることを「三権分立」という。

　それゆえ，両憲法において三権がどのように規定されているのかを確認した上で，三権が相互にどのような関係をもっていたのかを考えることが不可欠である。

▶両憲法での三権の規定

　最初に，三権がどのように規定されているか，憲法の条文に基づいて確認しよう。

大日本帝国憲法での規定

第 4 条
　天皇ハ国ノ元首ニシテ統治権ヲ総攬シ此ノ憲法ノ条規ニ依リ之ヲ行フ
第 5 条
　天皇ハ帝国議会ノ協賛ヲ以テ立法権ヲ行フ
第 55 条
　国務各大臣ハ天皇ヲ輔弼シ其ノ責ニ任ス
第 56 条
　枢密顧問ハ枢密院官制ノ定ムル所ニ依リ天皇ノ諮詢ニ応ヘ重要ノ国務ヲ審議ス
第 57 条
　司法権ハ天皇ノ名ニ於テ法律ニ依リ裁判所之ヲ行フ

　天皇が統治権を総攬している（第 4 条）のだから，行政・立法・司法の三権は，形式的には天皇の下に集中していた。

　しかし，天皇は憲法の規定に基づいて統治権を行使するものとされ（第 4 条），その行使にはさまざまな国家機関が関与した。立法は帝国議会の関与（第 5 条），司法は裁判所の関与（第 57 条）が規定されており，行政は明記されていないものの，国務を行政に相当するものと判断すれば，内閣（国務大臣により構成）や枢密院（枢密

顧問により構成）が関与したことが分かる（第55・56条）。

　なお，軍務には軍令機関（参謀本部と海軍軍令部）が関与した。

> **日本国憲法での規定**
>
> 第41条
> 　国会は，国権の最高機関であつて，国の唯一の立法機関である
> 第65条
> 　行政権は，内閣に属する
> 第76条
> 　すべて司法権は，最高裁判所及び法律の定めるところにより設置する下級裁判所に属する

　行政・立法・司法の三権は，それぞれ内閣・国会・裁判所に属するものと明記されている。

▶両憲法での三権の相互関係

　続いて，①相互の独立性，②相互の均衡・抑制機能のあり様について確認しよう。

〔大日本帝国憲法の場合〕

　①について。三権が形式的には天皇の下に集中していたものの，内閣・帝国議会・裁判所などの国家機関が天皇の統治権行使を補佐する形で実質的に三権を担った点に注目しよう。それらは全て天皇に直属しており，こうした形で相互に独立していた。

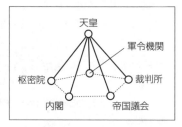

　②について。天皇が帝国議会の関与なしに行使できる天皇大権をもち，その行使には内閣が関与したため（陸海軍の統帥権を除く），内閣は帝国議会に対して優越的な地位をもっていた。そして，内閣は天皇の信任に基づき天皇に対して責任を負うものと規定され，帝国議会に対する責任は規定されていなかった（議院内閣制の不採用）。一方，帝国議会は内閣に対する監視・抑制の機能が弱かった（とはいえ，予算審議権や立法権をテコとして，帝国議会，とりわけ衆議院の発言力が拡大していったことは確認しておこう）。さらに，裁判所は法律などが憲法に合致するかどうかを判断する権限をもたず，内閣や帝国議会に対する監視・抑制の機能をもっていなかった。

〔日本国憲法の場合〕

　①について。先に確認したように，三権の相互独立性は確保されていた。

　②について。衆議院の内閣不信任決議と内閣の衆議院解散権，国会の裁判官に対する弾劾裁判と裁判所の違憲立法審査権，内閣の裁判官任命権と裁判所の法令等の

合憲性審査権が規定され，相互の均衡と抑制が制度化されている。

▶両憲法の共通点と相違点

以上を前提としながら，両憲法の共通点と相違点を整理しよう。

共通点
（運用面に注目すれば）両憲法とも三権分立を採用

相違点
大日本帝国憲法 : { ○形式的には三権が天皇に集中
　　　　　　　　 ○行政が優越 → 三権相互の監視・抑制機能が弱い

日本国憲法　　 : 三権相互の均衡と抑制が制度化

解答例

　　　両憲法ともに三権の相互独立を採用している点が共通する。しかし
大日本帝国憲法では，統治権を総攬する天皇の下に三権が集中する
形式が採られた上，天皇を輔弼する内閣の下で行政が強い権限を握
り，立法や司法が抑制されたのに対して，日本国憲法では国会が国
権の最高機関と規定された上で，内閣の衆議院解散権や司法の法令
等の合憲性審査権などが規定され，三権相互の抑制が確保された。

論述作成上の注意
□三権の規定を説明することに終始せず，三権の相互関係にまで触れよう。
□共通点と相違点をそれぞれ分けて説明しよう。

93　地租改正と農地改革　(2004年度　第4問)

　近現代の土地制度をめぐる出題である。地租改正と農地改革との影響をストレートに問うており，知識レベルから言えば平易だが，地租改正については，租税制度ではなく，土地制度の改革を主題として説明できたかどうかがポイントである。

設問の要求

〔主題〕地租改正，農地改革によって，土地制度がどのように改革されたか。

　最初に注意しなければならないのは，「土地制度がどのように改革されたか」と問われている点である。

　第一に，土地制度に焦点が当たっている。農地改革についてはそれほど注意を払わずとも問題ないが，地租改正は一般的には税制改革として説明され，理解していることが多い。だからと言って，納税者や課税対象，納税方法を詳しく説明し，影響についても国家財政や反対一揆についてしか説明しないような答案を書いていたら，設問の要求に応えたことにならない。

　第二に，「どのように改革されたか」と変化が問われている。したがって，地租改正や農地改革の影響だけでなく，それ以前の土地制度との関係についても注意を払わなければならない。

▶江戸時代の土地制度

　基本構造は，太閤検地を思い起こせばよい。

　石高制を基礎として，武士など領主が土地を領知（領有）して年貢を収納する権利をもち，一方，百姓が土地の所持・耕作権をもっていた。そして，江戸時代中期以降には，百姓身分の内部で，質地を媒介として地主・小作関係の形成も進んでいた。

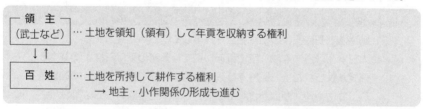

　こうした領主と百姓の二重構造をもつ土地制度は，廃藩置県（1871年）によって廃止されたかのように理解している人がいるかもしれない。しかし，領主による土地領有は否定されたものの，もと領主（華士族）には家禄の支給が継続されていた。つまり，年貢収納権，言い換えれば，年貢を受け取る知行権は存続しており，その限りで江戸時代の土地制度（封建的領有制）が全廃されたわけではなかった。

▶地租改正

　地租改正は，廃藩置県で全国の徴税権が中央政府の下に集中したことを前提とし，政府の財政基盤の安定を目的として実施された税制改革であった。1873 年に地租改正条例が出されて着手され，大久保利通政権の下，1875 年から本格化し，1881 年までにほぼ完了した。

> 内　容
> 　○旧来の年貢負担者に地券を交付＝土地の私的所有権を保障
> 　　　→ 納税者を確定
> 　○地価に基づく定額金納制を導入
> 影　響
> 　○封建的な領有制が解体
> 　○地主・自作農の土地所有権が確立（近代的な土地所有制度が確立）
> 　○農村への貨幣経済の浸透が進む → 階層分化を促す
> 　　　　　　　　　　　　　　　　　　　　　　　　　　➤ 地主制発達を基礎づける

> ![発 展] **地主制の展開**
>
> 　地主制は江戸時代から存在したが，地租改正で制度的に確固としたものとなる。地主に対して土地の私的な所有権が保障され，地主は土地を財産として自由に処分できるようになったため，地主の法的地位は安定し，これを基礎として地主制が発展したのである。さらに，定額金納地租が導入されたため，物価変動が農家に直接影響を及ぼすという事態をもたらし，農村への貨幣経済の浸透をいっそう促進する。
>
> 　そして，1880 年代前半の松方デフレ期には，農産物価格の下落に伴う農村不況，農民の地租負担の実質的な増加により，農民の階層分化が進んだ。負債を抱えた自作農や中小地主が没落して土地を手放し，その一方で，地主や高利貸による土地集積が進行したのである。
>
> 　その上，日清戦争前後に進展した近代産業の勃興（いわゆる産業革命）に伴い，農村手工業が没落し，自家用の衣料生産も衰退して農家の商品経済への依存度が決定的に高まる中，階層分化がいっそう進展し，地主の土地集積，小作地率の上昇がさらに進む。
>
> 　こうして日清戦争後，寄生地主制が確立した。地主は，小作料収入に依存して農業経営から離れ，さらにその収入を企業や銀行，株式などに投資する一方，小作人は，高率小作料に家計を圧迫されて零細経営を余儀なくされ，家計補充のため子女を繊維工場に出稼ぎさせて低賃金労働力の供給源となっていった。
>
> 　ところが，第一次世界大戦期を過ぎると，寄生地主制は次第に後退していく。1920 年代には大正デモクラシーの風潮の下，小作権の確立・小作料の減免などを要求する小作争議が増加する。1930 年代初には，昭和恐慌の下で農村が深刻な不況に陥ると（農業恐慌），地主の収益も大きく低下する。そして，日中戦争が長期化して戦時経済統制が本格化するのに伴い，食糧確保のために生産者優遇策がとられ，小作料の制限や生産者米価の優遇などの措置が実施され，地主の利益は抑制され，寄生地主制が後退していった。

▶農地改革

　農地改革は，第二次世界大戦後，GHQ の指令を背景として実施された。まず幣原喜重郎内閣が農地調整法を改正して着手するものの（第一次農地改革），GHQ により内容が不徹底とされ，次いで第1次吉田茂内閣が農地調整法を再改正，自作農創設特別措置法を制定して実施した（第二次農地改革）。

内　容
　◦ 地主の貸付地を制限
　　（不在地主を否定，在村地主は北海道を除いて1町歩・北海道は4町歩に制限）
　　　→ 超過分を国が買収し小作農に売却（小作農へ有償解放）
影　響
　◦ 寄生地主制が解体
　◦ 自作農が広範に創出

　このように農地改革は，寄生地主制を解体して広く自作農を創出することにより，農家の所得水準の向上をめざしたものであった。しかし，農家の零細経営問題は未解決のまま残された。そのことが高度経済成長期，経営規模が大きく生産性の高い自立農家の育成をめざす農業基本法（1961年）が制定される素地となった。

解答例

　地租改正では，地主・自作農に地券を交付し，土地所有権を保障して納税者を確定した上で，地価に基づく定額金納制を導入した。その結果，封建的領有制が解体される一方，近代的土地所有制度が確立した上，階層分化が促され，地主制発達の基礎となった。農地改革では，地主の貸付地を制限し，超過分を国が買収し小作農に売却した。その結果，自作農が広く創設され，寄生地主制は解体した。

論述作成上の注意
□土地制度がどのように変化したのかを主題として，答案を構成しよう。

94 近代における食生活とその時代的背景

　近代における食生活のあり方を素材として，その時代的背景に対する考察を求めた出題である。設問 A は日中戦争，設問 B は文明開化と産業革命，設問 C は地主制に注目したい。

A

設問の要求

〔主題〕「米の配給」が作られた背景と目的。

　まず，「米の配給」の内容を確認しておこう。

米の配給
- 日中戦争の長期化に伴って実施（1941 年）
- 米を一定限度ずつ販売 → 通帳により世帯ごとに家族数に応じて配分

▶なぜ「米の配給」が実施されたのか

　考えたいのは，なぜ市場での自由販売ではなく，それを規制して必要度に応じて配分しなければならなくなったのか，である。

　一つには，市場に流通している米が不足していたからだ，と推論できる。では，なぜ市場への米の供給が不足したのか？

　当時は日中戦争が長期化し，それに伴って戦時経済統制が進展していた。戦争の長期化は兵士の補充を必要とし，さらに戦時経済統制下では軍需優先という原則の下に労働力や物資などが統制運用されていた。したがって，兵士や軍需工場の労働力として成年男子が動員されることによって農村では労働力が絶対的に不足し，米の生産が次第に低下し，市場への供給が不足していたのである。

　しかし，供給不足は，必ずしも自由な売買を規制する理由とはならない。

　ここで注目したいのが，米が食糧である点である。市場への米の供給不足は，食糧を販売米に依存する人々，特に都市民衆にとって**食糧難**を意味する。そして，食糧難は銃後の国民生活を苦難に陥れ，国策への協力を確保できなくなる可能性が生じる。それを避けるためにも，政府は「米の配給」により食糧を公平に分配し，食糧確保を図って最低限の国民生活の維持を図ろうとしたのである。

米の配給
　[背景] 食糧難（日中戦争の長期化に伴う労働力不足 → 米作の停滞 → 米の供給不足）
　[目的] 食糧の公平な分配

B

設問の要求

〔主題〕「砂糖の消費量の増加，肉食の始まりなど」との表現に示されるような食生活の変容をもたらした要因。

　まず，時期を確認しておこう。下線部②の続きに「明治年代の食生活の風俗は…」とあることから分かるように，明治期が対象である。

　続いて，下線部の表現に注目しよう。「砂糖の消費量の増加，肉食の始まりなど」と書かれている。ここから，設問で言われる「食生活の変容」とは西洋的な食生活の普及のことと考えてよい，と判断できる。

▶明治期に西洋的な食生活が民衆の間で普及した要因

　まず，明治初期における文明開化の風潮を挙げることができる。東京や横浜・神戸など開港地を中心として生活様式や風俗の西洋化が広まり，その中で牛鍋が流行した。仮名垣魯文の『安愚楽鍋』が人気を呼んだことも知っているだろう。

　では，明治中期以降に西洋的な食生活，広く言えば西洋的な生活様式が普及した要因は何か？

　西洋的な生活様式は，官庁や軍隊・小学校，そして工場（機械制工場），官庁や工場の集中した都市において普及していった。このことを念頭に置けば，徴兵制や義務教育の浸透，資本主義の発展に伴う都市化の進展によって，民衆の生活様式が再編され，西洋的な生活様式が普及していったことに気づくだろう。ちなみに，義務教育が浸透しても，学校給食が行われ，そのメニューが洋風でなければ西洋的な食生活の普及にはつながらない。しかし，学校給食が普及するのは昭和初期以降のことであり，義務教育の浸透はここでは省いて考えよう。

> **明治期に西洋的な食生活が普及した要因**
> ○ 明治初期の文明開化の風潮
> ○ 徴兵制の浸透　　　　　　　　　 → 西洋的な生活様式の浸透
> ○ 資本主義の発展に伴う都市化の進展

C

設問の要求

〔主題〕明治期の農村の人々が都市の人々ほど米を食べていなかった理由。

　史料に「明治時代には農民は晴れの日以外にはまだ米を食っていなかったといってよろしい」と記されている。つまり，民俗的な祭礼・行事などが行われる特別な日

（晴れの日）には米を食べたものの，日常的には米を食べていなかった，と言うのである。江戸時代の農民が雑穀や赤米を主食としていたことは教科書にも書かれているが，その状態が明治期も継続していた，と推察できる。

　さて，このように米食が日常化していなかったということは，農民（農業生産者）の手元に米がほとんどなかったということである。なぜか？

> ⓐ米生産がわずかであった
> ⓑなんらかの形で農民が生産米の大半を手放していた

この2つのいずれか，あるいは両方を要因として想定することができる。

　ここで考えたいのが，地主制（寄生地主制）との関連である。明治末には小作地率が45％に達し，農家の約70％がなんらかの形で小作をしており（自小作を含む），地主制が米作のあり方に大きく関わっていたのである。

> 地主制（寄生地主制）
> ・零細農家が基盤
> ・小作料：現物納・高率（収穫の半ばにも達する → 家計維持にも困難）
> 　　→ 地主：小作料収入を企業や銀行などに投資

　農家の多くが零細経営で，その上，高率な小作料を負担したため経営が苦しく，米作は停滞的であった（⇨ⓐ）。さらに，生産米の半ばを小作料の現物納での支払いにあてなければならず，肥料の購入などのため換金の必要もあり，手元には米がほとんど残らなかったのである（⇨ⓑ）。したがって，農民の多くは，わずかに残った米に麦などの雑穀を混ぜて主食とせざるをえなかったのである。

解答例

A 日中戦争の長期化とそれに伴う戦時経済統制による労働力不足から米作が停滞し，食糧難が生じる中，食糧の公平な分配を図った。

B 明治初期の文明開化，明治中期以降の徴兵制の浸透，資本主義の発展に伴う都市化の進展により，西洋的な生活様式が浸透した。

C 寄生地主制下，農民の多くは自小作や小作の零細農家であった。高率小作料により経営が圧迫されて米作が停滞的だった上，生産米の多くを現物納したため，手元には米がわずかしか残らなかった。

論述作成上の注意

□目的や要因，理由が問われているものの，あえて「～ため。」と表現する必要はない。内容が対応していれば十分である。

95　明治後期～大正期の日露関係　（2002年度　第3問）

　第一次世界大戦中における徳富蘇峰の論説を素材として，日清戦争後から第一次世界大戦期にかけての日露関係とその推移を問うた出題である。設問Aは三国干渉だけでなく朝鮮情勢にも言及したい。設問Bは「変化」を説明できるかどうかがポイントである。

A

設問の要求

〔主題〕日清戦争直後に「怖露病」がもっとも激しかったことの国際関係上の背景。

　まず，「怖露病」の意味を確認しておこう。

　設問によれば，「国民の対露感情」に対する批評の中で使われている言葉なので，国民の中にあったロシアに対する恐怖感と言い換えることができる。ロシアという存在を前に，危険が差し迫る予感に駆られ，臆病に，あるいは不安になっている様子を表現していると言える。徳富蘇峰にはそれが「病気」に見えたのだろう。その意味では，大雑把にロシアに対する敵対感情と読み替えても構わない。

▶日清戦争直後の日露関係

　国民の中にロシアに対する恐怖感や敵対感情があったということは，日露間に対立関係が生じていたことを意味する。では，日清戦争直後にどのような対立関係があったのか？

　日清戦争終結から日露開戦に至るまでの時期，日露両国に関係する主要な出来事は右の年表の通りである。これらのうち，日清戦争直後に該当するのは，どの出来事だろうか？「直後」なのだから，時間的な間隔を置かない時期，日清戦争終結に続いて継起的に生じた出来事を取り上げるのが適当である。その

1895	下関条約
	露仏独による三国干渉
	→日本，遼東半島を清へ返還
	閔妃らがロシアに接近して日本に対抗
	→閔妃殺害事件
1896	朝鮮国王高宗がロシア公使館に避難
	→親露政権が成立
	山県・ロバノフ協定
1898	ロシアが清から旅順・大連を租借
	西・ローゼン協定
1900	北清事変
	→ロシアが満州を軍事占領
1902	日英同盟協約の締結
1904	日露戦争の勃発

ように考えれば，少なくとも三国干渉とその後の朝鮮情勢ということになる。

〔三国干渉〕

　日清戦争に勝利した日本が下関条約で遼東半島の割譲をうけたことに対し，ロシアがフランス・ドイツと共に，日本の遼東半島領有は朝鮮の独立を有名無実にするなど極東の平和に対する障害となるとの理由から，遼東半島の清への返還を求めた。これが三国干渉である。

　　これに対して，日本政府は干渉を受け入れて遼東半島を清へ返還したが，国民の中には「臥薪嘗胆」の主張に象徴されるロシアへの敵対感情が強まることとなった。

〔三国干渉後の朝鮮情勢〕

　　もともと日清戦争中における日本の内政干渉に対し，朝鮮内部では閔妃を中心として反発が強まっていた。そして，閔妃らは三国干渉を契機としてロシアへ接近し，日本に対抗する動きを見せ，大院君を中心とする親日政権を打倒した。これに対して，日本の駐朝公使三浦梧楼が日本軍などを朝鮮王宮に乱入させて閔妃を殺害するという暴挙に出ると（閔妃殺害事件），かえって国王高宗のロシア公使館への避難，親露派政権の成立という事態を招いた。

　　こうした動向が日本国民のロシアに対する敵意を増幅していたのである。

　　なお，こうした朝鮮情勢に直面した日本政府は，対露宥和策をとり，ロシアと山県・ロバノフ協定，西・ローゼン協定を結んだ。この施策が対露強硬策へ転換する契機となるのが，北清事変に伴うロシアの満州占領であった。

B

設問の要求

〔主題〕「明治三十七八年役」の前と，「この文章の執筆時」における，日露両国政府の関係の変化の内容と，その理由。

　　まず，「変化」を説明することが求められている点に注目しよう。「変化」は変遷や転換などと同じく，2 つ（もしくは 2 つ以上）の段階を設定し，それぞれの違いを把握することで初めて表現できる。その点に注意しながら，知識を整理していこう。

```
─ 変　化 ─
A → B
違いを表現する！
```

▶「明治三十七八年役」前の日露関係

　　明治 37 年が 1904 年であることは知っているはずだし，史料に「怖露病を一掃したる」とあることからも，「明治三十七八年役」とは日露戦争を指すことが分かる。そして，日露戦争は満韓問題をめぐる日露対立を契機に勃発した。

```
┌─ 明治三十七八年役の前 ─┐         ┌── 資料文の執筆時 ──┐
│   満韓問題をめぐって対立   │ ─────→ │                    │
└────────────────────────┘         └────────────────────┘
```

▶「この文章の執筆時」の日露関係

　　資料文は「1916（大正 5）年」に書かれたものだという。当時は第一次世界大戦のさなかであり，同年，第 2 次大隈内閣によって第 4 次日露協約（日露同盟）が締結さ

れている。問題文にある「政府のロシアに対する外交政策」とは，この協約の締結を指すと分かる。そして，この協約は，秘密条項の中で第三国による中国支配に対抗することを規定した，事実上の攻守同盟であった。

▶日露両国政府の関係の変化──内容と理由

　以上の考察から，日露両国政府の関係は，対立関係から同盟関係へと変化していることが分かる。そして，この変化には，ⓐ対立の解消，ⓑ協調，という2つの過程が含まれる。それぞれの契機と内容を確認しよう。

　まず，ⓐ対立の解消についてである。その契機が「明治三十七八年役」すなわち日露戦争であることは言うまでもないだろう。日露戦争の結果，ポーツマス条約でロシアが日本の韓国に対する指導・保護権を全面的に認め，さらに旅順・大連の租借権，長春以南の鉄道など南満州権益を譲渡したことにより，満韓問題をめぐる日露間の対立はとりあえず解消されたのである。

　次に，ⓑ協調についてである。日露戦争後，日露両国は日露協約を締結して満州，さらに内蒙古における勢力圏を互いに確認し，協調関係に入っていた。そして，それは南満州権益をめぐりアメリカが門戸開放を唱え，日本による独占に反対したことを背景としていた。

```
┌─ 明治三十七八年役の前 ─┐  日露戦争 → 対立の解消    ┌─ 資料文の執筆時 ─┐
│  満韓問題をめぐって対立  │ ─────────────────→ │ 事実上の攻守同盟を結ぶ │
└──────────────┘  南満州をめぐる日米対立 → 協調  └─────────────┘
```

解答例

　Ａロシア主導の三国干渉により遼東半島の清への返還を強いられ，朝鮮では閔妃殺害事件もあってロシアの影響力が拡大していた。

　Ｂ満韓問題をめぐって対立したが，日露戦争後，ロシアが日本の韓国支配を承認，南満州権益を譲渡し，対立は解消された。他方，南満州をめぐって日米対立が生じたため，協調関係に転じて満蒙での相互の権益を確保し，第一次世界大戦期には同盟関係へ発展した。

論述作成上の注意

□Ａについて。三国干渉だけでなく，朝鮮情勢（親露政権の成立でも可）にも触れよう。
□Ｂについて。日露戦争前，日露戦争後，第一次世界大戦期の3段階に分け，対立 → 対立の解消・協調への転換 → 同盟関係，という変化を説明しよう。

96 近代産銅業の発展とその影響 (2001 年度 第 4 問)

明治期における産銅業の発展が日本における経済発展と国民生活にもたらした影響について問うた出題である。設問 A の経済発展にはたした役割は，知識としては高校日本史を超えているものの，グラフの読み取りで十分対応できる。

A

設問の要求

〔主題〕銅の生産が「この時期」の日本の経済発展にはたした役割。
〔条件〕グラフを手がかりとする。

まず，「この時期」とは具体的にいつのことなのかを確認しよう。

グラフが 1881～1910 年の統計なので，「この時期」とは明治期全般を指すのではなく，松方財政期から産業革命が進展した時期を指すものと分かる。

このことを念頭に置けば，「この時期」の日本の経済発展とは，まずもって**産業革命の進展**を意味していると判断できる。

次に，グラフからデータを読み取っていこう。

グラフの読み取り

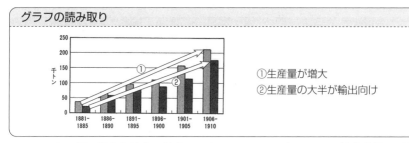

①生産量が増大
②生産量の大半が輸出向け

ここから，銅の増産が輸出の拡大につながっていること，そして外貨獲得に貢献していることが分かる。つまり，製糸業が果たした役割を問うた設問と主題が同じだと判断できる。

銅の生産がはたした役割

大半が輸出向け → 外貨獲得に貢献（＝産業革命の推進に寄与）

もう一つ注目しておいてよいことがらがある。

それは，銅の生産に携わった資本家についてである。銅山では足尾銅山と別子銅山が有名だが，それぞれ古河家，住友家の経営であり，古河財閥，住友財閥の母体となっている。三井・三菱・住友に代表される財閥が金融・流通と共に鉱山業を軸として

財をなしたことを念頭に置けば，輸出拡大に支えられた生産量の増大は，政商が財閥
へと成長する基盤の一つであったと位置づけることもできる（三井や三菱の場合は鉱
山業では炭鉱のほうが有名）。

B

設問の要求

〔主題〕銅の生産がもたらした社会問題。

　東大日本史には珍しく，単純な知識問題である。少なくとも**足尾鉱毒事件**について
説明できれば十分である。

足尾鉱毒事件
　[背景] 利潤第一の経営
　[内容] 古河経営の足尾銅山から鉱毒が渡良瀬川に流出＝流域の漁業や農業に被害
　　　　→ 田中正造を指導者とする被害農民らが反対運動を展開
　[結末] 政府：鉱毒問題の治水問題へのすり替え → 谷中村に遊水池建設（洪水対策）

　なお，この事件以外に，別子銅山や小坂銅山の煙害問題，足尾銅山などでの坑夫の
待遇改善を求めた暴動（労働争議）などがある。しかし，これらは教科書レベルで言
えば細かい。したがって，書けなくともよい。

解答例

　　　A生産された銅は大半が輸出されたため，産業革命の進展に伴う綿
　　　花や重工業製品などの輸入増加に必要な外貨の獲得に貢献した。

　　　B古河経営の足尾銅山では鉱毒が渡良瀬川に流出して流域の漁業や
　　　農業に被害を与え，社会問題化した。田中正造らが反対運動を展開
　　　したものの，政府は治水問題にすり替え，解決策を講じなかった。

　別解　A輸出拡大に支えられた銅の増産は，産業革命に必要な外貨獲得に
　　　貢献すると共に，政商の財閥への成長の一つの基盤ともなった。

　　　B利潤優先の経営は，銅山周辺の地域で公害を引き起こし，足尾鉱
　　　毒事件では田中正造を指導者とする反対運動が展開した。一方，飯
　　　場制度の下での苛酷な労働は，足尾銅山などで労働争議を招いた。

論述作成上の注意
□参考として，Aでは政商の財閥への成長を盛り込んだ別解，Bでは足尾鉱毒事件に限定
しない別解を作成しておいた。しかし，一般にはこうした内容まで盛り込めなくともよ
い。

97 攘夷運動と横浜鎖港問題 （2000 年度 第3問）

　1863 年末にヨーロッパに派遣された幕府使節を素材として，幕末の開港に伴う国内の
社会的・政治的混乱について問うた出題である。設問A・Cは史料の読み取りだけでも十
分だが，設問Bについては幕府使節が派遣された時期への目配りがポイントとなる。

A

設問の要求

〔主題〕幕府使節のフランスへの要求は何か。

　資料文では，幕府使節が「神奈川港閉鎖いたし候わば…」と述べ，それに対してフ
ランス外務大臣が「神奈川港閉鎖の儀はできかね候」と応えている。ここに注目すれ
ば，「神奈川港閉鎖」が幕府使節の要求であることが分かる。

　ところで，幕府使節はこの要求をなぜフランスに対して提示し，その他のヨーロッ
パ各国にも提示しようとしたのか？　その際，注目したいのは，問題文に「使節は条
約を締結した各国をまわる予定であった」と書かれている点である。

　この「条約」とは，神奈川の開港を規定した**安政の五カ国条約**である。この条約が
あったため，幕府使節は神奈川港（実際には横浜港）の閉鎖をフランスに求めたので
ある。この点も答案に盛り込んでおきたい。

B

設問の要求

〔主題〕幕府が「このような」使節を派遣するにいたった背景。
〔条件〕下線部の内容に留意する。

　神奈川港閉鎖を要求する幕府使節が，どのような状況の下で派遣されたのか，まず
は，史料から幕府使節の言い分を読み取ろう。

史料の読み取り ＜パート1＞

幕府使節の言い分
- 外国貿易 → 「最初より天朝において忌み嫌われ」 ……………………………ⓐ
　　　　　　　「民心にも応ぜず」 ………………………………………………ⓑ
- 「一種の凶族」が「さかんに外国人排斥の説を主張す」 ……………………ⓒ
　　→「すでに，不都合の事ども差し重なり」（下線部） ……………………ⓓ

　幕府使節が述べているのは，第一に，欧米諸国との貿易開始には当初から「天朝」

つまり朝廷・天皇が反対しており（ⓐ），民衆の不満・反発も招いている（ⓑ）という点である。実際，幕府が条約勅許の獲得を策した際，孝明天皇は勅許を与えなかった。さらに，貿易開始に伴う経済混乱・物価騰貴は民衆の生活を圧迫し，そのため，条約調印を行った幕府や貿易相手の欧米人に対する反発が民衆の中に強まっていた。史料の表現を使えば，「人心不折合」と概括することができる。

　第二には，「外国人排斥の説」を主張する「一種の凶族」の動きが活発であり（ⓒ），「不都合の事ども」がすでに重なって発生している（ⓓ），と述べている。「外国人排斥の説」とは**攘夷**のことであり，したがって，「一種の凶族」とは**攘夷派**であると判断できるし，下線部の「不都合の事ども」とは，史料の後半に「外国へ対し不都合の次第」と表現してあることもあわせて考えれば，**攘夷事件**を指すと判断できる。

> **神奈川港閉鎖（横浜鎖港）を要求した背景**
> 　①「人心不折合」：貿易開始に対する朝廷・天皇の反対，民衆の不満・反発
> 　② 攘夷運動の活発化 → 攘夷事件の続発

▶「不都合の事ども差し重なり」＝攘夷事件の続発とは？

　「外国人排斥」との表現から，外国人殺傷事件を想起する受験生が多いだろう。確かにヒュースケン暗殺事件（1860年）や生麦事件（1862年）が発生している。さらに，イギリス公使館に対する焼打ち事件が2度にわたって起こっている（1861年の東禅寺事件と翌年のイギリス公使館焼打ち事件）。

　ところが，問題文によれば，幕府使節は「文久3年（1863）末」に派遣されたという。やや時期が離れている。少なくとも，1863年に発生した「不都合な事ども」を想起したい。

　1863年は，朝廷が幕府に対して攘夷実行を迫ったため，幕府がやむなく諸藩に対して攘夷の実行を通達した年である。そして，長州藩が下関海峡を通過する外国船を砲撃し（**長州藩外国船砲撃事件**），それに対してアメリカやフランスなどが下関を報復攻撃しているし，生麦事件の処理交渉が難航する中でイギリスと薩摩藩が交戦していた（**薩英戦争**）。

> **文久3年（1863年）に差し重なった「不都合の事ども」**
> 　◦長州藩外国船砲撃事件（← 朝廷の圧力により幕府が攘夷の実行を諸藩に通達）
> 　◦薩英戦争

▶幕府使節が派遣された1863年末の情勢は？

　1863年末は，すでに八月十八日の政変により朝廷から尊王攘夷派が排除された後である。にもかかわらず，なぜ幕府は神奈川港閉鎖を欧米諸国に求めるに至ったのか？

　ここで注意したいのは，政変があったからと言って，孝明天皇が攘夷の意思を取り
下げたわけではない点である。実際，政変後に徳川慶喜や松平慶永，島津久光らが参
預（参与）に任じられ，朝廷の下で国政を協議した際，孝明天皇から神奈川港閉鎖が
諮問された。そして，松平慶永や島津久光らの反対にもかかわらず，徳川慶喜がその
提案をうけ，朝廷・幕府双方の合意の下で交渉が始まることとなる。つまり，直接的
には，孝明天皇の攘夷の意思（ⓐ）が幕府による使節派遣につながったのである。

C

設問の要求

〔主題〕幕府使節が交渉を断念した理由。
〔条件〕フランス外務大臣の対応にふれる。

　問題文には，「フランス一国と交渉を行ったのち，与えられた使命の遂行を断念し」
たと説明されている。ここから，フランスの対応が断念の契機となったと推察できる。

史料の読み取り ＜パート2＞

フランス外務大臣の対応

　・「ただ今にいたり条約御違反相成り候」⇨ 神奈川港閉鎖は条約違反と指摘
　　↓
　・「戦争に及ぶべきは必定」⇨ 戦争が不可避と警告
　　→ 日本の「御勝算はこれあるまじく存じ候」⇨ フランスの軍事的優位を誇示

　このような軍事力をちらつかせたフランスの対応に直面し，幕府使節は武力衝突を
回避する方針の下，交渉を断念した，と考えることができる。

解 答 例

　　A安政の五カ国条約で開港された神奈川港を閉鎖すること。

　　B天皇が開港反対の意思を崩さず，開港に伴う経済混乱や物価騰貴
　　が民衆の不満を招き，攘夷運動を高めた。幕府は攘夷実行の確約を
　　余儀なくされ，下関や鹿児島では欧米諸国との交戦も生じていた。

　　C条約違反を理由に戦争が不可避と警告され，さらに軍事的な優位
　　を誇示するフランスを前に，幕府使節は武力衝突の回避を図った。

論述作成上の注意

□Bについて。「下関や鹿児島では欧米諸国との交戦も生じていた」の箇所は，長州藩外
　国船砲撃事件や薩英戦争といった具体例を記してもよい。
□Cについて。「武力衝突の回避」という幕府使節の判断まで書けなくともよい。

98　昭和初期の経済

（2000年度　第4問）

> 　外国為替相場と商品輸出金額の変動を示したグラフを素材として，昭和初期の経済政策と経済状況を問うた出題である。基本的なテーマからの出題であるため，グラフの内容や指定語句について，どこまで目配りできるかがポイントである。

設問の要求

〔主題〕「この時期」の経済政策と経済状況。
〔条件〕①グラフ（外国為替相場と商品輸出金額の変動を示す）を見る。
　　　　②4つの指定語句を用いる。

　まず，「この時期」を確認しよう。グラフを見れば，対象時期は1928〜1935年である。この時期の内閣と経済政策を担当した大蔵大臣（蔵相）は次の通りである。

	1929		1931	
内閣	田中 （政友会）	浜口・第2次若槻 （民政党）	犬養 （政友会）	斎藤・岡田
蔵相	高橋是清	井上準之助	高橋是清	

　1928年段階での田中内閣（高橋是清蔵相）の経済政策については，高校日本史レベルでは知識がないと思うので，浜口・第2次若槻内閣（井上準之助蔵相）の井上財政と，犬養内閣以降（高橋是清蔵相）の高橋財政に焦点を絞ればよい。
　では，グラフからデータを抽出してこよう。その際，注目するのは，ⓐ外国為替相場の変動，ⓑ商品輸出金額の変動である。

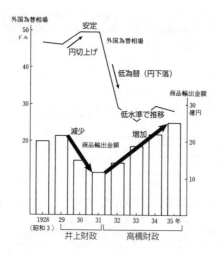

グラフの読み取り

井上財政期
 ⓐ外国為替相場：円相場が上昇 → 安定
 ⓑ商品輸出金額：輸出が減少
高橋財政期
 ⓐ外国為替相場：円相場が暴落 → 低水準で推移
 ⓑ商品輸出金額：輸出が増加

▶なぜ金輸出解禁が必要とされたのか？

 円相場が上昇し，安定した契機は，**金輸出解禁**（1930 年 1 月）であり，経済界の抜本的な整理を促進することを目的として実施された。

 グラフからも分かるように，金輸出解禁より以前は外国為替相場は円安傾向であった。金輸出禁止状態の下で**輸入超過**が続いていたからだが，輸入超過が続いた主な原因は 2 つあった。通貨の膨張と工業の国際競争力不足であった。通貨膨張は，戦後恐慌（1920 年）以降，相次ぐ恐慌に際して政府が日本銀行に過剰なまでの救済融資を行わせたために生じていた。そして，通貨膨張は国内消費を活発化させ，物価のインフレ傾向を招く一方，大戦景気で過大に膨張した**経済界の整理**を遅らせる結果となり，**工業の国際競争力不足**につながっていたのである。

▶井上財政

 こうした経済状況を改善するために金輸出解禁が実施された。しかも，旧平価で断行された。当時は円安傾向にあったから事実上の**円切上げ**を伴うことになる。これは，国際信用の低下を避けたいという判断と共に，金流出を助長することによって通貨の縮小を図り，日本経済を深刻なデフレに落とし込もうという目論見であった。それゆえに，金輸出解禁策を補完するため，財政面では**緊縮政策**が進められていたのである。

 このように，経済界の抜本的な整理を促進するため，通貨の縮小とデフレを引き起こすことを狙って金輸出解禁が実施されたため，日本経済は深刻な不況に陥った。さらに，ニューヨークのウォール街での株価暴落で始まった景気後退が世界恐慌へ発展していく中で**輸出が激減**したことも重なり，日本経済は**昭和恐慌**となった。

井上財政
 ［前提］通貨の膨張 → 経済界の整理の遅れ＝工業の国際競争力不足
 ［政策］金輸出解禁（旧平価で実施）・緊縮政策 → 経済界の抜本的な整理を促進
 ［影響］事実上の円切上げに伴う不況＋世界恐慌の影響 → 昭和恐慌

［発 展］　金本位制と金輸出（流出）

　金本位制とは，金を貨幣として採用しながらも，一般には紙幣を通用させ（こちらを通貨という），金（こちらを正貨という）と関連づけることでその信用を安定させるシステムである。このシステムで注意しておきたいのは，次の2点である。

> ①通貨の金との兌換
> ②金の輸出入の自由

　まず①について。通貨と金の交換価格を固定し（たとえば1円＝金0.75グラム），発行主体（たとえば日本銀行）において，その価格での交換を無条件・無制限に許可するというものである。これは，金という世界貨幣（世界中どこでも貨幣として通用するもの）と関連づけることで，通貨（たとえば円）の信用，とりわけ国際的な信用を保証しているのである。そして，この条件の下では，通貨流通高が金保有高に制約されることになる。

　次に②について。金の輸出入の自由とは，商品の輸出入に際し，代金支払いに金を使用することを許可するというものである。浜口内閣の金輸出解禁（金解禁）とは，金輸出禁止を解除し，この状態に戻すことであり，犬養内閣の金輸出再禁止とは，輸入代金の支払いに金を使用することを禁止する措置であった。そして，金本位制国どうしの間では，言い換えれば国際金本位制の下では外国為替相場は安定し，その水準（平価）は，国ごとの通貨と金との兌換レートに基づいて決まる。

　以上をまとめると，次のようになる。

> ①通貨と金との兌換
> 　　⇨ 通貨流通高が金保有高に制約される
> ②金の輸出入の自由
> 　　⇨ 外国為替相場が安定する

　さて，このような金本位制の下で輸入超過の場合，どのような事態が生じるか。

　輸入超過は輸入代金の支払いが超過しているのだから，支払いのために金が国外へ流出する（→ ②）。そうすれば，国内の金保有高が減少する。そして，金保有高の減少に伴い，通貨流通高には抑制がかかる（→ ①）。つまり，デフレが生じ，経済活動の停滞・物価の下落を招くこととなる。

> 　　輸入超過 ⇨ 金流出 ⇨ 金保有高の減少 ⇨ 通貨流通高の抑制＝デフレの発生

▶高橋財政

　以上のような井上財政は，満州事変の勃発とそれに伴う軍事費の増大，イギリスの金本位制離脱とそれに伴うドル買いの横行によって破綻した。そして1931年12月，犬養内閣（蔵相高橋是清）は，組閣と同時に**金輸出を再禁止**し，同時に円の金兌換も停止して金本位制から離脱し，**管理通貨制度**へ移行した。その下で昭和恐慌から脱出するための諸政策を実施していくのである。

　まず，円為替相場の大幅な下落に対して放任の態度でのぞみ，低水準に安定させる**低為替政策**をとった。輸出増進を狙ったのである。さらに，日本銀行引受けによって

大量の赤字国債を発行して財源を確保した上で，軍事費を増大させるなど**積極政策**を展開した。政府の積極的な財政支出によって景気を刺激しようとしたのである。

この結果，経済界は活気づいた。昭和恐慌の下で産業合理化が進展したこともあり，綿織物を中心として，低為替を利用して**輸出が増大**した。さらに，軍需に支えられて重化学工業が発達した。そして，1933年頃には他国にさきがけて恐慌以前の生産水準を回復することになったのである。

> **高橋財政**
> ［前提］昭和恐慌，満州事変とイギリスの金本位制離脱による井上財政の破綻
> ［政策］金輸出再禁止 → 恐慌対策：積極政策と低為替政策
> ［影響］軍需を中心に重化学工業の発達 ＋ 綿織物など輸出増加 → 恐慌から脱出

▶経済政策と経済状況の推移

以上の知識をふまえて，この時期の経済政策と経済状況を整理しよう。

その際，グラフが**変動**（＝変化）を示したものである点に注目し，井上財政期と高橋財政期の**相違点**に留意することが必要である。相違点を対比的に構成することにより，変動（＝変化）を表現したい。

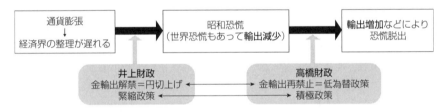

> **解答例**
>
> 経済界の抜本的な整理を促すため，井上蔵相は金輸出解禁を実施して円切上げを図ると共に緊縮政策を進めた。そのため深刻な不況が生じ，世界恐慌の影響も重なって輸出が減少し，昭和恐慌となった。それに対し，後任の高橋蔵相は金輸出再禁止を実施し，低為替による輸出増進策と積極政策へと転じ，恐慌からの脱出に成功した。
>
> **論述作成上の注意**
> □グラフの読み取りを前提に，円切上げ ↔ 低為替，輸出の減少 ↔ 輸出の増加，の2ポイントを盛り込もう。
> □相違点を対比的に構成することを意識しよう。井上財政について「緊縮政策」が指定語句に含まれているのだから，高橋財政では積極政策に必ず言及したい。

99　近現代における教育制度の変遷　（1999年度　第4問）

　教育史をめぐる標準的な出題に見える。さらに，年表が付されているため，そこに示されている史実を肉付けしていけば答案ができあがりそうである。しかし，初等教育と高等教育，制度と内容の両面について，どこまで目配りできるか，その上でいかに簡潔にまとめることができるか，意外と差がつく問題である。

設問の要求

〔主題〕明治初年〜戦後における教育（初等教育と高等教育）の，制度・内容の両面での変遷の概略。
〔条件〕年表を参考にする。

　まず，「変遷」が問われている点に注目しよう。「変遷」を把握し，表現するためには，2つ（あるいは2つ以上）の時期に区分した上で，それぞれの時期を特徴づけることが必要である。

```
変　遷
A→B→C
違いを表現する！
```

　では，年表に即しながら時期区分していこう。

年表の読み取り＜パート1＞

1872（明治5）年　学制公布　…………………………………………………………ⓐ

　学制（ⓐ）は，明治初め，近代的な学校制度の導入をめざす明治政府により公布されたもので，フランスにならい，小学校から大学校に至る画一的な学校制度の整備を図った。そして，公布にあたって発布された太政官布告（被仰出書）では，実学を強調する功利主義的な理念を掲げつつ，国民皆学の精神を説いていた。

　しかし，学校設立の経費が地域住民の負担であり，就学が有償であったため，民衆の反発にあい，この政策は実現しなかった。

年表の読み取り＜パート2＞

1886（明治19）年　帝国大学令公布　………………………………………………ⓑ
1890（明治23）年　教育勅語発布　…………………………………………………ⓒ

　まず，帝国大学令（ⓑ）に注意したい。これは，国家の須要に応じる人材の育成を掲げた高等教育機関の設立を規定した法令である。ところが，この年には，ⓑと同時に小学校令・中学校令・師範学校令が公布されている。これら学校令と総称された諸法令は，学制が計画通り進まず，教育令（1879年），改正教育令（1880年）と試行錯誤を経た後に制定され，小学校から帝国大学に至る学校制度を整備したものである。

にもかかわらず，年表には⑥しか記載されていない。

　しかし，この設問では，初等・高等教育の双方への目配りが求められている。したがって，少なくとも小学校令には言及する必要がある。小学校令で特徴的なのは，就学義務が明文化されたこと，すなわち義務教育の導入である。ちなみに，義務教育は1900年の小学校令改正で4年制への統一・無償化の採用が規定され，法的に確立した。

　ところで，義務教育は，識字・計算能力の育成と共に，国民意識（愛国心）を養成すべきという国家的な要請から導入されていた。教育勅語（ⓒ）は，その理念を示すものとして発布され，国体観念の涵養，天皇に対する忠誠と父祖に対する孝養が強調されていた。

年表の読み取り＜パート3＞

1907（明治40）年	義務教育4年から6年に延長 …………………………ⓓ
1918（大正7）年	大学令公布 ……………………………………………ⓔ

　この2つをまとめたことに違和感を覚えた受験生がいるかもしれない。10年ほど年月が離れていることもあるが，年号（元号）が異なっているからだろう。しかし，年号を基準に時期区分する必然性はない。内容や時代背景に即して区分していこう。

　この2つをまとめたのは，第一に，初等・高等教育の双方に目配りするという観点からすれば，ⓓとⓔをセットにするのが構成上，適当だからである。そして第二に，ⓓが義務教育の延長，ⓔが高等教育機関の拡充を図った政策であり，ともに，既成の義務教育（4年）と高等教育（帝国大学）の定着を前提とし，それぞれの拡充を図る政策である，という点において共通性をもつからである。

　なお，このように初等・高等教育ともに国民の間に定着していった背景としては，資本主義の発展に伴う国民生活の向上を指摘することができる。

年表の読み取り＜パート4＞

1941（昭和16）年	国民学校令公布 …………………………………………ⓕ
1943（昭和18）年	学徒出陣開始 ……………………………………………ⓖ

　国民学校令（ⓕ）は，第2次近衛内閣がナチス・ドイツにならった初等教育を導入するために定めた法令で，これに基づいて従来の小学校が国民学校へ改組された。これは，近衛新体制の一環を担い，初等教育を皇国臣民の錬成として位置づけた全体主義的な教育政策である。

　次に，学徒出陣（ⓖ）についてである。これは，アジア太平洋戦争の末期，大学などに在学中の文系学生を軍隊に召集した政策であるが，教育の制度・内容とどのよう

に関係するのか？　言うまでもないことだが，学生を軍隊に召集することは教育ではない。ということは，学徒出陣が教育（高等教育）に与えた影響を考える必要がある。このような視点で考えていけば，学徒出陣は，文系学生に対する高等教育を機能停止・崩壊に追い込んだ政策である。では，同じような性格をもつ，初等教育に対する政策はないか？　それは，都市における国民学校児童の集団疎開（学童疎開）である。

年表の読み取り＜パート5＞

1947（昭和22）年	教育基本法公布　…………………………………………………ⓗ
	学校教育法公布　…………………………………………………ⓘ

　ともに戦後における教育の民主化に伴って公布された法律である。ⓗは日本国憲法の精神をふまえ，個人の尊厳重視など，教育勅語（ⓒ）に替わる新しい教育理念を提示すると共に，教育の機会均等・男女共学などの原則を示した。そして，ⓘは六・三・三・四制を導入した法律であり，これにより，教育の機会均等を実現するため，単線型の学校制度への改編が図られることとなった。

解答例

　近代的な学校制度の導入を図る政府は，学制公布以降の試行錯誤を経て，明治中期には，小学校から帝国大学に至る学校制度を整備すると共に初等教育を義務化し，教育勅語で道徳重視の教育理念を示した。そして，資本主義の発展を背景に，明治末から大正期には義務教育・高等教育ともに拡充を図った。昭和の戦時下には皇国臣民の錬成を掲げた全体主義教育を導入したが，戦争末期には学徒出陣・学童疎開により教育は崩壊した。敗戦後，個人の尊厳尊重が新たな教育理念として示され，機会均等に基づく新制度が導入された。

論述作成上の注意

□個々の法令の名称や施策に触れてもよいが，年表をそのまま説明する形で答案を構成してはならない。

□初等・高等教育の双方に目配りするという観点から，帝国大学令と共に小学校令・義務教育の導入，学徒出陣と共に学童疎開にも言及しておきたい。

難関校過去問シリーズ

東大の日本史
25カ年［第9版］

別冊 問題編

教学社

東大の日本史25ヵ年[第9版]　別冊 問題編

第1章　古　代

第2章　中　世

第3章　近　世

第4章　近現代

第 1 章　古 代

1

（2023 年度　第 1 問）

　古代の宮都などの大規模造営では，建築工事の現場だけでなく，山林での材木の伐り出し，瓦の製作，それらの輸送（陸運・水運）など，資材調達の作業にも多くの労働力が必要であった。国家的造営工事に関する次の(1)～(4)の文章を読んで，下記の設問に答えよ。解答は，解答用紙(イ)の欄に記入せよ。

(1)　律令制のもとでは，仕丁と雇夫が国家的造営工事に動員された。仕丁は，全国から 50 戸ごとに成年男子 2 名が徴発され，都に出仕し役務に従事した。雇夫は官司に雇用された人夫で，諸国から納められた庸が雇用の財源となった。

(2)　奈良時代に朝廷が行った石山寺の造営工事では，仕丁・雇夫らが従事した作業の内容が記録に残されている。また，恭仁京・長岡京・平安京の造営など，大規模な工事を実施する際には，労働力不足への対処として，畿内周辺の諸国に多数の雇夫を集めることが命じられた。

(3)　960 年 9 月，平安京の内裏が火災ではじめて焼失した。その再建は，修理職や木工寮といった中央官司だけでなく，美濃・周防・山城など 27 カ国の受領に建物ごとの工事を割り当てて行われた。こうした方式はこの後の定例となった。

(4)　1068 年に即位した後三条天皇は，10 年前に焼失した内裏をはじめ，平安宮全体の復興工事を進めた。これを契機に，造営費用をまかなうための臨時雑役を，国衙領だけでなく荘園にも一律に賦課する一国平均役の制度が確立した。

設　問

　国家的造営工事のあり方は，国家財政とそれを支える地方支配との関係を反映して変化した。その変化について，律令制期，摂関期，院政期の違いにふれながら，6 行以内で説明せよ。

2

次の⑴～⑷の文章を読んで，下記の設問Ａ・Ｂに答えよ。解答は，解答用紙（イ）
の欄に，設問ごとに改行し，設問の記号を付して記入せよ。

⑴　律令制のもと，中央政府から諸国への連絡には文書が用いられた。その際，た
　とえば改元のように，全国一律に同じ内容を伝える場合には，各国宛てに１通ず
　つ作成されるのではなく，あわせて８通の文書が作成され，中央政府から畿内や
　七道の諸国に伝達された。受けとった国司はそれを写しとり，国内で施行したも
　のとみられる。

⑵　734 年に出雲国が中央政府や他国との間でやりとりした文書の目録によれば，
　３月 23 日に中央政府が出雲国に宛てて発給した文書が，４月８日に伯耆国を通
　過し，４月 10 日に出雲国に到着したことが知られる。また出雲国を経由して，
　隠岐国や石見国に文書が伝達されることもあった。

⑶　石川県で発掘された木札には，849 年の郡司の命令が記されていた。そのなか
　で郡司は，国司からの命令を引用した上で，管轄下の役人に対し，その内容を道
　路沿いに掲示し，村人たちに諭し聞かせるようにと指示している。この木札に
　は，一定期間，屋外に掲示されていた痕跡が残っている。

⑷　奈良時代の村落における農耕祭祀の様子を伝える史料によれば，祭りの日には
　酒や食事が用意され，村の成人男女が集合すると「国家の法」が告知され，その後
　に宴会がおこなわれたという。

設　問
　Ａ　中央政府から諸国に命令を伝えるときに，都から個別に使者を派遣する場合
　　もあったが，そうではない場合はどのような方法がとられていたか。２行以内
　　で述べよ。

B 諸国では，どのようにして命令が民衆にまで周知されたと考えられるか。具体的な伝達方法に注意しつつ，4行以内で述べよ。

3

　次の(1)～(5)の文章を読んで，下記の設問に答えなさい。解答は，解答用紙(イ)の
欄に，記入しなさい。

(1)　842年嵯峨上皇が没すると，仁明天皇を廃して淳和天皇の子である皇太子恒貞
　親王を奉じようとする謀反が発覚し，恒貞親王は廃され，仁明天皇の長男道康親
　王(文徳天皇)が皇太子に立てられた。以後皇位は，直系で継承されていく。

(2)　嵯峨・淳和天皇は学者など有能な文人官僚を公卿に取り立てていくが，承和の
　変の背景には，淳和天皇と恒貞親王に仕える官人の排斥があった。これ以後，文
　人官僚はその勢力を失っていき，太政官の中枢は嵯峨源氏と藤原北家で占められ
　るようになった。

(3)　文徳天皇は，仁寿年間以降(851～)，内裏の中心である紫宸殿に出御して政治
　をみることがなかったという。官僚機構の整備によって天皇がその場に臨まなく
　ても支障のない体制になったためだと考えられる。藤原氏の勧学院，在原氏や源
　氏の奨学院など，有力氏族は子弟のための教育施設を設けた。

(4)　858年清和天皇はわずか9歳で即位した。このとき外祖父で太政大臣の藤原良
　房が実質的に摂政となったと考えられる。876年に陽成天皇に譲位する時に，清
　和天皇は藤原基経を摂政に任じ，良房が自分を補佐したように陽成天皇に仕えよ
　と述べている。

(5)　清和天皇の貞観年間(859～876)には，『貞観格』『貞観式』が撰定されたほか，唐
　の儀礼書を手本に『儀式』が編纂されてさまざまな儀礼を規定するなど，法典編纂
　が進められた。

設　問

　　9世紀後半になると，奈良時代以来くり返された皇位継承をめぐるクーデター
　や争いはみられなくなり，安定した体制になった。その背景にはどのような変化
　があったか。5行以内で述べなさい。

4

　次の(1)〜(5)の文章を読んで，下記の設問A・Bに答えなさい。解答は，解答用紙(イ)の欄に，設問ごとに改行し，設問の記号を付して記入しなさい。

(1)　『千字文』は6世紀前半に，初学の教科書として，書聖と称された王羲之の筆跡を集め，千字の漢字を四字句に綴ったものと言われる。習字の手本としても利用され，『古事記』によれば，百済から『論語』とともに倭国に伝えられたという。

(2)　唐の皇帝太宗は，王羲之の書を好み，模本（複製）をたくさん作らせた。遣唐使はそれらを下賜され，持ち帰ったと推測される。

(3)　大宝令では，中央に大学，地方に国学が置かれ，『論語』が共通の教科書とされていた。大学寮には書博士が置かれ，書学生もいた。長屋王家にも「書法模人」という書の手本を模写する人が存在したらしい。天平年間には国家事業としての写経所が設立され，多くの写経生が仏典の書写に従事していた。

(4)　律令国家は6年に1回，戸籍を国府で3通作成した。また地方から貢納される調は，郡家で郡司らが計帳などと照合し，貢進者・品名・量などを墨書した木簡がくくり付けられて，都に送られた。

(5)　756年に聖武天皇の遺愛の品を東大寺大仏に奉献した宝物目録には，王羲之の真筆や手本があったと記されている。光明皇后が王羲之の書を模写したという「楽毅論」も正倉院に伝来している。平安時代の初めに留学した空海・橘逸勢も唐代の書を通して王羲之の書法を学んだという。

設　問

　A　中央の都城や地方の官衙から出土する8世紀の木簡には，『千字文』や『論語』の文章の一部が多くみられる。その理由を2行以内で述べなさい。

　B　中国大陸から毛筆による書が日本列島に伝えられ，定着していく。その過程において，唐を中心とした東アジアの中で，律令国家や天皇家が果たした役割を4行以内で具体的に述べなさい。

5

10世紀から11世紀前半の貴族社会に関する次の(1)～(5)の文章を読んで，下記の設問A・Bに答えなさい。解答は，解答用紙(イ)の欄に，設問ごとに改行し，設問の記号を付して記入しなさい。

(1) 9世紀後半以降，朝廷で行われる神事・仏事や政務が「年中行事」として整えられた。それが繰り返されるにともない，あらゆる政務や儀式について，執り行う手順や作法に関する先例が蓄積されていき，それは細かな動作にまで及んだ。

(2) そうした朝廷の諸行事は，「上卿（しょうけい）」と呼ばれる責任者の主導で執り行われた。「上卿」をつとめることができるのは大臣・大納言などであり，また地位によって担当できる行事が異なっていた。

(3) 藤原顕光（あきみつ）は名門に生まれ，左大臣にまで上ったため，重要行事の「上卿」をつとめたが，手順や作法を誤ることが多かった。他の貴族たちはそれを「前例に違（たが）う」などと評し，顕光を「至愚（しぐ）（たいへん愚か）」と嘲笑した。

(4) 右大臣藤原実資（さねすけ）は，祖父左大臣藤原実頼（さねより）の日記を受け継ぎ，また自らも長年日記を記していたので，様々な儀式や政務の先例に通じていた。実資は，重要行事の「上卿」をしばしば任されるなど朝廷で重んじられ，後世，「賢人右府（右大臣）」と称された。

(5) 藤原道長の祖父である右大臣藤原師輔（もろすけ）は，子孫に対して，朝起きたら前日のことを日記につけること，重要な朝廷の行事と天皇や父親に関することは，後々の参考のため，特に記録しておくことを遺訓した。

設 問

A この時代の上級貴族にはどのような能力が求められたか。1行以内で述べなさい。

B この時期には，『御堂関白記』（藤原道長）や『小右記』（藤原実資）のような貴族の日記が多く書かれるようになった。日記が書かれた目的を4行以内で述べなさい。

6

　中国の都城にならって営まれた日本古代の宮都は，藤原京（694〜710 年）にはじまるとされる。それまでの大王の王宮のあり方と比べて，藤原京ではどのような変化が起きたのか。律令制の確立過程における藤原京の歴史的意義にふれながら，解答用紙(イ)の欄に 6 行以内で説明しなさい。なお，解答には下に示した語句を一度は用い，使用した語句には必ず下線を引きなさい。

官僚制　　条坊制　　大王宮　　大極殿

　次の(1)〜(5)の文章を読んで，下記の設問A・Bに答えなさい。解答は，解答用紙(イ)の欄に，設問ごとに改行し，設問の記号を付して記入しなさい。

(1)　東アジアの国際関係の変動の中で，日本列島では律令国家による国土の拡張が進められた。東北地方への進出では，7世紀に渟足柵・磐舟柵，ついで太平洋側にも城柵を設置し，8世紀には出羽国を建て，多賀城を置いて支配を広げた。

(2)　律令国家が東北支配の諸政策を進める中，東国は度重なる軍事動員や農民の東北への移住などで大きな影響を受け続けた。他の諸国にも大量の武具製作や帰順した蝦夷の移住受入れなどが課され，東北政策の社会的影響は全国に及んだ。

(3)　律令制支配が東北に伸長した結果，8世紀後期から9世紀初期の30数年間，政府と蝦夷勢力との武力衝突が相次いだ。支配がさらに北へ広がる一方，桓武天皇は負担が国力の限界に達したとして，蝦夷の軍事的征討の停止に政策を転じた。

(4)　金（砂金）や，昆布等の海産物，優秀な馬といった東北地方の物産に対する貴族らの関心は高かった。また，陸奥国と本州の太平洋に面した諸国の人々の間には，海上交通で結ばれた往来・交流も存在した。

(5)　鎮守府の将軍など，東北を鎮めるための軍事的官職は，平安時代を通じて存続し，社会的な意味を持ち続けた。平貞盛，藤原秀郷，源頼信・義家らは，本人や近親がそうした官職に就くことで，武士団の棟梁としての力を築いた。

設　問
　A　東北地方の支配は，律令国家にとってどのような意味を持ったか。2行以内で述べなさい。

　B　7世紀半ばから9世紀に，東北地方に関する諸政策は国家と社会にどのような影響を与えたか。その後の平安時代の展開にも触れながら，4行以内で述べなさい。

8

次の(1)～(5)の文章を読んで，下記の設問Ａ・Ｂに答えなさい。解答は，解答用紙(イ)
の欄に，設問ごとに改行し，設問の記号を付して記入しなさい。

(1) 『日本書紀』には，東国に派遣された「国司」が，646 年に国造など現地の豪族
を伴って都へ帰ったことを記す。評の役人となる候補者を連れて帰り，政府の審査
を経て任命されたと考えられる。

(2) 律令の規定によれば，郡司は任期の定めのない終身の官職であり，官位相当制の
対象ではなかったが，支給される職分田（職田）の額は国司に比べて多かった。

(3) 国府の中心にある国庁では，元日に，国司・郡司が誰もいない正殿に向かって拝
礼したのち，国司長官が次官以下と郡司から祝賀をうけた。郡司は，国司と道で会
ったときは，位階の上下にかかわらず馬を下りる礼をとった。

(4) 郡家には，田租や出挙稲を蓄える正倉がおかれた。そのなかに郡司が管轄する郡
稲もあったが，ほかのいくつかの稲穀とともに，734 年に統合され，国司の単独財
源である正税が成立した。

(5) 郡司には，中央で式部省が候補者を試問した上で任命したが，812 年に国司が推
薦する候補者をそのまま任ずることとなり，新興の豪族が多く任命されるようにな
った。

設 問

A 郡司は，律令制のなかで特異な性格をもつ官職といわれる。その歴史的背景に
ついて2行以内で説明しなさい。

B 国司と郡司とは，8世紀初頭にはどのような関係であったか。また，それは9
世紀にかけてどのように変化したか。4行以内で述べなさい。

9

　日本列島に仏教が伝わると，在来の神々への信仰もいろいろな影響を受けることとなった。それに関する次の(1)～(6)の文章を読んで，下記の設問A・Bに答えなさい。解答は，解答用紙(イ)の欄に，設問ごとに改行し，設問の記号を付して記入しなさい。

(1)　大和国の大神神社では，神体である三輪山が祭りの対象となり，のちに山麓に建てられた社殿は礼拝のための施設と考えられている。

(2)　飛鳥寺の塔の下には，勾玉や武具など，古墳の副葬品と同様の品々が埋納されていた。

(3)　藤原氏は，平城遷都にともない，奈良の地に氏寺である興福寺を建立するとともに，氏神である春日神を祭った。

(4)　奈良時代前期には，神社の境内に寺が営まれたり，神前で経巻を読む法会が行われたりするようになった。

(5)　平安時代前期になると，僧の姿をした八幡神の神像彫刻がつくられるようになった。

(6)　日本の神々は，仏が人々を救うためにこの世に仮に姿を現したものとする考えが，平安時代中期になると広まっていった。

設 問

　A　在来の神々への信仰と伝来した仏教との間には違いがあったにもかかわらず，両者の共存が可能となった理由について，2行以内で述べなさい。

　B　奈良時代から平安時代前期にかけて，神々への信仰は仏教の影響を受けてどのように展開したのか，4行以内で述べなさい。

10

次の(1)〜(4)の文章を読んで，下記の設問Ａ・Ｂに答えなさい。解答は，解答用紙(イ)の欄に，設問ごとに改行し，設問の記号を付して記入しなさい。

(1)　ヤマト政権では，大王が，臣姓・連姓の豪族の中から最も有力なものを大臣・大連に任命し，国政の重要事項の審議には，有力氏族の氏上も大夫（マエツキミ）として加わった。律令制の国政の運営には，こうした伝統を引き継いだ部分もあった。

(2)　810 年，嵯峨天皇は，藤原薬子の変（平城太上天皇の変）に際して太政官組織との連携を重視し，天皇の命令をすみやかに伝えるために，蔵人頭を設けた。蔵人頭や蔵人は，天皇と太政官とをつなぐ重要な役割を果たすことになった。

(3)　太政大臣藤原基経は，884 年，問題のある素行を繰り返す陽成天皇を退位させ，年長で温和な人柄の光孝天皇を擁立した。基経の処置は，多くの貴族層の支持を得ていたと考えられる。

(4)　10 世紀後半以降の摂関期には，摂政・関白が大きな権限を持っていたが，位階の授与や任官の儀式は，天皇・摂関のもとで公卿も参加して行われた。また，任地に赴いた受領は，任期終了後に受領功過 定という公卿会議による審査を受けた。

設　問

　Ａ　律令制では，国政はどのように審議されたのか。その構成員に注目して，2 行以内で述べなさい。

　Ｂ　(4)の時期に，国政の審議はどのように行われていたか。太政官や公卿の関与のあり方に注目して，4 行以内で述べなさい。

11

次の(1)～(4)の文章を読んで，下記の設問に答えなさい。解答は，解答用紙(イ)の欄に記入しなさい。

(1) 『宋書』には，478 年に倭王武が宋に遣使し，周辺の国を征服したことを述べ，「使持節都督倭・新羅・任那・加羅・秦韓・慕韓六国諸軍事安東大将軍倭王」に任じられたと記す。こののち推古朝の遣隋使まで中国への遣使は見られない。

(2) 埼玉県の稲荷山古墳から出土した鉄剣の銘文には，オワケの臣が先祖以来大王に奉仕し，ワカタケル大王が「天下を治める」のをたすけたと記す。熊本県の江田船山古墳出土の鉄刀銘にも「治天下ワカタケル大王」が見える。前者の銘文は 471 年に記されたとする説が有力である。

(3) 『日本書紀』には，雄略天皇を「大泊瀬幼 武 天皇」と記している。「記紀」は，雄略天皇をきわめて残忍な人物として描き，中央の葛城氏や地方の吉備氏を攻略した伝承を記している。

(4) 475 年に百済は高句麗に攻められ，王が戦死していったん滅び，そののち都を南に移した。この戦乱で多くの王族とともに百済の人々が倭に渡来した。さまざまな技術が渡来人によって伝えられ，ヤマト政権は彼らを部に組織した。

設 問

　　5 世紀後半のワカタケル大王の時代は，古代国家成立の過程でどのような意味を持っていたか。宋の皇帝に官職を求める国際的な立場と「治天下大王」という国内での称号の相違に留意しながら，6 行以内で説明しなさい。

12

次の(1)～(4)の文章を読んで，下記の設問に答えなさい。解答は，解答用紙(イ)の欄に記入しなさい。

(1) 740年，大宰少弐藤原広嗣が反乱を起こし，豊前・筑前国境の板櫃河をはさんで，政府軍約6,000人と広嗣軍約10,000人が戦った。両軍の主力は，すでに確立していた軍団制・兵士制のシステムを利用して動員された兵力であった。

(2) 780年の伊治呰麻呂による多賀城襲撃の後，30年以上にわたって政府と蝦夷との間で戦争があいついだ。政府は，坂東諸国などから大規模な兵力をしばしば動員し，陸奥・出羽に派遣した。

(3) 783年，政府は坂東諸国に対し，有位者の子，郡司の子弟などから国ごとに軍士500～1,000人を選抜して訓練するように命じ，軍事動員に備える体制をとらせた。一方で792年，陸奥・出羽・佐渡と西海道諸国を除いて軍団・兵士を廃止した。

(4) 939年，平将門は常陸・下野・上野の国府を襲撃し，坂東諸国の大半を制圧した。平貞盛・藤原秀郷らは，政府からの命令に応じて自らの兵力を率いて将門と合戦し，これを倒した。

設 問

　8世紀から10世紀前半に，政府が動員する軍事力の構成や性格はどのように変化したか。6行以内で説明しなさい。

13

663年に起きた白村江の戦いとその後の情勢に関する次の(1)〜(5)の文章を読んで，下記の設問A・Bに答えなさい。解答は，解答用紙(イ)の欄に，設問ごとに改行し，設問の記号を付して記入しなさい。

(1) 664年，対馬島・壱岐島・筑紫国等に防人と烽を置き，筑紫に水城を築いた。翌年，答㶱春初を派遣して長門国に城を築き，憶礼福留・四比福夫を筑紫国に派遣して大野城と基肄城とを築かせた。

(2) 高句麗が滅んだ668年，新羅からの使者に託して，中臣鎌足は新羅の高官金庾信に船1隻を贈り，天智天皇も新羅王に船1隻を贈った。唐に向けては，翌年高句麗制圧を祝う遣唐使を送ったが，その後30年ほど遣使は途絶えた。

(3) 671年，倭の朝廷は，百済貴族の余自信・沙宅紹明・憶礼福留・答㶱春初ら50余人に倭の冠位を与えて，登用した。

(4) 百済救援の戦いに動員された筑紫国の兵士大伴部博麻は，ともに唐軍に捕らえられた豪族の筑紫君ら4人を帰国させるために自らの身を売った。博麻が新羅使に送られて帰国できたのは，690年のことであった。

(5) 『日本霊異記』によれば，備後国三谷郡司の先祖は，百済救援の戦いに赴いて無事に帰国したのち，連れ帰った百済人僧侶の力を借りて，出征前の誓いどおり，郷里に立派な寺院を建立したという。この寺院は，発掘調査された寺町廃寺である。伊予国の郡司の先祖についても，同様の話が伝わる。

設 問

A 白村江の戦いに倭から派遣された軍勢の構成について，1行以内で述べなさい。

B 白村江での敗戦は，日本古代の律令国家の形成にどのような影響をもたらしたのか，その後の東アジアの国際情勢にもふれながら，5行以内で述べなさい。

14

(2010 年度 第1問)

次の(1)～(4)の文章を読んで，下記の設問に答えなさい。解答は，解答用紙(イ)の欄に記入しなさい。

(1) 大宝律令の完成により官僚制が整備され，官人たちは位階や官職に応じて給与を得た。地方には中央から貴族が国司として派遣され，『万葉集』には，上級貴族の家柄である大伴家持が，越中守として任地で詠んだ和歌がみえる。

(2) 10世紀には，地方支配のあり方や，官人の昇進と給与の仕組みが変質し，中下級貴族は収入の多い地方官になることを望んだ。特定の中央官職で一定の勤続年数に達すると，国司（受領）に任じられる慣例も生まれた。

(3) 藤原道長の日記には，諸国の受領たちからの贈り物が度々みえるが，彼らは摂関家などに家司（家の経営にあたる職員）として仕えた。豊かな国々の受領は，このような家司がほぼ独占的に任じられ，その手元には多くの富が蓄えられた。

(4) 清和源氏の源満仲と子息の頼光・頼信は摂関家に侍として仕え，その警護にあたるとともに，受領にも任じられて物資を提供した。頼信が平忠常の乱を制圧したことなどから，やがて東国に源氏の勢力が広まっていった。

設 問

　10・11世紀の摂関政治期，中下級貴族は上級貴族とどのような関係を結ぶようになったのか。その背景の奈良時代からの変化にもふれながら，6行以内で述べなさい。

15

次の(1)〜(4)の文章を読んで，下記の設問に答えなさい。解答は，解答用紙(イ)の欄に
記入しなさい。

(1) 607年に小野妹子が遣隋使として「日出づる処の天子」にはじまる国書を提出し
たが，煬帝は無礼として悦ばなかった。翌年再び隋に向かう妹子に託された国書は
「東の天皇，敬みて西の皇帝に白す」に改められた。推古朝に天皇号が考え出され
たとする説も有力である。

(2) 659年に派遣された遣唐使は，唐の政府に「来年に海東の政（軍事行動のこと）
がある」と言われ，1年以上帰国が許されなかった。669年に派遣された遣唐使は，
唐の記録には高句麗平定を賀するものだったと記されている。

(3) 30年の空白をおいて派遣された702年の遣唐使は，それまでの「倭」に代えて
「日本」という新たな国号を唐に認めてもらうことが使命の一つだったらしい。8
世紀には遣唐使は20年に1度朝貢する約束を結んでいたと考えられる。

(4) 717年の遣唐使で唐に渡った吉備真備と玄昉は，それぞれ中国滞在中に儒教や音
楽などに関する膨大な書籍や当時最新の仏教経典を収集し，次の733年の遣唐使と
共に帰国し，日本にもたらした。

設　問

7・8世紀の遣隋使・遣唐使は，東アジア情勢の変化に対応してその性格も変わ
った。その果たした役割や意義を，時期区分しながら，6行以内で説明しなさい。

16

次の(1)〜(6)の文章を読んで，下記の設問A・Bに答えなさい。解答は，解答用紙(イ)の欄に，設問ごとに改行し，設問の記号を付して記入しなさい。

(1) 奈良時代の東国の郡司には，金刺舎人（かなさしのとねり）など6世紀の大王宮があった地名を含む姓が見える。これはかつて国造（くにのみやつこ）たちが，その子弟を舎人として，大王宮に仕えさせていたことによると考えられる。

(2) 672年，近江朝廷と対立し，吉野で挙兵した大海人皇子は，伊賀・伊勢を経て，美濃に移って東国の兵を集結し，不破（ふわ）の地を押さえて，近江朝廷に勝利した。

(3) 大宰府に配属された防人は，全て東国の諸国から徴発されており，前の時代の国造に率いられた兵力のあり方が残っていたと考えられる。

(4) 律令制では，美濃国不破・伊勢国鈴鹿（すずか）・越前国愛発（あらち）にそれぞれ関が置かれ，三関（さんげん）とよばれた。奈良時代には，長屋王の変や天皇の死去など国家の大事が発生すると，使者を三関のある国に派遣し，関を閉鎖する固関（こげん）が行われた。

(5) 聖武天皇の詔（みことのり）には，「額に矢が立つことはあっても，背中に矢が立つことはあるものか」と身辺警護の「東人（あずまびと）」が常に語っていたことが見える。古代の天皇の親衛隊は，東国出身者が中心であったらしい。

(6) 764年，反乱を起こした藤原仲麻呂は，平城京から山背・近江を経て，越前に向かおうとしたが，愛発関で阻まれ，近江国高島郡（たかしま）において斬殺された。

設問

A 東国は，古代国家にとって，どのような役割を果たしていたのか。3行以内で述べなさい。

B 律令国家は，内乱にどのように対処しようとしたのか。古代の内乱の傾向を踏まえて，3行以内で述べなさい。

17

8世紀の銭貨について述べた次の(1)～(5)の文章を読んで，下記の設問に答えなさい。解答は，解答用紙(イ)の欄に記入しなさい。

(1) 711年には，穀6升をもって銭1文に当てることとし，また712年には，諸国からの調庸を銭で納める場合には，布1常を銭5文に換算するとした。

(2) 711年に，位階や職務に応じて，絹織物・糸のほか銭を役人に支給する法を定めた。また，蓄えた銭の多少にしたがって位階を授けることを定めた。

(3) 712年に，諸国の役夫と運脚の者に対して，郷里に帰るときの食糧の欠乏を救うため，銭を携行することを命じた。

(4) 東大寺を造る役所の帳簿には，銭を用いて京内の市で物品を購入したことや，雇っていた人びとに銭を支払ったことが記されている。また，山背国の計帳には，調として銭を納めていたことが記されている。

(5) 798年に，「外国（畿内以外の諸国）の役人や人民が銭を多く蓄えてしまうので，京・畿内ではかえって人びとが用いる銭が不足している。これは銭を用いる便利さにそむき，よろしくない。もっている銭はことごとく官に納めさせ，稲をその代価として支給せよ。銭を隠す者を罰し，その銭は没収せよ」という法令を，畿内以外の諸国に向けて出した。

設 問

日本の古代国家は，銭貨を発行し，その使用を促進するためにさまざまな政策を実行してきた。銭貨についての政策の変遷をふまえて，8世紀末に(5)の法令が出されるようになった理由を，6行以内で説明しなさい。

18

次の(1)～(4)の文章を読んで，下記の設問に答えなさい。解答は，解答用紙(イ)の欄に記入しなさい。

(1)　律令制では，官人は能力に応じて位階が進む仕組みだったが，五位以上は貴族とされて，様々な特権をもち，地方の豪族が五位に昇って中央で活躍することは多くはなかった。

(2)　藤原不比等の長男武智麻呂は，701年に初めての任官で内舎人〔うどねり〕（天皇に仕える官僚の見習い）となったが，周囲には良家の嫡男として地位が低すぎるという声もあった。彼は学問にも力を注ぎ，右大臣にまで昇った。

(3)　太政官で政治を議する公卿には，同一氏族から一人が出ることが一般的だった。それに対して藤原氏は，武智麻呂・房前など兄弟四人が同時に公卿の地位に昇り，それまでの慣例を破った。

(4)　大伴家持は，749年，大伴氏などの天皇への奉仕をたたえた聖武天皇の詔書に感激して長歌を詠み，大伴氏の氏人に，先祖以来の軍事氏族としての伝統を受け継いで，結束して天皇の護衛に励もうと呼びかけた。

設　問

奈良時代は，古くからの豪族を代表する「大伴的」なものと新しい「藤原的」なものが対立していたとする見方がある。律令制にはそれ以前の氏族制を継承する面と新しい面があることに注目して，奈良時代の政治と貴族のありかたについて，6行以内で説明しなさい。

19

次の平安時代初期の年表を読み，下記の設問に答えなさい。解答は，解答用紙(イ)の欄に記入しなさい。

809年　　　　嵯峨天皇が即位する
810年　　　　蔵人所を設置する
812年　　　　この頃，空海が『風信帖』を書く
814年　　　　『凌雲集』ができる
816年　　　　この頃，検非違使を設置する
818年　　　　平安宮の諸門・建物の名称を唐風にあらためる
　　　　　　　『文華秀麗集』ができる
820年　　　　『弘仁格』『弘仁式』が成立する
821年　　　　唐風をとり入れた儀式次第を記す勅撰儀式書『内裏式』が成立する
　　　　　　　藤原冬嗣が勧学院を設置する
823年　　　　嵯峨天皇が譲位する
827年　　　　『経国集』ができる
833年　　　　『令義解』が完成する
842年　　　　嵯峨上皇が死去する

設　問

　嵯峨天皇は，即位の翌年に起きた藤原薬子の変を経て権力を確立し，貴族をおさえて強い政治力をふるい，譲位した後も上皇として朝廷で重きをなした。その結果，この時期30年余りにわたって政治の安定した状態が続くこととなった。古代における律令国家や文化の変化の中で，この時期はどのような意味をもっているか。政策と文化の関わりに注目して，6行以内で説明しなさい。

20

　次の年表を読み，下記の設問に答えなさい。解答は，解答用紙(イ)の欄に記入しなさい。

57 年	倭の奴国の王が後漢の光武帝から印を授かる（『後漢書』東夷伝）
239 年	魏の明帝，親魏倭王とする旨の詔書を卑弥呼に送る（『三国志』魏書）
4～5 世紀	百済から和迩吉師が渡来し，『論語』『千字文』を伝えたという（『古事記』）
471 年ヵ	稲荷山古墳出土鉄剣の銘文が記される
478 年	倭王武が宋の皇帝に上表文を送る（『宋書』倭国伝）
607 年	遣隋使小野妹子が隋の煬帝に国書を届ける（『隋書』倭国伝）
701 年	大宝律令が成立。地方行政区画の「評」を「郡」に改める
712 年	太安万侶が漢字の音訓を用いて神話等の伝承を筆録した『古事記』ができる
720 年	編年体の漢文正史『日本書紀』ができる
751 年	『懐風藻』ができる
8 世紀後半	『万葉集』が編集される
8～9 世紀	この時代の各地の国府・郡家などの遺跡から木簡が出土する
814 年	嵯峨天皇の命により，最初の勅撰漢詩文集『凌雲集』ができる
905 年	醍醐天皇の命により，勅撰和歌集『古今和歌集』ができる
935 年頃	紀貫之，最初のかな日記である『土佐日記』を著す
11 世紀	紫式部，『源氏物語』を著す

設　問

　古代の日本列島に漢字が伝えられ，文字文化が広まっていく過程の歴史的背景について，政治的動向にもふれながら，6行以内で説明しなさい。なお，解答には下に示した語句を一度は用い，使用した語句には必ず下線を引きなさい。

　　国風文化　　　勅撰漢詩文集　　　唐風化政策　　　渡来人　　　万葉仮名

21

次の(1)〜(4)の8世紀の日本の外交についての文章を読んで，下記の設問に答えなさい。解答は，解答用紙(イ)の欄に記入しなさい。

(1) 律令法を導入した日本では，中国と同じように，外国を「外蕃」「蕃国」と呼んだ。ただし唐を他と区別して，「隣国」と称することもあった。

(2) 遣唐使大伴古麻呂は，唐の玄宗皇帝の元日朝賀（臣下から祝賀をうける儀式）に参列した時，日本と新羅とが席次を争ったことを報告している。8世紀には，日本は唐に20年に1度朝貢する約束を結んでいたと考えられる。

(3) 743年，新羅使は，それまでの「調」という貢進物の名称を「土毛」（土地の物産）に改めたので，日本の朝廷は受けとりを拒否した。このように両国関係は緊張することもあった。

(4) 8世紀を通じて新羅使は20回ほど来日している。長屋王は，新羅使の帰国にあたって私邸で饗宴をもよおし，使節と漢詩をよみかわしたことが知られる。また，752年の新羅使は700人あまりの大人数で，アジア各地のさまざまな品物をもたらし，貴族たちが競って購入したことが知られる。

設 問

この時代の日本にとって，唐との関係と新羅との関係のもつ意味にはどのような違いがあるか。たて前と実際との差に注目しながら，6行以内で説明しなさい。

22

（2002 年度　第 1 問）

　平安時代に日本に伝来し広まった密教や浄土教の信仰は，人々にどのように受け入れられていったか。10 世紀以降平安時代末に至るまでの，朝廷・貴族と，地方の有力者の受容のあり方について，解答用紙(イ)の欄に 7 行以内で説明しなさい。なお，解答には下に示した語句を一度は用い，使用した語句には必ず下線を引きなさい。

　　　阿弥陀堂　　　　加持祈禱　　　　聖（ひじり）　　　寄木造

23

次の(1)(2)の史料と文章を読み，下記の設問に答えなさい。解答は，解答用紙(イ)の
欄に記入しなさい。

(1) （表）　尾張国智多郡冨具郷和尓部臣人足

　　（裏）　調塩三斗　天平勝宝七歳九月十七日

(2) 一，進上する調絹の減直（価値を低めに設定すること）ならびに精好の生糸につ
　　　いて裁断を請う事
　　　　　右，両種の貢進官物（調の絹と生糸）の定数は，官の帳簿に定めるところで
　　　ある。ただし，先例では，絹1疋を田地2町4段に対して割り当て，絹1疋の
　　　価値は米4石8斗相当であった。ところが，（藤原元命が国守となってから）
　　　実際に絹を納める日に定めとする納入額は，絹1疋を田地1町余に割り当てて
　　　いる。また精好の生糸にいたっては，当国の美糸を責め取って私用の綾羅を織
　　　り，他国の粗糸を買い上げて政府への貢納に充てている。

　平城宮から出土する奈良時代の木簡には，地方からの貢納品に付けられて都に運ば
れてきた荷札が多数見られる。(1)は，調として貢納された塩（調塩）の荷札で，調塩
を課された者の本籍地と氏名，納めた塩の量，納めた日付が記されている。
　調の課税は，平安時代になっても存続した。(2)は，同じ尾張国で国守藤原元命の暴
政を訴えて988年に朝廷に提出された「尾張国郡司百姓等解文」の一部（現代語訳）
である。元命が先例を破って非常な重税を課していることを記しているが，平安時代
中期には，調という税のあり方が律令制本来の姿とは変化していたことがわかる。

設　問
　奈良時代と平安時代中期で，調の課税の方式や，調が徴収されてから中央政府に
納入されるまでのあり方にどのような違いがあったか。(1)(2)の史料からわかるこ
とを，5行以内で具体的に説明しなさい。

24

　律令国家のもとでは，都と地方を結ぶ道路が敷設され，駅という施設が設けられて，駅制が整備された。発掘の結果，諸国の国府を連絡する駅路のなかには，幅 12 メートルにも及ぶ直線状の道路があったことが知られるようになった。

　次の(1)～(5)の文章を読んで，下記の設問に答えよ。解答は，解答用紙(イ)の欄に，設問ごとに改行し，設問の記号を付して記入せよ。

(1)　山陽道（都と大宰府を結ぶ道）の各駅には 20 頭，東海道と東山道の各駅には 10 頭，その他の 4 つの道には駅ごとに 5 頭の馬を置いて，国司に監督責任を負わせた。

(2)　反乱や災害・疫病の発生，外国の動向などは，駅馬を利用した使者（駅使）により中央に報告された。藤原広嗣の反乱の情報は， 5 日目には都に報告されていた。

(3)　737 年，疫病の流行と干ばつにより，高齢者などに稲を支給することを命じた詔が出された。但馬国が中央に提出した帳簿には，この詔を伝えて来た隣国の駅使と，次の国へ伝える但馬国の駅使に対して，食料を支給した記録が残されている。

(4)　駅長（駅の責任者）は，調・庸・雑徭を免除され，駅馬や鞍の管理を行った。また，駅子（駅での労役に従事させるために設定した駅戸の構成員）は庸と雑徭を免除され，駅馬の飼育に従事し，駅長とともに，駅使の供給（必要な食料の支給や宿泊の便宜を提供すること）にあたった。

(5)　駅馬を利用する使者は，位階に応じて利用できる馬の頭数が定められていた。しかし，838 年には，都と地方を往来するさまざまな使者が，規定より多くの駅馬を利用することを禁じる太政官の命令が出された。

設 問

　A　律令制のもとで，駅は，どのような目的で設置されたと考えられるか。山陽道の駅馬が，他の道に比べて多いことの背景にふれながら， 3 行以内で述べよ。

　B　850 年に，太政官は，逃亡した駅子を捕えるようにとの命令を出した。なぜ駅子は逃亡したのか， 4 行以内で説明せよ。

25

次の文章を読み，下記の設問に答えよ。解答は，解答用紙(イ)の欄に記入せよ。

　「天武天皇が，13年（684年）閏^{うるう}4月の詔で『政ノ要ハ軍事ナリ』とのべたとき，かれは国家について一つの真実を語ったのである。（中略）『政ノ要ハ軍事ナリ』の原則には，天武の個人的経験を越えた古代の国際的経験が集約されているとみるべきであろう。」

（出典：石母田正『日本の古代国家』）

　これは，古代国家の形成について，ある著名な歴史家が述べたものである。軍事力の建設の視点からみると，律令国家の支配の仕組みや，正丁3〜4人を標準として1戸を編成したことの意味がわかりやすい。

設　問

　7世紀後半の戸籍作成の進展と，律令国家の軍事体制の特色について，両者の関連，および背景となった「天武の個人的経験」「古代の国際的経験」をふまえて，7行以内で説明せよ。

第2章　中世

26

次の(1)～(4)の文章を読んで，下記の設問に答えよ。解答は，解答用紙(ロ)の欄に記入せよ。

(1)　1433年4月，安芸国の国人小早川家の家督をめぐり，持平・凞平兄弟が争った。兄弟の父則平は，当初持平を後継者に指名したが，死去の直前あらためて凞平を指名していた。将軍足利義教が有力守護に意見を問うたところ，まず一族・家臣の考えを尋ねるべしという回答が大勢を占めた。

(2)　1433年11月，義教は，かつて管領を務めた斯波義淳の後継者として，その弟たちのなかで以前から有力な候補と目されていた持有をしりぞけ，その兄義郷を指名して斯波家の家督を継がせた。

(3)　畠山家では，惣領持国と将軍義教との関係が良くなかったため，1441年，有力家臣たちが義教に願い出て，弟の持永を家督に擁立した。しかし同年，義教が嘉吉の変で討たれると，持国は軍勢を率いて持永を京都から追い落とし，家督に復帰した。

(4)　斯波家では，義郷の跡を継いだ義健が幼少だったため，有力家臣甲斐常治が主導権を握った。義健が早世したあと一族の義敏が跡を継いだが，常治と義敏の父持種が対立した結果，義敏は家臣たちの支持を失い，1459年，家督をしりぞいた。

設　問

　1467年に応仁・文明の乱が起きた。乱の発生と拡大には，この時期の武士の家における家督継承決定のあり方の変化がかかわっていたと考えられる。その変化と乱との関係について，5行以内で述べよ。

27

(2022年度 第2問)

次の⑴~⑸の文章を読んで，下記の設問に答えよ。解答は，解答用紙(ロ)の欄に記入せよ。

⑴ 後嵯峨天皇の死後，皇統が分かれて両統迭立がおこなわれると，皇位経験者が増加し，1301年から1304年にかけては上皇が5人も存在した。上皇たちの生活は，持明院統では長講堂領，大覚寺統では八条院領という荘園群に支えられていた。

⑵ 室町幕府が出した半済令には，諸国の守護や武士による荘園公領への侵略がすすむなか，荘園領主の権益を半分は保全するという目的もあった。さらに1368年には，天皇や院，摂関家などの所領については全面的に半済を禁止した。

⑶ 内裏の造営や即位にともなう大嘗祭などの経費は，平安時代後期から各国内の荘園公領に一律に賦課する一国平均役によってまかなわれており，室町時代には幕府が段銭や棟別銭として守護に徴収させた。

⑷ 1464年，後花園天皇は譲位して院政を始めるにあたり，上皇のための所領を設定するよう足利義政に求めた。位を譲られた後土御門天皇は，2年後に幕府の経費負担で大嘗祭をおこなったが，これが室町時代最後の大嘗祭になった。

⑸ 1573年，織田信長から譲位を取りはからうとの意思を示された正親町天皇は，後土御門天皇から3代のあいだ望みながらも果たせなかった譲位を実現できることは朝廷の復興につながるとして大いに喜んだ。

設　問

　⑸に述べる3代の天皇が譲位を果たせなかったのはなぜか。鎌倉時代以来の朝廷の経済基盤をめぐる状況の変化と，それに関する室町幕府の対応にふれながら，5行以内で述べよ。

28

(2021年度 第2問)

　13世紀の荘園に関する次の(1)～(4)の文章を読んで，下記の設問Ａ・Ｂに答えな
さい。解答は，解答用紙(ロ)の欄に，設問ごとに改行し，設問の記号を付して記入
しなさい。

(1)　安芸国沼田荘の地頭小早川氏は，鎌倉時代半ば以降，荘内の低湿地を干拓し，
　　田地にしていった。このように各地の地頭は積極的に荒野の開発を進め，田地を
　　拡大していた。

(2)　若狭国太良荘の荘園領主は現地に使者を派遣し，検注とよばれる土地の調査を
　　行った。検注では荘内の田地の面積などが調べられ，荘園領主に納める年貢の額
　　が決定された。

(3)　検注は，荘園領主がかわった時などに実施されるのが慣例であった。下総国匝
　　瑳南条西方でも新たな領主による検注が予定されていたが，それ以前に開発さ
　　れた田地の検注を地頭が拒否して，鎌倉幕府の法廷で裁判となった。

(4)　越後国奥山荘の荘園領主は検注の実施を主張して，検注を拒否する地頭を鎌倉
　　幕府に訴えたが，奥山荘は地頭請所であったため，検注の停止が命じられた。

設　問
　Ａ　荘園領主が検注を実施しようとした理由を，2行以内で説明しなさい。

　Ｂ　地頭請は地頭の荘園支配にどのような役割をはたしたか。検注や開発との関
　　　係にふれながら，3行以内で説明しなさい。

29

　京都の夏の風物詩である祇園祭で行われる山鉾 巡 行は，数十基の山鉾が京中を練り歩く華麗な行事として知られる。16 世紀の山鉾巡行に関する次の(1)〜(4)の文章を読んで，下記の設問に答えなさい。解答は，解答用紙(ロ)の欄に記入しなさい。

(1)　1533 年，祇園祭を延期するよう室町幕府が命じると，下京の六十六町の月行事たちは，山鉾の巡行は行いたいと主張した。

(2)　下京の各町では，祇園祭の山鉾を確実に用意するため，他町の者へ土地を売却することを禁じるよう幕府に求めたり，町の住人に賦課された「祇園会出銭」から「山の綱引き賃」を支出したりした。

(3)　上杉本『洛中洛外図屛風』に描かれている山鉾巡行の場面をみると（図 1 ），人々に綱で引かれて長刀鉾が右方向へと進み，蟷螂（かまきり）山，傘鉾があとに続いている。

(4)　現代の京都市街図をみると（図 2 ），通りをはさむように町名が連なっている。そのなかには，16 世紀にさかのぼる町名もみえる。

設　問

　16 世紀において，山鉾はどのように運営され，それは町の自治のあり方にどのように影響したのか。5 行以内で述べなさい。

図1

（『国宝　上杉本　洛中洛外図屏風』米沢市上杉博物館より）

図2

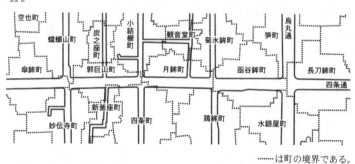

……は町の境界である。

30

次の(1)～(3)の文章を読んで，下記の設問A・Bに答えなさい。解答は，解答用紙(ロ)の欄に，設問ごとに改行し，設問の記号を付して記入しなさい。

(1) 1235年，隠岐に流されていた後鳥羽上皇の帰京を望む声が朝廷で高まったことをうけ，当時の朝廷を主導していた九条道家は鎌倉幕府に後鳥羽上皇の帰京を提案したが，幕府は拒否した。

(2) 後嵯峨上皇は，後深草上皇と亀山天皇のどちらが次に院政を行うか決めなかった。そのため，後嵯峨上皇の没後，天皇家は持明院統と大覚寺統に分かれた。

(3) 持明院統と大覚寺統からはしばしば鎌倉に使者が派遣され，その様子は「競馬のごとし」と言われた。

設　問

　A　後鳥羽上皇が隠岐に流される原因となった事件について，その事件がその後の朝廷と幕府の関係に与えた影響にもふれつつ，2行以内で説明しなさい。

　B　持明院統と大覚寺統の双方から鎌倉に使者が派遣されたのはなぜか。次の系図を参考に，朝廷の側の事情，およびAの事件以後の朝廷と幕府の関係に留意して，3行以内で述べなさい。

系図

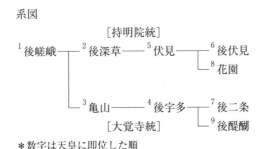

＊数字は天皇に即位した順

31

次の(1)～(5)の文章を読んで，下記の設問Ａ・Ｂに答えなさい。解答は，解答用紙(ロ)
の欄に，設問ごとに改行し，設問の記号を付して記入しなさい。

(1) 『建武式目』第 6 条は，治安の悪化による土倉の荒廃を問題視し，人々が安心し
て暮らせるようにするためには，それらの再興が急務であるとうたっている。

(2) 室町幕府は，南北朝合体の翌年である 1393 年に土倉役・酒屋役の恒常的な課税
を開始した。土倉役は質物数を，酒屋役は酒壺数を基準に賦課され，幕府の年中行
事費用のうち年間 6000 貫文がここから支出された。

(3) 正長・嘉吉の土一揆は，土倉に預けた質物を奪い返したり，借用証書を焼くなど
の実力行使におよんだ。嘉吉の土一揆は，それに加え，室町幕府に対して徳政令の
発布も求めた。

(4) 室町幕府は，1441 年，嘉吉の土一揆の要求をうけて徳政令を発布したが，この
徳政令は幕府に深刻な財政難をもたらした。

(5) 室町幕府は，1455 年の賀茂祭の費用を「去年冬徳政十分の一，諸人進上分」に
よってまかなった。

設 問

Ａ 室町幕府の財政にはどのような特徴があるか。その所在地との関係に注目して
2 行以内で述べなさい。

Ｂ 徳政令の発布が室町幕府に深刻な財政難をもたらしたのはなぜか。また，それ
を打開するために，幕府はどのような方策をとったか。あわせて 3 行以内で述べ
なさい。

32

次の(1)〜(3)の文章を読んで，下記の設問Ａ・Ｂに答えなさい。解答は，解答用紙(ロ)
の欄に，設問ごとに改行し，設問の記号を付して記入しなさい。

(1) 鎌倉幕府には，各地の御家人を当事者とする紛争を適正に裁決することが求めら
れるようになった。そのため，京都・博多にも北条氏一門を派遣して統治機関を設
け，鎌倉・京都・博多の各地で訴訟を受け付け，判決を下していた。

(2) 京都に設けられた統治機関の最初の長官を務めたのは，北条泰時・時房の二人で
あった。博多に統治機関が設けられたのはそれよりも遅く，モンゴル襲来後のこと
であった。

(3) 京都で下された判決に不服なものは，さらに鎌倉に訴え出ることもできた。それ
に対して，博多で下された判決は幕府の最終的な判断とする措置がとられ，九州の
御家人が鎌倉に訴え出ることは原則として禁じられた。

設 問

A 鎌倉幕府が京都で裁判を行うようになった経緯を，２行以内で述べなさい。

B 鎌倉幕府が九州について(3)の措置をとったのはなぜか。当時の軍事情勢に留意
しながら，３行以内で述べなさい。

33

　15世紀から16世紀にかけて，京都郊外の桂川流域には，東寺領上久世荘をはじめ，領主を異にする小規模な荘園が多く分布し，それぞれがひとつの惣村としてまとまりをもっていた。この地域に関連する次の(1)～(5)の文章を読んで，下記の設問に答えなさい。解答は，解答用紙(ロ)の欄に記入しなさい。

(1)　15世紀，桂川両岸には多くの灌漑用水の取入れ口があったが，主要な用水路は，十一カ郷用水，五カ荘用水などと呼ばれており，各荘園はそこから荘内に水を引き入れていた。

(2)　荘内の用水路が洪水で埋まってしまったとき，上久世荘の百姓らは「近隣ではすでに耕作を始めようとしているのに，当荘ではその準備もできない。用水路修復の費用を援助してほしい」と，東寺に要求することがあった。

(3)　旱魃に見舞われた1494年，五カ荘用水を利用する上久世荘など5つの荘園（五カ荘）の沙汰人らは，桂川の用水取入れ口の位置をめぐって，石清水八幡宮領西荘と争い，室町幕府に裁定を求めた。

(4)　幕府が西荘の主張を認める判決を下したため，西荘は近隣惣村に協力を要請して五カ荘の用水取入れ口を破壊しようとしたが，五カ荘側もまた近隣惣村の協力を得てそれを阻止したため，合戦となり，決着はつかなかった。

(5)　1495年，五カ荘では西荘に対して再び用水裁判を始め，沙汰人らがみずから幕府の法廷で争った結果，五カ荘側にも用水を引くことが認められた。しかし，その後も争いは継続し，最終的には1503年になって，近隣惣村の沙汰人らの仲裁で決着した。

設　問

　灌漑用水の利用による生産の安定をはかるため，惣村はどのような行動をとったか。近隣惣村との関係に留意しながら，5行以内で述べなさい。

34

次の(1)～(4)の文章を読んで、下記の設問A・Bに答えなさい。解答は、解答用紙(ロ)の欄に、設問ごとに改行し、設問の記号を付して記入しなさい。

(1) 相模国三浦半島を本拠とした御家人三浦氏は、13世紀なかばまでには、陸奥国名取郡・好島西荘、河内国東条中村、紀伊国石手荘・弘田荘、肥前国神埼荘など全国各地に所領を有するようになっていた。

(2) 1223年、御家人大友能直は、相模・豊後国内の所領を子供たちに譲った際、幕府への奉公は惣領の指示に従うことを義務づけていた。しかし、のちに庶子のなかには直接に幕府へ奉公しようとする者もあらわれ、惣領との間で紛争が起こった。

(3) 1239年の鎌倉幕府の法令からは、金融業を営む者が各地の御家人の所領において代官として起用され、年貢の徴収などにあたっていたことがうかがわれる。

(4) 1297年、鎌倉幕府は、御家人が所領を質入れ・売却することを禁じ、すでに質入れ・売却されていた所領は取り戻すように命じた。ただし、翌年にはこの禁止令は解除された。

設 問

A 御家人の所領が(1)のように分布することになったのはなぜか。鎌倉幕府の成立・発展期の具体的なできごとにふれながら、2行以内で述べなさい。

B (1)のような構成の所領を御家人たちはどういった方法で経営したか。また、それがその後の御家人の所領にどのような影響を与えたか。4行以内で述べなさい。

35

次の(1)～(4)の文章を読んで、下記の設問に答えなさい。解答は、解答用紙(ロ)の欄に記入しなさい。

(1) 応仁の乱以前、遠国を除き、守護は原則として在京し、複数国の守護を兼ねる家では、守護代も在京することが多かった。乱以後には、ほぼ恒常的に在京した守護は細川氏だけであった。

(2) 1463 年に没したある武士は、京都に居住し、五山の禅僧や中下級の公家と日常的に交流するとともに、立花の名手池坊専慶に庇護を加えていた。

(3) 応仁の乱以前に京都で活躍し、七賢と称された連歌の名手には、山名氏の家臣など3人の武士が含まれていた。

(4) 応仁の乱以後、宗祇は、朝倉氏の越前一乗谷、上杉氏の越後府中、大内氏の周防山口などを訪れ、連歌の指導や古典の講義を行った。

設 問

応仁の乱は、中央の文化が地方に伝播する契機になったが、そのなかで武士の果たした役割はどのようなものであったか。乱の前後における武士と都市との関わりの変化に留意しながら、5行以内で述べなさい。

36

　12世紀末の日本では，西国を基盤とする平氏，東国を基盤とする源頼朝，奥羽を基盤とする奥州藤原氏の3つの武家政権が分立する状態が生まれ，最後には頼朝が勝利して鎌倉幕府を開いた。このことに関連する次の(1)～(5)の文章を読んで，下記の設問A～Cに答えなさい。解答は，解答用紙(ロ)の欄に，設問ごとに改行し，設問の記号を付して記入しなさい。

(1) 1126年，藤原清衡は，平泉に「鎮護国家の大伽藍」中尊寺が落成した際の願文において，前半では自己を奥羽の蝦夷や北方の海洋民族を従える頭領と呼び，後半では天皇・上皇・女院らの長寿と五畿七道の官・民の安楽を祈願している。

(2) 1180年，富士川で平氏軍を破り上洛しようとする頼朝を，東国武士団の族長たちは，「東国の平定が先です」と言って引き止め，頼朝は鎌倉に戻った。

(3) 1185年，頼朝は，弟義経の追討を名目に，御家人を守護・地頭に任じて軍事・行政にあたらせる権限を，朝廷にせまって獲得した。その後義経は，奥州藤原氏のもとへ逃げこんだ。

(4) 地頭は平氏政権のもとでも存在したが，それは朝廷の認可を経たものではなく，平氏や国司・領家が私の「恩」として平氏の家人を任じたものだった。

(5) はじめ，奥州の貢物は奥州藤原氏から京都へ直接納められていたが，1186年，頼朝は，それを鎌倉を経由する形に改めさせた。3年後，奥州藤原氏を滅ぼして平泉に入った頼朝は，整った都市景観と豊富な財宝に衝撃を受け，鎌倉の都市建設にあたって平泉を手本とした。

設　問

　A　奥州藤原氏はどのような姿勢で政権を維持しようとしたか。京都の朝廷および
　　日本の外との関係にふれながら，2行以内で述べなさい。

　B　頼朝政権が，全国平定の仕上げとして奥州藤原氏政権を滅ぼさなければならな
　　かったのはなぜか。朝廷の動きを含めて，2行以内で述べなさい。

　C　平氏政権と異なって，頼朝政権が最初の安定した武家政権（幕府）となりえた
　　のはなぜか。地理的要因と武士の編成のあり方の両面から，3行以内で述べなさ
　　い。

37

　院政期から鎌倉時代にかけての仏教の動向にかかわる次の(1)〜(5)の文章を読んで，下記の設問A・Bに答えなさい。解答は，解答用紙(ロ)の欄に，設問ごとに改行し，設問の記号を付して記入しなさい。

(1)　院政期の天皇家は精力的に造寺・造仏を行った。白河天皇による法勝寺をはじめとして，大規模な寺院が次々と建立された。

(2)　平氏の焼き討ちにより奈良の寺々は大きな打撃をこうむった。勧進上人重源は各地をまわって信仰を勧め，寄付や支援を募り，東大寺の再興を成し遂げた。

(3)　鎌倉幕府の御家人熊谷直実は，法然が「罪の軽重は関係ない。念仏を唱えさえすれば往生できるのだ」と説くのを聞き，「手足を切り，命をも捨てなければ救われないと思っておりましたのに，念仏を唱えるだけで往生できるとはありがたい」と感激して帰依した。

(4)　1205年，興福寺は法然の教えを禁じるように求める上奏文を朝廷に提出した。このような攻撃の影響で，1207年に法然は土佐国に流され，弟子の親鸞も越後国に流された。

(5)　1262年，奈良西大寺の叡尊は，北条氏の招きによって鎌倉に下向し，多くの人々に授戒した。彼はまた，京都南郊の宇治橋の修造を発願し，1286年に完成させた。

設　問
　A　(1)と(2)では，寺院の造営の方法に，理念のうえで大きな相違がある。それはどのようなものか。2行以内で述べなさい。

　B　鎌倉時代におこった法然や親鸞の教えは，どのような特徴をもっていたか，また，それに対応して旧仏教側はどのような活動を展開したか。4行以内で述べなさい。

38

　次の表は，室町幕府が最も安定していた4代将軍足利義持の時期（1422年）における，鎌倉府の管轄および九州をのぞいた諸国の守護について，氏ごとにまとめたものである。この表を参考に，下の(1)・(2)の文章を読んで，下記の設問A～Cに答えなさい。解答は，解答用紙(ロ)の欄に，設問ごとに改行し，設問の記号を付して記入しなさい。

氏	国
赤松	播磨，美作，備前
一色	三河，若狭，丹後
今川	駿河
上杉	越後
大内	周防，長門
京極	山城，飛騨，出雲，隠岐
河野	伊予
斯波	尾張，遠江，越前
富樫	加賀
土岐	伊勢，美濃
畠山	河内，能登，越中，紀伊
細川	和泉，摂津，丹波，備中，淡路，阿波，讃岐，土佐
山名	但馬，因幡，伯耆，石見，備後，安芸
六角	近江

(1)　南北朝の動乱がおさまったのち，応仁の乱まで，この表の諸国の守護は，原則として在京を義務づけられ，その一部は，幕府の運営や重要な政務の決定に参画した。一方，今川・上杉・大内の各氏は，在京を免除されることも多かった。

(2)　かつて幕府に反抗したこともあった大内氏は，この表の時期，弱体化していた九州探題渋川氏にかわって，九州の安定に貢献することを幕府から期待される存在になっていた。

設 問

A　幕府の運営や重要な政務の決定に参画した守護には，どのような共通点がみられるか。中央における職制上の地位にもふれながら，2行以内で述べなさい。

B　今川・上杉・大内の各氏が，在京を免除されることが多かったのはなぜか。2行以内で説明しなさい。

C　義持の時期における安定は，足利義満の守護に対する施策によって準備された面がある。その施策の内容を，1行以内で述べなさい。

39

　　次の(1)～(3)の文章を読んで，下記の設問Ａ～Ｃに答えなさい。解答は，解答用紙(ロ)の欄に，設問ごとに改行し，設問の記号を付して記入しなさい。

(1)　次の表は，平安末～鎌倉時代における荘園・公領の年貢がどのような物品で納められていたかを，畿内・関東・九州地方について集計したものである。

畿内

国名	米	油	絹	麻	綿
山城	17	6		1	
大和	27	7	2		
河内	8	1	1		
和泉	2	1	1		1
摂津	13	2		1	

九州地方

国名	米	油	絹	麻	綿
筑前	13				
筑後	6		3		1
豊前	1				
豊後	3				
肥前	4				
肥後	7		4		
日向	1				
大隅	1				
薩摩	3				

関東地方

国名	米	油	絹	麻	綿
相模				3	
武蔵			2	2	
上総	1	1		4	3
下総			1	1	1
常陸		1	5	1	2
上野				1	
下野			3	2	

数字は年貢品目の判明した荘園・公領数。
主要な5品目のみを掲げ，件数の少ないその他の品目は省略した。
網野善彦『日本中世の百姓と職能民』より作成。

(2) 次の史料は，1290年に若狭国太良荘から荘園領主である京都の東寺に納められた年貢の送り状である。

> 進上する太良御庄御年貢代銭の送文の事
>   合わせて十五貫文てへり。但し百文別に一斗一升の定め。
> 右，運上するところ件の如し。
>   正応三年九月二十五日　　　　公文（花押）
>   御使（花押）

(注)　合計15貫文の意。

(3) 摂津国兵庫北関の関銭台帳である『兵庫北関入船納帳』には，1445年の約1年間に同関を通過した，塩10万600余石，材木3万7000余石，米2万4000余石をはじめとする莫大な物資が記録されているが，そのほとんどは商品として運ばれたものであった。

設 問

A　畿内・関東・九州地方の年貢品目には，それぞれどのような地域的特色が認められるか。(1)の表から読みとれるところを2行以内で述べなさい。

B　(1)の年貢品目は，鎌倉時代後期に大きく変化したが，その変化とはどのようなものであったか。(2)の史料を参考にして1行以内で説明しなさい。

C　室町時代に(3)のような大量の商品が発生した理由を，(1)(2)の内容をふまえて2行以内で説明しなさい。

40

(2008 年度　第 2 問)

　ある目的を共有して集団を結成することを，中世では「一揆」といった。それにかかわる次の(1)〜(4)の文章を読んで，下記の設問Ａ〜Ｃに答えなさい。解答は，解答用紙(ロ)の欄に，設問ごとに改行し，設問の記号を付して記入しなさい。

(1)　1373 年，九州五島の武士たちが「一味同心」を誓った誓約書に，「このメンバーの中で訴訟が起きたときは，当事者との関係が兄弟・叔父甥・縁者・他人などのいずれであるかにかかわりなく，理非の審理を尽くすべきである」と書かれている。

(2)　1428 年，室町幕府の首長足利義持は，跡継ぎの男子なく死去した。臨終の際，義持が後継者を指名しなかったため，重臣たちは石清水八幡宮の神前でクジを引いて，当たった義教（義持の弟）を新首長に推戴した。ある貴族は義教のことを「神慮により武家一味して用い申す武将」と評した。

(3)　1469 年，備中国北部にあった荘園で，成年男子がひとり残らず鎮守の八幡神社に寄り合って，境内の大鐘をつき，「京都の東寺以外には領主をもたない」ことを誓い合った。鐘をつく行為は，その場に神を呼び出す意味があったと思われる。

(4)　1557 年，安芸国の武士 12 人は，「今後，警告を無視して軍勢の乱暴をやめさせなかったり，無断で戦線を離脱したりする者が出たら，その者は死罪とする」と申し合わせた。その誓約書の末尾には，「八幡大菩薩・厳島大明神がご覧になっているから，決して誓いを破らない」と記され，次ページの図のように署名がなされた。

設　問

A　図のような署名形式は，署名者相互のどのような関係を表現しているか。1 行以内で説明しなさい。

B　一揆が結成されることにより，参加者相互の関係は結成以前と比べてどのように変化したか。2 行以内で述べなさい。

C　中世の人々は「神」と「人」との関係をどのようなものと考えていたか。2 行以内で述べなさい。

41

次の(1)～(5)の文章を読んで，下記の設問Ａ・Ｂに答えなさい。解答は，解答用紙(ロ)
の欄に，設問ごとに改行し，設問の記号を付して記入しなさい。

(1) 1207年，親鸞は朝廷により越後に流され，1271年，日蓮は鎌倉幕府により佐渡
に流された。

(2) 北条時頼は，建長寺を建立して渡来僧蘭渓道隆を住持とし，北条時宗は，無学祖
元を南宋から招き，円覚寺を創建した。日本からも多くの禅僧が海を渡った。室町
時代になると，外交使節にはおもに五山の禅僧が起用された。

(3) 五山の禅僧は，漢詩文によって宗教活動を表現した。雪舟は，日本で宋・元に由
来する絵画技法を学び，遣明船で明に渡って，現地でその技法を深めた。

(4) 蓮如は，だれでも極楽往生できると，かなの平易な文章で説いた。加賀では，教
えを支持した門徒たちが守護を退け，「百姓の持ちたる国」のようになった。

(5) 日蓮の教えは都市の商工業者にひろまった。16世紀前半の京都では，信者たち
が他の宗派を排して町政を運営した。

設 問

Ａ 政治権力との関わりをふまえて，禅宗が生み出した文化の特徴を，3行以内で
述べなさい。

Ｂ 鎌倉時代に抑圧された宗派は，戦国時代までにどのように展開したか。3行以
内で述べなさい。

42

院政期における武士の進出について述べた次の(1)～(5)の文章を読んで、下記の設問A・Bに答えなさい。解答は、解答用紙(ロ)の欄に、設問ごとに改行し、設問の記号を付して記入しなさい。

(1) 院政期には、荘園と公領が確定される動きが進み、大寺社は多くの荘園の所有を認められることになった。

(2) 白河上皇は、「私の思い通りにならないものは、賀茂川の水と双六のさいころと比叡山の僧兵だけだ」と言ったと伝えられる。

(3) 慈円は、『愚管抄』のなかで、「1156（保元元）年に鳥羽上皇が亡くなった後、日本国における乱逆ということがおこり、武者の世となった」と述べた。

(4) 平氏は、安芸の厳島神社を信仰し、何度も参詣した。また、一門の繁栄を祈願して、『平家納経』と呼ばれる豪華な装飾経を奉納した。

(5) 平清盛は、摂津の大輪田泊を修築し、外国船も入港できる港として整備した。

設 問

A 中央政界で武士の力が必要とされた理由を、2行以内で述べなさい。

B 平氏が権力を掌握する過程と、その経済的基盤について、4行以内で述べなさい。

43

次の文章は，鎌倉幕府執権北条泰時が，弟の六波羅探題重時に宛てて書き送った書状の一節（現代語訳）である。これを読んで，下記の設問(A)・(B)に答えなさい。解答は，解答用紙(ロ)の欄に，設問ごとに改行し，設問の記号を付して記入しなさい。

　この式目を作るにあたっては，何を本説①として注し載せたのかと，人々がさだめて非難を加えることもありましょう。まことに，これといった本文②に依拠したということもありませんが，ただ道理の指し示すところを記したものです。（中略）あらかじめ御成敗のありかたを定めて，人の身分の高下にかかわらず，偏りなく裁定されるように，子細を記録しておいたものです。この状は，法令③の教えと異なるところも少々ありますが，（中略）もっぱら武家の人々へのはからいのためばかりのものです。これによって，京都の御沙汰や律令の掟は，少しも改まるべきものではありません。およそ，法令の教えは尊いものですが，武家の人々や民間の人々には，それをうかがい知っている者など，百人千人のうちに一人二人もおりません。（中略）京都の人々が非難を加えることがありましたなら，こうした趣旨を心得た上で，応答してください。

　（注）　①本説，②本文：典拠とすべき典籍ないし文章
　　　　　③法令：律令ないし公家法

設　問

A　「この式目」を制定した意図について，この書状から読みとれることを，2行以内で述べなさい。

B　泰時はなぜこうした書状を書き送ったのか。当時の朝廷と幕府との関係をふまえて，4行以内で説明しなさい。

44

次の(1)～(3)の文章を読んで，南北朝内乱に関する下記の設問A・Bに答えなさい。解答は，解答用紙(ロ)の欄に，設問ごとに改行し，設問の記号を付して記入しなさい。

(1) 南北朝内乱の渦中のこと，常陸国のある武士は，四男にあてて次のような譲状をしたため，その所領を譲った。

　　長男は男子のないまま，すでに他界し，二男は親の命に背いて敵方に加わり，三男はどちらにも加担しないで引きこもってしまった。四男のおまえだけは，味方に属して活躍しているので，所領を譲り渡すことにした。

(2) 1349年に高師直のクーデターによって引退に追い込まれた足利直義は，翌年京都を出奔して南朝と和睦した。直義はまもなく京都を制圧し，師直を滅ぼした。その後，足利尊氏と直義が争い，尊氏が南朝と和睦した。

(3) 1363年のこと，足利基氏と芳賀高貞との合戦が武蔵国で行われた。高貞は敵陣にいる武蔵国や上野国の中小の武士たちを見ながら，次のように語って味方を励ましたという。

　　あの者どもは，今は敵方に属しているが，われわれの戦いぶりによっては，味方に加わってくれるだろう。

設 問

　A　当時の武士の行動の特徴を，2行以内で述べなさい。

　B　南朝は政権としては弱体だったが，南北朝内乱は全国的に展開し，また長期化した。このようなことになったのはなぜか，4行以内で述べなさい。

45

　次の(1)～(3)の文章は，おもに鎌倉時代の荘園について述べたものである。これらを読み，また図をみて，下記の設問に答えなさい。解答は，解答用紙(ロ)の欄に，設問ごとに改行し，設問の記号を付して記入しなさい。

(1)　上野国新田荘は，新田義重が未墾地の開発を進め，既墾地とあわせて中央貴族に寄進して成立した。のち義重の子息は地頭職に任命された。

(2)　東寺は，承久の乱後に任命された地頭との間で，丹波国大山荘の年貢のことについて契約を結んだ。それによれば，地頭は東寺に，米142石，麦10石のほか，栗1石，また少量ながら干柿・くるみ・干蕨・つくしなどを納めることになっていた。

(3)　伯耆国東郷荘では，領家と地頭の間で土地の折半がなされ，領家分には地頭の支配は及ばなくなった。次ページの図は，このとき作成された絵図の略図である。

設　問

　A　東国と西国では，地頭がもっている荘園支配の権限にどのような違いがあったか。2行以内で説明しなさい。

　B　西国では，荘園領主と地頭の間にどのような問題が生じたか。また，それをどのように解決したか。2行以内で説明しなさい。

　C　荘園では，どのような産業が展開していたか。上の文章と図から読み取れることを2行以内で述べなさい。

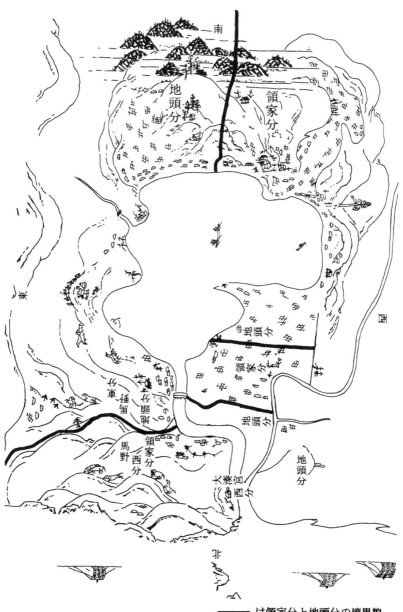

━━━━ は領家分と地頭分の境界線

46

(1999 年度　第2問)

　次の(1)～(4)の文章を読んで，そこからうかがわれる室町時代の文化の特徴について，当時の民衆の状況と関連づけて6行以内で述べよ。解答は解答用紙(ロ)の欄に記入せよ。

(1)　観阿弥は，はじめ伊賀国の山間部の農村地帯で猿楽座を結成したが，のちに能を大成し，子の世阿弥ともども足利義満の称賛を受けた。

(2)　村田珠光は，上流階級の間で流行していた貴族的な喫茶にあきたらず，京都や奈良の町衆の間で行われていた質素な喫茶を取り入れて，わびを重んじる茶道を始めた。

(3)　戦国時代のはじめごろ，和泉国のある村に滞在していた一人の公家は，盆に村人たちが演じるお囃子や舞を見て，都の熟練者にも劣らぬものであると驚嘆している。

(4)　大和国のある村の神社には，連歌会を催すための掟が残されている。そこには，連歌会の実施や作品の評定を行う役は，参加者のうちから多数決によって互選することが定められている。

第3章 近 世

47

次の(1)〜(5)の文章を読んで，下記の設問A・Bに答えよ。解答は，解答用紙(ハ)の欄に，設問ごとに改行し，設問の記号を付して記入せよ。

(1) 江戸の寄席は多様な芸能を興行し，1820年頃から急増して，1841年には211カ所にのぼっていた。歌舞伎(芝居)は日中だけ興行し，入場料が次第に高額化したのに対し，寄席は夜も興行し，入場料は歌舞伎の100分の1ほどであった。

(2) 1841年，老中水野忠邦は，江戸の寄席の全廃を主張した。町奉行は，寄席は歌舞伎などに行けない職人や日雇い稼ぎの者などのささやかな娯楽の場で，そこで働く人々の仕事も失われるとして反対した。結局，15カ所だけが引き続き営業を認められた。

(3) これより以前の1837年，町奉行は，江戸で例年に比べ米価などが高く，盛り場もにぎわっておらず，建物の普請による仕事の口も少ないことを問題視した。この先さらに状況が悪くなると，職人などは何をするかわからないと懸念し，彼らが騒ぎ立てないよう手を打つべきだと述べた。

(4) 1842年，町奉行は，江戸の町方人口56万人のうち，28万人余りは日々の暮らしをその日に稼いだわずかな収入でまかなう「その日稼ぎの者」であると述べた。

(5) 1844年，新任の町奉行は，(2)とほぼ同様の趣旨を述べて，寄席に対する統制の緩和を主張した。軒数の制限が撤廃されると，その数は急増し，700カ所に達したと噂された。

設 問

　A　(1)のように江戸で寄席が急増したのは，どのような理由によったと考えられ
　　るか。歌舞伎と対比される寄席の特徴に留意しながら，2行以内で述べよ。

　B　町奉行が(2)(5)のように寄席を擁護したのは，どのような事態が生じることを
　　懸念したためと考えられるか。江戸に関する幕府の当時の政策や，幕府がこれ
　　以前に直面したできごとにふれながら，3行以内で述べよ。

48

次の(1)～(4)の文章を読んで，下記の設問A・Bに答えよ。解答は，解答用紙(ハ)の欄に，設問ごとに改行し，設問の記号を付して記入せよ。

(1) 1588年，豊臣秀吉は諸国の百姓から刀・鉄砲など武具の類を没収し，百姓は農具さえ持って耕作に専念すれば子孫まで末長く繁栄すると述べた。

(2) 1675年12月，ある大名の江戸藩邸の門外に，むしろに包んだものが置かれていた。役人が，江戸の事情に詳しい商人に聞くと「それはきっと死んだ乞食を捨てたのでしょう。江戸ではそういうことが時々あるので，捨てさせればよいでしょう」と言ったので，他所へ捨てさせた。

(3) 1687年，江戸幕府は全国の村々で，条件をつけて鉄砲の所持や使用を認め，それ以外の鉄砲をすべて領主や代官に取りあげさせた。1689年，諸藩の役人を呼んで，作毛を荒らされるか，人間や家畜の命に関わるような場合には鉄砲を使ってよい，と補足説明した。

(4) 1696年6月，(2)と同じ藩邸の堀に老女が落ちたのを番人が見つけて，すぐに引きあげた。医師に容体を診察させたところ無事だったので，着替えさせ食事を与え，幕府に報告した。幕府の役人の指示で，その者をできるだけ介抱し，翌日，藩邸の者17人で町奉行所へ出向いて引き渡した。

設　問

A (3)で江戸幕府は，条件をつけて鉄砲の所持と使用を認めている。どのような用途を想定して鉄砲の所持や使用を認めたと考えられるか。(1)で没収された理由と対比して，3行以内で述べよ。

B (2)(3)をふまえると，(4)のような手厚い対応をとるようになった背景として，どのようなことが考えられるか。2行以内で述べよ。

49

次の(1)〜(4)の文章を読んで，下記の設問A・Bに答えなさい。解答は，解答用紙
（ハ）の欄に，設問ごとに改行し，設問の記号を付して記入しなさい。

(1) 1707 年に富士山が大噴火して広範囲に砂（火山灰）が降り，砂はさらに川に流
れ込んで大きな被害をもたらした。幕府は，砂除川浚奉行を任命するととも
に，「近年出費がかさんでおり，砂が積もった村々の御救も必要」として，全国の
村々から「諸国高役金」を徴収した。

(2) 豊かな足柄平野を潤す酒匂川では，上流から砂が流れ込んで堆積し，氾濫の危
険性が高まっていた。幕府は他地域の大名にも費用を分担させ，最も危険な箇所
を補強する工事を緊急に行ったが，砂の除去が不十分で堤が切れ，下流域で洪水
が繰り返された。

(3) 砂が最も深く積もったのは，酒匂川上流の冷涼な富士山麓の村々であった。砂
除には莫大な費用が見込まれたが，幕府からの手当はわずかであり，一部の田畑
を潰して砂を捨てていた。後には砂を流す水路の開削費用が支給されるように
なったものの，捨てた砂は酒匂川に流れ込み，下流部に堆積してしまった。

(4) 幕府に上納された約 49 万両の「諸国高役金」のうち，被災地の救済に使われた
ことがはっきりしているのは 6 万両余にすぎなかった。その 6 万両の大半は酒匂
川の工事にあてられた。

設 問
A 幕府が(1)(4)のような対応をとる背景となった 17 世紀後半以降の幕府財政上
の問題について，2 行以内で述べなさい。

B 被災地の救済にあたって幕府はどのような方針をとり，それにはどのような
問題があったか。(2)(3)のように対応が異なる理由に注意して，3行以内で述べ
なさい。

50

次の(1)～(5)の文章を読んで，下記の設問A・Bに答えなさい。解答は，解答用紙(ハ)の欄に，設問ごとに改行し，設問の記号を付して記入しなさい。

(1)　日本では古代国家が採用した唐の暦が長く用いられていた。渋川春海は元の暦をもとに，明で作られた世界地図もみて，中国と日本（京都）の経度の違いを検討し，新たな暦を考えた。江戸幕府はこれを採用し，天体観測や暦作りを行う天文方を設置して，渋川春海を初代に任じた。

(2)　朝廷は幕府の申し入れをうけて，1684年に暦を改める儀式を行い，渋川春海の新たな暦を貞享暦と命名した。幕府は翌1685年から貞享暦を全国で施行した。この手順は江戸時代を通じて変わらなかった。

(3)　西洋天文学の基礎を記した清の書物『天経或問』は，「禁書であったが内容は有益である」と幕府が判断して，1730年に刊行が許可され，広く読まれるようになった。

(4)　1755年から幕府が施行した宝暦暦は，公家の土御門泰邦が幕府に働きかけて作成を主導したが，1763年の日食の予測に失敗した。大坂の麻田剛立ら各地の天文学者が事前に警告した通りで，幕府は天文方に人員を補充して暦の修正に当たらせ，以後天文方の学術面での強化を進めていった。

(5)　麻田剛立の弟子高橋至時は幕府天文方に登用され，清で編まれた西洋天文学の書物をもとに，1797年に寛政暦を作った。天文方を継いだ高橋至時の子渋川景佑は，オランダ語の天文学書の翻訳を完成し，これを活かして1842年に天保暦を作った。

設　問

A　江戸時代に暦を改めるに際して，幕府と朝廷はそれぞれどのような役割を果たしたか。両者を対比させて，2行以内で述べなさい。

B　江戸時代に暦を改める際に依拠した知識は，どのように推移したか。幕府の学問に対する政策とその影響に留意して，3行以内で述べなさい。

51

次の(1)～(4)の文章を読んで，下記の設問Ａ・Ｂに答えなさい。解答は，解答用紙(ハ)の欄に，設問ごとに改行し，設問の記号を付して記入しなさい。

(1) 17世紀を通じて，日本の最大の輸入品は中国産の生糸であった。ほかに，東南アジア産の砂糖や，朝鮮人参などの薬種も多く輸入された。それらの対価として，初めは銀が，やがて金や銅が支払われた。

(2) 江戸幕府は1685年に，長崎における生糸などの輸入額を制限した。1712年には京都の織屋に日本産の生糸も使用するよう命じ，翌年には諸国に養蚕や製糸を奨励する触れを出した。

(3) 1720年には，対馬藩に朝鮮人参を取り寄せるよう命じ，栽培を試みた。その後，試作に成功すると，1738年には「江戸の御用達町人に人参の種を販売させるので，誰でも希望する者は買うように」という触れを出した。

(4) 1727年に幕府は，薩摩藩士を呼び出し，その教えに従って，サトウキビの栽培を試みた。その後も引き続き，製糖の方法を調査・研究した。

設 問

Ａ 江戸幕府が(2)～(4)のような政策をとった背景や意図として，貿易との関連では，どのようなことが考えられるか。2行以内で述べなさい。

Ｂ そうした政策をとった背景として，国内の消費生活において，どのような動きがあったと考えられるか。それぞれの産物の用途に留意して，3行以内で述べなさい。

52

　1825 年，江戸幕府は異国船打払令（無二念打払令）を出した。この前後の出来事に関して述べた，次の(1)～(5)の文章を読んで，下記の設問A・Bに答えなさい。解答は，解答用紙(ハ)の欄に，設問ごとに改行し，設問の記号を付して記入しなさい。

(1)　1823 年，水戸藩領の漁師らは，太平洋岸の沖合でイギリスの捕鯨船に遭遇した。彼らは，その際に密かに交易をおこなったとの嫌疑を受け，水戸藩の役人により処罰された。

(2)　1824 年，イギリス捕鯨船の乗組員が，常陸の大津浜に上陸した。幕府および水戸藩は，この事件への対応に追われた。

(3)　この異国船打払令を将軍が裁可するにあたり，幕府老中は，近海に出没する異国の漁船については，格別の防備は不要であるとの見解を，将軍に説明していた。

(4)　異国船打払令と同時に，幕府は関連する法令も出した。それは，海上で廻船や漁船が異国の船と「親しみ候」事態について，あらためて厳禁する趣旨のものであった。

(5)　1810 年から会津藩に課されていた江戸湾の防備は 1820 年に免除され，同じく白河藩による防備は 1823 年に免除された。以後，江戸湾の防備は，浦賀奉行および房総代官配下の役人が担当する体制に縮小され，1825 年以後になっても拡充されることがなかった。

設　問

　A　異国船打払いを命じる法令を出したにもかかわらず，(5)のように沿岸防備を強化しなかった幕府の姿勢は，異国船に対するどのような認識にもとづいたものか。2行以内で説明しなさい。

　B　異国船打払令と同時に(4)の法令も出されたことから，幕府の政策にはどのような意図があったと考えられるか。3行以内で述べなさい。

53

次の(1)～(4)の文章を読んで，下記の設問Ａ・Ｂに答えなさい。解答は，解答用紙(ハ)
の欄に，設問ごとに改行し，設問の記号を付して記入しなさい。

(1) 17世紀後半頃には，農村においても夫婦とその親・子世代を中心とする「家」
が広く成立し，家業と財産を代々継承することが重視されるようになる。当主は家
を代表して年貢や諸役をつとめ，村の運営に参加した。

(2) 江戸近郊のＳ村では，1839年から1869年の間に，81件の相続が行われた。相続
者は，前当主の長男が46件と過半を占めたが，次男（4件），弟（3件），母（4
件），妻（後家）（6件），養子（8件）などが相続する例もあった。

(3) 上の例では，家族内に男性がいないときには女性が相続し，その後，婿や養子な
どの男性に家督を譲っていた。男子がいても，若年だった場合，問題を起こした場
合，村を出て行った場合などには，女性の相続がみられた。

(4) Ｓ村では，男性当主は家名として代々同じ名前を継ぐことが多かった。平左衛門
が死亡し，妻のひさが相続した例では，家ごとの構成員を示す宗門人別改帳には，
「百姓平左衛門後家ひさ」と亡夫の名前を肩書きに付けて記された。一方，村の取
決めや年貢などの書類には「平左衛門」の名前のみが書かれた。

設 問

Ａ　Ｓ村では家の相続者はどのように決められていたか。2行以内で述べなさい。

Ｂ　村と家において女性はどのように位置づけられていたか。(4)で当主の名前の書
かれ方が男女で違ったことをふまえ，3行以内で述べなさい。

54

次の(1)～(4)の文章を読んで，下記の設問A・Bに答えなさい。解答は，解答用紙(ハ)の欄に，設問ごとに改行し，設問の記号を付して記入しなさい。

(1) 1609年，徳川家康は，大坂以西の有力な大名から五百石積み以上の大船をすべて没収し，その所持を禁止した。想定されていたのは，国内での戦争やそのための輸送に用いる和船であり，外洋を航海する船ではなかった。

(2) この大船禁止令は，徳川家光の時の武家諸法度に加えられ，その後，原則として継承された。

(3) 1853年，ペリー来航の直後，幕府は，全国の海防のために，外洋航海が可能な洋式軍艦の建造を推進することとし，大船禁止令の改定に着手した。

(4) その改定の担当者は，「寛永年中」の大船禁止令を，当時の対外政策にもとづいた家光の「御深慮」だったと考え，大船を解禁すると，大名が「外国へ罷り越し，又海上の互市等」を行うのではないかと危惧した。

設 問

A 徳川家康が大船禁止令を出した理由を，当時の政治情勢をふまえて，2行以内で述べなさい。

B 幕末には，大船禁止令の理解のしかたが当初と比べ，どのように変化しているか。3行以内で述べなさい。

55

次の(1)～(4)の文章を読んで，下記の設問Ａ・Ｂに答えなさい。解答は，解答用紙(ハ)
の欄に，設問ごとに改行し，設問の記号を付して記入しなさい。

(1) 江戸幕府は，1724 年以降，主要な商品について，大坂の町人が江戸へ送った量
を調査した。次の表は，1730 年まで 7 年間の調査結果を，年平均にして示したも
のである。

繰　綿 （くり　わた）	95,737 本	炭	447 俵
木綿（綿布）	13,110 箇	薪 （たきぎ）	0
油	62,619 樽	魚　油	60 樽
醬　油	136,526 樽	味　噌	0
酒	219,752 樽	米	19,218 俵

『大阪市史』（第一）のデータによって作成。

(2) 江戸時代には，綿（わた）や油菜（菜種）が温暖な西日本で盛んに栽培され，衣類や灯油
の原料となった。

(3) 綿から摘まれた綿花には種子（綿実）が入っていたが，それを繰屋（くりや）が器具で取り
除き，繰綿として流通した。繰綿や木綿は，綿の栽培されない東北地方へも江戸な
どの問屋や商人を介して送られた。

(4) 当時，菜種や綿実を絞って灯火用の油をとったが，摂津の灘目（なだめ）には水車で大規模
に絞油を行う業者も出現した。上総の九十九里浜などでは，漁獲した鰯を釜で煮て
魚油をとり，これも灯火に用いられたが，質が劣るものだった。

設　問

A (1)の表では，大量に送られた商品とそうでない商品との差が明瞭である。繰
綿・木綿・油・醬油・酒の 5 品目が大量に送られているのは，どのような事情に
よるか。生産・加工と運輸・流通の両面に留意して，3 行以内で述べなさい。

B 一方，炭・薪・魚油・味噌の 4 品目は，とるに足らない量で，米も江戸の人口
に見合った量は送られていない。それはなぜか。炭など 4 品目と米とを区別して，
2 行以内で述べなさい。

56

次の(1)～(4)の文章を読んで，下記の設問A・Bに答えなさい。解答は，解答用紙(ハ)の欄に，設問ごとに改行し，設問の記号を付して記入しなさい。

(1) 1864 年，禁門の変で敗れた長州藩を朝敵として追討することが決まると，幕府は征討軍の編成に着手し，従軍する諸大名・旗本に対して，定めの通り，各自の知行高に応じた数の人馬や兵器を用意することを命じた。

(2) 幕府や諸藩は，武器・弾薬や兵糧などを運搬するため，領内の村々に，村高に応じた数の人夫を出すことを命じた。こうした人夫の徴発は村々の負担となった。

(3) 幕府や諸藩は，長州征討に派遣する軍勢のため，大量の兵糧米を集めた。さらに，商人による米の買い占めなどもあって，米価が高騰した。

(4) 長州藩は，いったん屈伏したが，藩論を転換して再び幕府に抵抗した。このため幕府は，1865 年，長州藩を再度征討することを決定した。しかし，長州藩と結んだ薩摩藩が幕府の命令に従わなかっただけでなく，他の藩の多くも出兵には消極的となっていた。

設 問

A 長州征討に際し，どのような人々が，どのように動員されたのか。2 行以内で述べなさい。

B 再度の長州征討に際し，多くの藩が出兵に消極的となった理由としてどのようなことが考えられるか。諸藩と民衆の関係に注目して，3 行以内で述べなさい。

57

次の(1)〜(4)の文章を読んで，下記の設問A・Bに答えなさい。解答は，解答用紙(ハ)
の欄に，設問ごとに改行し，設問の記号を付して記入しなさい。

(1) 江戸幕府は，1615年の大坂夏の陣で豊臣氏を滅ぼした後，伏見城に諸大名を集
めて武家諸法度を読み聞かせた。その第1条は，大名のあるべき姿について，「文
武弓馬の道，専ら相嗜むべき事」と述べていた。

(2) ついで幕府は，禁中並公家諸法度を天皇と公家たちに示した。その第1条は，天
皇のあるべき姿について，「第一御学問なり」と述べ，皇帝による政治のあり方を
説く中国唐代の書物や，平安時代の天皇が後継者に与えた訓戒書に言及している。

(3) 1651年，新将軍のもとで末期養子の禁が緩和され，1663年には殉死が禁止され
た。これらの項目は1683年の武家諸法度に条文として加えられた。

(4) 1683年の武家諸法度では，第1条は「文武忠孝を励まし，礼儀を正すべき事」
と改められた。

設 問

A (1)・(2)の時期に，幕府は，支配体制の中で大名と天皇にそれぞれどのような役
割を求めたと考えられるか。2行以内で述べなさい。

B 1683年に幕府が武家諸法度を改めたのは，武士の置かれた社会状況のどのよ
うな変化によると考えられるか。3行以内で述べなさい。

58

次の(1)〜(4)の文章は，江戸時代半ば以降における農村の休日について記したものである。これらを読んで，下記の設問A・Bに答えなさい。解答は，解答用紙(ハ)の欄に，設問ごとに改行し，設問の記号を付して記入しなさい。

(1)　村の定書をみると，「休日」「遊日」と称して，正月・盆・五節句や諸神社の祭礼，田植え・稲刈り明けのほか，多くの休日が定められている。その数は，村や地域によって様々だが，年間 30〜60 日ほどである。

(2)　百姓の日記によれば，村の休日以外にそれぞれの家で休むこともあるが，村で定められた休日はおおむね守っている。休日には，平日よりも贅沢な食事や酒，花火などを楽しんだほか，禁じられている博打に興じる者もいた。

(3)　ある村の名主の日記によると，若者が大勢で頻繁に押しかけてきて，臨時の休日を願い出ている。名主は，村役人の寄合を開き，それを拒んだり認めたりしている。当時の若者は，惣代や世話人を立て，強固な集団を作っており，若者組とよばれた。

(4)　若者組の会計帳簿をみると，支出の大半は祭礼関係であり，飲食費のほか，芝居の稽古をつけてくれた隣町の師匠へ謝礼を払ったり，近隣の村々での芝居・相撲興行に際して「花代」（祝い金）を出したりしている。

設　問

A　当時，村ごとに休日を定めたのはなぜか。村の性格や百姓・若者組のあり方に即して，3行以内で述べなさい。

B　幕府や藩は，18 世紀末になると，村人の「遊び」をより厳しく規制しようとした。それは，なにを危惧したのか。農村社会の変化を念頭において，2行以内で述べなさい。

59

17世紀前半, 江戸幕府は各藩に, 江戸城や大坂城等の普請を命じた。そのことに関する次の(1)～(4)の文章を読んで, 下記の設問A・Bに答えなさい。解答は, 解答用紙(ハ)の欄に, 設問ごとに改行し, 設問の記号を付して記入しなさい。

(1) 城普請においては, それぞれの藩に, 石垣や堀の普請が割り当てられた。その担当する面積は, 各藩の領知高をもとにして決められた。

(2) 相次ぐ城普請は重い負担となったが, 大名は, 城普請役をつとめることが藩の存続にとって不可欠であることを強調して家臣を普請に動員し, その知行高に応じて普請の費用を徴収した。

(3) 城普請の中心は石垣普請であった。巨大な石が遠隔地で切り出され, 陸上と水上を運搬され, 綿密な計算に基づいて積み上げられた。これには, 石積みの専門家穴太衆に加え, 多様な技術を持つ人々が動員された。

(4) 城普請に参加したある藩の家臣が, 山から切り出した巨石を, 川の水流をたくみに調節しながら浜辺まで運んだ。これを見て, 他藩の者たちも, 皆この技術を取り入れた。この家臣は, 藩内各所の治水等にも成果をあげていた。

設 問

A 幕府が藩に課した城普請役は, 将軍と大名の関係, および大名と家臣の関係に結果としてどのような影響を与えたか。負担の基準にもふれながら, 3行以内で述べなさい。

B 城普請は, 17世紀の全国的な経済発展に, どのような効果をもたらしたか。2行以内で述べなさい。

60

　次の(1)〜(4)の文章は，17 世紀前半の出羽国の院内銀山について記したものである。
これらを読んで，下記の設問A・Bに答えなさい。解答は，解答用紙(ハ)の欄に，設問
ごとに改行し，設問の記号を付して記入しなさい。

(1)　1607 年に開かれ，秋田藩の直轄となった院内銀山では，開山して数年で，城下
　　町久保田（現在の秋田市）に並ぶ約1万人の人口をもつ鉱山町が山中に形成された。

(2)　鉱山町の住民の出身地をみると，藩に運上を納めて鉱山経営を請け負った山師は，
　　大坂・京都を含む畿内，北陸，中国地方の割合が高く，精錬を行う職人は，石見国
　　など中国地方の出身者が多かった。一方，鉱石の運搬などの単純労働に従事した者
　　は，秋田領内とその近国の割合が高かった。

(3)　鉱山町では，藩が領内の相場より高い価格で独占的に年貢米を販売しており，そ
　　れによる藩の収入は，山師などが納める運上の額を上回っていた。

(4)　当時，藩が上方（かみがた）で年貢米を売り払うためには，輸送に水路と陸路を併用したので，
　　積替えの手間がかかり，費用もかさんだ。

設　問

　A　鉱山町の住民のうち，山師と精錬を行う職人の出身地にそれぞれ上記のような
　　特徴がみられたのはなぜか。3行以内で述べなさい。

　B　秋田藩にとって，鉱山町のような人口の多い都市を領内にもつことにはどのよ
　　うな利点があったか。2行以内で述べなさい。

61

　豊臣秀吉が戦乱の世をしずめ，全国統一を実現したことにかかわる次の(1)～(4)の文章を読んで，下記の設問A～Cに答えなさい。解答は，解答用紙(ロ)の欄に，設問ごとに改行し，設問の記号を付して記入しなさい。

(1)　1585 年，秀吉は九州地方の大名島津氏に，次のような趣旨の文書を送った。「勅命に基づいて書き送る。九州でいまだに戦乱が続いているのは良くないことである。国や郡の境目争いについては，双方の言い分を聴取して，追って決定する。まず敵も味方も戦いをやめよというのが叡慮である。もしこれに応じなければ，直ちに成敗するであろう。」

(2)　1586 年，島津氏は，「関白殿から戦いをやめるように言われたが，境を接する大友氏から攻撃を受けているので，それなりの防戦をせざるを得ない」と回答した。

(3)　1587 年，島津氏は秀吉の攻撃を受けたが，まもなく降伏した。一方，中国地方の大名毛利氏は，早くから秀吉に協力した。秀吉は島津氏に薩摩国・大隅国などを，毛利氏に安芸国・備後国・石見国などを，それぞれ領地として与えた。

(4)　1592 年に始まる朝鮮出兵では，島津氏も毛利氏も，与えられた領地に応じた軍勢を出すように命じられた。

設　問
　　A　秀吉は，戦乱の原因をどのようにとらえ，その解決のためにどのような方針でのぞんだか。3 行以内で述べなさい。

　　B　秀吉は，自身の命令を正当化するために，どのような地位と論理を用いたか。1 行以内で述べなさい。

　　C　秀吉による全国統一には，鎌倉幕府以来の武士社会における結合の原理に基づく面がある。秀吉はどのようにして諸大名を従えたか。2 行以内で述べなさい。

62

　江戸時代の日中関係にかかわる次の(1)〜(4)の文章を読んで，下記の設問A・Bに答えなさい。解答は，解答用紙(ハ)の欄に，設問ごとに改行し，設問の記号を付して記入しなさい。

(1)　幕府は，1639 年にポルトガル船の来航を禁止するに際して，主要な輸入品であった中国産品が他のルートによって確保できるかどうか，慎重な検討を重ねていた。

(2)　幕府は，1685 年に長崎での毎年の貿易総額を定め，1715 年には，銅の輸出量にも上限を設けた。

(3)　中国書籍は長崎に着くと，キリスト教に関係がないか調査された後，商人たちの手により全国に販売された。

(4)　長崎には，黄檗宗を広めた隠元隆琦ばかりでなく，医術・詩文・絵画・書道などに通じた人物が，中国からしばしば来航していた。

設　問

　A　(1)の時期と(2)の時期以降とでは，中国との貿易品にどのような変化があったか。国内産業への影響も含め，3 行以内で述べなさい。

　B　江戸時代の中国からの文化の流入には，どのような特徴があるか。2 行以内で述べなさい。

63

次の(1)～(3)の文章は，松平定信の意見の一部（現代語訳）である。これらを読んで，下記の設問A・Bに答えなさい。解答は，解答用紙(ハ)の欄に，設問ごとに改行し，設問の記号を付して記入しなさい。

(1)　昔から，「耕す者が一人減ればそれだけ飢える者が出る」と言うが，去る午年（1786年）の人別帳を見るとその前回の調査人数と比較して140万人も減少している。その140万人は死亡したのではなく，みな離散して人別帳に記載されなくなったのである。

(2)　人々が利益ばかりを追求し，煙草を作ったり，養蚕をしたり，また藍や紅花を作るなどして地力を無駄に費やし，常に少ない労力で金を多く稼ぐことを好むので，米はいよいよ少なくなっている。農家も今は多く米を食べ，酒も濁り酒は好まず，かつ村々に髪結床などもあり，農業以外で生計を立てようとしている。

(3)　近年水害なども多く，豊作とよべる年は数えるほどで，傾向として米は年をおって減少している。その減少した上に不時の凶作があれば，どれほど困難な事態が生じるであろうか。恐ろしいことである。

（『物価論』）

設　問

A　当時の農業や食糧について，定信はどのような問題があると認識していたか。2行以内で述べなさい。

B　その問題に対処するため，定信が主導した幕政改革では，具体的にどのような政策がとられたか。4行以内で述べなさい。

64

次の(1)～(4)の文章を読んで，下記の設問に答えなさい。解答は，解答用紙(ハ)の欄に記入しなさい。

(1) 平賀源内は，各地の薬草や鉱物を一堂に展示する物産会を催し，展示品360種の解説をあつめた『物類品隲』を1763年に刊行した。

(2) 杉田玄白・前野良沢らは，西洋解剖書の原書を直接理解する必要性を感じ，医学・語学の知識を動員して，蘭書『ターヘル・アナトミア』の翻訳をすすめた。そして1774年にその成果を『解体新書』として刊行した。

(3) ドイツ人ヒュプネル（ヒュブネル）の世界地理書をオランダ語訳した『ゼオガラヒー』は，18世紀に日本にもたらされ，朽木昌綱の『泰西興地図説』（1789年刊）など，世界地理に関する著作の主要材料として利用された。

(4) 本居宣長は，日本古来の姿を明らかにしたいと考え，『古事記』の読解に取り組んだ。古語の用例を集めて文章の意味を推定する作業をくり返しつつ，30年以上の年月をかけて注釈書『古事記伝』を1798年に完成させた。

設 問

18世紀後半に学問はどのような発展をとげたか。研究の方法に共通する特徴にふれながら，5行以内で述べなさい。

65

次の文章(1)(2)は，1846 年にフランス海軍提督が琉球王府に通商条約締結を求めたときの往復文書の要約である。これらを読み，下記の設問Ａ・Ｂに答えなさい。解答は，解答用紙(ハ)の欄に，設問ごとに改行し，設問の記号を付して記入しなさい。

(1) ［海軍提督の申し入れ］　北山と南山の王国を中山に併合した尚巴志と，貿易の発展に寄与した尚真との，両王の栄光の時代を思い出されたい。貴国の船はコーチシナ（現在のベトナム）や朝鮮，マラッカでもその姿が見かけられた。あのすばらしい時代はどうなったのか。

(2) ［琉球王府の返事］　当国は小さく，穀物や産物も少ないのです。先の明王朝から現在まで，中国の冊封国となり，代々王位を与えられ属国としての義務を果たしています。福建に朝貢に行くときに，必需品のほかに絹などを買い求めます。朝貢品や中国で売るための輸出品は，当国に隣接している日本のトカラ島で買う以外に入手することはできません。その他に米，薪，鉄鍋，綿，茶などがトカラ島の商人によって日本から運ばれ，当国の黒砂糖，酒，それに福建からの商品と交換されています。もし，貴国と友好通商関係を結べば，トカラ島の商人たちは，日本の法律によって来ることが禁じられます。すると朝貢品を納められず，当国は存続できないのです。

フォルカード『幕末日仏交流記』

設 問

　Ａ　15 世紀に琉球が，海外貿易に積極的に乗り出したのはなぜか。中国との関係をふまえて，2 行以内で説明しなさい。

　Ｂ　トカラ島は実在の「吐噶喇列島」とは別の，架空の島である。こうした架空の話により，琉球王府が隠そうとした国際関係はどのようなものであったか。歴史的経緯を含めて，4 行以内で説明しなさい。

66

次の(1)～(3)の文章を読んで，下記の設問に答えなさい。解答は，解答用紙(ハ)の欄に記入しなさい。

(1)　江戸時代，幕府の軍事力は直参である旗本・御家人とともに，大名から差し出される兵力から成っていた。大名は，将軍の上洛や日光社参には家臣団を率いて御供したが，これらも軍事動員の一種であった。

(2)　幕府は，動員する軍勢の基準を定めた。寛永年間の規定によると，知行高 1 万石の大名は，馬上（騎乗の武士）10 騎・鉄砲 20 挺・弓 10 張・鑓 30 本などを整えるべきものとされ，扶持米を幕府から支給された。

(3)　村々からは百姓が兵糧や物資輸送などのために夫役（陣夫役）として徴発された。たとえば幕末に，幕府の年貢米を兵糧として戦場まで輸送した際には，村高 1000 石につき 5 人が基準となった。

設　問

このような統一基準をもった軍事動員を可能にした制度について，江戸時代の支配の仕組みにふれながら，5 行以内で説明しなさい。

67

　次の三種類の銭貨は，12世紀以降の日本で流通したもので，左から発行の古い順に並んでいる。これを見て下記の設問A〜Cに答えなさい。解答は，解答用紙(ロ)の欄に，設問ごとに改行し，設問の記号を付して記入しなさい。

① 皇宋通寳

② 永樂通寳

③ 寛永通寳

設　問

　A　①は鎌倉時代の日本で使われていた銭貨の一例である。これらはどこで造られたものか。また，流通した背景に国内経済のどのような変化があったか。2行以内で述べなさい。

　B　②は日本の遺跡で相当数がまとまった状態で発掘されることがある。それが造られてから，土中に埋まるまでの経過を，2行以内で説明しなさい。

　C　①②が流通していた時代から③が発行されるまでに，日本の国家権力にどのような変化があり，それが貨幣のあり方にどのような影響を与えたか。3行以内で述べなさい。

68

(2004年度 第3問)

　次の(1)～(3)の文章は，江戸時代における蝦夷地の動向について記したものである。
これらを読んで，下記の設問に答えなさい。解答は，解答用紙(ハ)の欄に記入しなさい。

(1)　アイヌは，豊かな大自然の中，河川流域や海岸沿いにコタン（集落）を作り，漁
　　業や狩猟で得たものを，和人などと交易して生活を支えた。松前藩は蝦夷地を支配
　　するにあたって，有力なアイヌを乙名などに任じ，アイヌ社会を掌握しようとした。
　　また藩やその家臣たちは，アイヌとの交易から得る利益を主な収入とした。

(2)　18世紀に入ると，松前藩は交易を広く商人にゆだねるようになり，18世紀後半
　　からは，全国から有力な商人たちが漁獲物や毛皮・材木などを求めて蝦夷地に殺到
　　した。商人の中にはアイヌを酷使しながら，自ら漁業や林業の経営に乗り出す者も
　　現れた。また同じころ，松前・江差・箱館から日本海を回り，下関を経て上方にい
　　たる廻船のルートが確立した。

(3)　蝦夷地における漁業は，鰊・鮭・鮑・昆布などが主なものであった。鰊は食用に
　　も用いられたが，19世紀に入ると肥料用の〆粕などに加工された。鮭は塩引とし
　　て，食用や贈答品に用いられ，また，なまこや鮑も食用に加工された。

設　問
　　18世紀中ごろまでには，蝦夷地は幕藩体制にとって，なくてはならない地域と
　　なっていた。それはどのような意味においてだろうか。生産や流通，および長崎貿
　　易との関係を中心に，6行以内で説明しなさい。

69

次の文章を読んで，下記の設問 A・B に答えなさい。解答は，解答用紙(ハ)の欄に，設問ごとに改行し，設問の記号を付して記入しなさい。

17 世紀後半になると，歴史書の編纂がさかんになった。幕府に仕えた儒学者の林羅山・林鵞峯父子は，神代から 17 世紀初めまでの編年史である『本朝通鑑』を完成させ，水戸藩では徳川光圀の命により『大日本史』の編纂がはじまった。また，儒学者の山鹿素行は，戦国時代から徳川家康までの武家の歴史を記述した『武家事紀』を著した。

山鹿素行はその一方，1669 年の序文がある『中朝事実』を書き，国と国の優劣を比較して，それまで日本は異民族に征服されその支配をうけることがなかったことや，王朝の交替がなかったことなどを根拠に，日本こそが「中華」であると主張した。

設 問

A 17 世紀後半になると，なぜ歴史書の編纂がさかんになったのだろうか。当時の幕藩体制の動向に関連させて，3 行以内で述べなさい。

B 下線部のような主張が生まれてくる背景は何か。幕府が作り上げた対外関係の動向を中心に，この時期の東アジア情勢にもふれながら，3 行以内で述べなさい。

70

次の(ア)～(エ)の文章を読んで，下記の設問A～Dに答えなさい。解答は，解答用紙(ロ)
の欄に，設問ごとに改行し，設問の記号を付して記入しなさい。

(ア)　室町時代，国人たちは在地に居館を設け，地侍たちと主従関係を結んでいた。従
者となった地侍たちは惣村の指導者層でもあったが，平時から武装しており，主君
である国人が戦争に参加するときには，これに従って出陣した。

(イ)　戦国大名は，自分に従う国人たちの所領の検地を行い，そこに住む人々を，年貢
を負担する者と，軍役を負担する者とに区別していった。そして国人や軍役を負担
する人々を城下町に集住させようとした。

(ウ)　近世大名は，家臣たちを城下町に強制的に集住させ，領国内外から商人・手工業
者を呼び集めたので，城下町は，領国の政治・経済の中心地として発展していった。

(エ)　近世の村は，農民の生産と生活のための共同体であると同時に，支配の末端組織
としての性格も与えられた。

設　問

　A　室町時代の地侍たちは，幕府・大名・荘園領主たちと対立することもあった。
　具体的にどのような行動であったか，3行以内で述べなさい。

　B　戦国大名は，何を目的として城下町に家臣たちを集住させようとしたのか，4
　行以内で述べなさい。

　C　近世大名は，城下町に呼び集めた商人・手工業者をどのように扱ったか。居住
　のしかたと与えた特権について，3行以内で述べなさい。

　D　近世の村がもつ二つの側面とその相互の関係について，4行以内で説明しなさ
　い。

71

次の文章は，1770 年代に生まれたある村の知識人が 1840 年代に村の変化を書き留めた記録から抜粋し，現代語訳したものである。これを読んで，下記の設問に答えなさい。解答は，解答用紙(ハ)の欄に記入しなさい。

昔，この村には無筆（読み書きのできない）の者が多かった。今では，そのようなことを言っても，誰も本当のことだとは思わないほどである。もっとも，老人にはまだ無筆の人もいるが。以前，たいへん博学な寺の住職が隠居した後に，儒教の書物などを教授することはあったが，そのころは村の人々に余裕がなかったためか，学ぶことは流行しなかった。しかし，そのうちに素読（儒教書などを声を出して読むこと）が流行し，奉公人までが学ぶようになった。さらに現在では，学問，俳諧，和歌，狂歌，生け花，茶の湯，書画などを心がける人が多い。この村では，まことに天地黒白ほどの変化が生まれたが，この村だけではなく世間一般に同じ状況である。

設　問

上の文章のような変化が生まれた背景を，化政文化の特徴にもふれながら 5 行以内で説明しなさい。

72

　次の史料は，豊臣秀吉が天正 15 年（1587）6 月 18 日に出したキリシタン禁令の第
6 条と第 8 条である（意味を通りやすくするため原文に少し手を加えた）。これを読
んで，下記の設問に答えよ。解答は，解答用紙(ロ)の欄に，設問ごとに改行し，設問の
記号を付して記入せよ。

（第 6 条）
一，伴天連門徒の儀は，一向宗よりも外に申し合わせ候由，（秀吉が）聞こし召さ
　　れ候。一向宗，その国郡に寺内を立て，給人へ年貢を成さず，ならびに加賀一国
　　を門徒に成し候て，国主の富樫を追い出し，一向宗の坊主のもとへ知行せしめ，
　　その上越前まで取り候て，天下の障りに成り候儀，その隠れなく候事。

（第 8 条）
一，国郡または在所を持ち候大名，その家中の者共を伴天連門徒に押し付け成し候
　　事は，本願寺門徒の寺内を立て候よりもしかるべからざる儀に候間，天下の障り
　　に成るべく候条，その分別これなき者（そのことをわきまえない大名）は，御成
　　敗を加えらるべく候事。

設　問

　A　第 6 条には戦国時代の一向一揆の行動が記されている。その特徴を 2 行以内で
　　説明せよ。

　B　伴天連（キリスト教宣教師）は，日本布教にあたってどのような方針を採った
　　か。第 8 条から読みとって，2 行以内で述べよ。

　C　秀吉が，一向宗や伴天連門徒を「天下の障り」と考えた理由は何か。2 行以内
　　で述べよ。

73

次の(1)～(5)の文章は，江戸時代の有力な商人たちが書いた，いくつかの「家訓」（子孫への教訓書）から抜粋し，現代語に訳したものである。これらを読んで，下記の設問に答えよ。解答は，解答用紙(ハ)の欄に記入せよ。

(1) 家の財産は，ご先祖よりの預かりものと心得て，万端わがままにせず，子孫へ首尾よく相続するように，朝暮心掛けること。

(2) 天子や大名において，次男以下の弟たちはみな，家を継ぐ長男の家来となる。下々の我々においても，次男以下の者は，長男の家来同様の立場にあるべきものだ。

(3) 長男については，幼少のころから学問をさせること。ただし，長男の成長が思わしくないときは，これに相続させず，分家などの間で相談し，人品を見て適当な相続者を決めるように。

(4) 血脈の子孫でも，家を滅亡させかねない者へは家の財産を与えてはならない。このような場合には，他人でも役に立ちそうな者を見立て，養子相続させること。

(5) 女子は他家へ嫁がされるものだ。親の家に暮らす子供のうちから気ままに育てられると，嫁ぎ先の家で辛抱することができなくなり，これがついには離縁されるもととなる。親元で厳しくされれば，他家にいるほうがかえって楽に思えるようになるものだ。

設 問

　江戸時代の有力な商人の家における相続は，武士の家とくらべてどのような特徴をもったか。上の文章に見られる長男の地位にふれながら，5行以内で述べよ。

第4章　近現代

74

　　次の(1)～(4)の文章と図を読んで，下記の設問A・Bに答えよ。解答は，解答用紙
(ニ)の欄に，設問ごとに改行し，設問の記号を付して記入せよ。

(1)　この憲法の改正は，各議院の総議員の三分の二以上の賛成で，国会が，これを
　　発議し，国民に提案してその承認を経なければならない。この承認には，特別の
　　国民投票又は国会の定める選挙の際行はれる投票において，その過半数の賛成を
　　必要とする。（以下略）

（日本国憲法第96条）

(2)　1951年9月，サンフランシスコ平和条約が調印され，吉田茂首相は日米安全
　　保障条約に日本側ではただ一人署名した。1952年8月，吉田首相は，初めて憲
　　法第7条により，与野党議員の多くに対して事前に知らせずに，突如，衆議院の
　　解散を断行した。選挙結果における各党の当選者数は次の通りである。

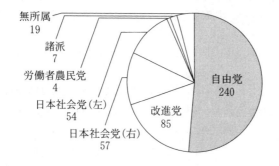

（総議席数466）

(3)　1954年12月，吉田内閣が総辞職した後，早期解散を求める左右両社会党の支
　　持を得て鳩山一郎内閣が成立した。鳩山首相は翌年1月に衆議院の解散を決め
　　た。選挙結果は次の通りである。1956年10月，鳩山首相は，モスクワで日ソ共

同宣言に調印し，12 月に内閣は総辞職した。

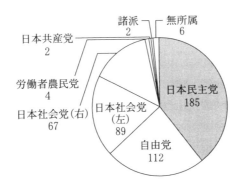

(総議席数 467)

(4) 鳩山内閣の後に成立した石橋湛山内閣が首相の病気により総辞職し，それを継いで首相となった岸信介は，1958 年 4 月，日本社会党の鈴木茂三郎委員長と会談を行い，衆議院は解散された。選挙結果は次の通りである。1960 年 6 月，岸首相は，新しい日米安全保障条約が発効した日に退陣を表明し，翌月，内閣は総辞職した。

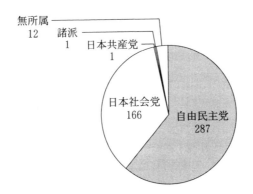

(総議席数 467)

設　問

A　占領終結から岸内閣期において日本の対外関係はどのように変化したか。国際政治の動向に留意しながら，3 行以内で述べよ。

B　1950 年代後半から岸内閣期における政党間対立はどのように変化したか。内閣の施策に留意しながら，3 行以内で述べよ。

75

　労働生産性は，働き手1人が一定の時間に生み出す付加価値額（生産額から原材料費や燃料費を差し引いた額）によって計られる。その上昇は，機械など，働き手1人当たり資本設備の増加による部分と，その他の要因による部分とに分けられる。後者の要因には，教育による労働の質の向上，技術の進歩，財産権を保護する法などの制度が含まれる。労働生産性に関わる以下の図と史料を読み，下記の設問A・Bに答えよ。解答は，解答用紙（二）の欄に，設問ごとに改行し，設問の記号を付して記入せよ。

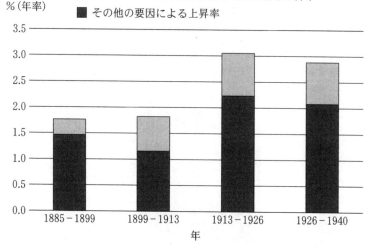

図　労働生産性上昇率の推移　1885～1940年（年率）

□ 働き手1人当たり資本設備の増加による上昇率
■ その他の要因による上昇率

（深尾京司他『岩波講座　日本経済の歴史』より）

史　料

　専ら勤むべきは人間普通日用に近き実学なり。譬えば，いろは四十七文字を習い，手紙の文言，帳合の仕方，算盤の稽古，天秤の取扱い等を心得，なおまた進んで学ぶべき箇条は甚だ多し。(中略) 一科一学も実事を押え，その事に就きその物に従い，近く物事の道理を求めて今日の用を達すべきなり。上記は人間普通の実学にて，人たる者は貴賎上下の区別なく皆悉くたしなむべき心得なれば，この心得ありて後に士農工商各々その分を尽し銘々の家業を営み，身も独立し家も独立し天下国家も独立すべきなり。

(福沢諭吉『学問のすゝめ』初編，1872年，表現を一部改変)

　国民たる者は一人にて二人前の役目を勤むるが如し。即ちその一の役目は，自分の名代として政府を立て一国中の悪人を取り押えて善人を保護することなり。その二の役目は，固く政府の約束を守りその法に従って保護を受くることなり。

(福沢諭吉『学問のすゝめ』六編，1874年，表現を一部改変)

設　問

A　1880年代半ばから1890年代における労働生産性の上昇をもたらした要因は何か。具体的に3行以内で述べよ。

B　第一次世界大戦期以後において，労働生産性の上昇はさらに加速しているが，その要因は何か。具体的に3行以内で述べよ。

76

　1869年に，公卿・諸侯の称を廃し，華族と称す，として誕生した華族は，1947年に廃止されるまで，士族や平民とは区別された存在であった。それに関する次の(1)～(4)の文章を読んで，下記の設問A・Bに答えなさい。解答は，解答用紙(二)の欄に，設問ごとに改行し，設問の記号を付して記入しなさい。

(1)　公爵に叙せらるべき者

　　一，親王諸王より臣位に列せらるる者

　　一，旧摂家

　　一，徳川宗家

　　一，国家に偉勲ある者

(「華族叙爵内規」1884年より抜粋)

(2)　第34条　貴族院は貴族院令の定むる所に依り皇族華族及勅任せられたる議員を以て組織す

(「大日本帝国憲法」1889年)

(3)　第36条　何人も同時に両議院の議員たることを得ず

(「大日本帝国憲法」1889年)

(4)　第12条　華族の戸主は選挙権及被選挙権を有せず

(「改正衆議院議員選挙法」1900年)

設　問

　A　1884年に制定された華族令は，公・侯・伯・子・男の5つの爵位を設けただけでなく，華族の構成に大きな変化をもたらした。その変化はどのようなものであり，またそれはどのような意図でなされたのか。3行以内で述べなさい。

B 1924年に発足した清浦奎吾内閣は，衆議院を解散したため，衆議院議員総
選挙が行われた。これに対し，立憲政友会の総裁で，子爵であった高橋是清
は，隠居をして，貴族院議員を辞職した上で，衆議院議員総選挙に立候補し
た。高橋がこうした行動をとったのはどうしてか。この時期の国内政治の状況
にふれながら，3行以内で述べなさい。

77

　次の(1)・(2)の文章は，軍人が実践すべき道徳を論じた明治時代の史料から，一部を抜き出して現代語訳したものである。これを読んで，下記の設問A・Bに答えなさい。解答は，解答用紙㈡の欄に，設問ごとに改行し，設問の記号を付して記入しなさい。

(1)　維新以後の世の風潮の一つに「民権家風」があるが，軍人はこれに染まることを避けなくてはいけない。軍人は大元帥である天皇を戴き，あくまでも上下の序列を重んじて，命令に服従すべきである。いま政府はかつての幕府に見られた専権圧制の体制を脱し，人民の自治・自由の精神を鼓舞しようとしており，一般人民がそれに呼応するのは当然であるが，軍人は別であるべきだ。

（西周「兵家徳行」第 4 回，1878 年 5 月。陸軍将校に対する講演の記録）

(2)　軍人は忠節を尽くすことを本分とすべきである。兵力の消長はそのまま国運の盛衰となることをわきまえ，世論に惑わず，政治に関わらず，ひたすら忠節を守れ。それを守れず汚名を受けることのないようにせよ。

（「軍人勅諭」1882 年 1 月）

設　問

　A　(1)の主張の背景にある，当時の政府の方針と社会の情勢について，3 行以内で述べなさい。

　B　(2)のような規律を掲げた政府の意図はどのようなものだったか。当時の国内政治の状況に即しながら，3 行以内で述べなさい。

78

20 世紀初頭の日本の機械工業は，力織機や小型のポンプなど繊維産業や鉱山業で用いられる比較的簡易な機械を生産して，これらの産業の拡大を支えていた。また，造船業は国の奨励政策もあって比較的発展していたが，紡績機械をはじめ大型の機械は輸入されることが多かった。一方，高度経済成長期には，輸出品や耐久消費財の生産も活発で，機械工業の発展が著しかった。

次の(1)・(2)の文章は，この二つの時期にはさまれた期間の機械工業について記したものである。これらを読み，機械類の需要や貿易の状況に留意しながら，下記の設問A・Bに答えなさい。解答は，解答用紙(二)の欄に，設問ごとに改行し，設問の記号を付して記入しなさい。

(1) このたびのヨーロッパの大戦は我が国の工業界にかつてない好影響をもたらし，各種の機械工業はにわかに活況を呈した。特に兵器，船舶，その他の機械類の製作業はその発展が最も顕著で，非常な好況になった。

(農商務省工務局『主要工業概覧』1922 年による)

(2) 近来特に伸びの著しい機種は，電源開発に関連した機械類や小型自動車及びスクーター，蛍光灯などの新しい機種である。輸出額では船舶（大型タンカー）が 40％近くを占めて機械輸出の主力をなし，繊維機械，ミシン，自転車，エンジン，カメラ，双眼鏡など比較的軽機械に類するものが好調である。

(通商産業省重工業局『機械器具工業の概況と施策』1953 年による)

設 問

A (1)に示された第一次世界大戦期の機械工業の活況はなぜ生じたのか。3 行以内で述べなさい。

B (2)はサンフランシスコ平和条約が発効した直後の状況を示す。この時期の機械工業の活況はどのような事情で生じたのか。3 行以内で述べなさい。

79

（2018年度　第4問）

　教育勅語は，1890年に発布されたが，その後も時代の変化に応じて何度か新たな教育勅語が模索された。それに関する次の(1)・(2)の文章を読んで，下記の設問A・Bに答えなさい。解答は，解答用紙㈡の欄に，設問ごとに改行し，設問の記号を付して記入しなさい。

(1)　先帝（孝明天皇）が国を開き，朕が皇統を継ぎ，旧来の悪しき慣習を破り，知識を世界に求め，上下心を一つにして怠らない。ここに開国の国是が確立・一定して，動かすべからざるものとなった。（中略）条約改正の結果として，相手国の臣民が来て，我が統治の下に身を任せる時期もまた目前に迫ってきた。この時にあたり，我が臣民は，相手国の臣民に丁寧・親切に接し，はっきりと大国としての寛容の気風を発揮しなければならない。

『西園寺公望伝』別巻2　（大意）

(2)　従来の教育勅語は，天地の公道を示されしものとして，決して謬りにはあらざるも，時勢の推移につれ，国民今後の精神生活の指針たるに適せざるものあるにつき，あらためて平和主義による新日本の建設の根幹となるべき，国民教育の新方針並びに国民の精神生活の新方向を明示し給うごとき詔書をたまわりたきこと。

「教育勅語に関する意見」

設　問

　A　(1)は，日清戦争後に西園寺公望文部大臣が記した勅語の草稿である。西園寺は，どのような状況を危惧し，それにどう対処しようとしたのか。3行以内で述べなさい。

　B　(2)は，1946年3月に来日した米国教育使節団に協力するため，日本政府が設けた教育関係者による委員会が準備した報告書である。しかし新たな勅語は実現することなく，1948年6月には国会で教育勅語の排除および失効確認の決議がなされた。そのようになったのはなぜか。日本国憲法との関連に留意しながら，3行以内で述べなさい。

80

　大日本帝国憲法の下においては，内閣・帝国議会・枢密院などの国家機関が複雑に分立し，内閣に対する軍部の自立性も強かったため，軍備をめぐる問題が政治上の大きな争点となった。次の年表を参考にしながら，下記の設問A・Bに答えなさい。解答は，解答用紙㈡の欄に，設問ごとに改行し，設問の記号を付して記入しなさい。

1912 年 12 月	上原勇作陸相，陸軍 2 個師団増設が拒否されたことで辞職。
	第 2 次西園寺公望内閣が総辞職し，第 3 次桂太郎内閣が成立。
1915 年 6 月	第 2 次大隈重信内閣による 2 個師団増設案，帝国議会で可決。
1921 年 12 月	高橋是清内閣，ワシントン会議にて四カ国条約を締結。
1922 年 2 月	同内閣，同会議にて海軍軍縮条約および九カ国条約を締結。
1930 年 4 月	浜口雄幸内閣，ロンドン海軍軍縮条約を締結。

設　問

　A　2 個師団増設をめぐる問題は，政党政治にどのような影響を与えたか。3 行以内で述べなさい。

　B　浜口内閣がロンドン海軍軍縮条約の成立を推進した背景として，どのようなことがあったか。また，この方針に対して国内でどのような反応があったか。あわせて 3 行以内で述べなさい。

81

　　1880 年代以降における経済発展と工業労働者の賃金について，以下の設問A・B
に答えなさい。解答は，解答用紙㈡の欄に，設問ごとに改行し，設問の記号を付して
記入しなさい。

設　問

　A　図1は1885〜1899 年における女性工業労働者の実質賃金を表している。また，
　　下記の文章は，横山源之助が1899 年刊行の著書に記したものである。この時期
　　における女性工業労働者の賃金の上昇は何によってもたらされ，どのような社会
　　的影響を及ぼしたか。図と文章を参考に，2行以内で述べなさい。

　図1　女性工業労働者の実質賃金（1898 年価格換算）

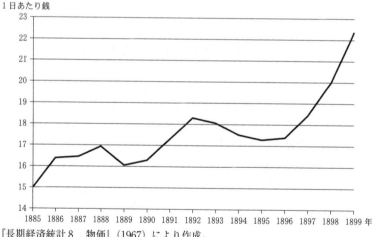

　1日あたり銭

『長期経済統計8　物価』（1967）により作成。

　　都会はもちろん，近年，地方においても下女（住み込みの女性使用人）が不足し
ていることを頻繁に聞く。（中略）この状況について，下女を雇う人々は，「近頃の
下女は生意気でどうしようもない，まったく，下女のくせに」とつぶやいている。
（中略）機織工女も，製糸工女も，下女の賃金とくらべれば非常に高い賃金を受け
取っている。年配の女性は別として，以前ならば下女として雇われていた若い女性
が，皆，工場に向かうのは当然である。（中略）下女の不足とは，ある意味，工業
の進歩を意味するものであり，また，下女の社会的地位を高めるものであって，私

は深くこれを喜びたい。

『日本之下層社会』（現代語訳）

B 図2は1920〜2003年における男性工業労働者の実質賃金を表している。1930
年代における賃金の下降と，1960年代における急上昇は何によってもたらされ
たか。4行以内で述べなさい。

図2 男性工業労働者の実質賃金（2003年価格換算）

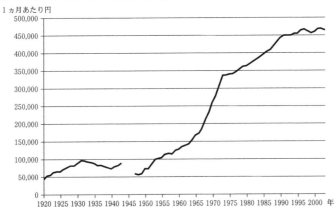

『長期経済統計8 物価』（1967），『日本長期統計総覧』第4巻（1988），
『新版 日本長期統計総覧』第4巻（2006）により作成。1944〜1946年の
値は欠落している。

82

（2015年度　第4問）

第一次世界大戦中から，日本では都市化とマス＝メディアの発展が顕著になり，海外からの情報と思想の流入も，大量で急速になった。こうした変化が何をもたらしたかに関して，下記の設問Ａ・Ｂに答えなさい。解答は，解答用紙㈡の欄に，設問ごとに改行し，設問の記号を付して記入しなさい。

設　問

Ａ　上のような社会の変化は，政治のしくみをどのように変えていったか。大正時代の終わりまでについて，３行以内で説明しなさい。

Ｂ　上のような社会の変化は，国際的な性格をもった社会運動を生んだ。その内容と，この動きに対する当時の政権の政策について，３行以内で説明しなさい。

83

　次の文章を読んで，下記の設問 A・B に答えなさい。解答は，解答用紙㈡の欄に，設問ごとに改行し，設問の記号を付して記入しなさい。

　1889 年 2 月，大日本帝国憲法が発布された。これを受けて，民権派の植木枝盛らが執筆した『土陽新聞』の論説は，憲法の章立てを紹介し，「ああ憲法よ，汝（なんじ）すでに生れたり。吾（われ）これを祝す。すでに汝の生れたるを祝すれば，随（したが）ってまた，汝の成長するを祈らざるべからず」と述べた。さらに，7 月の同紙の論説は，新聞紙条例，出版条例，集会条例を改正し，保安条例を廃止するべきであると主張した。

設　問

　A　大日本帝国憲法は，その内容に関して公開の場で議論することのない欽定憲法という形式で制定された。それにもかかわらず民権派が憲法の発布を祝ったのはなぜか。3 行以内で説明しなさい。

　B　7 月の論説のような主張は，どのような根拠にもとづいてなされたと考えられるか。2 行以内で述べなさい。

84

(2013年度　第4問)

　明治維新の過程ではさまざまな政治改革の構想が打ち出された。次の文章はそのもっとも初期の例で，1858年，福井藩士橋本左内が友人に書き送った手紙の一部を現代語に直したものである。これを読んで下記の設問A・Bに答えなさい。解答は，解答用紙㈡の欄に，設問ごとに改行し，設問の記号を付して記入しなさい。

　第一に将軍の後継ぎを立て，第二に我が公（松平慶永）・水戸老公（徳川斉昭）・薩摩公（島津斉彬）らを国内事務担当の老中，肥前公（鍋島斉正）を外国事務担当の老中にし，それに有能な旗本を添え，そのほか天下に名のとどろいた見識ある人物を，大名の家来や浪人であっても登用して老中たちに附属させれば，いまの情勢でもかなりの変革ができるのではなかろうか。

設　問

　A　橋本は幕末の公議政体論の先駆者として知られるが，この構想は従来の政治の仕組みをどのように変えようとするものであったか。国際的背景を含めて，4行以内で説明しなさい。

　B　この後，維新の動乱を経て約30年後には新たな国家体制が成立したが，その政治制度は橋本の構想とはかなり違うものとなっていた。主な相違点をいくつかあげて，3行以内で述べなさい。

85

次の表は，日本の敗戦から 1976 年末までの，中国およびソ連からの日本人の復員・引揚者数をまとめたものである。この表を参考に，下の(1)・(2)の文章を読んで，下記の設問 A・B に答えなさい。解答は，解答用紙㈡の欄に，設問ごとに改行し，設問の記号を付して記入しなさい。

地　域	軍人・軍属	一般邦人
中国東北地方	52,833 人	1,218,646 人
東北地方以外の中国と香港	1,058,745 人	496,016 人
ソ連（旧日本帝国領を除く）	453,787 人	19,155 人

(1) 第二次世界大戦の終結ののち，日本の占領地や植民地などにいた日本人軍人・軍属の復員とそれ以外の一般邦人の引揚げが始まった。多くの日本人は終戦の翌年までに帰還したが，中国とソ連からの帰還は長期化した。

(2) ソ連政府は 1950 年に「日本人捕虜の送還を完了した」と宣言し，日本人の送還を中断した。その後，日ソ両国の赤十字社の交渉を通じて 1953 年から帰還が再開されたが，日本側の要望通りには進展しなかった。ほとんどの日本人の帰還が実現したのは 1956 年のことであった。

設　問

A　表に見るように多数の一般邦人が，中国に在住するようになっていたのはなぜか。20 世紀初頭以降の歴史的背景を，4 行以内で説明しなさい。

B　ソ連からの日本人の帰還が，(2)のような経過をたどった理由を，当時の国際社会の状況に着目して，2 行以内で説明しなさい。

86

次のグラフは，1945 年以前に日本（植民地を除く）の工場で働いていた職工について，男女別の人数の変化を示したものである。このグラフを見ながら，下記の設問A・Bに答えなさい。解答は，解答用紙(ニ)の欄に，設問ごとに改行し，設問の記号を付して記入しなさい。

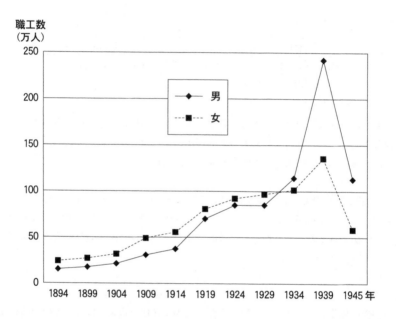

設 問

A　1920 年代まで女性の数が男性を上回っているが，これはどのような事情によると考えられるか。当時の産業構造に留意して，3行以内で説明しなさい。

B　男性の数は 1910 年代と 30 年代に急激に増加している。それぞれの増加の背景を，あわせて3行以内で説明しなさい。

87

　明治政府は，条約改正交渉を担当した井上馨を中心として，法律・美術・社交・生活習慣といった幅広い分野での欧化を促進した。これに対して，1887年頃には政治と文化の両面で，欧化主義への反発が方向の違いをふくみながらあらわれた。このような反発の内容と背景を，下の年表を参考にしながら，6行以内で説明しなさい。解答は，解答用紙㈢の欄に記入しなさい。

1887年　2月　民友社（徳富蘇峰ら），雑誌『国民之友』を創刊
　　　　10月　東京美術学校設立
　　　　10〜12月　三大事件建白運動
1888年　4月　政教社（三宅雪嶺・志賀重昂ら），雑誌『日本人』を創刊

88

次の図は日本における産業別15歳以上就業者数の推移を示したものである。この図を手がかりとして，下記の設問に応えなさい。解答は，解答用紙㈡の欄に記入しなさい。

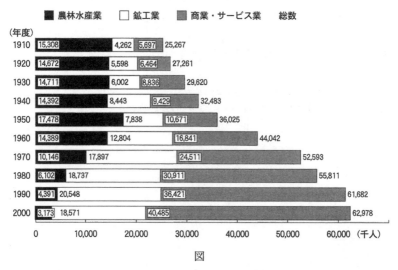

図

1920年度以降は『国勢調査』，1910年度は『労働力（長期経済統計2）』の大川推計による。
1920年度以降の総数は分類不能の産業を含む。

設 問

　高度経済成長期以降の農村では，機械化や農薬の利用によって省力化が進み，農業就業者が急激に減り，現在では後継者の確保や集落の維持が困難な例が生じている。昭和恐慌の際にも，現在とは異なる「農村の危機」が問題となっていたが，その内容と背景を，5行以内で述べなさい。なお，解答には，下に示した語句を一度は用い，使用した語句には必ず下線を引きなさい。

　　失業者　　　　農村人口　　　米価　　　　養蚕

89

　1898 年に成立した第一次大隈重信内閣は，はじめての政党内閣と呼ばれ，1918 年の原敬内閣の発足は，本格的な政党内閣の成立と言われている。

　この二つの内閣についての，下記の設問 A・B に答えなさい。解答は，解答用紙㈡の欄に，設問ごとに改行し，設問の記号を付して記入しなさい。

設　問

　A　二つの政党内閣が成立した事情は，どちらも戦争と深くかかわっている。第一次大隈重信内閣について，その成立と戦争との関連を，2 行以内で説明しなさい。

　B　原敬内閣が，第一次大隈重信内閣とは異なり，のちの「憲政の常道」の慣行につながる，本格的な政党内閣となったのはなぜか。その理由を，社会的背景に留意しながら，4 行以内で説明しなさい。

90

　次の文章は，当時ジャーナリストとして活躍していた石橋湛山が，1921 年のワシントン会議を前に発表した「一切を棄つるの覚悟」の一部である。これを読んで，下記の設問A・Bに答えなさい。解答は，解答用紙㈡の欄に，設問ごとに改行し，設問の記号を付して記入しなさい。

　仮に会議の主動者には，我が国際的位地低くして成り得なんだとしても，もし政府と国民に，総てを棄てて掛るの覚悟があるならば，会議そのものは，必ず我に有利に導き得るに相違ない。たとえば満州を棄てる，山東を棄てる，その他支那（注1）が我が国から受けつつありと考うる一切の圧迫を棄てる，その結果はどうなるか。またたとえば朝鮮に，台湾に自由を許す，その結果はどうなるか。英国にせよ，米国にせよ，非常の苦境に陥るだろう。何となれば彼らは日本にのみかくの如き自由主義を採られては，世界におけるその道徳的位地を保つを得ぬに至るからである。（中略）ここにすなわち「身を棄ててこそ」の面白味がある。遅しといえども，今にしてこの覚悟をすれば，我が国は救わるる。しかも，こがその唯一の道である。しかしながらこの唯一の道は，同時に，我が国際的位地をば，従来の守勢から一転して攻勢に出でしむるの道である。

（『東洋経済新報』1921 年7月23日号）

（注1）　当時，日本で使われていた中国の呼称。

設　問

　A　下線部①の「満州を棄てる」とは何を棄てることを意味するのか。それを日本が獲得した事情を含め，2行以内で説明しなさい。

　B　下線部②の「唯一の道」をその後の日本が進むことはなかった。その理由を，歴史的経緯をふまえ，4行以内で述べなさい。

91

　次のグラフは日本における鉄道の発達を示したものである。このグラフを手がかり
として，下記の設問 A〜C に答えなさい。解答は解答用紙(ニ)の欄に，設問ごとに改行
し，設問の記号を付して記入しなさい。

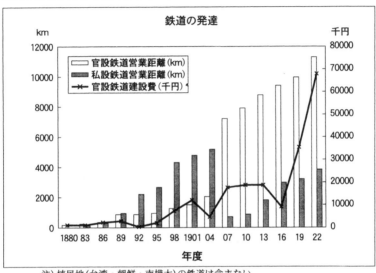

注) 植民地(台湾・朝鮮・南樺太)の鉄道は含まない。

設　問

　A　1904 年度と 1907 年度とを比較すると大きな変化が見られる。その理由を 1 行
　　以内で述べなさい。

　B　1889 年度から 1901 年度にかけて鉄道の営業距離はどのように変化したか。そ
　　の特徴と背景とを 3 行以内で説明しなさい。

　C　官設鉄道建設費の推移を見ると，1919 年度から 1922 年度にかけて急激に増加
　　している。当時の内閣はなぜこのような政策をとったのか，2 行以内で説明しな
　　さい。

92

次の文章は，吉野作造が1916年に発表した「憲政の本義を説いてその有終の美を
済_なすの途_{みち}を論ず」の一部である。これを読んで，下記の設問に答えなさい。解答は，
解答用紙㈡の欄に記入しなさい。

　　憲法はその内容の主なるものとして，⒜人民権利の保障，⒝三権分立主義，⒞民
　選議院制度の三種の規定を含むものでなければならぬ。たとい憲法の名の下に，普
　通の法律よりも強い効力を付与せらるる国家統治の根本規則を集めても，以上の三
　事項の規定を欠くときは，今日これを憲法といわぬようになって居る。（中略）つ
　まり，これらの手段によって我々の権利・自由が保護せらるる政治を立憲政治とい
　うのである。

設　問

　大日本帝国憲法と日本国憲法の間には共通点と相違点とがある。たとえば，いず
れも国民の人権を保障したが，大日本帝国憲法では法律の定める範囲内という制限
を設けたのに対し，日本国憲法にはそのような限定はない。では，三権分立に関し
ては，どのような共通点と相違点とを指摘できるだろうか。6行以内で説明しなさ
い。

93

　地租改正と農地改革は，近代日本における土地制度の二大改革であった。これらによって，土地制度はそれぞれどのように改革されたのか，あわせて6行以内で説明しなさい。解答は，解答用紙㈡の欄に記入しなさい。

94

　次の文章は民俗学者柳田国男が 1954 年に著したものである。これを読んで下記の設問 A～C に答えなさい。解答は，解答用紙㈡の欄に，設問ごとに改行し，設問の記号を付して記入しなさい。

　　1878 年（明治 11 年）の報告書を見ると，全国農山村の米の消費量は全食料の三分の一にもおよんでいない。以後兵士その他町の慣習を持ち帰る者が多くなると，米の使用量は漸次増加している。とはいえ明治時代には農民は晴れの日以外にはまだ米を食っていなかったといってよろしい。（中略）こんどの戦争中，山村の人々は①米の配給に驚いた。当局とすれば，日常米を食わぬ村だと知っていても，制度ともなれば配給から除外出来るものではない。そうした人々は，戦争になって，いままでよりよけいに米を食べるようになったのである。（中略）それにしても大勢は明治以後，米以外には食わぬ人々が増加し，外米の輸入を余儀なくさせる状勢であった。米の精白が病気の元であることまで云々せられるようになるに至ったのである。こうした食糧事情に伴なって，②砂糖の消費量の増加，肉食の始まりなど，明治年代の食生活の風俗は目まぐるしいほど変化に富んだものであった。

設　問

A　下線部①「米の配給」はどのような背景の下で何のために作られた制度か，2行以内で説明しなさい。

B　下線部②のような食生活の変容をもたらした要因は何か，2行以内で説明しなさい。

C　明治時代の農村の人々はなぜ都市の人々ほど米を食べていなかったのか，3行以内で説明しなさい。

95

次の文章は，ジャーナリスト徳富蘇峰が，1916（大正5）年，政府のロシアに対する外交政策を支持する立場から，国民の対露感情を批評したものである。これを読んで，下記の設問に答えなさい。解答は，解答用紙(ハ)の欄に，設問ごとに改行し，設問の記号を付して記入しなさい。

　明治三十七八年役の，大なる収穫あり。そは百年来，我が国民を悪夢の如く圧したる，怖露病を一掃したること是れなり。（中略）対馬海の大海戦，奉天の大陸戦は，我が国民の自恃心を刺戟し，憂うべきは，怖露にあらずして，却って侮露たらんとするの傾向さえも，生じたりしなり。（中略）吾人は漫りに帝国の前途を悲観する者にあらず。されど我が国民が小成に安んじ，小功に誇り，却って其の当面の大責任を，放却しつつあるにあらざるかを，憂慮せざらんとするも能わざるなり。

設　問

A　上の文章に言う「怖露病」がもっとも激しかったのは日清戦争直後のことであったが，その国際関係上の背景を，2行以内で説明しなさい。

B　「明治三十七八年役」の後，上の文章の執筆時において，日露両国政府の関係は，戦争前とは大きく変化していた。その変化の内容と理由とを，4行以内で説明しなさい。

96

　明治時代の日本における銅をめぐる問題について，下記の設問に答えなさい。解答
は，解答用紙㈡の欄に，設問ごとに改行し，設問の記号を付して記入しなさい。

設　問

　A　次のグラフを手がかりとして，銅の生産がこの時期の日本の経済発展にはたし
　　た役割について，2行以内で述べなさい。

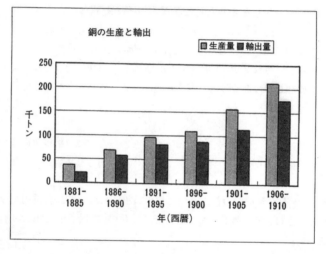

　B　銅の生産がもたらした社会問題について，3行以内で述べなさい。

97

幕末の開港後, 国内の情勢は急速に不穏さを増していった。文久3年（1863）末, 幕府は使節団をヨーロッパに派遣して, これに対応しようとした。使節は条約を締結した各国をまわる予定であったが, 翌年春にフランス一国と交渉を行ったのち, 与えられた使命の遂行を断念し, 予定を打ち切って帰国の途についた。

以下の史料は, 使節が書きとめたフランス外務大臣との交渉記録の一部である（原文には一部手を加えてある）。

これを読み, 下記の設問に答えよ。解答は, 解答用紙(ハ)の欄に, 設問ごとに改行し, 設問の記号を付して記入せよ。

〔幕府使節〕 外国貿易の儀は, 最初より天朝において忌み嫌われ, 民心にも応ぜず, 一種の凶族ありて, 人心不折合の機会に乗じ, さかんに外国人排斥の説を主張す。すでに, 不都合の事ども差し重なり, このまま差し置き候ては, かえって交誼も相破れ申すべく候。ひとまず折り合いをはかり候ため, 神奈川港閉鎖いたし候わば, 外国へ対し不都合の次第も差し起こらず, 国内人心の折り合いの方便にも相成り, 永久懇親も相遂げられ申すべし。

〔フランス外務大臣〕 神奈川港閉鎖の儀はできかね候。天朝御異存のところ, 強いて条約御取り結びなされ候政府の思し召しはよく相分かり候。さりながら, ただ今にいたり条約御違反相成り候わば, 戦争に及ぶべきは必定にこれあり。御国海軍は, たとえば大海の一滴にて, 所詮御勝算はこれあるまじく存じ候。

設問

A 幕府使節のフランスへの要求は何か。1行以内で述べよ。

B 幕府がこのような使節を派遣するにいたった背景は何か。下線部の内容に留意しながら, 3行以内で述べよ。

C 幕府使節はなぜ交渉を断念したのか。フランス外務大臣の対応にふれながら, 2行以内で述べよ。

98

　次のグラフは外国為替相場（年平均）と商品輸出金額の変動を示したものである。
このグラフを見て，この時期の経済政策と経済状況について，解答用紙㈡の欄に5行
以内で説明せよ。解答には下記の4つの語句を一度は用い，使用した箇所には下線を
引くこと。

　　緊縮政策　　　　金輸出解禁　　　　金輸出再禁止　　　　世界恐慌

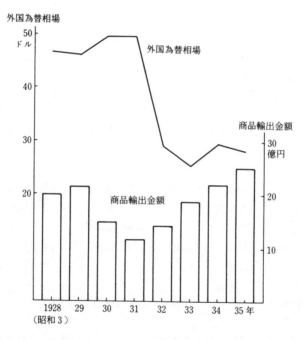

　（注）　外国為替相場は日本円100円がアメリカ・ドル何ドルにあたるかを示す。

99

　近代日本の教育は，初等教育でも高等教育でも，明治初年より戦後までの間，制度・内容の両面において幾多の変遷をみてきた。その概略を，次の年表を参考にしながら，解答用紙㈡の欄に 8 行以内で述べよ。

1872 （明治 5 ）年	学制公布
1886 （明治 19）年	帝国大学令公布
1890 （明治 23）年	教育勅語発布
1907 （明治 40）年	義務教育 4 年から 6 年に延長
1918 （大正 7 ）年	大学令公布
1941 （昭和 16）年	国民学校令公布
1943 （昭和 18）年	学徒出陣開始
1947 （昭和 22）年	教育基本法・学校教育法公布

MEMO

MEMO